高等职业教育系列教材

安防系统工程

主　编　周　遐
副主编　陈铁牛　黄崇福
参　编　金　瑞
主　审　王世普

机械工业出版社

本书是高职高专楼宇自动化专业或应用电子技术专业的教材，全书特别突出了工程实践性和应用性，充分汲取了现场应用的最新技术和成果，是目前智能建筑弱电系统的一门创新性教材。

全书共六章，主要内容有安防系统通用图形符号，防盗报警系统，门禁系统，电视监控系统，消防报警及联动系统，建筑电气安全等。

本书可作为高等职业学校、高等专科学校、成人高校及本科院校二级职业技术学院和民办高校的楼宇自动化专业、应用电子技术专业及相关专业的教材，也可供相关工程技术人员参考。

图书在版编目（CIP）数据

安防系统工程/周遐主编. —北京：机械工业出版社，2003.8（2023.8重印）
高等职业教育系列教材
ISBN 978-7-111-12690-4

Ⅰ. 安… Ⅱ. 周… Ⅲ. 安全-系统工程-高等学校：技术学校-教材
Ⅳ. X913.4

中国版本图书馆 CIP 数据核字（2003）第 062623 号

机械工业出版社（北京市百万庄大街 22 号 邮政编码 100037）
责任编辑：于 宁 韩雪清 王玉鑫 版式设计：张世琴
责任校对：申春香 封面设计：陈 沛 责任印制：刘 媛
涿州市殷润文化传播有限公司印刷
2023 年 8 月第 1 版·第 16 次印刷
184mm×260mm · 15 印张 · 1 插页 · 371 千字
标准书号：ISBN 978-7-111-12690-4
定价：45.00 元

电话服务 网络服务
客服电话：010-88361066 机 工 官 网：www.cmpbook.com
　　　　　010-88379833 机 工 官 博：weibo.com/cmp1952
　　　　　010-68326294 金 书 网：www.golden-book.com
封底无防伪标均为盗版 机工教育服务网：www.cmpedu.com

前　　言

本书讲述现代智能建筑电气装置中的安全防范自动化系统的设计方法、安装调试、施工方法。结合《音像系统工程》一书，将全面讲述智能建筑电气中的弱电系统工程的设计、施工、安装、调试技术。现代智能建筑的兴起及迅速发展，是建筑弱电技术进步发展的集中体现，安防系统又是智能建筑电气的一个重要组成部分。

我们所说的智能建筑一般必须具备三个条件：一是具有保安、消防与环境控制等先进的自动化控制系统，以及自动调节建筑内的温度、湿度、灯光等参数的各种设施，以创造舒适、安全的工作、生活环境；二是具有良好的通信网络和通信设施，各种数据能在大楼内进行传输和交换；三是能为客户提供足够的通信设施与能力。也就是说智能建筑是利用系统集成方式，将智能型计算机技术、通信技术、信息技术与建筑艺术有机结合。通过对设备的自动监控，对信息资源的管理和对使用者的信息服务及其与建筑的优化组合，所获得的投资合理，适合信息社会需要并且具有安全、高效、舒适、便利和灵活等特点的建筑。

安全性是智能建筑的首要条件，因为智能化的一切功能都必须建立在安全的基础上，有了安全的智能化，其他的智能化才能得到有力的保障。

安全性主要是指：应具有火灾的检测和报警系统、避难疏散诱导系统、预排烟系统、灭火系统、防盗系统、入住管理系统等关系到人们生命财产的防火、防盗、防灾功能。

为了适应现代社会和形式发展的要求，学习国内外迅速发展的先进技术，培养新一代实用型中高级人才，结合目前的实际情况，我们编了《安防系统工程》教材。本书着重讲述了建筑弱电工程中的安全防护系统部分，主要包括防盗报警系统、门禁系统、电视保安监控系统、消防报警及联动系统、建筑电气安全等内容。一个完整的智能化安防系统如本书末插页所示。

本书的编写紧扣高职高专的培养目标和要求，以基本原理和基本概念为基础，着重于实用，尽量从工程实例的角度分析问题，以工程的设计、施工、安装、调试、验收、培训、管理及质量监理等知识为重点，力求让学生学完本课程后，便能实际设计、规划相应的工程及组织施工、质量监理和工程验收，并具有适应当前技术发展的综合知识及坚实基础，毕业后能跟上相关科技的发展，成为真正的实用型人才。

本书由编者多年的实际工程经验以及工程设计方案和各种工程中当前较为先进的大量资料、手册、产品介绍、设备系统介绍等整理而成，取材新颖、内容广泛，附有必要的设计图表，有一定的理论性，更注重于实用性。

本书由周返任主编，陈铁牛、黄崇福任副主编，金瑞参与了书稿的编写及资料收集。

云南大学王世普教授担任本书主审，认真审阅了全部书稿和插图，提出了许多宝贵的意见，在此谨表示衷心的感谢。

由于本书内容广泛，涉及许多领域，编写有较大难度，书中引用了许多文献、资料和手册，在这里向这些书的作者致以深切的谢意。另外，由于编者水平所限，时间仓促，书中难免有不足或不当之处，敬请批评指正。

编　者
2003 年 2 月

目 录

前 言

第一章 安防系统通用图形符号 1
    第一节　电线、电缆图形符号 1
    第二节　设备、器材图形符号 1
    习题 7

第二章 防盗报警系统 8
    第一节　防盗的重要性及规划 8
    第二节　防盗报警探测器及主机 9
    第三节　一般防盗报警工程系统的设计 13
    第四节　银行等重要场所的安全防范报警工程设计 18
    第五节　文物、博物馆安全防范报警工程设计 21
    第六节　防盗报警工程的布线、供电、接地 25
    第七节　防盗报警系统工程设计举例 26
    习题 35

第三章 门禁系统 36
    第一节　系统基本结构和简介 36
    第二节　门禁系统的主要使用场所及注意事项 37
    第三节　读卡机的分类 38
    第四节　门禁管理 42
    第五节　一般的门禁——出入口闯入报警系统 44
    第六节　出入口控制门禁系统 45
    第七节　楼宇对讲（出入口对讲或访客对讲）系统 48
    第八节　电子巡更系统 53
    第九节　自动门系统 55
    第十节　停车场管理系统 57
    习题 67

第四章 电视监控系统 68
    第一节　简介 68
    第二节　CCTV 系统的组成 68
    第三节　摄像机 70
    第四节　镜头 74
    第五节　云台 79

第六节　防护罩（防尘罩）和支架 ………………………………………………… 80
　　第七节　监视器（显示器） …………………………………………………………… 82
　　第八节　录像机 ………………………………………………………………………… 85
　　第九节　信号分配与切换装置（矩阵）及其他控制设备 …………………………… 87
　　第十节　电视监控系统用电缆及信号传输、辅材 …………………………………… 92
　　第十一节　电视监控系统的设计 ……………………………………………………… 96
　　第十二节　电视监控系统的安装 ……………………………………………………… 105
　　第十三节　基本保安系统 ……………………………………………………………… 112
　　第十四节　电视监控系统的设计举例 ………………………………………………… 120
　　第十五节　电视监控设备的例行检查及常见故障 …………………………………… 138
　　习题 ……………………………………………………………………………………… 139

第五章　消防报警及联动系统 …………………………………………………………… 142
　　第一节　概述 …………………………………………………………………………… 142
　　第二节　火灾探测器 …………………………………………………………………… 148
　　第三节　火灾自动报警系统 …………………………………………………………… 156
　　第四节　智能型火灾报警系统 ………………………………………………………… 164
　　第五节　消防广播与消防专用电话、疏散引导系统 ………………………………… 168
　　第六节　消防设施的联动控制及气体灭火等新型灭火系统 ………………………… 171
　　第七节　消防控制室与系统接地 ……………………………………………………… 180
　　第八节　消防系统的布线与配管 ……………………………………………………… 184
　　第九节　消防系统的供配电 …………………………………………………………… 187
　　第十节　消防系统设计举例 …………………………………………………………… 189
　　第十一节　消防系统设计的其他注意事项 …………………………………………… 201
　　习题 ……………………………………………………………………………………… 204

第六章　建筑电气安全 …………………………………………………………………… 207
　　第一节　电气安全的主要内容 ………………………………………………………… 207
　　第二节　电气设备的安全设计 ………………………………………………………… 208
　　第三节　安全用电 ……………………………………………………………………… 210
　　第四节　电气设备的接地 ……………………………………………………………… 212
　　第五节　接地装置 ……………………………………………………………………… 215
　　第六节　接地电阻的计算 ……………………………………………………………… 217
　　第七节　高土壤电阻率地区的降阻措施 ……………………………………………… 225
　　第八节　智能建筑的防雷措施 ………………………………………………………… 226
　　习题 ……………………………………………………………………………………… 231

附录　智能建筑基本概念 ………………………………………………………………… 232
参考文献 …………………………………………………………………………………… 234

第一章 安防系统通用图形符号

本章图形符号根据 GA/T74—1994 中华人民共和国公共安全行业标准而编定。

该标准规定了安全防范系统技术中使用的图形符号，适用于科研、教学、出版、建筑、施工等部门绘制安全防范系统图。本节仅列举了本书所用图形符号。

第一节 电线、电缆图形符号

电线、电缆图形符号见表1-1。

表1-1 电线、电缆图形符号

名称	符号	名称	符号
直流配电线		2根导线	
交流配电线		3根导线	
同轴电缆		4根导线	
线路交叉连接		n根导线	
交叉而不连接		视频导线	V
光纤线		数据线	T
声道	S	电话线	F
单根导线		屏蔽导线	

第二节 设备、器材图形符号

设备、器材图形符号见表1-2。消防系统专用图形符号见表1-3和表1-4。

表1-2 设备、器材图形符号

编号	图形符号	名称	英语	说明
1	T_X—IR—R_X	主动红外线探测器	Active infrared intrusion detector	T_x为发射，R_x为接收
2	□—W—□	张力导线探测器	Tensioned wire detector	
3	□—E—□	电磁极探测器	Electromagnetic fence detector	
4	T_X—M—R_X	遮挡式微波探测器		T_x为发射，R_x为接收
5	□—L—□	埋入线电场扰动探测器	Wried line field disturbance detector	
6	□—C—□	震动电缆探测器	Feed or shock sensitive cable detector	

(续)

编号	图形符号	名　称	英　　语	说　　明
7	▭—d—▭	微音电缆探测器	Microphonic cable detector	
8	▭—F—▭	光缆探测器	Fibre optic cable detector	
9	▭—V—▭	压力差探测器	Pressure differential detector	
10	▭—H—▭	高压脉冲探测器	High-voltage pule detector	
11	▭—LD—▭	激光探测器	Laser detector	
12	◇d	声波探测器	Acoustic detector	
13	◇⊣⊢	分布电容探测器	Capactive proximity detector	
14	◇P	压敏探测器	Pressure-sensitive detector	
15	◇BB	玻璃破碎探测器	Glass-break detector	
16	◇Z	振动探测器	Vibration detector	
17	◇z/d	振动声波复合探测器		
18	◁EP	被动红外线探测器	Passive infraed intrusion detector	
19	◁M	微波探测器	Microwave intrusion detector	
20	◁U	超声波探测器	Ultrasonic intrusion detector	
21	◁EP/U	红外/超声波双技术探测器	IR/U dual-tech motion detecor	也叫双鉴探测器
22	◁EP/M	红外/微波双技术探测器	IR/M dual-technology detector	也叫双鉴探测器
23	◁CK	三鉴（三技术）探测器		
24	⊗	报警灯箱	Beacon	
25	⊳⊲	警号箱	Siren	
26	⊗⊳⊲	声光报警箱	Alarm box	
27	⌒	警铃箱	Bell	

第一章　安防系统通用图形符号

(续)

编号	图形符号	名称	英语	说明
28		密码操作报警控制箱	Keypad operated control equipment	
29		开关操作控制箱	Key operated control equipment	
30		时钟或程序操作控制箱	Timer or programmer operated control equipment	
31		灯光示警控制器	Visible indication equipment	
32		声响报警控制器	Audible indication equipment	
33		开关操作，声光报警控制箱		
34		打印输出的控制箱	Print-out facility equipment	
35		电话报警联网适配器		
36		密码操作电话自动报警控制箱		
37		无线报警发射装置	Radio alarm transmitter	
38		安防系统控制台	Control table for security system	
39	PB	防弹玻璃		
40	UPS	不间断电源	Uninterrupted power supply	
41	G/PSU	备用发电机	Seandby generator	
42	PSU	一次性电池	Battery supply power source	
43	PSU	可充电电池	Batery or slandly battery rechargeable	
44	PSU	交流供电器	Mains supply power sourcep	
45	PSU	直流供电器		
46	O/E	光、电信号转换器		
47	E/O	电光信号转换器		

(续)

编号	图形符号	名称	英语	说明
48	(X)	画面分割器	Video splitter	X 代表画面数
49		黑白摄像机	B/W camera	
50		彩色摄像机	Color camera	
51		微光摄像机	Satar light ewal camera	自动光圈微光摄像机
52		带云台摄像机		
53		云台	Pan/tin unit	
54		云台，镜头控制器	Control unit	
55		标准镜头	Standard lens	虚线代表摄像机体
56		广角镜头	Pantosiope lens	
57		自动光圈镜头	Auto iris lens	
58		自动光圈电动聚焦镜头	Auto iris lens, motorized focus	
59		三可变镜头	Motorized zoom lens motorized iris	
60		快球摄像机		
61		室内防尘罩	Indoor housing	
62		室外防尘罩	Outdoor housing	
63		磁带录像机	Video tape recorder	
64		硬盘数字录像机		
65		黑白监视器	B/W display monitor	
66		彩色监视器	Color monitor	
67	MVT	视频报警器	Video motion detector	
68	VS	视频顺序切换器	Sequential video switcher	X 代表几位输入，Y 代表几位输出

第一章 安防系统通用图形符号

(续)

编号	图形符号	名称	英语	说明
69	AV	视频补偿器	Video compensator	
70		楼宇对讲电控门主机	Mains control module for flat intercom electrical control door	
71		楼宇对讲分机	Interphone handset	
72		锁匙电开关	Key controued suntches	
73		密码开关	Code switches	
74	EL	电控锁	Electro-mechanical lock	
75		按钮开关	Button for electro-mechanic lock	
76		可视对讲机	Video entry security intepcom	
77		读卡器	Card reader	
78		指纹识别器	Fingerprint veriffier	
79		掌纹识别器	Palmorint veriffier	
80		眼纹识别器		
81		人像识别器		
82		卡控叉形转栏		
83		紧急脚挑开关	Deliberately operated device (foot)	
84		门磁开关	Magnetically operated protective switch	
85		声控装置	Audio surveillance device (microphone)	
86		报警自动照相机	Security camera, still-frame	
87	V	视频印像机		
88		卡控旋转门		

表1-3 消防基本图形符号

符号	名称	符号	名称
	热（温）		电话
	烟		电铃
	光		扬声器
	易爆气体		线性感温探测器
	按钮	□	报警器件 *
	指示灯	□	防爆报警器件
	光信号	或	三复合或四复合报警器件
	发声器	h	隔离器
Z	输入控制模块	DY	直流电源
K	输出控制模块	a / b	火灾报警装置 a：型号 b：容量
DY∼	交流电源		

表1-4 消防系统常用图形符号

图例	名称	备注	图例	名称	备注	图例	名称	备注
B	火灾报警控制器	ZBC80001		闭式喷头	GB4327	→	诱导灯	ZBC80001
或 Y	感烟探测器	GB4327 ZBC80001	FS	水流指示器			泡沫液罐	GB4327
或 W	感温探测器	GB4327 ZBC80001	PS	压力开关			消火栓	GB4327
	手动报警装置	GB4327	PIS	电接点压力表			泡沫比例混合器	GB4327
	电源配电箱	GB4728	LS	液位开关			泡沫产生器	GB4327
⊠	事故照明配电箱	GB4728		气体探测器	GB4327 ZBC80001	■	ABC 干粉	GB4327
	消防泵	GB4327		感光探测器	GB4327 ZBC80001	△	卤代烷	GB4327
	水泵接合器	GB4327		火灾警铃	GB4327 ZBC80001	▲	二氧化碳	GB4327
	报警阀	GB4327		火灾光显示器	GB4327 ZBC80001			
	开式喷头	GB4327		火警专用电话	GB4327 ZBC80001			

习 题

1-1 请画出单根导线、2根导线、n根导线、屏蔽导线的表示图形。

1-2 画出主动红外线探测器、遮挡式微波探测器、埋入线电场扰动探测器、红外/超声波双技术探测器、玻璃破碎探测器、振动探测器的图形符号。

1-3 画出黑白摄像机、彩色摄像机、带云台摄像机、标准镜头、广角镜头、自动光圈镜头、自动光圈电动聚焦镜头、快球摄像机、防尘罩的图形符号。

1-4 画出楼宇对讲电控门主机、楼宇对讲分机、读卡器、电控锁的图形符号。

1-5 画出磁带录像机、硬盘数字录像机、彩色、黑白监视器的图形符号。

1-6 智能建筑一般必须具备什么条件？哪个条件最重要？

1-7 谈谈你对安防系统的初步认识。

第二章 防盗报警系统

第一节 防盗的重要性及规划

一、重要性

盗窃是和平时期的最大危害之一，是破坏社会安定的重大隐患，是当前社会普遍关注的问题。国家建设部、公安部于1996年1月5日联合颁发《城市居民住宅安全防范设施建设管理规定》，要求加强城市居民住宅安全防范设施的建设和管理，保障人民人身和财产的安全，要求安全防范设施的建设应纳入建筑的规划，并同时设计、同时施工、同时投入使用，要真正做到有备无患，防范未然，把改善安全性能，防止盗窃和暴力犯罪的特殊措施作为提高房屋使用价值的一个重要举措，并将人身安全放在安防设计的首位。

二、主要安全防范技术

安全防范技术可理解为预防对人身和贵重物品有刑事犯罪危险所需的保安措施。为了做到万无一失，首先要根据实际情况调查了解存在的危险及可能的特殊表现形式，然后才能确定采用何种防范措施，这种措施通常分为两大类：

（1）机械措施　是在建筑上采取防盗设施给罪犯设置障碍的预防措施，如防盗门等。这是一种简便可行但被动的措施，可留下作案的痕迹，对破案有一定的帮助。

（2）电子报警措施　通常采用进入报警装置、袭击报警装置和破入报警装置。这些装置的输出端都可接入报警器件，如喇叭、警笛、警灯，也可自动启动监控录像、强光照明，还可启动电话报警，如与110联网可直接向110报警。这样的装置具有主动性、先进性，属于智能化系统。本书讲述的便是智能化报警系统，这样的系统已被广泛运用。

智能化防盗系统的基本要求为：
1）安全、可靠、实用、美观、经济，不能影响正常的工作、生产和生活。
2）符合有关法律、法规、技术标准规范及标准。
3）满足建筑物的使用功能要求。
4）具有扩充更新性，适应一定时期发展需要。

三、防盗设施的规划

（1）防范设施必要性分析　哪些地点需采取安全措施，原则上应首先采取机械安全措施，然后辅以电子安全措施，以提高安全防盗系统的可靠性和效能。

（2）安全性分析　应仔细进行安全性分析，以便及时了解各个薄弱环节，采取相应的对策。

（3）防盗设备的选择　根据建设投资及实际要求，分析各种设备的性价比，充分考虑各种设备的实用性、可靠性、经济性，选择合适的设备。

第二节　防盗报警探测器及主机

一、报警器的类型

（1）防盗报警探头的分类　目前分类方法很多，常用方法如按场所分类见表2-1、按部位分类见表2-2。

点型：对某点进行探测。
线型：对射式进行探测。
面型：对某一平面区域进行探测。
空间型：对某个空间区域进行探测。

表2-1　按场所分类

防护场所	适用报警器探头类型
点　型	压力垫、点探器、平衡磁开关及微动开关
线　型	微波、红外、激光阻挡式、周界报警器
面　型	红外、电视报警器、玻璃破碎、墙壁振动、栅栏式
空间型	微波、被动红外、声控、超声波、移动报警、双鉴和三鉴式

表2-2　按部位分类

防护部位	适用报警器探头类型
开口部位	电视、红外、玻璃破碎、各类开关
通　道	电视、微波、红外、移动、双鉴、三鉴
室内空间	微波、声控、超声波、红外、移动、双鉴、三鉴
周　界	微波、红外、周界

（2）常用报警探头　用于监控现场目标，以探测目标处的各种物理量变化（光、声、压力、频率、温度、振动等）作为探测对象，并将变化的物理量转变为控制器处理要求的电信号。

常用探头有微波式、线红外式、面红外式、空间红外式、开关式、超声波式、振动式、视频移动式、玻璃破碎等。

1) 主动红外式：对射被阻断报警。
2) 被动红外式：接收人体红外线报警。
3) 微波式：发射微波，应用目标的多普勒效应探测移动目标。

（3）新型探测器

1) 双鉴探测器：微波/红外双技术完美的结合，双重鉴定，提高可靠性。
2) 三鉴探测器：微波/红外/人工智能处理三技术完美的结合，由微处理器对探测的信号进行思考、分析后，作出判断，捕获性能更可靠。

（4）对探测器的基本要求　由于探测器的特殊安装位置决定着整个报警系统的可靠性，因此对它有如下基本要求。

1) 隐蔽性：体积不能太大。
2) 稳定可靠：优质元器件，比较宽的工作环境。
3) 防破坏性：具有防破坏设计。

4) 抗干扰性：电磁辐射、雷电、风雨等。
5) 连续工作性：长时间工作。

(5) 探测器的组成

被测物理量 → 传感器 + 放大处理电路 + 输出电路 → 探测电信号

(6) 探测器的主要技术指标

对探测器的各项指标设计人员应充分了解，才能正确设计、选择。

1) 漏报率：当非正常情况出现时，由于种种原因，探测器没有探测到信号，产生漏报。漏报占总报警次数的百分比。此值越小越好。
2) 探测率：探测到入侵占总入侵的百分比。此值越大越好。
3) 误报率：不应报警的却发生了报警。误报占总报警次数的百分比。此值越小越好。
4) 警戒范围：根据实际需要选择，此值不一定越大越好。
5) 探测类型：根据实际需要选择。
6) 报警传输方式：有线或无线。
7) 最大传输距离：有效的、保证可靠的最大距离。
8) 工作时间：能稳定连续工作的最大时间。
9) 探测灵敏度：指最小探测信号。
10) 功耗：正常工作时所耗电能。
11) 工作电压、电流。
12) 环境条件。

二、报警器探头安装原则

1) 对于采用阻挡式遮断波束原理的微波被动红外、超声、激光等阻挡式报警器，其安装方向应与目标移动方向垂直切割。
2) 对于采用多普勒效应移动探测原理的微波、超声波、红外等报警探测器，其安装方向应正对目标运动方向，并注意根据所选探头的技术指标确定安装距离及角度、高度。
3) 探测器对横向切割（即垂直于）探测区方向的移动目标最敏感，设计时应尽量利用这个特性，如图 2-1 中 A 点布置就比 B 点效果要好。
4) 设计探测器安装位置时要注意探测器的探

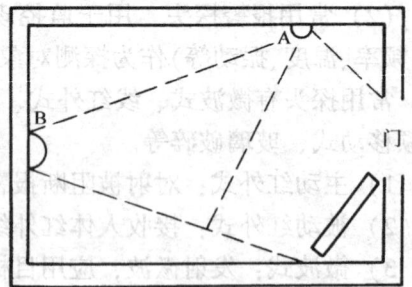

图 2-1 探测器布置之一

测范围和水平视角，如图 2-2 所示，可以安装在顶棚上（也是横向切割方式），也可安装在墙面或墙角，但要注意探测器的窗口（菲涅耳镜头）与警戒的相对角度，防止"死区"。
5) 探测器不要对准加热器、空调出风口。警戒区内最好不要有热源，如无法避免热源，则应与热源保持至少 1.5m 以上的间隔距离。
6) 探测器不要对准强光源和受阳光直射的门窗。
7) 警戒区内注意不要有高大的遮挡物和电风扇叶片的干扰，探测器不要安装在强电处。
8) 选择墙面或墙角安装时，安装高度在 2~4m，最好 2~2.5m。

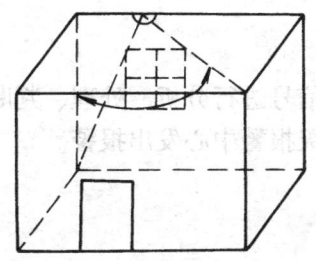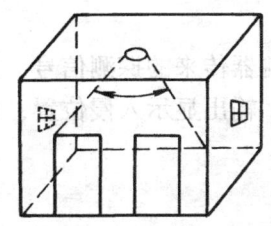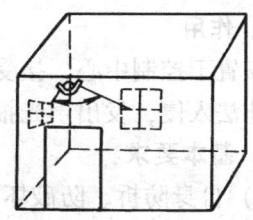

图 2-2　探测器布置之二（顶装、墙装、角装）

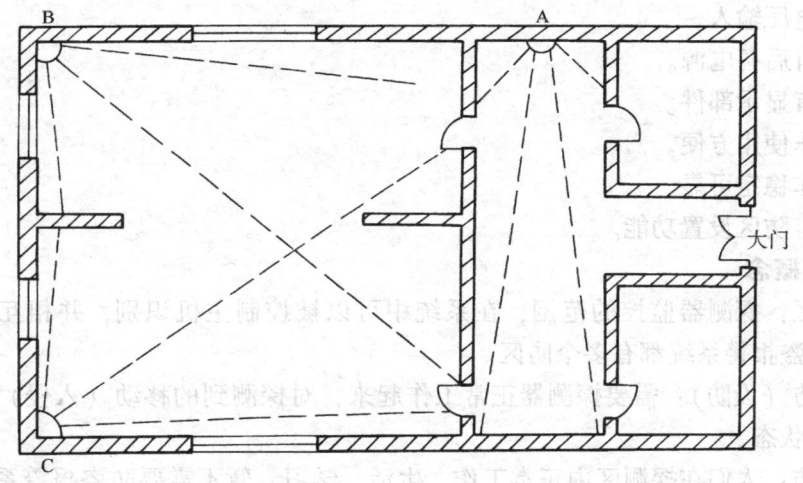

图 2-3　探测器安装实例（A、B、C 为三个探头）

三、误报警

有关因素可能引起误报警情况见表 2-3。

表 2-3　若干因素引起误报情况

干扰因素	超声波报警器	被动红外线报警器	微波报警器	微波/红外双技术报警器
振动	平衡调整后无问题	极少	可能	无
湿度变化	少有	无	无	无
温度变化	少有	可能	无	无
大金属物反射	极少	无	可能	无
小动物	接近时有	接近时有	接近时有	一般无
玻璃外移动物体	无	无	极少	无
通风、空气流	极少	少	无	无
窗外阳光及移动光	无	极少	无	无
超声波	可能	无	无	无
火炉	可能	可能	无	无
开动机械	极少	极少	可能	无
无线电波	可能	可能	可能	极少
雷达干扰	极少	极少	可能	无
门窗抖动	极少	极少	可能	无
价格	较低	低	中等	高

四、报警主机

1. 作用

安置于控制中心,接受探测器传来的探测信号,并对此信号进行分析、处理、判断,确认为非法入侵,发出声光报警,输出显示入侵位置,向上一级报警中心发出报警。

2. 基本要求

1) 自身防拆、防破坏。
2) 对传输途径监测。
3) 具有自检功能。
4) 宽电压输入。
5) 具有后备电源。
6) 具有显示部件。
7) 操作使用方便。
8) 工作稳定可靠。
9) 具有防区设置功能。

3. 防区概念

1) 防区:探测器监控的范围,在系统中可以被控制主机识别,并相互区分的保护区域,一般防盗报警系统都有多个防区。
2) 布防(设防):需要探测器正常工作起来,对探测到的移动(入侵)信号作出报警判断的工作状态。
3) 撤防:人们在探测区内正常工作、生活、学习,暂不需要防盗报警系统对探测到的信号作出报警的工作状态。
4) 退出延时:对系统布防时,报警系统需延迟一段时间,此时间内不会因为触发探头引起报警,便于设防人员退出。
5) 进入延时:操作者需对系统撤防时,可能触发探头,这时系统应能延迟一段时间,等待撤防操作,超过此时间便报警。

设防、撤防、退出、延时、进入延时等工作状态由主机根据需要设置。

4. 防区类型

1) 出入防区:用于主要出入口,防区在布防后,退出延时结束生效。撤防时,必须在延时结束前操作完毕,否则报警。
2) 周边防区:用于外部门、窗、墙等周界防范。布防后有效,没有延时。
3) 内部防区:用于内部房间进入需报警的地方,布防生效,撤防无效。
4) 日夜防区:用于敏感地区的门、窗、柜,无延时。

5. 报警功能

1) 现场声光报警(恐吓作用)。
2) 电话联网报警。
3) 报警中心报警。
4) 胁持报警:当用户受到罪犯胁持,被迫撤防系统时,可用胁持密码撤防系统,系统被撤防的同时,会向外部或上级报警中心报警求援。这是一个非常重要的功能,设计防盗报警系统时必须要考虑。

五、传输

探测器信号与报警主机、报警中心的通道，分为有线传输和无线传输两大类。它们各有优缺点，设计时根据实际情况及要求和现场条件进行选择。

六、联网报警系统

一般由用户端报警系统和接警中心组成，按用户的性质可分为固定目标联网报警系统（如银行、博物馆等）和移动目标联网报警系统（如出租车等）。

第三节 一般防盗报警工程系统的设计

安全技术防范工程是指综合运用安全技术防范产品和其他相关产品所组成的安全防范系统的手段和工作。

一、设计步骤

1) 防盗报警工程的设计必须根据国家有关标准、公安部门有关规范要求进行，设计时必须深入现场全面了解建设单位的性质、要求，从而确定防护范围，警戒设防区域，根据各区域的不同要求确定保护级别及风险等级。

2) 全面勘察设防范围，了解各设防区域的特点，包括地形、建筑结构、气候，可能产生的各种干扰，可能发生入侵的方向、路线、地点、时间等。

3) 确定防盗报警工程要达到的功能来选择探测器的种类。

4) 根据入侵探测器的探测范围画出布防图、覆盖图。必要时应进行现场试验，并结合实体防范系统和守卫力量的情况，对工程系统各项技术指标、预期效果做出评估，提出严密的防盗报警系统方案。

5) 方案要报送有关主管部门审批，对其技术、质量、费用、工期、服务和预期效果做出评价，并根据审批意见进行修改，正式的施工设计必须按审查批准方案进行。

6) 办事程序：①办理《技防工程设计、施工、维修、审核登记证书》（资质证）。②办理工程审批。③工程施工。④工程验收。⑤资格年度审验。

二、设计原则

1. 防盗报警系统的应用范围

现代楼宇的高层化、大型化、密集化、多功能化、智能化，需要加强防范措施，下列场所应有防盗报警装置：①银行。②金库。③博物馆。④陈列室。⑤商场。⑥计算机房。⑦档案室。⑧重要办公室。⑨住宅。⑩重要场所的出口。⑪军事要地等。

2. 设计原则

安全技术防范是采用科学技术手段和先进的设备，对重要目标及部位实施控制管理，所建立的一系列技术防范措施，用以预防制止违法犯罪行为。防盗报警系统的电路结构有多种，产品规格型号也有很多，设计时应从实际需要和要求出发，尽可能使系统简单、可靠，技术上先进，经济上合理。设计时一般遵守下列基本原则：

1) 系统必须具有自动防止故障的特性，即公用电源出了故障，报警系统也能在一定时间内处于随时能够动作的状态，备用电源应装在报警装置附近，而不是装设在探头位置。

2) 报警装置应设在闯入者不易到达处，线路必须用暗敷方式。

3) 报警探头应尽量安装于不显眼处，当它受到损坏时，应易于及时发现并及时处理。

4) 应认真考虑系统的维护检修问题，尽量采用标准部件。

5) 系统探测器、线路出故障或受破坏时，应能报警提示，并告知哪个防区出问题，以便及时出警和维修。

6) 充分考虑当地公安部门认可的品牌和产品，设计方案报公安机关审批。

三、报警系统的形式

报警系统按实际要求系统的大小及布防区域的多少，分为单级报警系统和多级报警系统。单级报警系统的结构形式如图2-4所示。多级报警系统指有多个布防区域的集中控制电视监控报警系统，参见图2-5。

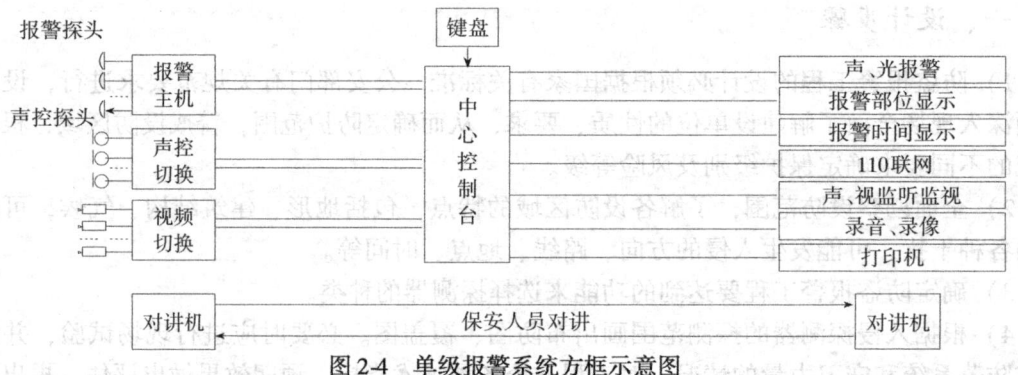

图2-4 单级报警系统方框示意图

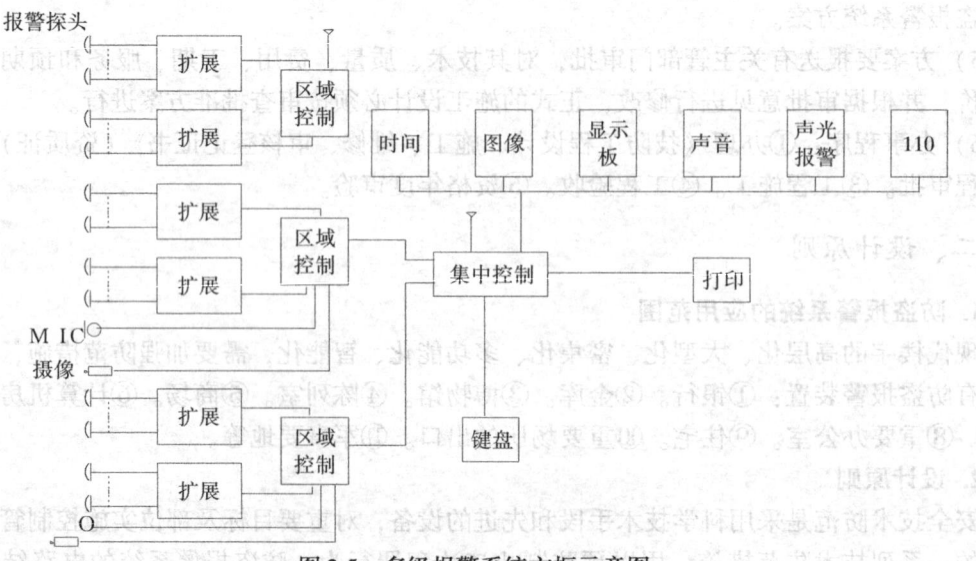

图2-5 多级报警系统方框示意图

联网报警中心的组成，参见图2-6。

第二章 防盗报警系统

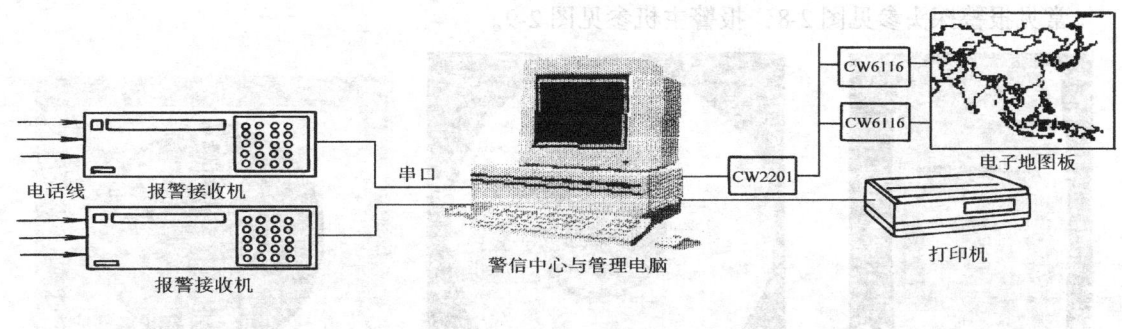

图 2-6 联网报警系统的构成

1）多媒体操作：语音报告不同类型警情的发生，提醒值班人员的注意，提高报警中心的效率。

2）多级电子地图显示：所有的用户状态、报警情况、用户资料等，都可以通过电子地图显示和控制。软件还可以提供电子地图引入工具，安装所需新地图、防区图。

3）按报警类型分别自动处理：每一种类型的警情都可单独选择自动处理、自动打印和报警。

4）与其他系统集成：与其他系统（如110）方便地集成。

5）灵活设置的监控界面：通过显示板，可以一屏显示一类用户，甚至所有用户的当前布、撤防及报警状态都应能显示。

多级联网报警中心系统结构，参见图2-7。

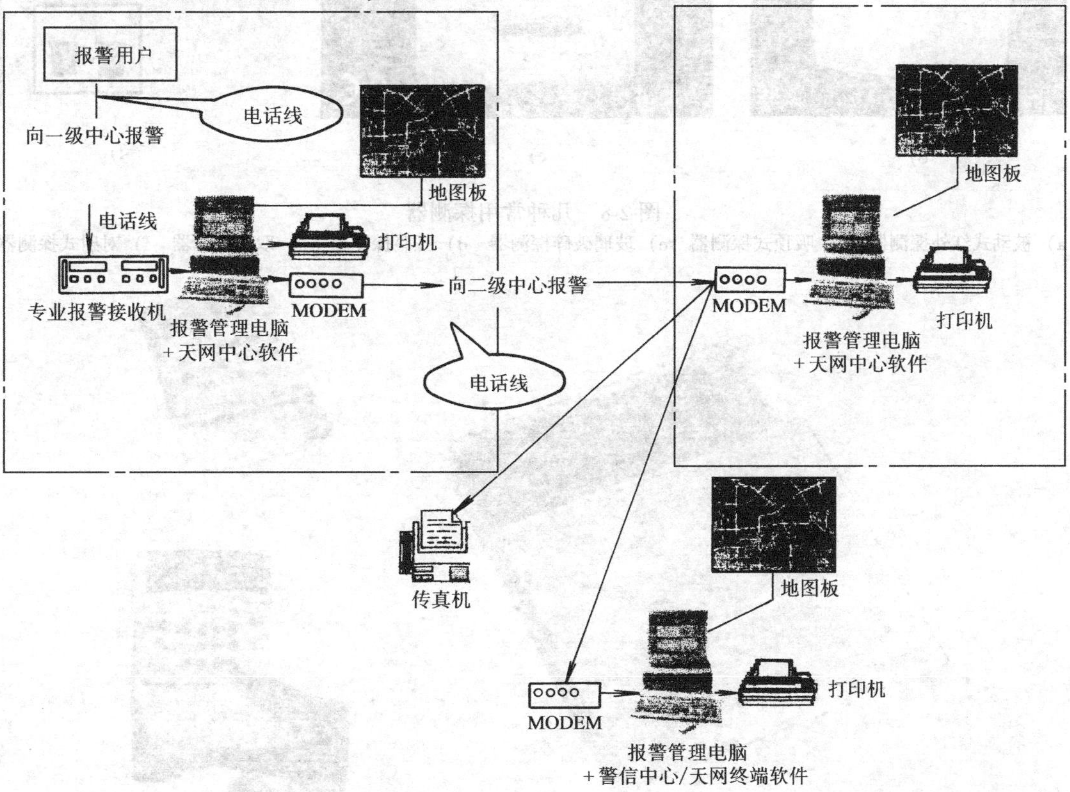

图 2-7 多级联网报警系统

常见报警探头参见图 2-8，报警主机参见图 2-9。

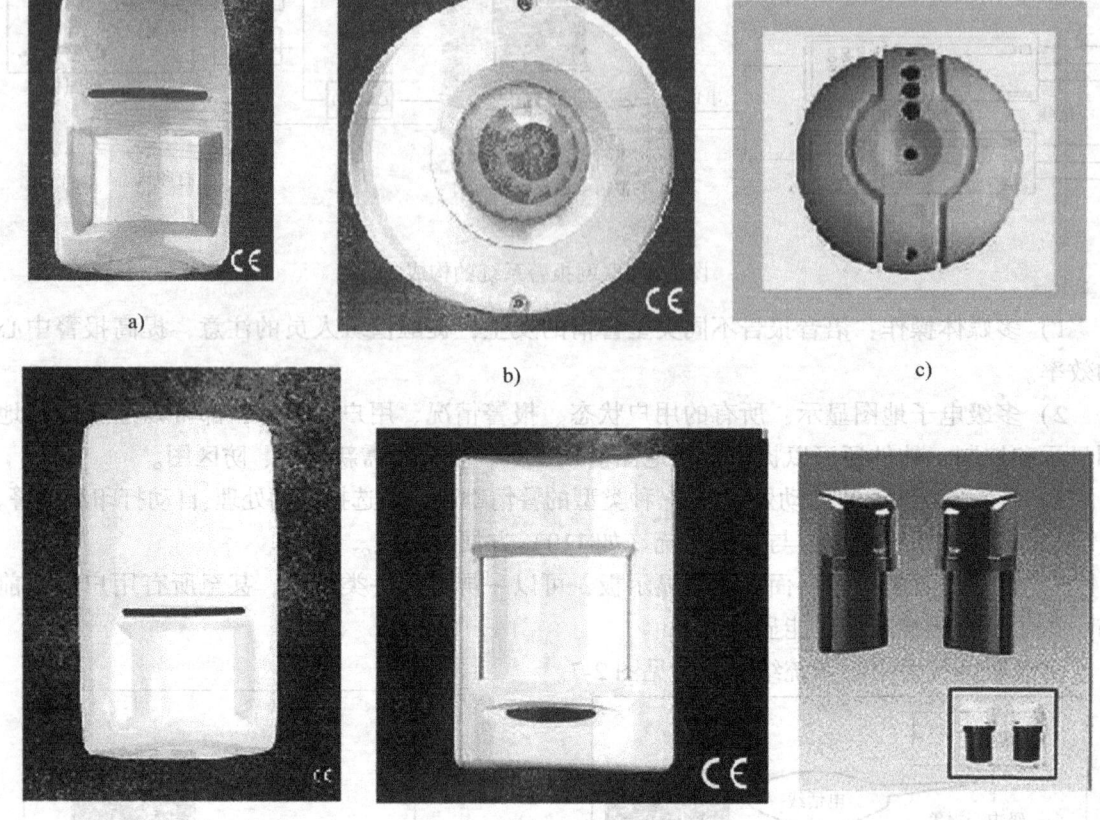

图 2-8　几种常用探测器

a) 被动式红外探测器　b) 吸顶式探测器　c) 玻璃破碎探测器　d) 三鉴探测器　e) 双鉴探测器　f) 对射式探测器

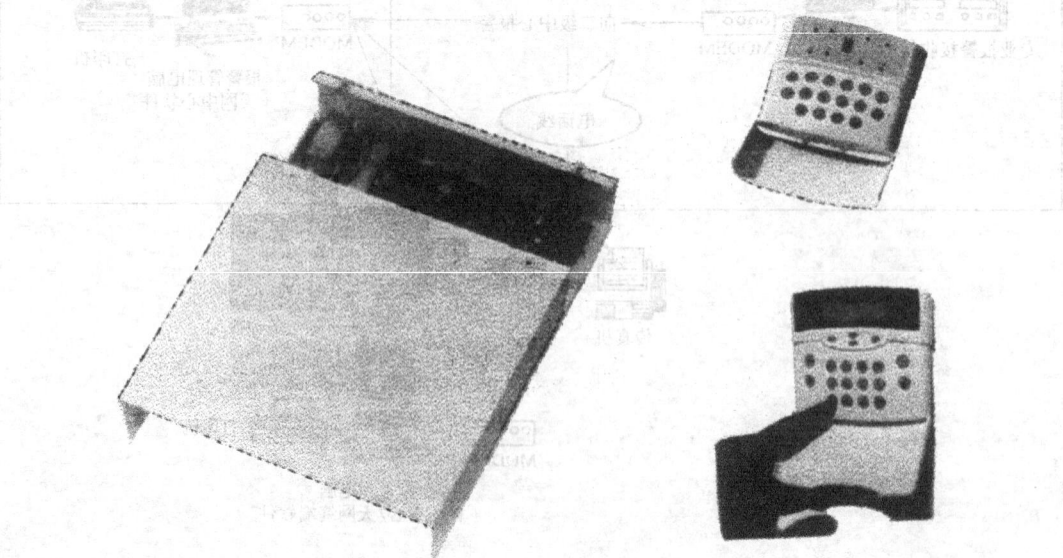

图 2-9　报警控制主机

四、报警系统设备选择

报警系统工程必须结合实体防护系统和响应力量的情况,由各种入侵报警探测器、传输(无线或有线)、报警主机、监控中心和响应力量组成,并宜附加以电视监控和声音监听复核装置,必要时增加与110联网设备。防盗报警系统必须有自动报警探测器和手动报警触发装置,两者相互补充。防盗报警系统一般分为单级报警管理系统和多级报警管理系统。

单级报警管理系统的设计应符合下列要求:

1) 只有一个大设防区域,系统中必须设置一台报警控制器。
2) 报警控制器应安装于操作人员便于操作控制的地方。
3) 报警控制器必须设在有人值班的房间或场所。

多级报警管理系统的设计应符合下列要求:系统中必须设置一台集中报警控制器和多台区域报警控制器,还必须考虑联网应变的可能性。有的设备可只用集中报警控制器。

防盗报警用探测器的选择应结合现场工作要求、特点及探测器的特性来选用,各种报警探测器的工作特点如表2-4所示。

防盗报警工程系统的设备、器材市场上非常多,应选用经国家有关产品质量监督部门检验合格的产品,如要和公安部门联网,还应考虑采用公安部门认可的产品。

为确保防护范围的绝对安全,可采用两种以上报警功能的探测手段。

表2-4 各种防盗报警器工作特点

报警器名称		警戒功能	工作场所	特点	适合环境	不适合环境
微波	多普勒式	空间	室内	隐蔽,耗能小,穿透力强	可在热源、光源、流动空气中正常工作	机械振动、电磁反射、电磁干扰
	阻挡式	点、线	室内、外	与运动物体速度无关	室外全天候工作直线周界警戒	收发之间不得有障碍物
红外线	被动式	空间线	室内	隐蔽,耗能小,昼夜可用	静态背景	背景有热源、振动、冷热气流、阳光直射、强电磁干扰
	阻挡式	点、线	室内、外	隐蔽,便于伪装,寿命长	在室外与围栏配合使用,做周界报警	收发间有障碍物,周界不规则,有大雾、大雪
超声波		空间	室内	无死角,不受电磁干扰	隔音性能好的密闭房间	振动、热源、噪声、多门窗、气流变化大
激光		线	室内、外	隐蔽较好,价高,难调整	长距离直线周界警戒	同阻挡式红外报警
声控		空间	室内	有自我复核能力	无噪声的安静场所	有噪声干扰
双技术报警		空间	室内	两种类探测鉴证后报警,误报小	其他类型不适用的环境	强电磁干扰
三技术报警		空间	室内	三种类探测鉴证后报警,误报小	各种环境	基本无
电视监控(CCTV)		空间面	室内、外	报警与摄像复核相结合	各种场所	照度快速变化

在可能发生直接危害生命、财产的防范区，必须设置紧急入侵报警装置。紧急报警装置指发生入侵时由人启动，直接发生报警信号，如营业场所、收银台等。它包括手动报警按钮、脚踢报警开关等，设置时必须隐蔽，操作方便，并采用防止误动作的措施。

可根据需求上网查询各种设备，从中选择，还可向生产商提出需求，请他们帮助配置各种设备以供参考。

五、保护范围的确定

(1) 外部入侵保护　哪些地方需要防止从外部入侵楼内，这是一道将罪犯排除在所防护区域之外的重要防线。

(2) 区域保护　哪些区域需要保护，这是第二层次的保护，目的是探测是否有人非法进入某区域，如有，应立刻向控制中心报警，控制中心根据情况作出相应处理。

(3) 目标保护　哪些重点目标需要特殊保护，这是第三道防线，用于对特定的目标（如保险柜、文物、枪支弹药、有毒物品）进行高层次的保护。

总之，防盗报警系统最好在罪犯有入侵意图和动作时便及时发现，以便尽快采取措施"以拒敌于外"。当罪犯侵入防范区域时，保安人员应当通过系统了解其活动。当罪犯将手伸向目标时，系统的最后防线要立刻起作用。如果所有防范措施都失败，系统还应有事件发生前后的记录，以便帮助有关人员进行分析，这就是保安系统的任务。

六、防盗系统设计的其他注意事项

1) 要注意门窗、天窗、吊顶、通风管道等处的非法入侵。

2) 住宅小区的报警系统，最重要的是保护人身安全，应以周界和楼房外部探测、监控为主，将罪犯拒之门外。

3) 豪华别墅的安防系统，还要注意私人贵重物品的保护，如采用点型、对射型探测器进行重点保护，并在方便的位置装设紧急报警按钮，以便报警求助。

4) 工商、企、事业单位防盗报警系统，除具备完善的设备系统外，还必须配备专业保安人员值班巡逻，以便及时处理突发事件。

5) 要对使用方有关人员进行培训、指导。

第四节　银行等重要场所的安全防范报警工程设计

银行等重要场所是防盗报警系统最主要的服务对象，也是这类工程的主要实施地。我国规定：所有银行包括储蓄所，都必须依照标准 GB/T16676—1996《银行营业场所安全防范工程设计规范》等法规来安装防盗报警、电视监控系统。

一、银行营业场所的风险等级

银行营业场所是指对外办理储蓄、现金收付、会计结算等具体业务的营业所（室、厅、部），它的风险等级是指银行营运现金及工作人员在其所处环境中可能遇到的危险程度。通常这样的场所风险等级分为四级。

(1) 一级风险条件　①日均现金收付量，城市超过150万元，乡镇超过50万元。②设置有现金库房。③在机场、火车站、码头、长途汽车站附近。④距离公安机关1000m以上。

（2）二级风险条件 ①日均现金收付量，城市 80~150 万元，乡镇 20~50 万元。②设置现金库房。③在商业繁华地段。④距离公安机关1000m以内。

（3）三级风险条件 ①日均现金收付量，城市 5~80 万元，乡镇 1~20 万元。②设置有现金库房。③在工业区、文化区、机关、院校、部队附近。④距离公安机关500m以内。

（4）四级风险条件 ①日均现金收付量，城市不足5万元，乡镇不足1万元。②现金不过夜。③在机关、院校、部队、工厂等企事业单位内部。④距离公安机关100m以内。

（5）提高等级 各级风险等级条件中，如有一条不满足，应提高一个等级。

二、防护级别及防护区域

1. 一般防护要求

1）所选用的报警系统设备、部件等必须符合国家有关技术标准和公安部门规范要求，并经过国家指定的检测中心（部门）检测合格的产品。防护级别应与风险等级相对应，即四级防护级别对应于四级风险等级。

2）报警系统一般应安装在防范区域的隐蔽位置。

3）报警系统应有声光显示，并能准确指示报警位置。

4）报警系统应有防破坏功能。

5）人工触发报警装置应有防误动作措施。

6）中心控制室位置应隐蔽，出入口应设有防护装置。内部应设紧急报警装置。

2. 四级防护工程

1）营业场所的门、窗应安装报警装置。

2）营业室应设手动、脚挑式或无线报警装置及联防警铃，报警装置数量可根据实际情况设定，一般不少于4个。警铃应安装于大门外墙上，警铃声级室外大于100dB，室内应大于80dB。报警信号要同时送至值班室和接警单位，有条件送至110。

3）报警控制设备应留有能与区域性报警网络联网的通信接口。

4）营业柜台应设防弹等防护装置。

3. 三级防护工程

在具备四级防护的基础上增加：

1）在重要区域内安装入侵探测器，对进入营业室的通道必须安装入侵探测器。

2）中心控制设备应有现场监听复核或录音功能。

3）对自动存、取款装置，应采取实体防护，设置报警装置，有条件应设电视监控系统。

4）系统应有与公安110联网和联络通信的功能。

4. 二级防护工程

在具备三级防护的基础上增加：

1）入口、窗、顶棚等处应安装报警装置，有独立的中心控制室，应安装电视监控，主要场所应安装紧急报警装置。

2）现金柜台应安装摄像机，实施电视监控。

3）主要通道应实施电视监控。

4）电视监控设备应具有自动、手动切换功能或多画面显示功能。系统应具有选择定格，对多画面显示系统应具有多画面、单画面相互转换、定格功能。录像系统应具有自动录像功能，即报警信号能自动启动录像设备进行录像。

5) 对柜员制的营业场所，应设置一对一摄像设备。在营业时间内应长时间录像，下班时间内设置为对移动目标进行报警录像模式，可大大节约录像空间，录像资料至少能保留7~15天（公安部门规定）。每个营业员工作处都应安装设置紧急报警装置。

6) 报警系统的启动、布防、撤防、旁路、复位等均应采用密码控制的形式，由专人进行操作，可防止其他人员误操作。

5. 一级防护工程

在具备二级防护的基础上增加：

1) 一级防护应为全方位防护。入侵探测系统至少应选用二种以上不同探测原理的探测器，以提高可靠性。

2) 所有门窗、通道应安装报警装置，门应安装防盗安全门。

3) 所有通道、重要场所应设置摄像机，实施全方位电视监控，并能在中心控制室观察到全部图像，必要时还须进行声音监听及录音。

4) 营业场所的四周应安装周界防入侵报警系统。

5) 在重要场所处应安装防弹装置、墙壁振动报警装置、玻璃破碎报警装置等。

6) 录像资料至少应保留15天。

各级防盗报警工程设计时，还应该注意执行国家有关部门及公安部门的最新标准和规定，并将方案报所在地公安部门技防办审批后，才可实施。各级银行包括储蓄所，防盗报警工程的施工人员应可靠负责，并注意保密，人员名单、身份证复印件需报公安部门备案。

三、系统的基本组成

1) 出入口报警装置多为双鉴和三鉴探头。

2) 周界报警装置多为红外、激光、微波等线型探测器及振动、玻璃破碎等探测器。

3) 柜台、办公室等报警装置多为双鉴、三鉴、红外、按钮等探测器。

4) 金库、保险柜报警装置多为双鉴、三鉴、振动、位移、按钮等探测器。

5) 通道报警装置多为红外报警探测器。

6) 报警主机及控制器应与当地公安机关报警设备匹配。

7) 报警中心和接警中心联网。

8) 人工报警与自动报警相结合。

9) 素质较高的保安人员。施工方必须对他们进行全面、认真的培训，并进行考试，合格后可持证上岗。

四、防盗设计中的其他细节

1) 电话。在安全防范中，电话起到重要作用，可用来联系、通信、报警，是必不可少的通信工具。电话线的铺设应注意防破坏，各保安人员还应配备无线对讲机。

2) 室外照明。在建筑物周围的阴暗区域及地段应尽可能装设完备的外部照明，其开关操作只允许在室内进行。

3) 室外原则上不允许有电源插座，防止罪犯使用电动工具或制造短路事故。

4) 防盗报警系统是一个非常特殊的系统，应向使用方说明该系统必须专人负责和管理，并对使用者进行认真的培训。

5) 布防、撤防必须设置只有专人知道的密码，且不能让施工、安装、调试人员知道，胁持密码要记牢。

第五节 文物、博物馆安全防范报警工程设计

文物在各个国家都是犯罪、盗窃的重要目标之一，安防系统在这里显得特别重要和必要，对安防系统的要求非常高，甚至超过银行。因此这类工程的设计、施工都有其严格的标准和规范。

一、设计依据

1. 设计标准

1) GA27—1992《文物系统博物馆风险等级和安全防护级别的规定》。
2) BG/T16571—1996《文物系统博物馆安全防范工程设计规范》。
3) 其他最新标准和规范。

2. 设计任务书

这是方案设计的首要依据，必须经过国家有关部门审核后才可下发到设计投标单位，接到设计任务书后作为依据要求，才能进行具体设计，并且设计资料应该注意严格的保密。

3. 现场勘察

这是设计的基础，在设计之前进行认真的现场勘察，必须根据用户对房屋的使用安排和藏品情况，确定一级防护目标、二级防护目标和三级防护目标的防范区域和位置，并做详细记录。

4. 布防的设计要求

布防设计时要认真分析考虑各个区域的风险等级、区域的重要性及工程的规模等来进行设计。具体要求可参见表2-5。设计出初步方案和有关部门进行讨论、修改，并在现场做局部试验，然后进行二次设计。

表2-5 布防设计要求

风险等级	规模	报警探测器	复核系统	周界报警	出入口控制	一级文物柜	电视监控
一级	大型	具有三种以上不同探测技术探头交叉	电视图像为主，声音为辅	设置	设置	24h设防	报警区域内设置
一级	中型	具有三种以上不同探测技术探头交叉	声音为主，图像为辅	室内设置	重点部位设置	24h设防	重点部位设置
一级	小型	不少于三种探头	声音	—	重点部位设置	24h设防	重点部位设置
二级	大型	三种不同探测技术	重点通道电视监控，声音复核	设置	重点部位设置	24h设防	重点部位设置
二级	中型	三种不同探测技术	重点通道电视监控，声音复核	室内设置	重点部位设置	24h设防	重点部位设置
二级	小型	不少于三种	声音	—	重点部位设置	24h设防	重点部位设置

(续)

风险等级	规模	报警探测器	复核系统	周界报警	出入口控制	一级文物柜	电视监控
三级	大型	不少于二种探测技术	声音	室内设置	—	24h 设防	重点目标可设置
三级	中型	不少于二种探测技术	声音			24h 设防	—
三级	小型	不少于二种探测技术	—			24h 设防	

以上的要求必须做到，没有要求的可根据实际情况决定是否需要设置。

5. 必要的模拟实验

1）各种探测装置的安装位置及选用类型要进行现场模拟实验，符合探测要求才可安装。

2）摄像机的安装位置要进行现场模拟实验，一天中的光照变化或夜间可能提供的照度要保证图像质量和监视范围达到要求。

3）通风管路、暖气装置及其他热源的影响要做实验。

4）各种电磁干扰要做实验。

5）室外探测器还应做抗雷电实验。

6）报警声光效果要做实验。

7）联网、联动要做实验。

6. 工程设计原则

1）具备防入侵、防盗窃、防抢劫功能。

2）敷设专线传送报警信息，形成有线为主、无线为辅的报警传输系统。

3）要有扩展功能，满足一定时期内的发展要求。

4）盲区要小，探测器盲区边缘与防护目标的间距不得小于5m。

5）周界应设置灯光照明。

6）中心控制室应在禁区内。

7）良好的抗干扰能力和安全接地系统。

8）所有器材符合有关规定。

二、三级风险安防工程设计规范

（1）**大型工程** 确定为三级风险且安防工程投资规模在100万元以上的工程，其设计规范如下。

1）建立以电脑为核心的报警中心，中心机房必须设在禁区或防护区内。

2）报警传输系统以有线传输为主，无线传输为辅，中心机房与所有通道、出入口、各展厅要有对讲系统。

3）重点目标、重要通道要设置电视监控。

4）室内设置周界报警装置。

5）入侵探测系统采用的探测技术不应少于两种（复合入侵探测器只能视为一种原理探测装置）。

6）重要文物应设有专用实体防护装置，展柜配置报警装置。

7）与上级报警中心实施双向通信，并与接警中心110联网。
8）整个报警系统配置不间断电源。

（2）中型工程　确定为三级风险且安防工程投资规模在30万元以上的工程，其设计规范如下：
1）建立以电脑为核心的报警中心，中心机房设在防护区内。
2）建立报警有线传输系统，中心机房与各主要通道、出入口、各展厅建立有线对讲系统。
3）重要通道实施电视监控。
4）一级文物设有专用实体防护装置，并配置报警装置。
5）与上级报警中心实施双向通信，并与接警中心联网。
6）整个报警中心配置不间断电源。

（3）小型工程　确定为三级风险且投资规模在30万元以下的安防工程，其设计规范如下：
1）设置报警控制值班室，报警控制值班室可设在非营业、非参观区内。
2）建立有线报警传输网络。
3）设置本地发声、发光的警号、警灯报警。
4）探测技术不少于两种。
5）与上级报警中心有电话通信，必要时与接警中心联网。

三、二级风险防范工程设计规范

无论投资多少，公安部门规定必须按要求设计。

1. 大型工程

1）建立以电脑为核心的报警系统和电视监控系统控制中心，中心机房必须设在禁区或防护区内。
2）建立以有线传输为主，无线传输为辅的报警信息传输系统。
3）重要通道、重点防范区域设置电视监控，声音复核。
4）建立室外、室内周界报警系统。
5）使用三种不同探测技术组成的入侵探测系统，探测器启动监控摄像或照明的区域应设置与探测器同步的照明系统。
6）一级文物和重要文物设置专用实体保护装置，展柜安装报警装置。
7）建立与上一级报警中心双向通信系统，控制中心与各通道、出入口建立有线对讲系统，与接警中心联网。
8）整个报警系统设置不间断电源。

2. 中型工程

1）建立以电脑为核心的报警控制中心，中心机房设在防护区内。
2）使用三种不同探测技术组成的入侵探测系统。
3）重要通道和重点防范区设置电视监控系统。
4）一级文物和重要文物设置专用实体保护装置，展柜安装报警装置。
5）建立与上一级报警中心的双向通信系统，控制中心与各通道、出入口、展厅建立对讲系统，与接警中心联网。
6) 整个报警系统设置不间断电源。

3. 小型工程
1) 设置报警控制值班室，值班室设在防护区内。
2) 一级文物和重要文物区，要按一级风险小型工程处理。
3) 把出入口通道作为入侵探测和监控的重点区域。
4) 设置与上一级报警中心电话通信联络设备，必要时与接警中心联网。
5) 使用不少于三种的探测技术。
6) 设置现场报警装置和警灯报警装置。
7) 配有备用电源。

四、一级风险防范工程设计规范（无论投资多少，必须按规范设计）

1. 大型工程
1) 建立以电脑为核心的报警系统和电视监控系统中心，中心机房必须设在布防的禁区内。
2) 建立以有线传输为主、无线传输为辅的报警信息系统，控制中心与所有通道、出入口、展厅建立有线、无线对讲系统。
3) 使用三种以上不同探测技术组成交叉入侵探测系统。
4) 具有电视图像为主、现场声音为辅的报警信息复核系统。
5) 设置出入口控制系统。
6) 设置周界报警系统。
7) 建立与上一级报警中心的联动报警和双向通信系统，必须与"110"联网。
8) 一级文物和重要文物设置实体保护装置，展柜应处于24h设防状态。
9) 全套系统设置不间断电源。
10) 能在最恶劣的自然环境下稳定工作。

2. 中型工程
1) 建立以电脑为核心的报警和电视监控中心，中心控制室设在禁区或防护区内。
2) 建立专用的有线传输系统，中心机房与所有通道、出入口建立有线对讲系统。
3) 使用三种以上不同探测技术组成的交叉入侵探测系统。
4) 重点区域设置出入口控制装置，设电视监控系统。
5) 一级文物设置实体保护装置，展柜安装报警装置。
6) 与上一级报警中心有双向通信，必须与接警中心联网。
7) 全套系统设置不间断电源。

3. 小型工程
1) 设置报警控制值班室，值班室设在防护区内。
2) 探测技术不少于三种。
3) 一级文物设置实体防护装置，展柜设置报警装置。
4) 重点目标设置电视监控系统。
5) 与上一级报警中心实施双向通信，必要时与接警中心联网。

6）重点出入口设置控制装置。
7）具有自动切换备用电源。

五、工程设计要求

1）中心控制室应是一个专用的房间，并设置两道防盗门，二门间距不小于3m，防盗门要装出入控制身份识别装置。窗户要设防弹、防盗装置，内部应设卫生间及空调。

2）中心接收机应能自动接收所有探头发来的所有信息，应有显示报警信号的屏幕，并发出声光报警，与接警中心联网报警控制应设用户密码，具有电话等通信工具（有线、无线相结合）。

3）室外周界警戒区应设电视监控，在警戒范围内实现无盲区监控。

4）应有声音复核装置，能清晰地探测到现场内人的话音、走动、撬、挖、凿、锯等声音。

5）实体防护是文物保护的重要措施，应优先采用，如防盗玻璃柜、保险库、柜等。

6）仅供内部人员使用的出入口，应设置磁卡或其他自动识别身份的出入控制装置，禁止无关人员出入。

第六节　防盗报警工程的布线、供电、接地

一、布线

防盗报警工程的布线在整个系统中起着重要的作用，布线的质量、走线的合理性直接影响着全系统的质量和可靠性，并且布线的工作量在整个工程施工中也是最大的，因此要引起高度重视，这里有相当的技术和经验。

每个电气类工程，首先是备料，紧接着就是布线，这是一项艰苦、复杂的工作，周期也较长。布线要穿管、走线槽、走桥架，有水平布线、垂直布线、电缆井布线、干线布线、支线布线。这项工作看似简单，其实有很多技术、技巧、经验，也有一定危险性，爬高就低，环境昏暗，到处是各种材料、各种施工具（电焊、搬运、电动工具，电缆电线、油漆、溶剂等易燃、易爆物），满地钉子、铁丝，所以一定要把安全放在第一位。

1）安全防范工程的布线必须走暗线，一般主干线应走金属桥架，支路应采用金属管、硬质阻燃塑料管、阻燃塑料线槽等。并注意尽可能选择最短路径，尽量避开高压电缆、热力管道、煤气管道、上下水管等。

2）强电、弱电线路必须分开敷设，强、弱电布线间距应大于20cm。

3）敷设在多尘或潮湿场所的管口和管子连接处时，均应做密封处理。

4）敷设的所有导线，应认真对线并做标记，并用500V兆欧表测量它们的绝缘及对地电阻，两者都应大于20MΩ。

5）布线一般要在装修之前进行，并采取一定的保护、防破坏措施，必要时派人值班看守。在整个装修区间，应随时对所布线路进行检测，发现问题及时解决，否则装修完工后很难解决。

6）如有线路的增、减或位置的改变，也应在装修完工之前进行。

7）布线较远、走线复杂，装修后很难到达的地方应适当多放一、二组备用线。

8) 所采用的各种电缆、电线，其规格、型号必须满足各使用设备、器件的技术要求并有合格证和"长城"认证。

9) 电线、电缆穿管敷设时，导线的总截面积不应大于管内净空面积的 50%，管子转弯时其弯曲半径应大于管子外径的 10 倍，且管内电线、电缆不应扭绞、打结。

10) 电线、电缆走桥架时，电缆桥架的填充率取 40% 左右为好。金属电缆桥架应有可靠的接地。

11) 横穿路面的埋地敷设、防爆场所敷设应穿有足够强度的镀锌钢管。

12) 有酸、碱、盐溶剂腐蚀的场所应采用 PVC 管敷设。

13) 工程所用的所有线缆、辅材均应是阻燃型的。

14) 在电缆沟内敷设也必须穿阻燃 PVC 管，并注意防水保护。

15) 布线工程结束后，要请监理公司和使用方进行隐蔽工程验收后才可进行装修。

二、供电

防盗报警系统耗电虽然较小，但对供电质量要求很高。为保证系统正常、可靠运行，减少供电网络的波动、谐波等各种干扰，首先要求电网供电的可靠性和稳定性（含电压、频率）；其次要求谐波成分要小。

1) 报警系统的电源装置应包括外部电源和内部备用电源。备用电源的容量应保证在市电断电时系统能正常工作 24h。

2) 如没有使用 UPS 电源，则市电输入前端应配置交流稳压电源。

3) 报警系统电源的总开关应设在机房内部。

4) 电源应有独立的专用保护装置。

三、接地

接地装置的质量直接关系到整个系统的安全、抗干扰能力和工作的可靠性，同时也关系到人员、财产的安全，因此要注意以下几点：

1) 安全防范系统应有良好的接地装置，以防干扰、雷击、漏电，保证系统正常、安全工作。

2) 接地电阻值应不大于 1Ω。

3) 接地干线应用铜芯绝缘导线，线芯截面积应不小于 $16mm^2$。

4) 接地线必须可靠连接。

5) 建筑物的接地线如达不到要求，应另外设置独立地线。

6) 对室外的报警探头还应注意防雷接地。

第七节 防盗报警系统工程设计举例

某银行位于市中心一高层建筑的 1~3 层，内部有营业室、金库等重要区域，属于一级风险等级。根据甲方（用户）提供的建筑图样及要求，按照国家有关标准（GBJ115—1987、GBJ116—1988、GB/T16676—1996 等）和国家有关部门的行业规范，采取的主导设计思路是：系统先进，功能完善，扩充性好，性价比高。

1. 安全防盗报警系统设备

安全防盗报警系统由下列设备组成：主机采用美国安定保 4110—XM 型、4111—XM 型（市公安局 110 报警中心指定接入机型）；报警探头采用英国 PYRONIX—EP（E）智能双鉴（被动红外/微波）探测器、美国 C&K—700 型智能三鉴（红外/微波/人工智能）探测器，日本 LX—80N 红外探头，C&K—2050 玻璃破碎探测器，美国 ADEMCO—971A 电子振动分析仪，SD—3 电子振动探测器，紧急报警按钮等。保安控制中心设在三楼防护区内。

管线设置金属弱电桥架为主路径的走线槽，用阻燃 PVC—20 管引至报警探测点（或电视监控摄像点）。4110 报警主机设备配置及接线如图 2-10 所示，该主机有 9 个基本接线防护区，可采用总线式结构，扩充十分方便，最多可扩充达 87 个防区，并具备多重密码、布防时间设定、自动拨号及"黑匣子"记录等功能，在目前防盗报警工程中被广泛使用。

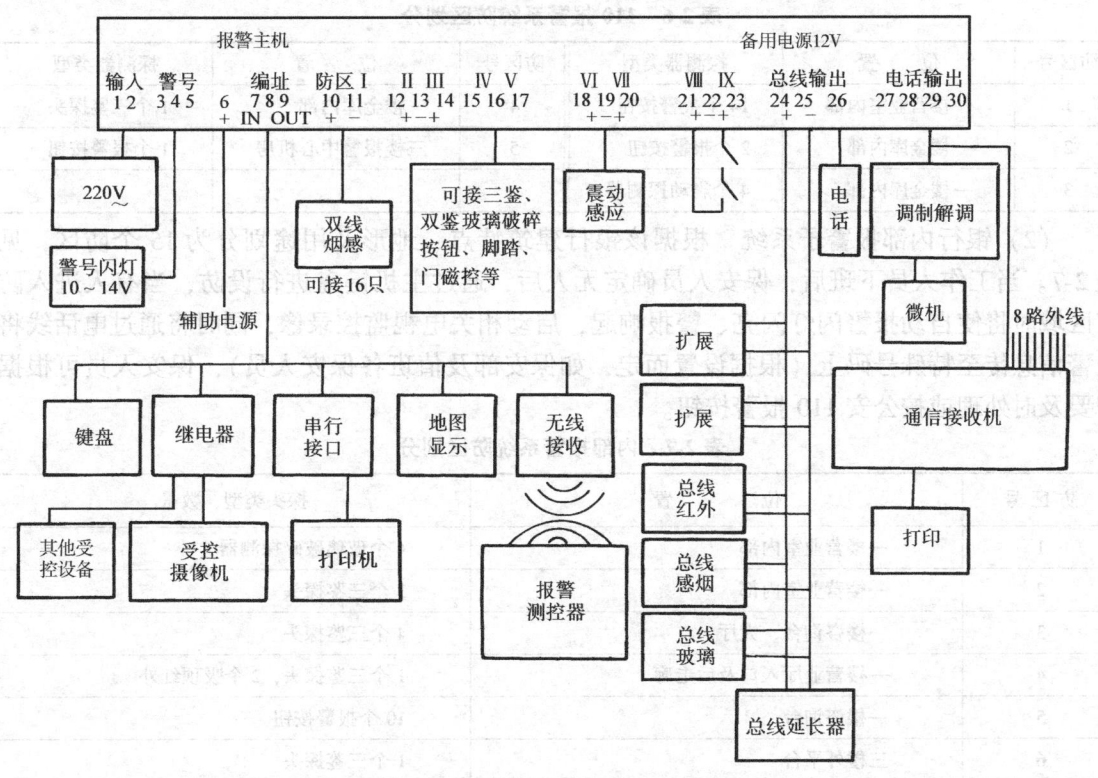

图 2-10　主机的设备配置及接线图

2. 设计方案

本防盗报警系统根据此银行的实际情况分为两个子系统，分别见图 2-11、图 2-12 所示。

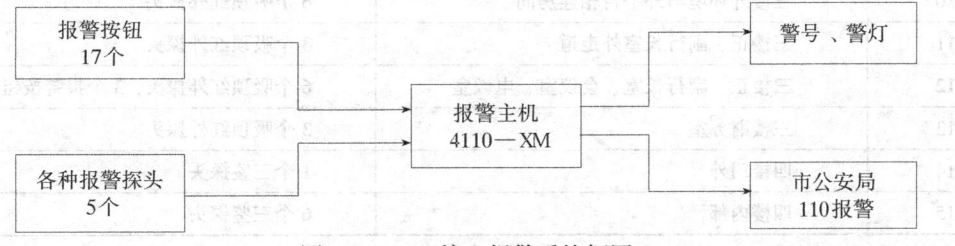

图 2-11　110 接入报警系统框图

图 2-12　内部报警系统框图

（1）公安局 110 接入报警子系统　此系统当前端相关的重要探头、报警按钮被触发时，无须银行内部保卫人员进行处理，而直接向 110 报警中心发出报警，此系统防区划分见表 2-6。

表 2-6　110 报警系统防区划分

防区号	位　　置	探测器类型	防区号	位　　置	探测器类型
1	一楼营业室内部	14 个报警按钮	4	一楼金库内部	1 个三鉴探头
2	一楼金库内部	2 个报警按钮	5	三楼报警中心机房	1 个报警按钮
3	一楼金库内部	4 个震动探测器			

（2）银行内部报警子系统　根据该银行建筑特点、地形及用途划分为 15 个防区，见表 2-7。当工作人员下班后，保安人员确定无人后，通过主机键盘进行设防，当有人进入防范区域时将使自动报警闪灯闪亮、警报响起，启动相关电视监控录像，同时将通过电话线将报警信息传至特殊号码上（根据设置而定，如保安部及值班各保安人员），保安人员可根据需要及时处理或按公安 110 报警按钮。

表 2-7　内部报警系统防区划分

防区号	位　　置	探头类型、数量
1	一楼营业室内部	4 个玻璃破碎探测器
2	一楼营业室内部	3 个三鉴探头
3	一楼咨询台、大厅	4 个三鉴探头
4	一楼营业厅入口及后走廊	1 个三鉴探头，2 个吸顶红外
5	一楼咨询台	10 个报警按钮
6	三楼外平台	1 个三鉴探头
7	二楼左边办公区	4 个吸顶红外探头
8	二楼右边办公区	4 个吸顶红外探头
9	三楼中心机房、总配线间	3 个吸顶红外探头
10	三楼外环境与外平台相连房间	6 个吸顶红外探头
11	三楼正、副行长室外走道	3 个吸顶红外探头
12	三楼正、副行长室、会议室、电教室	6 个吸顶红外探头，3 个报警按钮
13	三楼财务室	3 个吸顶红外探头
14	四楼门外	1 个三鉴探头
15	四楼内部	6 个三鉴探头

银行报警探测器、按钮、电缆、电线、保护管等材料分配见表 2-8。

表 2-8 ××银行报警探测器、按钮、电缆等材料分配

序号	编号	设备名称	型号	安装位置	防区名称	4芯电缆/m	2芯电缆/m	PVC管φ20	金属软管φ20	备注
1	BJAN—A1—01	报警按钮	PB—1	一层营业室内部	110报警1号防区A1					
2	BJAN—A1—02	报警按钮	PB—1	一层营业室内部	110报警1号防区A1					
3	BJAN—A1—03	报警按钮	PB—1	一层营业室内部	110报警1号防区A1					
4	BJAN—A1—04	报警按钮	PB—1	一层营业室内部	110报警1号防区A1					
5	BJAN—A1—05	报警按钮	PB—1	一层营业室内部	110报警1号防区A1					
6	BJAN—A1—06	报警按钮	PB—1	一层营业室内部	110报警1号防区A1					
7	BJAN—A1—07	报警按钮	PB—1	一层营业室内部	110报警1号防区A1		300	200		
8	BJAN—A1—08	报警按钮	PB—1	一层营业室内部	110报警1号防区A1					
9	BJAN—A1—09	报警按钮	PB—1	一层营业室内部	110报警1号防区A1					
10	BJAN—A1—10	报警按钮	PB—1	一层营业室内部	110报警1号防区A1					
11	BJAN—A1—11	报警按钮	PB—1	一层营业室内部	110报警1号防区A1					
12	BJAN—A1—12	报警按钮	PB—1	一层营业室内部	110报警1号防区A1					
13	BJAN—A1—13	报警按钮	PB—1	一层营业室内部	110报警1号防区A1					
14	BJAN—A1—14	报警按钮	PB—1	一层营业室内部	110报警1号防区A1					
15	BJAN—A2—01	报警按钮	PB—1	一层金库内部	110报警3号防区A2		150	50		
16	BJAN—A2—02	报警按钮	PB—1	一层金库内部	110报警3号防区A2					
17	BJTC—A3—01	振动探头	SD—3	一层金库内部	110报警4号防区A3					
18	BJTC—A3—02	振动探头	SD—3	一层金库内部	110报警4号防区A3	150	50	50	30	
19	BJTC—A3—03	振动探头	SD—3	一层金库内部	110报警4号防区A3					
20	BJTC—A3—04	振动探头	SD—3	一层金库内部	110报警4号防区A3					
21	BJST—A4—01	三鉴探头	C&K706	一层金库内部	110报警5号防区A4	100		50	20	
22	BJAN—A5—01	报警按钮	PB—1	三层监控室内部	110报警1号防区A5		5			
23	BJST—B1—01	三鉴探头	C&K706	一层营业室内部	内部报警1号防区		150	60		
24	BJST—B1—02	三鉴探头	C&K706	一层营业室内部	内部报警1号防区B1					
25	BJST—B1—03	三鉴探头	C&K706	一层营业室内部	内部报警1号防区B1					
26	BJST—B1—04	三鉴探头	C&K706	一层咨询台内部	内部报警1号防区B1		80	60		
27	BJST—B1—05	三鉴探头	C&K706	一层咨询台内部	内部报警1号防区B1					
28	BJBBT—B1—01	玻破探测	2520	一层营业室内部	内部报警1号防区B1					
29	BJBBT—B1—02	玻破探测	2520	一层营业室内部	内部报警1号防区B1		130	60		
30	BJBBT—B1—03	玻破探测	2520	一层营业室内部	内部报警1号防区B1					
31	BJBBT—B1—04	玻破探测	2520	一层营业室内部	内部报警1号防区B1					
32	BJST—B1—06	三鉴探头	C&K706	一层营业大厅	内部报警1号防区B1		120	50		
33	BJST—B1—07	三鉴探头	LX—80N	一层营业大厅	内部报警1号防区B1					
34	BJTEP—B2—01	红外探头	PYRONIX—EP	一层自助银行内小机房	内部报警2号防区B2					
35	BJTEP—B2—02	红外探头	PYRONIX—EP	一层自助银行内后走廊	内部报警2号防区B2		140	80		
36	BJST—B2—03	三鉴探头	C&K700	一层营业室入口处	内部报警2号防区B2					
37	BJAN—B2—01	报警按钮	PB—1	一层咨询台内部	内部报警3号防区B3					
38	BJAN—B2—02	报警按钮	PB—1	一层营业室内部	内部报警3号防区B3					
39	BJAN—B2—03	报警按钮	PB—1	一层营业室内部	内部报警3号防区B3					
40	BJAN—B2—04	报警按钮	PB—1	一层营业室内部	内部报警3号防区B3					
41	BJAN—B2—05	报警按钮	PB—1	一层营业室内部	内部报警3号防区B3		200	80		
42	BJAN—B2—06	报警按钮	PB—1	一层营业室内部	内部报警3号防区B3					
43	BJAN—B2—07	报警按钮	PB—1	一层营业室内部	内部报警3号防区B3					
44	BJAN—B2—08	报警按钮	PB—1	一层营业室内部	内部报警3号防区B3					
45	BJAN—B2—09	报警按钮	PB—1	一层营业室内部	内部报警3号防区B3					
46	BJAN—B2—10	报警按钮	PB—1	一层营业室内部	内部报警6号防区B6					
47	BJST—B6—01	三鉴探头	C&K700	三层外北平台	内部报警3号防区B3	60		40		

(续)

序号	编号	设备名称	型号	安装位置	防区名称	4芯电缆/m	2芯电缆/m	PVC管φ20	金属软管φ20	备注
48	BJTEP—B7—01	红外探头	PYRONIX—EP	二层办公区左区	内部报警5号防区B5					
49	BJTEP—B7—02	红外探头	PYRONIX—EP	二层办公区左区	内部报警5号防区B5					
50	BJTEP—B7—03	红外探头	PYRONIX—EP	二层办公区左区	内部报警5号防区B5	150		90		
51	BJTEP—B7—04	红外探头	PYRONIX—EP	二层办公区左区	内部报警5号防区B5					
52	BJTEP—B8—01	红外探头	PYRONIX—EP	二层办公区右区	内部报警6号防区B6					
53	BJTEP—B8—02	红外探头	PYRONIX—EP	二层办公区右区	内部报警6号防区B6	160		60		
54	BJTEP—B8—03	红外探头	PYRONIX—EP	二层办公区右区	内部报警6号防区B6					
55	BJTEP—B8—04	红外探头	PYRONIX—EP	二层办公区右区	内部报警6号防区B6					
56	BJST—B9—01	三鉴探头	C&K706	三层计算机房	内部报警7号防区B7					
57	BJST—B9—02	三鉴探头	C&K706	三层计算机房	内部报警7号防区B7	150		80		
58	BJST—B9—03	三鉴探头	C&K706	三层总配线房	内部报警7号防区B7					
59	BJTEP—B10—01	红外探头	PYRONIX—EP	三层外环境通道	内部报警9号防区B9					
60	BJTEP—B10—02	红外探头	PYRONIX—EP	三层外环境通道	内部报警9号防区B9					
61	BJTEP—B10—03	红外探头	PYRONIX—EP	三层外环境通道	内部报警9号防区B9	200		140		
62	BJTEP—B10—04	红外探头	PYRONIX—EP	三层外环境通道	内部报警9号防区B9					
63	BJTEP—B10—05	红外探头	PYRONIX—EP	三层外环境通道	内部报警9号防区B9					
64	BJTEP—B10—06	红外探头	PYRONIX—EP	三层外320房	内部报警9号防区B9					
65	BJTEP—B11—01	红外探头	PYRONIX—EP	三层行长办公区通道	内部报警11号防区B11					
66	BJTEP—B11—02	红外探头	PYRONIX—EP	三层行长办公区通道	内部报警11号防区B11	150		80		
67	BJTEP—B11—03	红外探头	PYRONIX—EP	三层行长办公区通道	内部报警11号防区B11					
68	BJTEP—B12—01	红外探头	PYRONIX—EP	三层行长办公室	内部报警12号防区B12					
69	BJTEP—B12—02	红外探头	PYRONIX—EP	三层行长办公室	内部报警12号防区B12					
70	BJTEP—B12—03	红外探头	PYRONIX—EP	三层行长办公室	内部报警12号防区B12	260		120		
71	BJTEP—B12—04	红外探头	PYRONIX—EP	三层行数字会议室	内部报警12号防区B12					
72	BJTEP—B12—05	红外探头	PYRONIX—EP	三层电教室	内部报警12号防区B12					
73	BJTEP—B12—06	红外探头	PYRONIX—EP	三层电教室	内部报警12号防区B12					
74	BJTEP—B13—01	红外探头	PYRONIX—EP	三层财务室	内部报警13号防区B13	60		40		
75	BJAN—B14—01	报警按钮	PB—1	三层行长办公室	内部报警14号防区B14		100			
76	BJAN—B14—02	报警按钮	PB—1	三层行长办公室	内部报警14号防区B14		100	80		
77	BJAN—B14—03	报警按钮	PB—1	三层行长办公室	内部报警14号防区B14	120	100			
78	BJST—B15—01	三鉴探头	C&K706	四层门外	内部报警15号防区B15					
79	BJST—B16—01	三鉴探头	C&K706	四层门内部	内部报警16号防区B16					
80	BJST—B16—02	三鉴探头	C&K706	四层门内部	内部报警16号防区B16					
81	BJST—B16—03	三鉴探头	C&K706	四层门内部	内部报警16号防区B16	300		200		
82	BJST—B16—04	三鉴探头	C&K706	四层门内部	内部报警16号防区B16					
83	BJST—B16—05	三鉴探头	C&K706	四层门内部	内部报警16号防区B16					
84	BJST—B16—06	三鉴探头	C&K706	二层门内部	内部报警16号防区B16					

3. 设备、材料清单及报价

安全防盗报警系统设备、材料清单及报价（以人民币计）见表2-9。

表2-9 安全防盗报警系统设备、材料清单及报价

序号	设备材料名称	产地	规格型号	单价/元	数量	单位	合计/元
1	报警主机	ADEMCO	4111D×L	2650	1	台	2650
2	报警主机	ADEMCO	4110D×L	2450	1	台	2450
3	电子振动分析仪	ADEMCO	971A	1800	1	台	1800
4	振动探头	ADEMCO	SD—3	800	4	只	3200
5	三鉴探头	C&K	700	780	16	只	12480
6	红外探头	日本	LX—80N	780	1	只	780
7	红外探头	PYRONIX	EP	500	31	只	15500

(续)

序号	设备材料名称	产地	规格型号	单价/元	数量	单位	合计/元
8	玻璃破碎探头	C&K	2050	500	4	只	2000
9	紧急报警按钮	国产	PB—1	20	30	只	600
10	编程键盘	ADEMCO	6139CH	1200	1	只	1200
11	扩充电源补偿器	国产	VIT—XP—1A	380	2	台	760
12	防区扩充器	ADEMCO	4219	1250	1	台	1250
13	蓄电池	国产	12V/7AH	180	4	只	720
14	警号	国产	ES626	80	2	只	160
15	闪灯	国产	HC—05	80	2	只	160
16	标准机柜	国产	IEE标准	3000	1	列	3000
17	电缆桥架	国产	2000×100×50	98	80	m	7840
18	报警照明灯	国产	500W	50	10	只	500
19	二芯电缆	国产	2×0.5	0.7	1900	m	1330
20	四芯电缆	国产	4×0.5	1.0	1900	m	1900
21	PVC管	国产	φ20	1.6	1500	m	2400
22	PVC线槽板	国产	4000×100×50	12	80	m	960
23	UPS电源	EXID	9110	38000	1	台	38000
24	报警照明控制	国产	YETC—5K	2450	1	套	2450
25	机房静电地板	国产		260	20	m²	5200
26	常用工具	国产		320	1	套	320
	共计						109610

注：1. 工程施工、安装、调试、培训费为设备材料总额的20%，即109610元×20% = 21922元。
   2. 税收为6%，即(109610 + 21922)元×6% = 7892元。
   3. 工程总价 = 工程设备总价 + 施工费 + 税收 = (109610 + 21922 + 7892)元 = 139424元

4. 报警系统安装位置

报警系统安装位置见图2-13、图2-14、图2-15所示。

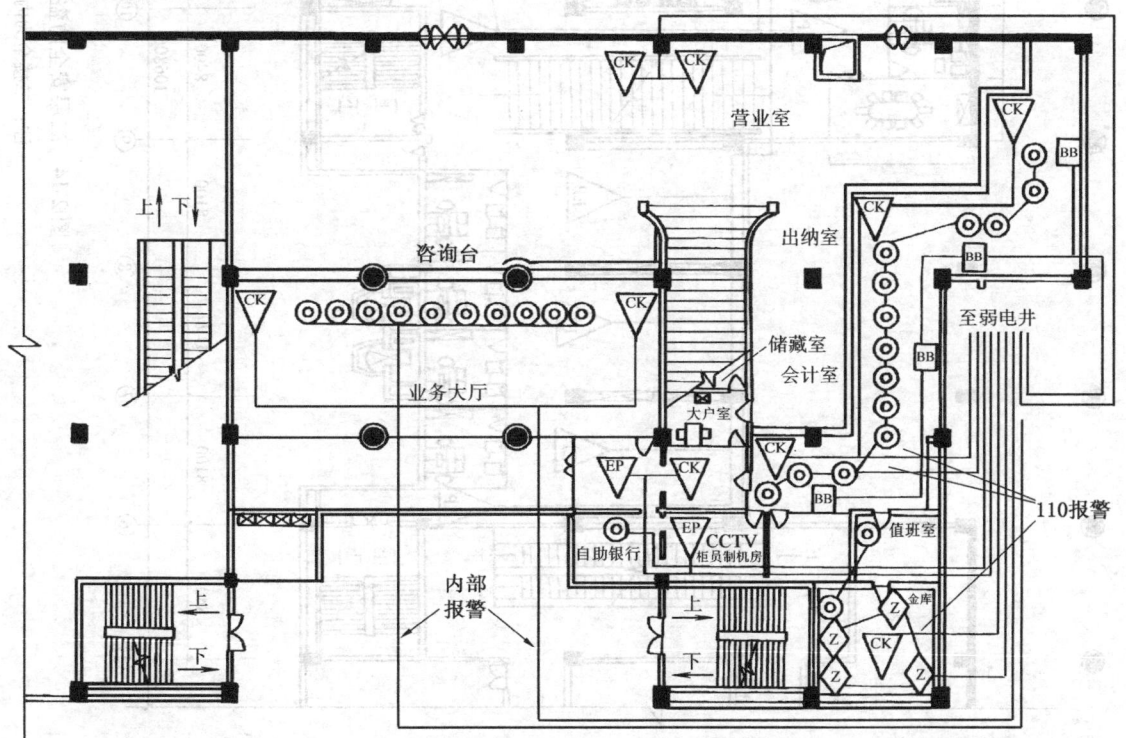

图2-13 一层安全防盗报警系统平面图

图例：EP—红外线探测器 CK—三鉴探测器 BB—玻璃破碎探测器 Z—振动探测器 ◎—应急报警按钮

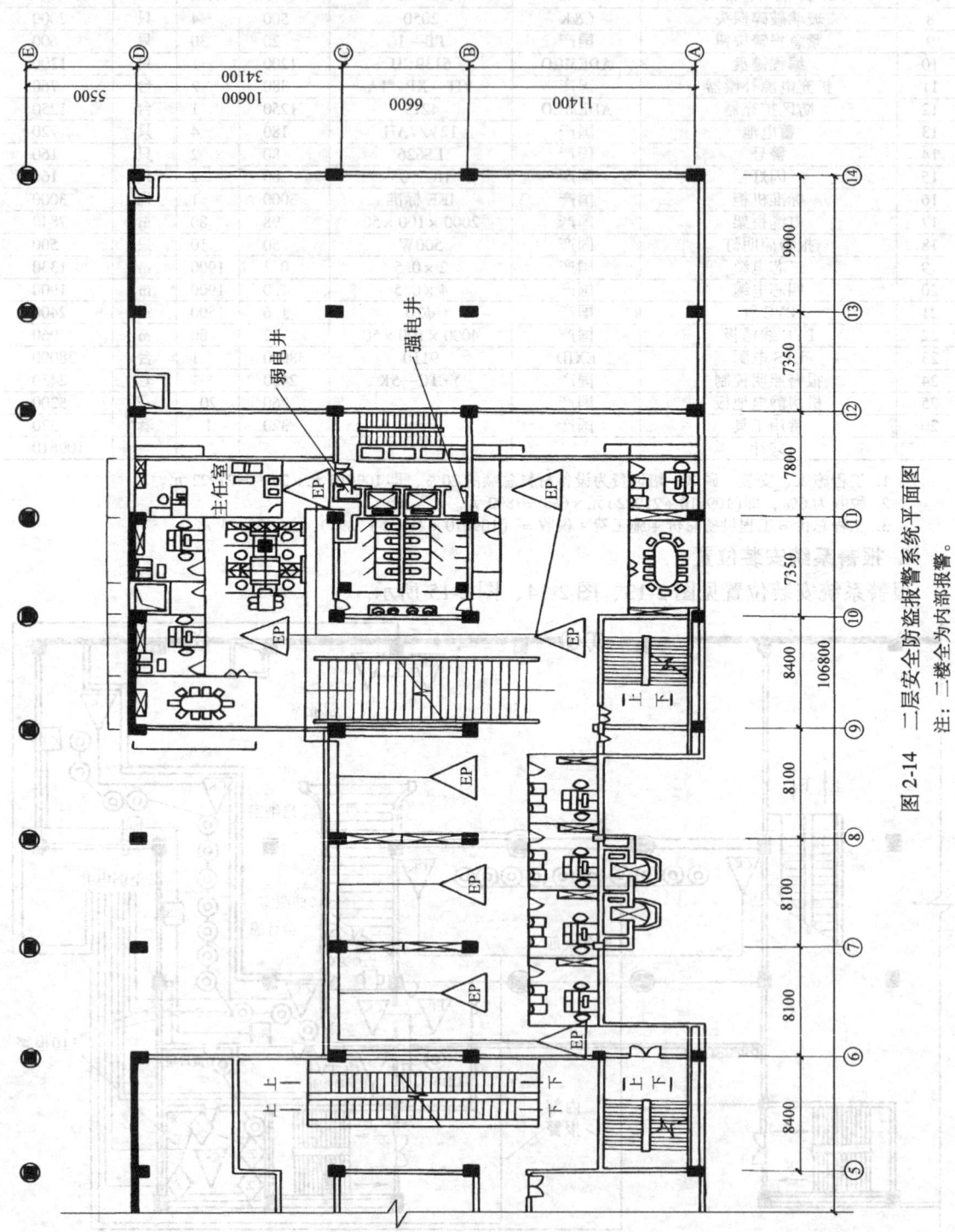

图 2-14 二层安全防盗报警系统平面图

注：二楼全为内部报警。

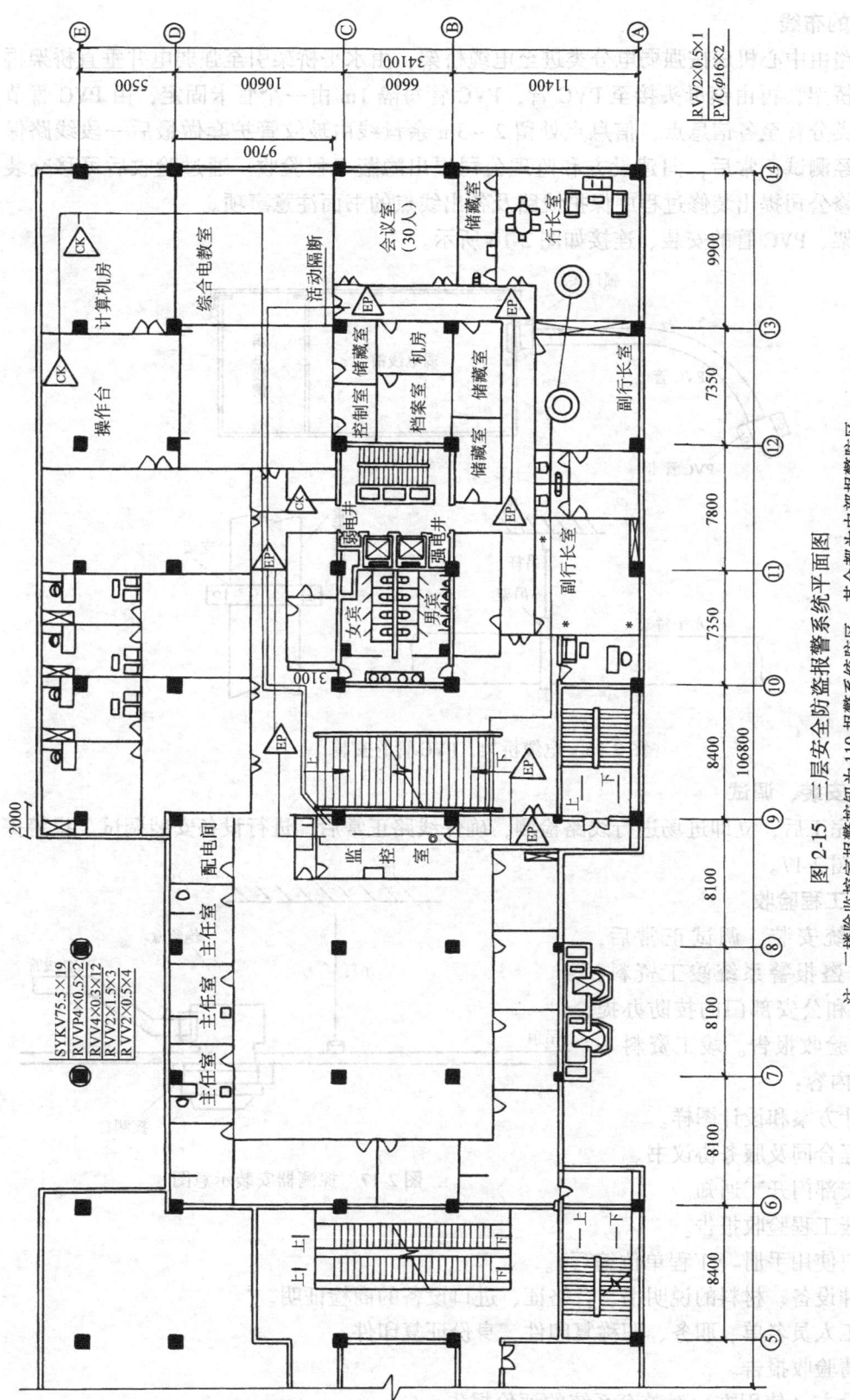

图 2-15 三层安全防盗报警系统平面图

注：三楼除监控室报警按钮为 110 报警系统防区，其余都为内部报警防区。

5. 系统的布线

系统线路由中心机房按强弱电分类进至电缆桥架，由水平桥架引至强弱电井垂直桥架再至各层水平桥架，再由锁母头接至 PVC 管，PVC 管每隔 1m 由一个管卡固定，由 PVC 管节头连接各分类分管至各信息点，信息点处留 2～3m 余量线由玻纹管护套做最后一段线路保护，各线路经测试正常后，向建设方和监理公司提出隐蔽工程验收。通过验收后可移交装修，并向装修公司提出装修过程中保护线路及各出线点的书面注意事项。

电缆桥架、PVC 管的安装、连接如图 2-16 所示。

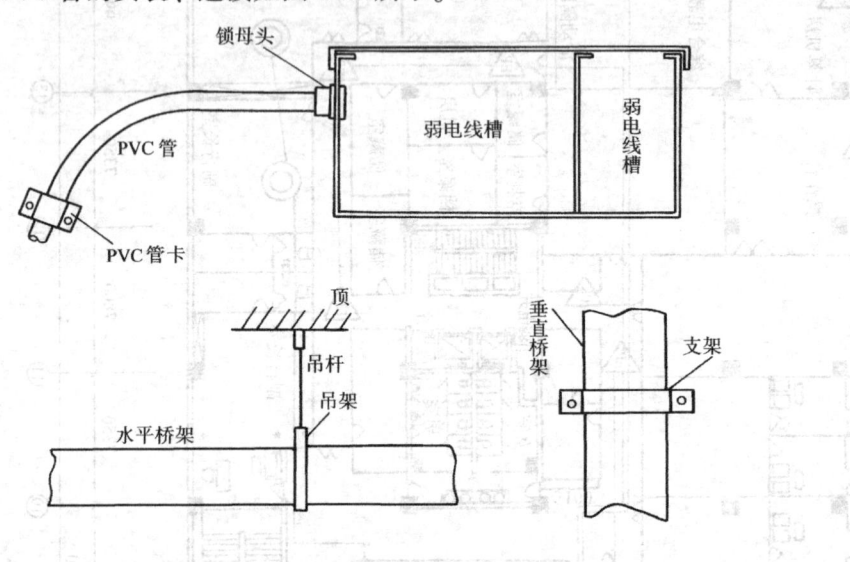

图 2-16　电缆桥架、PVC 管的安装

6. 设备安装、调试

待装修完工后，立即进场进行线路检测，确保线路正常后，进行设备安装调试。报警探头的安装见图 2-17。

7. 组织工程验收

整个系统安装、调试正常后，便可准备防盗报警系统竣工资料，并向建设方和公安部门的技防办提交工程申请验收报告。竣工资料一般包括下列内容：

1) 设计方案和设计图样。
2) 工程合同及服务协议书。
3) 公安部门开工通知。
4) 隐蔽工程验收报告。
5) 用户使用手册（工程单位编写）。
6) 各种设备、材料的说明书、合格证、进口设备的商检证明。
7) 施工人员名单、职务、职称复印件、身份证复印件。
8) 申请验收报告。
9) 建设方（使用方）对整套系统的评价报告。

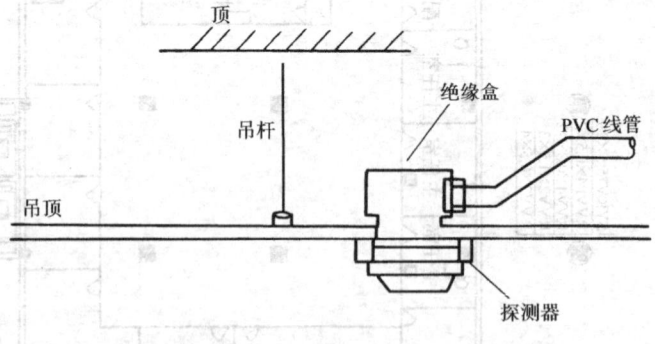

图 2-17　探测器安装示意图

10) 对使用方的培训汇报。

上述材料备齐后可申请对全系统进行验收，验收后的整改意见要认真对待，并及时组织力量进行整改。

8. 工程移交

整改工作完成后需再进行一次验收，这个验收一般只需使用方提出认可报告报送公安部门便可通过最后验收，验收后，就可进行工程移交给使用方的工作。

1) 根据合同设计方案对各设备、器材进行逐一对照后移交给使用方。
2) 移交用户使用手册及各设备、器材的说明书。
3) 移交所有设计方案、设计图纸原件及全部竣工资料。
4) 签订移交报告，双方各持一份。
5) 签订售后服务协议书，并认真执行。
6) 对用户进行再一次的全面培训，保证其能正常使用和维护、保养整套系统。

习　　题

2-1　简述防盗的重要性，并解释安全防范技术。
2-2　设计探测器安装位置时要注意探测器的_____。可以装在_____，也可以安装在_____，但要注意探测器的窗口（菲涅耳镜头）与_____防止"死区"。
2-3　防盗报警工程的设计必须根据_____要求进行，设计时必须_____、_____性质、要求，从而确定_____。根据各区域的不同要求确定_____。
2-4　防盗报警系统的应用范围有哪些？
2-5　按国家有关规定有几级风险等级，有几级防护级，它们的关系如何？
2-6　防盗报警系统的布线有些什么要求？
2-7　防盗报警系统的接地要求是什么？
2-8　防盗报警系统的供电要求是什么？
2-9　防盗报警工程验收前应准备哪些竣工资料？
2-10　请解释防区、设防、撤防、退出延时、进入延时指什么？
2-11　常用的报警探测器有哪几类？双鉴、三鉴探测器指什么？
2-12　报警主机的作用是什么？对它有什么基本要求？
2-13　说明银行防盗报警系统的基本组成有哪些？
2-14　报警探测器的主要技术指标有哪些？
2-15　说明防盗报警工程布线应注意的问题。
2-16　在教学大楼设计一个简单防盗报警系统，画出结构框图，写出设计方案。

第三章 门禁系统

出入口控制系统即为对建筑物内外正常的出入通道进行管理的系统，该系统可以控制人员的出入，还能控制人员在楼内及相关区域内的行动。过去此项任务由保安人员、门锁和围墙来完成，但是人有疏忽的时候，另外还有感情成分，钥匙会丢失、被盗和复制。智能大厦采用的是电子出入口控制系统，可以解决上述问题。

随着科学技术的发展，信息时代的到来，人们正感受着高科技带来的极大方便和益处，同时也带来了许多不安全的因素。例如高科技手段盗窃、抢劫和间谍等犯罪日益增多。怎样才能使安全防范措施跟得上科技的发展，更有效地预防这类犯罪行为？仅仅靠普通的门锁、防盗门或者监控、报警等系统是不够的，因此智能化门禁系统对重要出入口进行有效的管理，就成为一种广泛而迫切的需求，这就是本章要讲述的内容。

第一节 系统基本结构和简介

1. 门禁系统简介

门禁系统又叫做出入口管理系统。当今随着智能化建筑的高速发展和普及，门禁系统不但广泛地应用于各类建筑，同时也成为智能化建筑中不可少的一个系统。门禁系统改变了传统意义上的门卫值班概念，它使门卫管理自动化，更加可靠，更加安全，是门卫安全防范领域的重大进步。

门禁系统的作用可归纳为对重要部位实施人员出入控制，方式为先识别后控制。识别形式通常有磁卡、IC 卡、光卡、射频卡、TM 卡、指纹、掌纹、眼纹（视网膜）、语音等。控制部分是根据相应的识别信号作出对应的控制。

出入口控制系统经过长期的发展，现已不仅仅是对门的通道进行控制，它还包括考勤管理、停车场管理等系统，大大提高了管理的现代化、智能化。

2. 系统基本结构

出入口系统也叫门禁管理系统。它一般具有如图 3-1 的结构。它包括三个层次的设备：底层是直接与人员打交道的设备，有读卡机（磁卡、IC 卡、指纹卡、角膜卡、声音卡等）、电子门锁、出口按钮、入口对讲（或可视对讲）、报警传感器、报警扬声器、警灯等。它们用来接受人员输入的信息，再转换成电信号送至控制器中，同时根据来自控制器的信号完成开锁、闭锁工作。控制器接受底层设备发来的有关信息，同自己存储的信息相比较作出判断后再发出处理信息。中层是控制器，上层是信息分析处理电脑。

底层（输入模块）有多种形式。如以钥匙型为代表的机械啮合对比方式；密码键盘为代表的阵列式输入方式；非接触 ID 及 IC 卡为代表的全电子型输入方式。

中层（控制处理模块）也有多种形式。机械啮合比较控制式，主要用于机械锁方面；机电一体化控制处理模块，主要用于各种独立的、安全防范级别要求不太高且无需随时检测系统运行的环境中，是使用最多的一种；全电子型控制处理模块，是当今门禁系统先进性的代表。

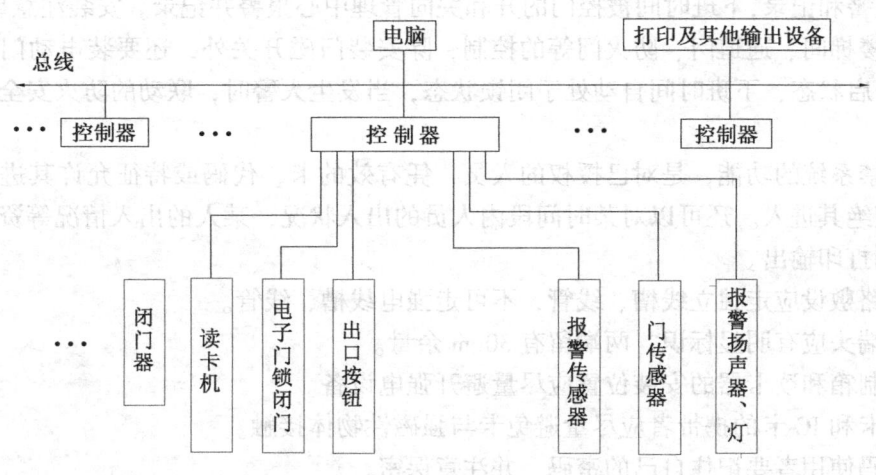

图 3-1 门禁系统结构

上层（执行模块）是门禁系统处理分析信息、发出各种指令的核心。

单个控制器就可组成一个简单的门禁系统，用来管理一个或几个门。多个控制器通过通信网络用电脑连接就可组成整个建筑的门禁系统。电脑装有门禁系统的管理软件，便可管理所有的控制器，向它们发送控制命令，对它们进行设置，接受其发来的信息，完成所有信息的分析与处理。

3. 门禁系统适用范围

理论上是一切需要控制出入的门都可安装门禁系统，但常用在银行、金融机构、重要办公大楼、住宅单元门、酒店客房门、军事基地、厂矿企业、各类停车场等。

4. 完善的门禁系统特点

1）每个用户持有一个独立的卡、指纹或密码，它们可以随时从系统中取消。卡等一旦丢失，即可使其失效，而不必像机械锁那样重新配钥匙，并更换所有人的钥匙，甚至换锁。

2）可以预先设置任何人的优先权或权限。一部分人可以进入某个部门的某些门，另一部分人可以进入另一组门。这样可以控制谁什么时间可以进入什么地方，还可以设置一个人在哪几天或者一天内可以多少次进入哪些门。

3）系统所有活动都可以记录下来，以备事后分析。

4）这样的系统，很少的管理人员就可以在控制中心控制整个大楼内外所有出入口。

5）系统的管理操作用密码控制，防止任意改动。

6）整个系统有后备电源支持，保证停电后一段时间内仍能正常工作。

7）具有紧急全开门或全闭门功能。

第二节 门禁系统的主要使用场所及注意事项

使用门禁系统主要目的是对重要的通行口、出入门、电梯进行出入控制，一般用于银行、金融机构和重要办公楼、办公室和高层建筑的出入口、电梯厅等。在受控门上安装门磁开关、电子门锁或读卡机等控制装置，由中央控制室监控，上班时间被控门的开和关无需向

管理中心报警和记录,下班时间被控门的开和关向管理中心报警并记录。安装注意事项如下:

1) 对楼梯间、通道门、防火门等的控制,除安装门磁开关外,还要装电动门锁,上班时间处于开启状态,下班时间自动处于闭锁状态,当发生火警时,联动的防火安全门应立即自动开启。

2) 门禁系统的功能,是对已授权的人员,凭有效的卡、代码或特征允许其进入,对未授权人员拒绝其进入。还可以对某时间段内人员的出入状况,某人的出入情况等资料实时统计、查询和打印输出。

3) 线路敷设应走独立线槽、线管,不可走强电线槽、线管。

4) 线端头应有明显标识,两端留有 30cm 余量。

5) 控制箱和读卡器的安装位置应尽量避开强电设备。

6) 磁卡和 IC 卡的携带者应尽量避免卡与强磁性物体接触。

7) 密码使用者要记住自己的密码,并注意保密。

8) 指纹使用者要多输几个指纹,防止手指受伤被禁止出入。

9) 如需要改个人资料应及时与管理部门联系。

第三节 读卡机的分类

读卡机是门禁系统的最前端设备,是用于读取是否开门、是否报警信息的设备,读卡机也叫识辨器。

一、物理识辨器(证件认证)

卡片由于其轻便、易于携带而且不易被复制,使用起来方便,是传统钥匙理想的替代品,因而受到广泛的使用。读卡的原理是利用卡片在读卡器中的移动(或旁边的移动),由读卡机迅速阅读卡片上的信息,经解码后送到控制器进行存储、比较、判断,以确定持卡人的身份合法性。

随着卡片的材料、技术的不断更新和发展,卡片和读卡机也向多样性、适用性、安全性、方便性方向发展起来,其发展过程、种类和特性简述如下:

(1) 光学卡 利用塑料或纸卡打孔(不同排列方式),利用机械或光学系统读卡。这种卡片非常容易被复制,所以目前已基本被淘汰。

(2) 磁矩阵卡 利用磁性物质按矩阵方式排列在塑料卡的夹层中,让读卡机阅读。这种卡也容易被复制,而且易被消磁。

(3) 磁码卡 就是通常说的磁卡。它是把磁性物质粘在塑料卡片上制成的,磁卡可以容易地改写,用户随时可更改密码,应用方便。其缺点是易被消磁、磨损。磁卡价格便宜,是目前使用较广泛的产品。

(4) 条码卡 在塑料卡片上印上黑白相间的条纹组成条码,就像商品包装上贴的条码一样。这种卡片很容易被复制,但价格最低,只能用于很一般的出入口控制系统。

(5) 红外线卡 用特殊的方式在卡片上设定密码,用红外线读卡机阅读,这种卡易被复制,也容易破损,因而使用较少。

(6) 铁码卡 这种卡片中间用特殊的细金属线排列编码,采用金属的磁扰原理而制成,卡片如果遭到破坏，卡内的金属线排列就必然遭到破坏，所以很难复制。读卡机不用磁的方式阅读卡片，卡片内的金属丝也不会被磁化，所以它能有效地防磁、防水、防尘，可以长期使用在恶劣环境条件下，是目前安全性较高的一种卡片。

(7) IC卡 是将一微型集成电路封装于塑料卡片中，用特殊的写卡设备，在卡片的集成电路中写入相关的密码信息，通过读卡机来读取信息，卡片成本较低，不易改写，是目前使用最普遍的产品。

(8) 感应卡(TAG) 卡片中封装电子回路及感应线圈，利用读卡机本身产生的特殊高频信号，当卡片进入读卡机能量范围时，产生共振，感应电流使电子回路发射信号到读卡机，经读卡机将接受到的信号转换成卡片资料，送到控制器对比。接近式感应卡不用在刷卡机上刷卡，持卡人员可装在衣服包里或佩带于胸前，使用迅速方便。由于卡是由感应电子电路做成，所以不易被仿制，同时封装在塑料中，具有防水、防电、防磁等功能，成本也不高，是目前非常理想的卡片，逐渐被广泛应用。常见感应卡和读卡器参见图3-2。

感应卡方式有如下特点：

1）适用于上下班考勤。速度快、不接触、设备故障率低。

2）适用于多尘、潮湿环境。设备可以密闭，避免灰尘、潮湿的麻烦，所以停车场管理系统特别适用。

3）可以门内、门外两面感应阅读。极适合于档案室、资料室、电脑室、核电厂、军事要地等门禁管理。

二、生物识辨器（身份认证）

(1) 指纹机 利用每个人的指纹差别做对比辨识，是比较复杂且安全性很高的门禁系统，它可以配合密码机或刷卡机使用，效果更好。指纹门禁系统参见图3-3、图3-4。

此系统可管理9000枚手指信息，可设定每枚手指的进入时间，可存储6000条进出记录，同时具有备用开锁装置，开锁密码最多10位（由用户设定，也可不要）。既安全，又可保证特殊情况的开门，但不能区分活体、死体指纹。

指纹机还可有胁持报警功能，当使用者被罪犯胁持开门时，可用预先输入的胁持报警指纹和胁持报警密码开门。在开门的同时，可向报警中心报警求援，而此时犯罪分子并不知道。

指纹门禁系统特别适用于各类智能大厦、办公室、住宅小区、监狱、机房、别墅区、机要室、银行金库等出入口控制。为防止手指受伤或被胁持，可多输入几个指纹。其中含一个胁持开门指纹，因此这是一种目前非常先进的系统。

(2) 掌纹机 利用人的掌形和掌纹特性做图形对比，识别每一个用户，类似于指纹机。

(3) 视网膜识辨机 利用光学摄像对比，比较每个人的视网膜血管分布差异，其技术复杂而先进。正常人和死亡后的视网膜差异也能检测出来，所以它的保安性能极高。这种系统也有两点不足：一是睡眠不足导致视网膜充血，糖尿病人引起视网膜病变或视网膜脱落时将无法对比识别；另外摄像光源对眼睛会有一点点的伤害，因此这样的系统常用于要求保安性很高，但不是经常出入的门禁系统。

(4) 声音识别机：利用每个人的声音差异以及所说的指令内容不同而加以比较，使用起来很方便，但由于声音可以被模仿，而且使用者如感冒会引起声音变化，其可靠性、安全性受到影响。

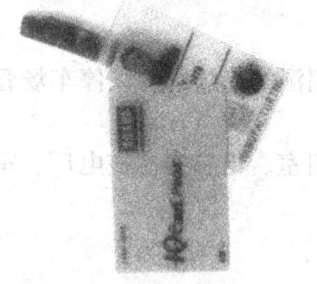
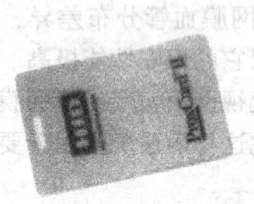

图 3-2 常见感应卡和读卡器

图 3-3 指纹识别机（带密码输入）

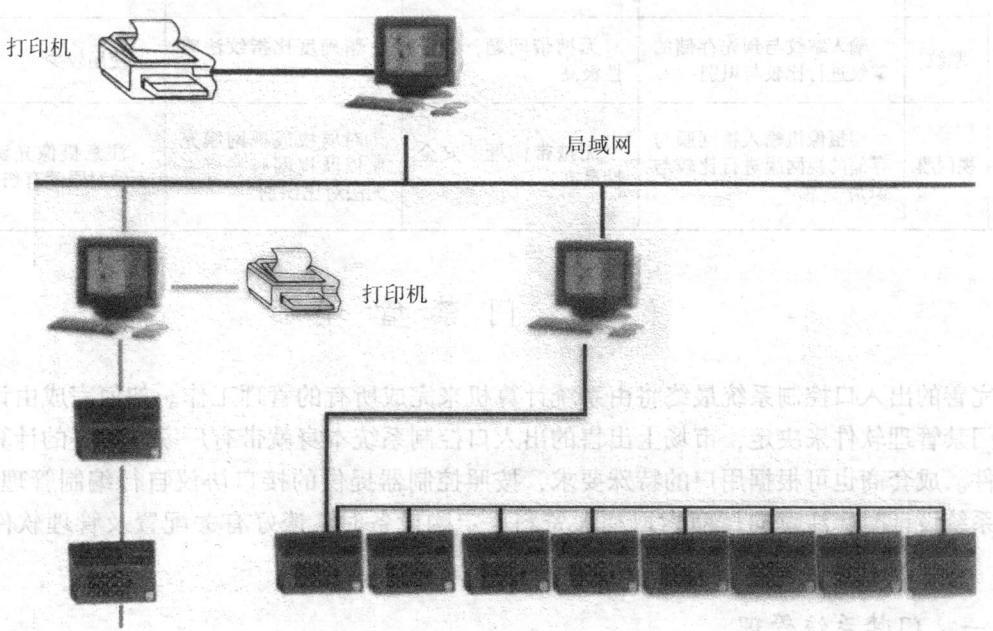

图 3-4 中央指纹门禁系统示意图

三、各种识别方法的优缺点比较

各种个人识别方法的优缺点比较见表 3-1。

各类卡片由于轻便，便于携带，而且不易被复制，使用起来安全、方便，目前已成为传统钥匙的最理想替代品，使用最普遍。在特别重要的场所，如金库、机要室和军事重地等常采用两种以上识别形式、多重鉴定的门禁系统，如指纹和视网膜。

上面介绍了各种读卡机，使用时要根据实际情况和要求进行选择。磁卡由于价格低，安全性较高、使用方便，仍广泛用于各类建筑物的出入口及停车场管理系统中。铁码卡和感应卡由于保安性好，在国外比较流行，国内也在不断普及。生物识辨技术是对人身份的识别，安全性极高，特别是目前对视网膜的复制几乎不可能，所以把它应用于重要部门是非常理想的。这方面的技术发展很快，我们实际设计工程时，一定要注意新技术、新产品的使用。

表 3-1 各种个人识别卡方法的优缺点比较

类型		原理	优点	缺点	备注
密码		输入预先登记的密码进行确认	无携带物品	不能识别个人身份，会泄密或遗忘	要定期更改密码
卡片	磁卡	对磁卡上的磁条存储的个人数据进行读取与识别	价廉、有效	伪造更改较容易，会忘带卡或丢失	为防止丢失和伪造可与密码法并用
	IC 卡	对存储在 IC 卡中的个人数据进行读取与识别	伪造难，存储量大，用途广泛	会忘带卡或丢失	使用最多
	非接触式 IC 卡	对存储在 IC 卡中的个人数据进行读取与识别	伪造难，操作方便，耐用	会忘带卡或丢失	广泛使用
生物特征识别	指纹	输入指纹与预先存储的指纹进行比较与识别	无携带问题，安全性极高，装置易小型化	对无指纹者或指纹受伤者不能识别	效果好
	掌纹	输入掌纹与预先存储的掌纹进行比较与识别	无携带问题，安全性极高	精确度比指纹法略低	使用较少
	视网膜	用摄像机输入视网膜与存储的视网膜进行比较与识别	无携带问题，安全性最高	对弱视或视网膜充血以及视网膜病变者无法对比识别	注意摄像光源强度不致对眼睛有伤害

第四节 门禁管理

完善的出入口控制系统最终将由系统计算机来完成所有的管理工作。如何完成由计算机内的门禁管理软件来决定，市场上出售的出入口控制系统本身就带有厂家设计好的计算机管理软件。成套商也可根据用户的特殊要求，按照控制器提供的接口协议自行编制管理软件。门禁系统设计时，注意向厂商索取相关资料，定购设备时，谈好有关配置及管理软件的问题。

一、门禁系统管理

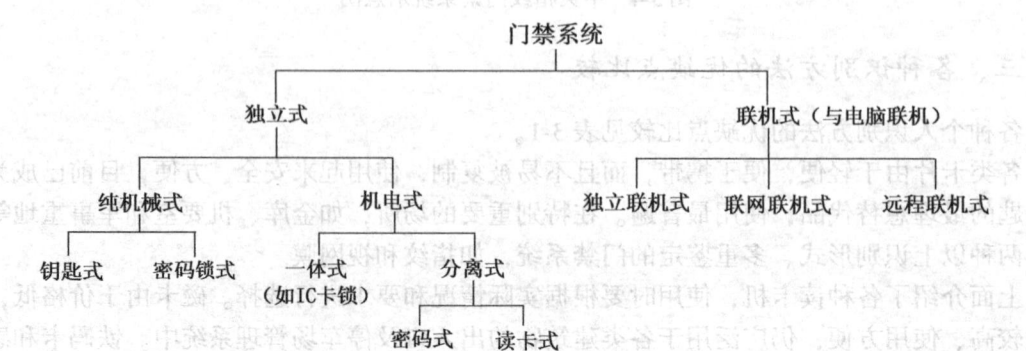

机电分离式在独立式中应用最广，由以下三个部分组成，即室外输入设备和室内控制设备，另外加上电源和电控锁。

独立联机式由以下部分组成，即室外输入设备、室内控制设备、电脑及软件、电源及执行、采集部分。

联网联机式由下列部分组成，即室外输入设备、室内多台控制设备、信号转换器、电脑及软件、电源及执行、采集部分。

出入口控制系统的管理软件一般包括如下几个部分：

（1）**系统管理**　这部分软件的功能是对系统所有设备和数据进行管理的核心，应有下列几项内容。

1）设备注册。比如在增加控制器或卡片时，需要重新登记，以使其有效；在减少控制器或卡片遗失、人员变动时，需要重新注册使其失效。

2）级别设定。在已注册的卡片中，哪些门、哪些人可以通过。某个控制器可以让哪些卡片通过，对计算机的操作也要设定权限密码，以控制哪些人员可以操作，这样安全性才有保障，否则门禁系统将如同虚设。

3）时间管理。可以设定某些控制器在什么时间或时间段可以或不可以允许持卡人通过，哪些卡片在什么时间可以或不可以通过哪些门（包括日期的管理）。

4）数据库的管理。系统正常运行时，对各种出入事件、异常事件及其处理方式进行记录，保存在数据库中，以备日后查询，数据至少要保存一个月。重要数据要随时进行转存、备份、存档和读取处理。

（2）**报表的生成**　能够根据要求定时或随机地生成各种报表。比如，可以查找某个人在某段时间内所有出入情况，某个门在某段时间内所有的进出情况等，生成报表，并可以用打印机打印出来。

（3）**网络通信**　系统不是作为一个单一的系统存在时，它要向其他系统或上级管理部门传递信息。比如在有非法闯入时，要向电视监控系统发出信息，使摄像机能监控此处情况，并进行录像，必要时要启动报警系统，所以要有系统之间的通信支持。

管理系统除了完成所要求的功能外，还应有漂亮、直观的人机界面，使人员便于操作，也应支持用户提出的其他要求。

二、门禁系统的硬件管理

（1）**控制器**　通常分为单门控制器、双门控制器、多门控制器等类型。每道门可接一进一出两个读卡机控制器来接收读卡机传送的卡信息，并将之与预先输入在控制器内芯片上的所有信息进行比较，根据对比结果输出相应的控制指令。

（2）**读卡机**　读取物理识别卡或生物识别卡上的信息，经解码后送到控制器进行对比。

（3）**卡片或生物特征**　用来证明出入者合法身份的物品或手段。

三、门禁系统的发展趋势

随着智能化楼宇的推广和数字化技术的高速发展，出入口控制系统得到不断更新发展。中国加入 WTO 后，更多的新技术、新产品进入国内，必然在硬件上、软件上不断完善，并促进门禁系统向功能更广、可靠性更高、使用更方便、价格更低、普及更快的方向发展。

第五节 一般的门禁——出入口闯入报警系统

商场的出入口和对外办公的办公楼、办公室,在营业和上班时间是对外开放的,就不能安装个人识别装置的门禁;机关、学校的有些出入口也不宜安装个人识别系统,那么这些出入口在某些时间或下班后怎样保证安全呢?这类情况可采用出入口闯入报警系统。这个系统在上班时间不设防,设防后如有人强行闯入,便立即向值班室报警,保安人员可及时处理或向上一级报警中心报警。

1. 系统配置及接线

图3-5就是由BJ—2000型报警控制主机和门磁开关组成的闭路闯入报警系统。本系统适用于只有两个出入口通道的场所。

图3-5中,S_1和S_2为常闭型门磁开关,安装在一入口通道门上,并接至接线排TB—1上,通过平行电线(电缆)接到BJ—2000报警控制主机附近的接线排TB—2上。

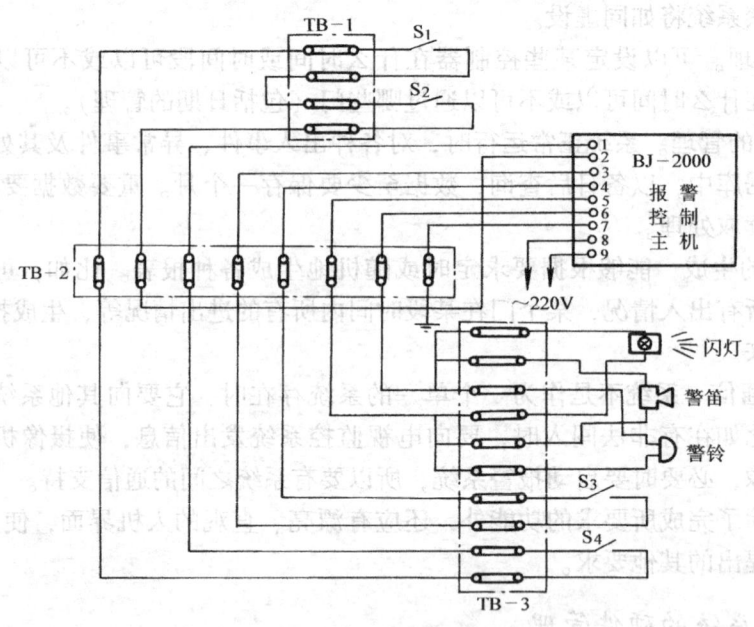

图3-5 闭路闯入报警系统接线图

S_3是安装于另一入口通道门上的常闭开关,S_4是安装于此门上的常开锁开关。S_3、S_4分别接至接线排TB—3上,并通过四线电缆(或一对双线电缆)将线路延长至TB—2。

警铃、警笛、警灯则接在TB—3上,再从TB—3接至TB—2上。

注意:接线排TB—2和TB—3须装在金属分线盒内,安装位置要高,以防触电或破坏。为防止闯入者将S_1和S_2旁路掉,TB—1也应安装在金属分线盒内,并装置于很隐蔽的场所,所有走线应穿PVC或金属管布成暗线,以确保安全和隐蔽美观。

报警控制主机的1、2、3、4接线端用4芯电缆接至接线排TB—2上。5、6接线端是报警输出线,有较大的电流应采用1.5mm^{2}以上的铜芯导线引至TB—2上,7号接线端为接地端必须良好接地,8、9端为交流220V输入端。

2. 系统工作过程

在上班时，可将报警主机关掉，此时处于不设防状态，大楼内人员可自由出入进行工作，下班后值班人员将门关掉，开关 S_1、S_2、S_3 便处于接通（ON）位置、S_4 处于断开（OFF）位置，于是系统进入"戒备"状态。当值班人员将报警主机电源接通后，整个系统进入设防状态，此时如有人强行进入，S_1、S_2 或 S_3 便会自动断开，或者闭合回路的导线被人切断，系统便会受到触发，警铃、警笛、闪灯即时发出报警信号，值班人员便可及时处理或向上一级报警中心报警。

第六节 出入口控制门禁系统

门禁系统设计时，应根据现场实际情况选用不同的方案、不同的设备，但应注意门禁控制系统中各类设备间的匹配问题，还要注意不要发生漏项。既要考虑各类门禁主机、读卡控制器，又要考虑配套选用的供电模块、开门按钮及各类电动门锁、辅材等，甚至需要考虑门体的选择、安装等。

下面以目前门禁系统的典型产品美国 NTK（络泰克）公司的 NTK4050 型出入口控制系统为例进行说明。

NTK4050 系列是安防门禁集成的核心，该系统是基于 PC 机的强大的门禁控制系统运行在 WINDOWS 环境中。系统采用分散式数据库设计及双处理器的结构方式对系统事件可作出最明智的处理，并且与 PC 机通信来进行指示及保存记录。系统的设置可以转载到控制器内存中，控制器的操作可独立于计算机。当 PC 机离线时，一个可容 4000 件事件的缓冲区将储存所有事件，并可在通信恢复后，将所有事件自动加载到系统历史文件上。控制器与 PC 机之间的通信是通过 RS—485 实现的，具有在模拟/数字电信网、光纤及无线网上运行的能力。

NTK4050 型门禁系统的标准应用为控制 1～256 个门（出入口），传输距离要求小于 500m，系统的标准组成如图 3-6 所示。系统的主要功能指示如下：

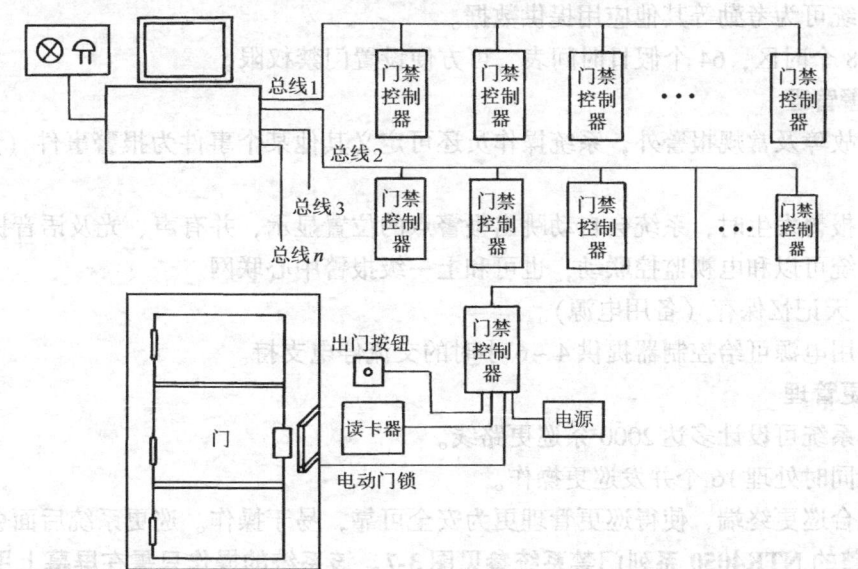

图 3-6 NTK4050 门禁系统标准组成

1. 操作员管理

1) 可设置多达 256 种操作级别，定义操作程度（操作密码设置和密码保护）。
2) 每个操作者只能操作被限定的模块（操作者权限设置），可加强管理。
3) 操作员每一步操作都将产生一个事件，存入事件库中作为操作员的工作记录，可存 4000 个事件。

2. 使用者管理

1) 本系统的使用者基本容量为 6000 张卡，最大扩容为 65000 张（要考虑硬件容量及运行效率）。
2) 使用者库中可有使用者照片、个人密码及其他个人信息。
3) 可设定使用期限及使用次数，可对使用者进行分组管理。

3. 设备管理

1) 系统在基本模式下可管理 1~256 个出入口，理论上在扩展模式下可管理无限个出入口（建议最多不超过 3000 个，否则运行效率将大幅下降）。
2) 系统可同时设置多种读卡方式（不同的门可有不同的读卡方式，一个重要的门也可有几种读卡方式），读卡器可以是不同的或相同的技术。
3) 可由控制中心在图形方式下设定、监视、控制各出入口控制器的各种参数及设备状态。
4) 可选附件。NTK4111/1 内存升级，可提供 12000 张卡和 4000 个事件的容量；NTK4111/2 内存升级，可提供 22000 张卡和 4000 个事件的容量；NTK4111/3 内存升级，可提供 64000 张卡和 4000 个事件的容量，但将失去某些功能。

4. 事件管理

1) 系统对操作员事件、门控器事件以及各类故障事件可进行分类处理，存入事件管理数据库，不扩容时便可存储 4000 件事件。
2) 可生成日志文件，通过打印机打出（也可在屏幕上显示出彩色图表），支持所有现有的串口打印机。
3) 系统可为考勤等其他应用提供数据。
4) 128 个时区，64 个假日时间表，可方便设置门禁权限。

5. 报警管理

1) 除故障及常规报警外，系统操作员还可定义其他某个事件为报警事件（如开门超时报警等）。
2) 当报警发生时，系统会自动跳出报警点的位置显示，并有声、光及语音提示。
3) 系统可以和电视监控联动，也可和上一级报警中心联网。
4) 90 天记忆保存（备用电源）。
5) 备用电源可给控制器提供 4~6 小时的交流停电支持。

6. 巡更管理

1) 本系统可设计多达 2000 条巡更路线。
2) 能同时处理 16 个并发巡更操作。
3) 配合巡更终端，使得巡更管理更为安全可靠，易于操作。巡更系统后面会介绍。

7. 完整的 NTK4050 系列门禁系统参见图 3-7。 该系统的操作只需在屏幕上用鼠标点击。目前市场上的门禁系统产品非常多，而且门禁系统的技术已经很成熟。设计工程方案

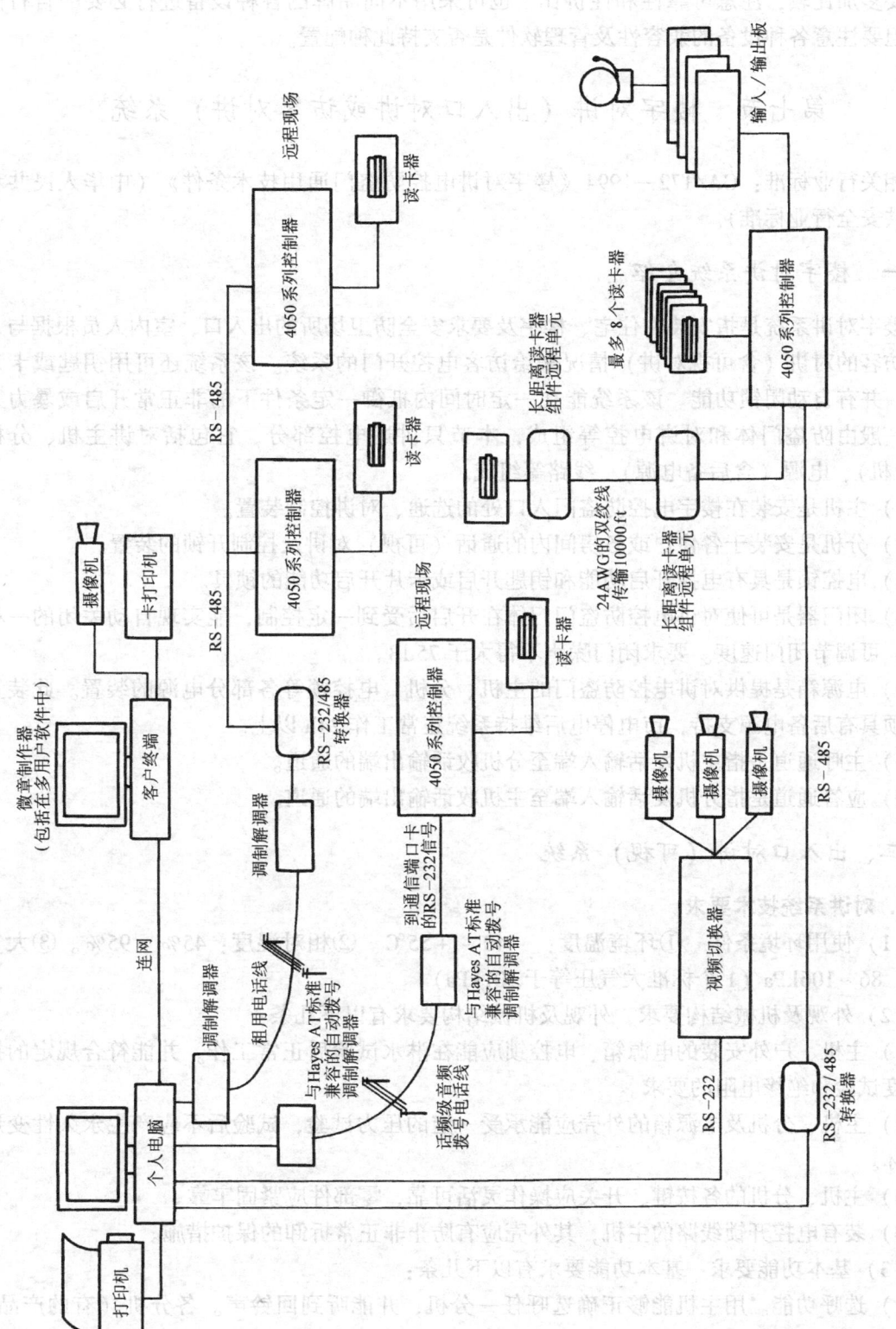

图 3-7　NTK4050 系列门禁系统图

时，要多加比较，注意可靠性和性价比，也可采用不同品牌的各种设备进行必要的自行配置，但要注意各种设备的兼容性及管理软件是否支持此种配置。

第七节 楼宇对讲（出入口对讲或访客对讲）系统

相关行业标准：GA/T72—1994《楼宇对讲电控防盗门通用技术条件》（中华人民共和国公共安全行业标准）。

一、楼宇对讲系统介绍

楼宇对讲系统是指安装在住宅、楼宇及要求安全防卫场所的出入口，室内人员根据与入口处访客的对讲（含可视对讲）情况来给访客电控开门的系统。该系统还可用钥匙或卡片开门，并有自动闭锁功能。该系统能在一定时间内抵御一定条件下的非正常开启或暴力入侵，一般由防盗门体和对讲电控等组成，本节只讲述电控部分，它包括对讲主机、分机（用户机）、电源（含后备电源）、线路等组成。

1) 主机是安装在楼宇电控防盗门入口处的选通、对讲控制装置。
2) 分机是安装于各住户或各房间内的通话（可视）对讲及控制开锁的装置。
3) 电控锁是具有电控开启功能和钥匙开启或卡片开启功能的锁具。
4) 闭门器是可使对讲电控防盗门门体在开启后受到一定控制，能实现自动关闭的一种装置，可调节闭门速度。要求闭门噪声不得大于75dB。
5) 电源箱是提供对讲电控防盗门的主机、分机、电控锁等各部分电源的装置。此装置还必须具有后备电源支持，市电停电后维持系统正常工作24h以上。
6) 主呼通道是指主机发话输入端至分机收话输出端的通道。
7) 应答通道是指分机发话输入端至主机收话输出端的通道。

二、出入口对讲（可视）系统

1. 对讲系统技术要求

（1）使用环境条件 ①环境温度：-40~+55℃。②相对湿度：45%~95%。③大气压力：86~106kPa（1个标准大气压等于101kPa）。

（2）外观及机械结构要求 外观及机械结构要求有以下几条：

1) 主机、户外安装的电源箱、电控锁应能在淋水试验后正常工作，并能符合规定的抗电强度试验和绝缘电阻的要求。
2) 主机、分机及电源箱的外壳应能承受一定的压力试验，试验后不应产生永久性变形或损坏。
3) 主机、分机的各按键、开关应操作灵活可靠，零部件应紧固牢靠。
4) 装有电控开锁线路的主机，其外壳应有防止非正常拆卸的保护措施。

（3）基本功能要求 基本功能要求有以下几条：

1) 选呼功能。用主机能够正确选呼任一分机，并能听到回铃声。各分机（有的产品）也能呼叫主机。
2) 通话功能。选呼后，能实施双向通话，话音清晰，谐波失真不应大于5%，信噪比大于40dB，不能出现振鸣现象。

3）电控锁功能。在每台分机上可实施电控开锁。

4）可视对讲系统主机和分机的电视图像必须清晰可辨，能看清访客面孔。主机摄像头附近还应有红外照明装置，保证无可见光时图像的清晰度。

5）具有备用电源自动切换功能。主机断电24h内，备用电源应能保证系统正常工作，备用电源电压降至额定终止时，应有报警提示，并有保护措施。

（4）耐久性要求　系统在额定条件下进行选呼、通话、电控开锁20000次应无电的或机械的故障，也不应有器件损坏或触点粘连，按键字符清晰可辨。

（5）人为故障　产品在人为造成电路故障时不应有触电或温升引起火灾的危险。

（6）音频输出不失真功率　应答通道音频输出不失真功率应大于100mW。主呼通道音频输出不失真功率应大于5mW。

2. 访客对讲系统分类

（1）按功能分　可分为单独对讲系统和可视对讲系统。目前可视对讲系统正在迅速推广应用，设计时应尽量考虑。

（2）按线制分　可分为多线制、总线加多线制、总线制（表3-1及图3-8、图3-9、图3-10所示）。

1）多线制系统。通话、开锁线、电源线共用，每个分机（室内机）再增加一条门铃线。结构简单可靠，但布线较多，例如七层住宅楼一个单元一般有14户，单元门口机就需接4+14=18根线。分机越多布线越多，目前已很少使用。

2）总线加多线制。采用数字编码技术，一般每层楼有一个解码器（四用户或八用户），解码器与解码器之间以总线连接一般为4芯线。每个楼层解码器与用户室内机呈星形连接，

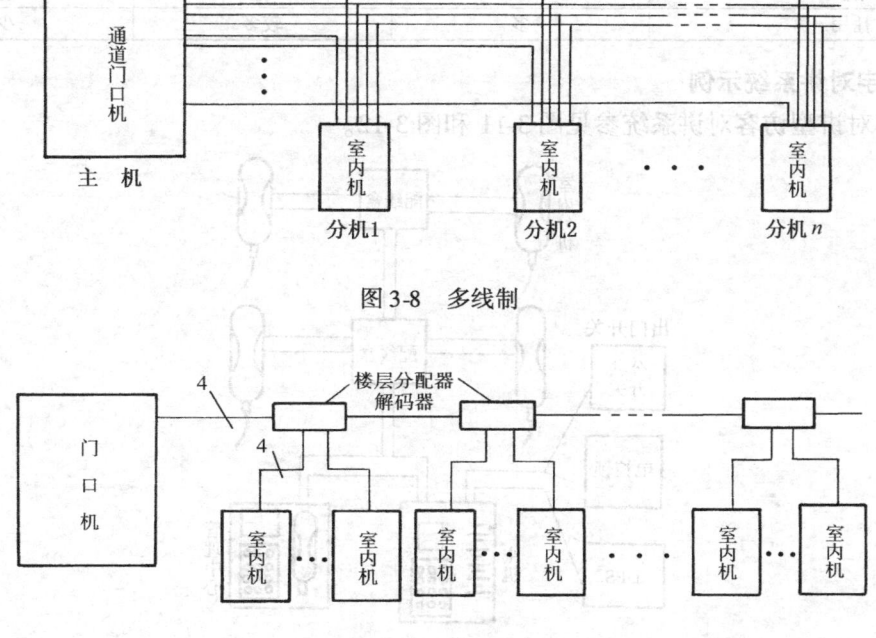

图3-8　多线制

图3-9　总线多线制

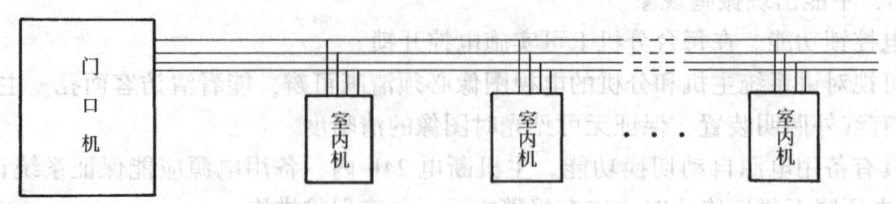

图 3-10 总线制

系统功能多而强。

3）总线制。将数字编码移至用户分机中，从而省去解码器，构成完全总线连接，布线时只要放一组四芯电缆便可。故系统连接更灵活，适应性更强。如果某个用户分机发生短路，会造成整个系统工作不正常，但故障在主机上很容易控制，该系统目前被广泛应用，是我们设计的首选。

（3）三种系统的性能对比参见表3-2 各种系统有自己的特点，设计时要根据实际情况和用户的要求以及投资方的投资情况来综合考虑采用哪种系统。

表 3-2 三种系统的性能对比

性　能	多线制	总线多线制	总线制
设备价格	低	高	高
施工难易程度	难	较易	容易
系统容量	小	较大	大
系统灵活性	小	较大	大
系统功能	弱	强	强
系统扩充	难	易	易
系统故障排除	难	容易	较易
日常维护	难	易	易
线材耗用	多	较多	少

3. 楼宇对讲系统示例

1）单对讲型访客对讲系统参见图3-11 和图3-12。

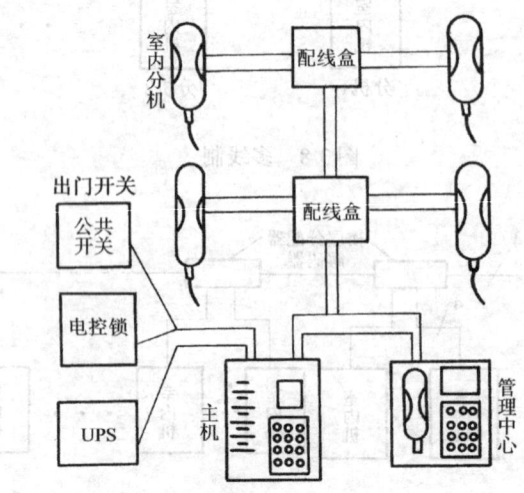

图 3-11 访客对讲系统连接图

第三章 门禁系统

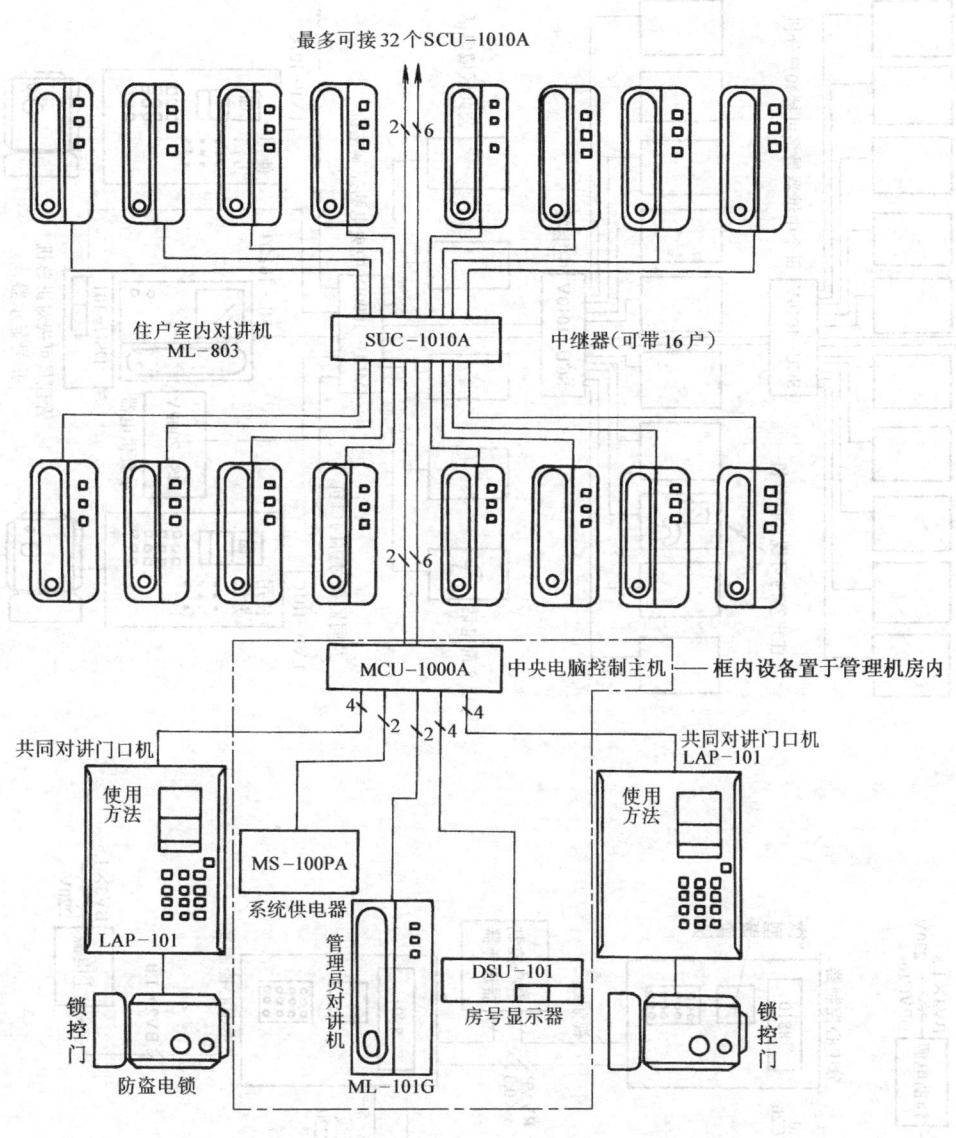

图 3-12　ML—1000A 型单对讲系统

2）可视对讲型访客对讲系统参见图 3-13 和图 3-14。该系统是一种兼备图像、语音对讲和防盗功能的可视对讲防盗系统。常用设备见图 3-15。

该系统由主机（室外机）、分机（室内机）、管理中心控制器、录像机、电控锁和不间断电源装置及防盗门组成。该系统能为来访客人与被访住户（或办公室）提供双向通话，被访者同时能看清来访者，被访者通过显示图像确认后可遥控入口大门的电控锁。同时还具备向治安值班室（管理中心）进行紧急报警的功能。

管理中心可对入口处各种出入情况进行录音、录相，录相资料进行必要的备份保存，以便进行查询。

这种系统由于它的先进性、实用性和可靠性，目前已被广泛推广使用。

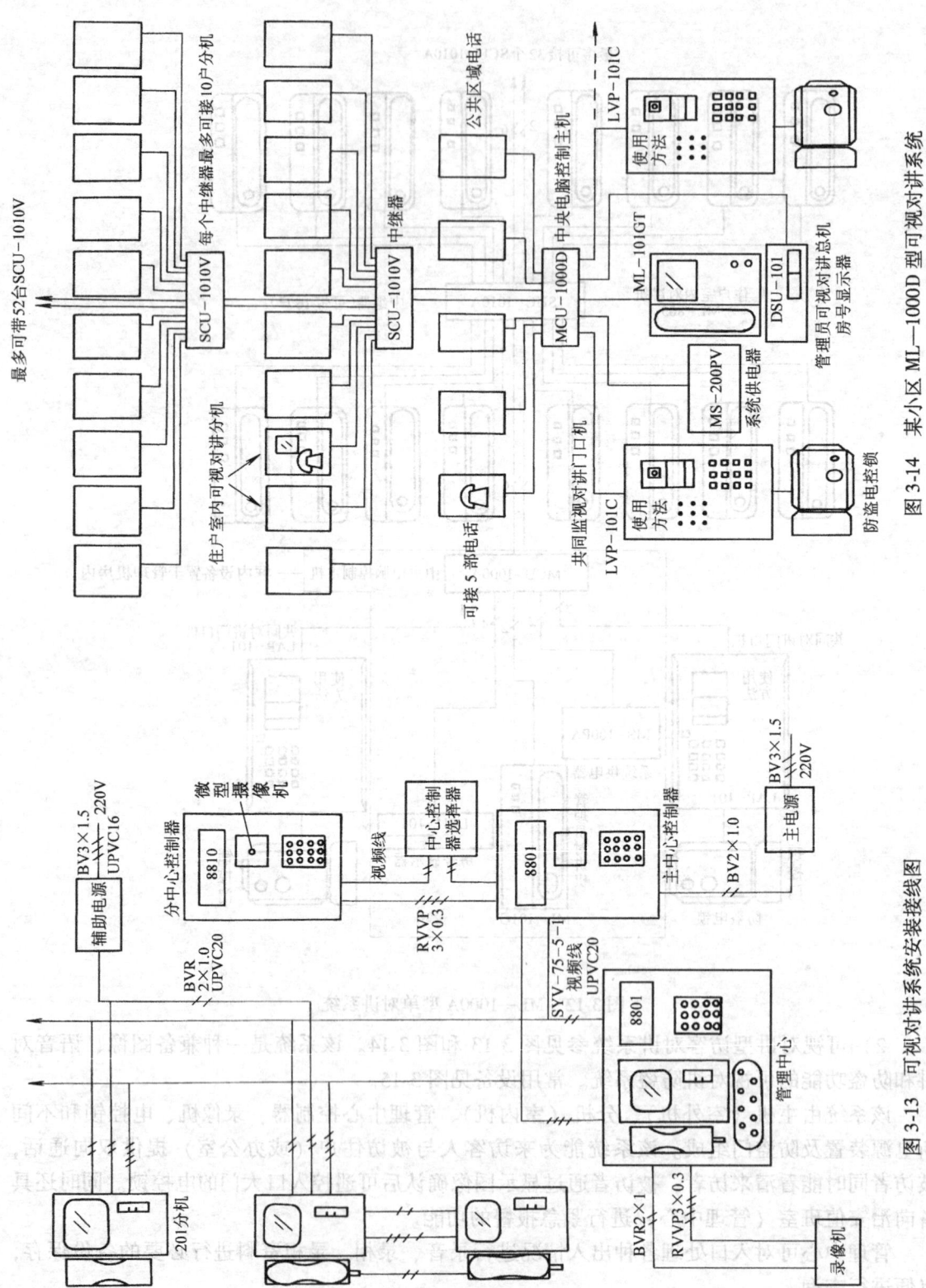

图 3-13 可视对讲系统安装接线图

图 3-14 某小区 ML—1000D 型可视对讲系统

第三章 门禁系统

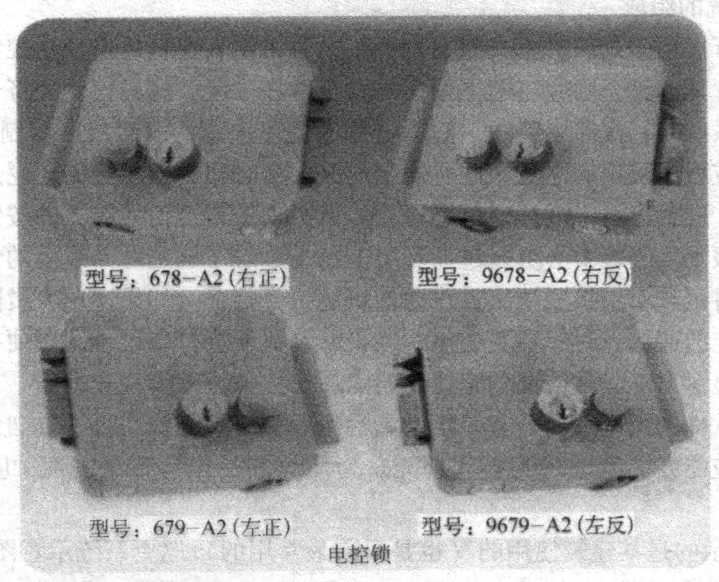

电控锁

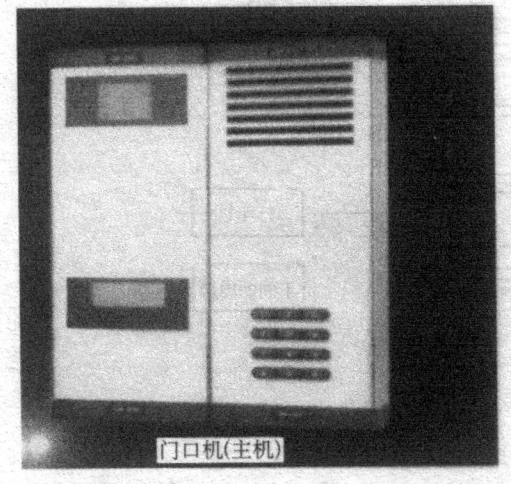

门口机(主机)

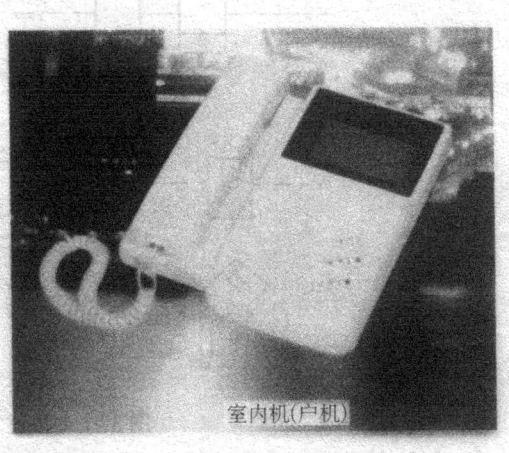

室内机(户机)

图 3-15 可视对讲系统主设备

第八节 电子巡更系统

1. 巡更系统的作用

保安巡更系统的作用是在防范区内制定保安人员巡更路线,并安装巡更站点,保安巡更人员携带巡更记录器,按指定的线路和时间到达巡更点,并进行记录,将记录信息传送到智能化管理中心。管理人员可调阅、打印各巡更人员工作情况,加强了保安管理,从而实现人防和技防的结合。

现代化楼宇中(办公室、宾馆、酒店等)出入口很多,来往人员复杂,经常需要保安人员值勤巡逻,以保安全。较重要的场所还需设巡更站,定期巡更。电子巡更系统就是用于自动检测巡更路线、巡更时间、巡更地点等巡更情况的电子控制系统。

2. 巡更系统的组成

巡更系统可以用微处理机组成独立的系统，也可纳入建筑的自动化控制系统。如果大楼或单位已装设管理电脑，则应将巡更系统与其合并在一起，这样比较经济合理。

设计巡更系统时，按巡更路线编制巡更程序管理软件（厂商负责编制），输入计算机系统，巡更人员应根据设定的巡更程序所规定的路线和时间到达规定的巡逻点，不能迟到，更不能绕道而走。巡更人员每抵达一个巡更点，就必须按巡更信号箱上的按钮或刷卡等，向计算机管理中心报到。管理中心可通过显示屏上的指示灯了解巡逻路线上的情况。有的巡更系统还配备有对讲机或对讲接驳插座，可向值班室报告情况。如果巡更人员因故未能在预定时间内到达某规定的巡更点时，巡更程序中断，计算机便会打印记录，以便查询。同时会发出报警信号，并显示出现异常情况的路线和地点，可立即派人前往查处。

巡更程序软件的编制，应具有一定的灵活性。对巡更路线、行走方向以及各巡更点之间的到达时间，应能方便地进行调整和补充。为使巡逻工作具有保密性，应经常变化巡更路线、巡更时间。

图 3-16 所示的是某建筑使用的（也是目前最常用的）巡更系统示意图。

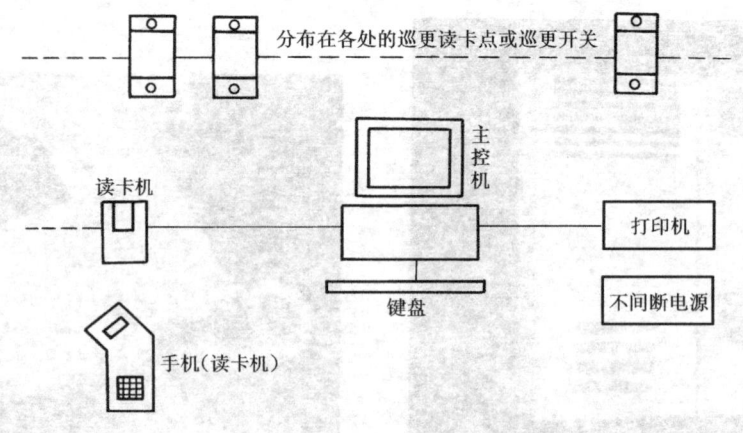

图 3-16　某建筑巡更系统示意图

该系统采用给定程序路线上的巡更开关或巡更读卡机（有刷卡或感应卡），保证巡更人员能够按规定顺序、路线、时间在巡逻区域内的巡更点进行巡逻，同时配有对讲设备，保障了巡更人员的安全，使用效果良好。

巡更系统设备配置时注意和销售厂商联系，并提出具体需要和特殊要求。

3. 巡更系统应具备的主要功能

1) 实现巡更路线的设定、修改。
2) 实现巡更时间的设定和修改。
3) 在重要部位及巡更路线上安装巡更站点，各站点要能被主机识别。
4) 控制中心可查阅、打印各巡更人员的到位时间和工作情况。
5) 具有巡更违规记录、提示。

4. 巡更系统主要设备

1) 电子巡更器。一般采用无线方式，携带方便，和固定安装的巡更感应器配合使用，记录巡更人员工作情况。应可充电，并防水、防尘、防振，保证全天候使用。

2）巡更感应器。一般采用预埋方式，可装在水泥墙、砖墙或其他物体内。每个感应器内设置独立内码，安全性极高，非接触式读取数据，没有接触性磨损、防水、防磁、防尘，寿命长。

3）主机。控制用 PC 机及打印机等。

5. 巡更系统设计步骤

1）设计巡更路线。根据巡更路线选取最佳巡更点的数量和位置，如图 3-17 所示。

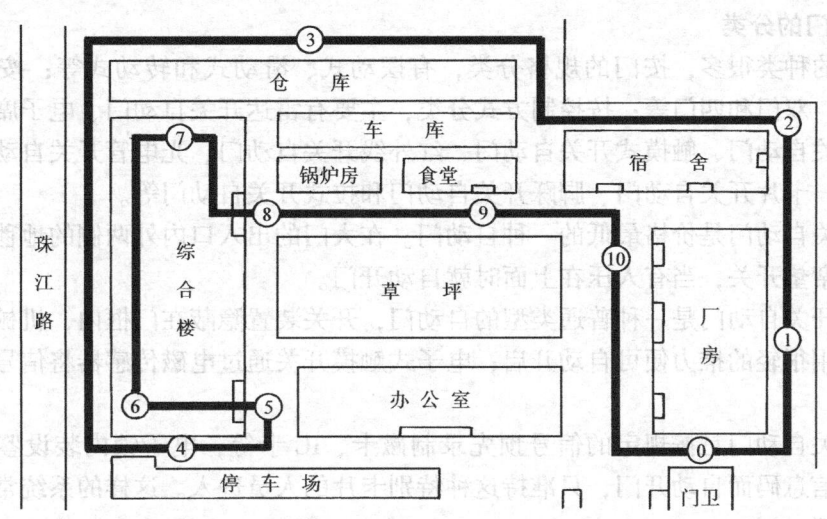

图 3-17　巡更站点设置示意图

注：①～⑩为巡更感应器

2）在巡更站点位置安装巡更感应器。

3）巡更时，巡更人员按照设定的巡更路线巡逻，在规定的时间内巡至每个巡更站点，用电子巡更器在巡更感应器前晃动，读取数据。

4）回到控制中心后，将电子巡更器读取的数据录入管理电脑，以便记录和查询。

第九节　自动门系统

1. 自动门的应用

在智能建筑中，特别是办公大楼、银行、宾馆、酒店、商场的大门和这些建筑中各个公司的单元入口以及高层建筑中各部分的分隔处，都应采用各种不同形式的自动门。通过自动门的设置，不但可以使得分隔区的大门保持关闭状态，以节约该区间的空调能耗，同时又使入口处的秩序保持良好，避免人流堵塞现象，为大楼的幽静环境和保安工作提供有利条件。

在一些既允许正常人流来往，但又出于某种需要必须对人流情况加以识别的地方，也往往使用自动门来组成相应的识别系统。如图书馆中开架借阅室和公司资料室或样品陈列室等，就常用微机出纳装置和自动门组成识别保安系统，在书籍、资料或样品携出前，必须将其放入电磁出纳装置上经过处理、消磁或输入允许出门的信号，才可顺利通过自动门携出。如未办妥手续，则走近自动门时将被识别系统检出，并发出信号告知管理人员，自动门也不会开启，从而达到识别保安的目的。

在一些私人别墅或府邸，则常设有雷达控制的自动门，有关人员通过随身携带的无线电发射装置，可以在汽车到来或人员达到时开启自动门，从而达到保安目的。

在宾馆、酒店则常用感应式自动门。当有人员需出入时，门便自动开启，人员出入后又自动关闭。

总之，自动门形式不同、功能各异，但都可以通过相应的措施来实现一定的保安功能和使用功能。

2. 自动门的分类

自动门的种类很多，按门的规格分类，有摆动式、滑动式和转动式等；按门的扇数分类，有单门、双门和四门等；按控制方式分类，主要有雷达开关自动门、电子席垫开关自动门、席垫开关自动门、触摸式开关自动门、红外线开关自动门、光电管开关自动门、超声波开关自动门、卡片开关自动门、脚踩开关自动门和拉式开关自动门等。

席垫开关自动门是价格最低的一种自动门。在大门的出入口内外两侧的地毯下面各设置一个专门的席垫开关，当有人压在上面时就自动开门。

触摸式开关自动门是一种普通类型的自动门，开关装置隐蔽在门框内，机械式触摸开关自动门只需用很轻的推力便可自动开启；电子式触摸开关通过电磁传感器将信号输出，使门自动开启。

卡片开关自动门是按规定的信号预先录制磁卡、IC 卡等，电子锁内装设鉴别单元，可以识别卡片信息码而自动开门，只准持这种特别卡片的人员进入。这样的系统常用于机关办公场所的大门。

红外线开关自动门是根据晶体管自发极化随温度变化的原理设计的。内部结构由探头、运算放大器、单稳态触发器、出口继电器等组成，当有人靠近探头时便会自动将门开启。这样的系统常用于宾馆、商场的大门。

3. 自动门的驱动机构

自动门的驱动机构有气动式和电动式两种。电动式又有直流串励电动机、直流异步电动机和交流单相异步电动机的区分。电动式自动门具有能耗低、噪声小、使用方便等优点，得到广泛应用。有些自动门还附有节能装置，可根据需要控制自动门的开度以减小行程，达到节能的目的。

自动门的种类甚多，电路原理及接线方式也各不相同，但一般说来，门的开闭通常是靠一台单相异步电动机来驱动的。按门的大小规格和开启方式，功率常在 35~200W 范围内。电动机的正、反转动由设备的专门控制箱控制，电源常为 50/60Hz，12V 和 100V。设备订货时提出要求，可按指定的输入电压配套提供电源变压器。

自动门的驱动电动机、控制箱和传动机构均安装在门的上方过梁上，如为旋转式自动门，控制箱设在门内侧。

电气设计时，一般只需在自动门内侧附近的房间内（例如值班室）设置一个容量与之相适应的电源开关，并从该开关引线，通过暗管布至自动门上方的过梁端头或门侧的墙上即可，其余管线敷设则需在取得产品说明书后现场施工。

图 3-18 为一种新型自动感应门接线图。该种感应自动门采取模块化设计，可应用于任何种类的自动门，能应付各种特殊功能的要求、安全标准和安装环境，可靠性强。

由于该系统采用微电脑控制，系统能自我监察，实现最佳动作模式，如速度、推动力、

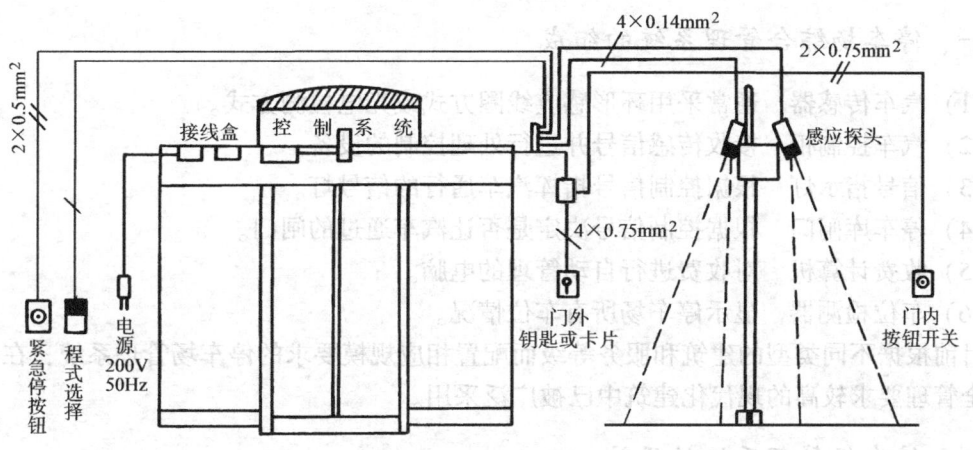

图 3-18 自动感应门接线图

制动力、开门大小等都能自动控制,可实现最佳工作状态。

表 3-3 是该系统控制程式。

表 3-3 自动感应门的控制程式

程 式	操 作 情 况
关闭 (OFF)	门保持关闭状态,若加上自动机械锁,门会被双重锁定,提供双倍防盗功能
全自动 Automatic	主机接收到开门信号后,门会自动开启。预较开门时间过后,门会自动关闭。当遇上电力终断时,蓄电池及时提供后备电力把门自动打开
长期开启 Permanent open	门自动开启,并固定于完全开启状态
局部开启 Partial opening	操作与全自动相同,只是门的开启宽度自动减小,开启宽度可以设定
自动局部开启 Self-regulating partial opening	操作与局部开启相同,但人流量大时,主机自动作出调控,将门全部开启
单向开启 Exitonly	主机只接受室内感应器的开启信号,以达到只准出、不准进的单向通道功能
单向局部开启 Exitonly partial opening	操作与单向开启相同,但门开时只作局部开启

第十节 停车场管理系统

停车场管理系统是采用先进的非接触识别技术,对进出车辆进行识别、管理、收费的一套控制系统。该系统可实现实时记录车辆进出情况,司机无需摇下车窗,通过非接触刷卡确认可直接通行。将每一出入口的读卡控制器联网,可实现管理中心对车辆进出资料、收费记录等信号的查询,还应具有车场车位情况的显示、车辆到车位的引导指示系统。

停车场管理系统主要功能为:车辆出入口通道管理、停车计费、车库内外行车信号指示和车库内车位空额显示诱导等。

一、停车场综合管理系统的组成

(1) 汽车传感器　通常采用环形感应线圈方式或光电检测方式。
(2) 汽车控制柜　接收传感信号并进行处理控制的设备。
(3) 信号指示灯　根据控制信号指挥汽车通行的信号灯。
(4) 停车库闸门　根据控制信号决定是否让汽车通过的闸门。
(5) 收费计算机　对收费进行自动管理的电脑。
(6) 车位检测器　显示停车场所有车位情况。

目前根据不同类型的建筑和服务等级而配置相应规模要求的停车场管理系统，在一些公共安全管理要求较高的现代化建筑中已被广泛采用。

二、停车场管理系统的设计

1. 车辆出入的检测方式

1) 红外线检测方式见图 3-19。由两对红外发射接收器组成一个通道口的车辆检测装置。红外线发射接收器分别装于通道口前的通道两侧，两对发射接收装置间隔应略小于出入最小汽车的一个车身长。这样汽车进入检测区便会阻断两条检测红外线，检测器便能检测出有车辆已经通过。如同一时间只阻断一条红外线，检测器不认为有车辆通过。

2) 环形线圈感应检测方式见图 3-20。由埋在路面下的环形电磁感应线构成检测装置。当车辆从上面通过时（由于汽车有大量的磁性物质）磁场就会发生变化，检测系统就能确认有车辆通过。

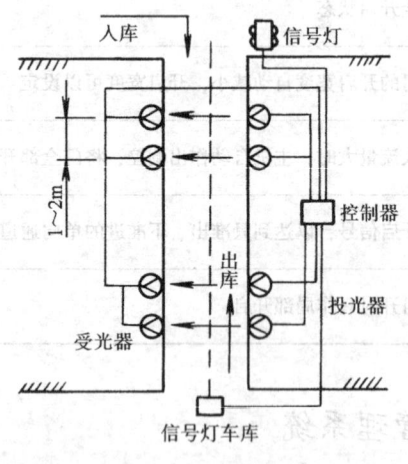

图 3-19　红外线检测方式

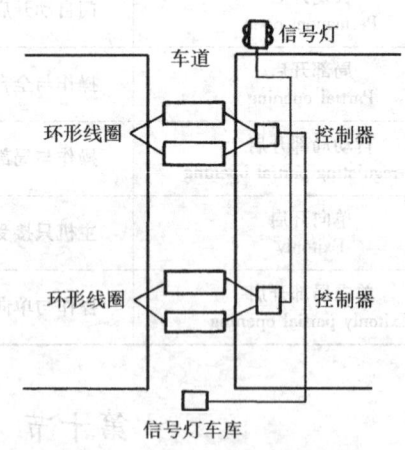

图 3-20　环形线圈感应检测方式

3) 光电式检测器的安装和环形线圈检测器的安装参见图 3-21 和图 3-22。

2. 信号灯控制系统的设计

信号灯控制系统的设计参见图 3-23、图 3-24。各种类型的停车场信号灯的控制方式不同，这两个图中列出了最普通的停车场出入口信号灯控制的设置方法，供设计时参考。

信号灯、指示灯的安装参见图 3-25。

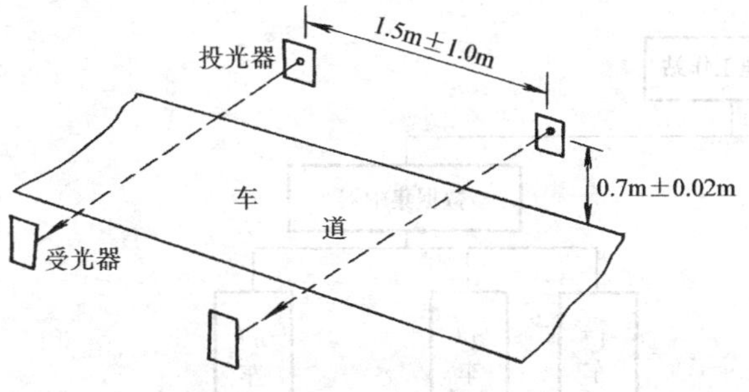

第三章 门禁系统

图 3-21 光电式检测器的安装

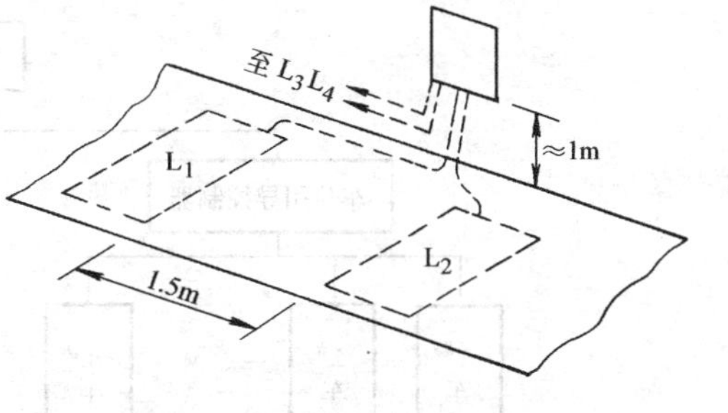

图 3-22 环形线圈的安装

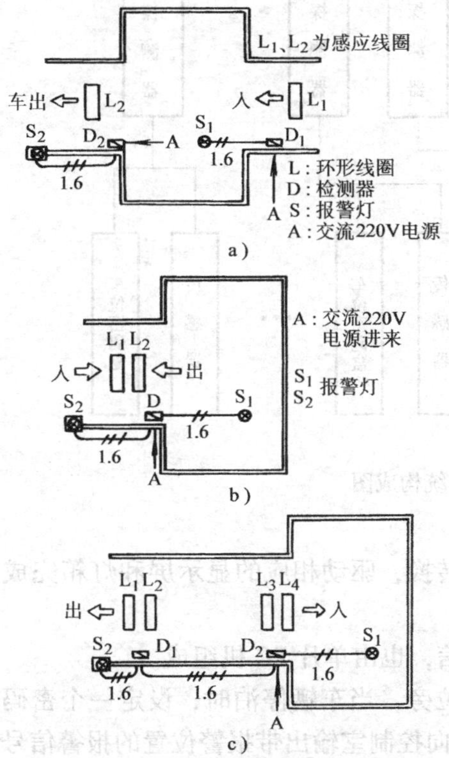

图 3-23 信号灯控制系统之一
a) 出入不同口时以环形线圈管理车辆进出
b) 出入同口时以环形线圈管理车辆进出
c) 出入同口而车道长时以环形线圈管理车辆进出

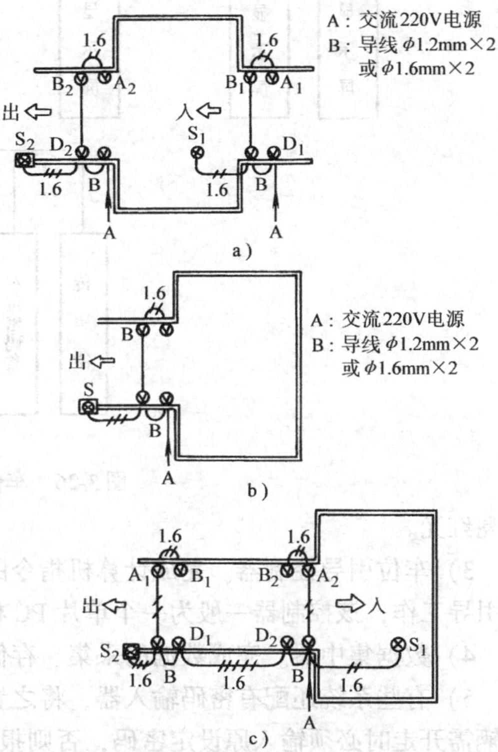

图 3-24 信号灯控制系统之二
a) 出入不同口时以光电眼管理车辆进出
b) 出入同口时以光电眼管理车辆进出
c) 出入同口而车道长时以光电眼管理车辆进出

3. 车位检测系统的组成

车位检测系统的组成如图 3-26 所示。

1）探测器可采用地感探测器、红外线探测器、超声波探测器等。

2）车位引导屏及车位显示屏。用灯箱刻字透光制作，也可用 LED 显示屏，一般有车位亮绿光，无车

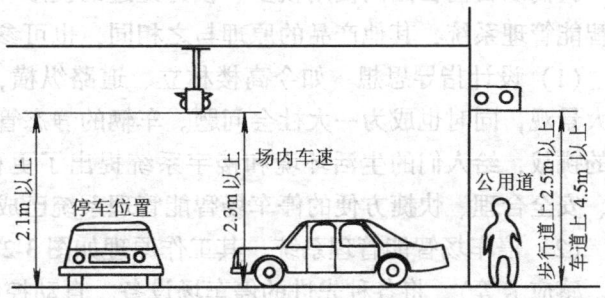

图 3-25 信号灯、指示灯的高度

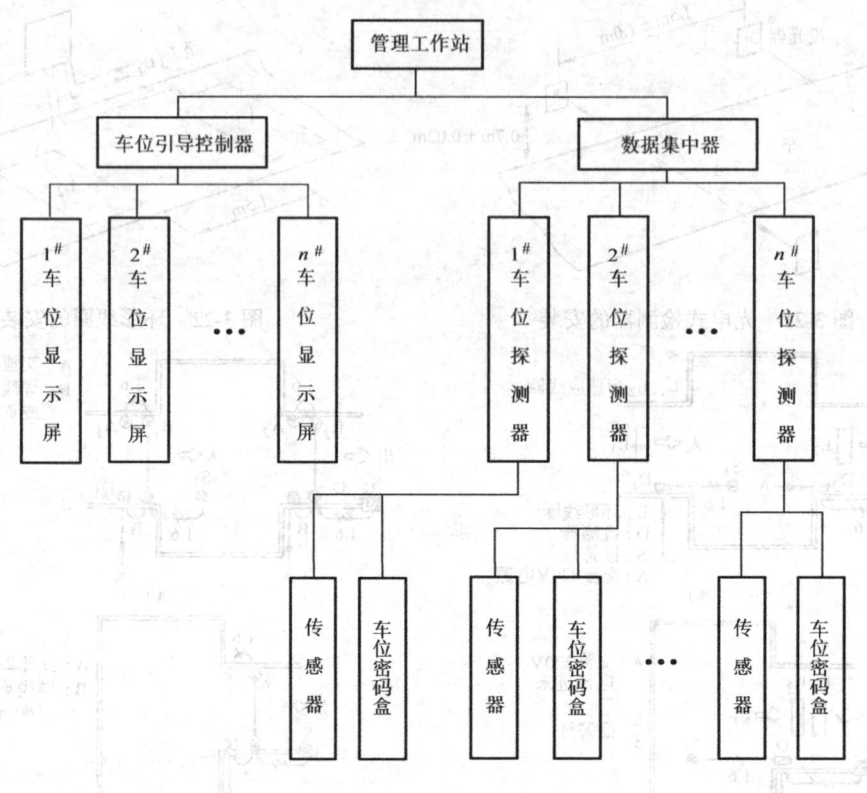

图 3-26 车位引导系统构成图

位亮红光。

3) 车位引导控制器。完成计算机指令的逻辑转换，驱动相应的显示屏和灯箱完成车辆的引导工作，该控制器一般为一个单片 PC 机。

4) 数据集中器。完成数据的采集、存储和通信，也由单片 PC 机组成。

5) 有些系统还配有密码输入器，将之置于车位旁，当车辆停泊时，设定一个密码，当车辆需开走时必须输入原设定密码，否则报警，并向控制室输出带报警位置的报警信号，可有效防止车辆被盗。如果停入车位的车不输密码，密码输入器只监控停泊状态，无防盗报警功能，以方便某些用户（如短时间停泊者）。

4. 完整的智能化停车场系统设计

我们以目前在国内使用较多、较为先进的捷顺（JSME）公司产品为例来设计几种停车场智能管理系统，其他产品的原理与之相同，也可参照此例设计。

(1) 设计指导思想　如今高楼林立、道路纵横，车辆的密集度行驶已成为当今全球的一大景观，同时也成为一大社会问题。车辆的静态管理和动态平衡给我们带来了新的机遇和新的挑战，给人们的生活环境和楼宇系统提出了更科学、更安全、更规范的要求，管理高效、安全合理、快捷方便的停车场智能管理系统已成为现代社会的迫切需求。

(2) 停车场智能管理系统　其工作原理如图 3-27 所示，它采用先进的检测技术（如 IC 卡、感应卡等），将各种先进的停车场设备、自动控制系统、电脑等技术有机结合，从每一个环节到整个系统、到管理服务都达到了先进水平。

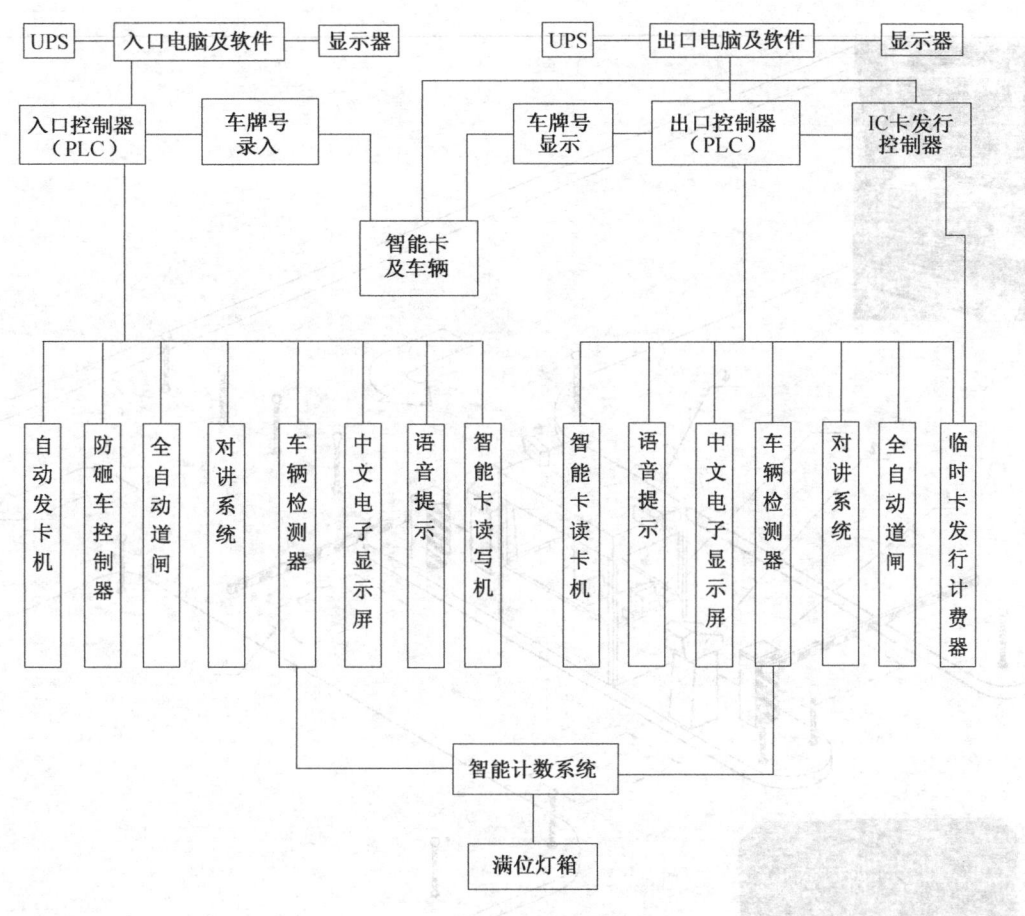

图 3-27 智能停车场工作原理方框图

车辆进出停车场时只需将 IC 卡在读卡器上读卡或将感应卡在读卡机前一晃即能完成记录、核算、收费等工作,此时挡车道闸升起,电子显示屏显示欢迎进出。车辆进出完毕,闸杆自动落下,全过程可无人看守、节省开支、提高管理档次,电脑自动计时经核算而得出停车费用,并通过电子屏显示给驾车者。每辆离场车辆的收费都由电脑确认和统计,并从卡中扣出,杜绝了失误和作弊,体现了公正快捷的服务,费用标准可由电脑设定。

智能卡以其独特的读写特性和安全性能,使之具有极强的防伪能力,其存储的信息也不会象磁卡那样因磁场干扰和外部其他干扰而丢失、错乱,不会产生使用磁卡所带来的因磁头磨损、磁粉脱落、灰尘等影响的麻烦,因而适用于各种环境,可靠、方便、耐用。

(3) 停车场智能管理系统 其布局如图 3-28 所示,车辆进出程序流程如图 3-29 所示。其主要设备和器件及功能如下:

1) 出、入口控制机。它是整个系统的功效得以充分发挥的关键性外部设备,是智能卡与系统沟通的桥梁。在使用时只需将卡伸出车窗外在控制机感应读卡器前轻晃一下,约需 0.1s 时间即可完成信息交流。读写工作完成后,其他设备做出进入或外出的相应动作。控制机可在关闭计算机的状态下工作,自动存储信息,供计算机适时调用采集。

2) 感应式 IC 卡。采用当今世界上最先进、最成熟、最流行的感应式智能卡,即菲利浦

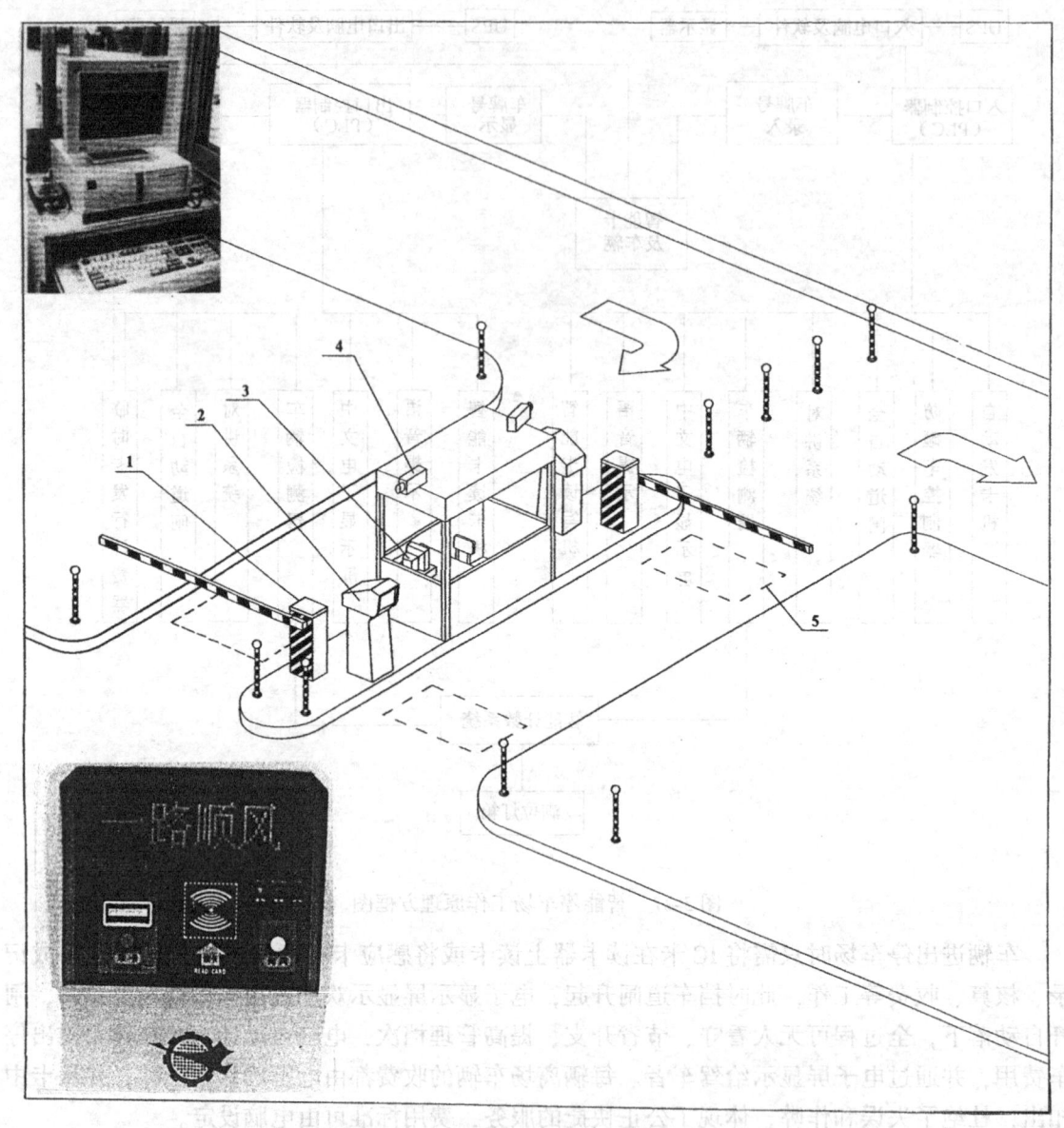

图 3-28　停车场智能管理系统布局示意图
1—JSZ 全自动道闸（Auto Gate）　2—读卡机（Card Acceptence Device）　3—管理计算机（Managing Computer）
4—监控摄像机（Camera of CCTV）　5—电磁检测器（Electromagnetic Inspector）

半导体/Mikron 的 Mifare—1 卡。该卡含有 CPU 和大容量存储器集成电路芯片，具有外部读取和内部处理及逻辑运算等功能，广泛应用于停车场智能管理系统中。作为信息载体是连接车主、车辆信息与系统的桥梁，为停车场智能管理系统的安全性、保密性、合理性、功能完善性、高度自治性、高效性做出了有效的保证。

3）中文电子显示屏。一般将之装在读卡机上以汉字形式显示停车时间、收费金额、卡上余额、卡有效期等，若系统不给予入场或出场，则显示相关原因，告知车主，明了直观。

4）对讲系统。每部读卡机都装有对讲系统，因此工作人员可通过对讲指导用户使用停

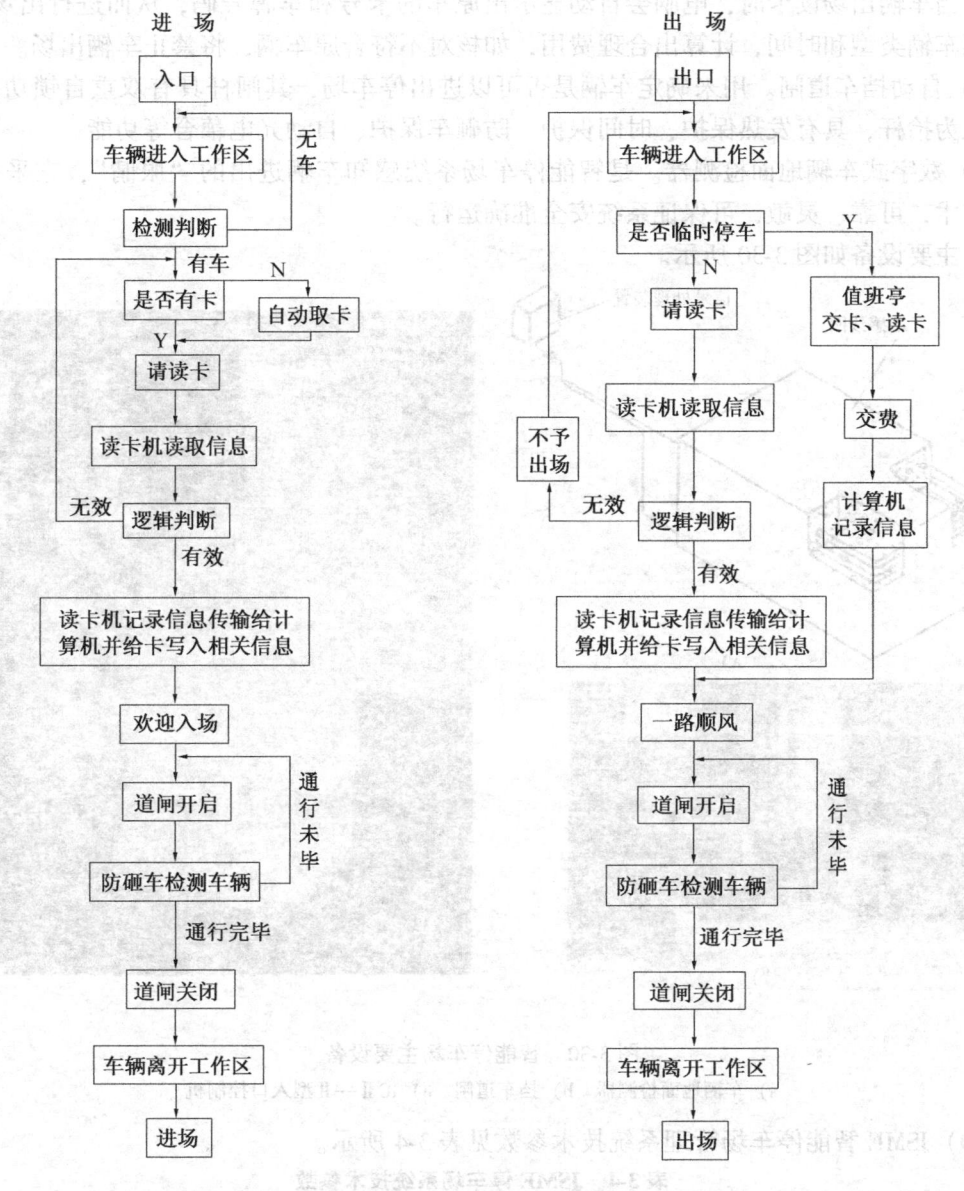

图 3-29 车辆进出程序流程图

车场；用户也可以询问有关情况，加强了用户与管理人员的相互沟通。

5）语音报价功能。语音报价器装配在读卡机上，与电子显示屏功能相配套，以声音的形式提示、指导用户科学地使用停车场系统。

6）自动出卡机。用于临时泊车者取卡进场，泊车者驾车至读卡机前，数字式车辆检测器自动检测，驾车者按键取卡（凭车取卡，一车一卡），此卡记录入场信息后便可起动道闸开启，让车辆进入停车场。离场时此卡交值班亭读卡，电脑自动核费、收款、收卡，目前许多高速公路收费便采用这种形式。

7）录入临时车牌号出场核对放行功能。当临时车辆入场时，管理员可根据需要，输入车牌号和车辆类型（也可由摄像机录取），电脑可进行自动记录，并将数据写入 IC 卡芯片内储存；当车辆出场读卡时，电脑会自动显示出原车的卡号和车牌号码，从而进行出场核对，并根据车辆类型和时间，计算出合理费用，如核对不符合原车辆，将禁止车辆出场。

8) 自动挡车道闸。用来确定车辆是否可以进出停车场，其闸杆具有双重自锁功能，可防止人为抬杆，具有发热保护、时间保护、防砸车保护、自动光电耦合等功能。

9) 数字式车辆地面检测器。是智能停车场系统感知车辆进出的"眼睛"，它采用数模转换技术，可靠、灵敏，可保证系统安全准确运行。

各主要设备如图 3-30 所示。

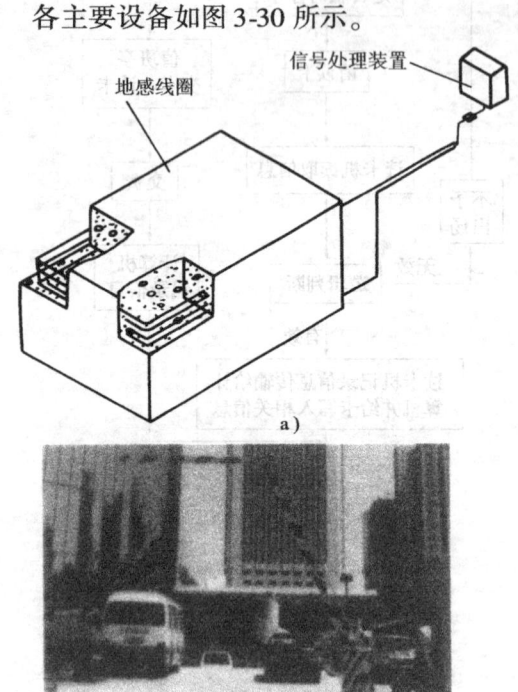

图 3-30 智能停车场主要设备
a) 车辆地面检测器　b) 挡车道闸　c) ICⅡ—Ⅱ型入口控制机

10) JSME 智能停车场管理系统技术参数见表 3-4 所示。

表 3-4 JSME 停车场系统技术参数

通信接口	RS—485	输入电压	~220V
数据传输率	9600bit/s	电源频率	50Hz
传输距离	1.2km	输入电流	200mA
感应式 IC 卡	MIFARE—1	环境温度	−25 ~ +70℃
读写时间	≤0.1s	环境湿度	10% ~ 90%
读写距离	100mm	单机静态功耗	1.5W
卡片信息容量	8kbit	单机动态功耗	1.8W
数据掉电保存	100 年	抗静电干扰能力	15kV

注：功耗不含电脑和闸门机。

(4) 系统软件

1) 设定功能。使用管理卡管理者可以对岗位、操作员、收费标准、用户智能卡的发行等进行功能设定。每一个出入口的机台、岗位就有了明确的分工及功效，岗位上操作的权限范围和职责也得到规定。每张智能卡在发行时，持卡人的资料、车牌号码、该卡属性、收费等级、使用期限等均在管理者的掌握之中，每一个持卡者驾车出入停车场时，读卡机便会按既定标准合理公正收费。

2) 系统自动维护功能。系统能使电脑自动地将接收的数据进行整理、排列、合理放置，保证系统随时都以最大空间和最佳状态运行。

3) 财务功能。相当于一个强大、完善的财务管理系统，停车场每时每刻的所有动作，都能如实地记录、整理、统计，管理者可以随时查用、打印停车场运作情况。例如整个停车场收费情况、某岗位收费情况、某操作员收费情况、存车量、某卡的进出次数、时间、卡内余款等。

(5) 可选择的配套系统

1) 车位检索系统。在每一个车位设置一套检测器，通过处理器并入系统，装设该系统后，电子显示屏则会将当前最佳停车位显示给泊车者，省去驾车者在车场内到处寻找车位的烦恼，提高停车效率。同时主控电脑和每一个入口电脑可以随时查寻车场中的车位情况，并以直观图形反映在显示屏上，本车场内若无空车位，每个入口读卡机则不会受理入场，并显示"车场满位"的字样。

2) 防盗电子栓。对固定车主的泊车位，加设一套高码位遥控器与检测器并行工作，检测器就具有了守车功能。车主泊车输码、取车解码，防盗电子栓如同一条无形铁链将车拴住。若无解码取车，则报警系统立刻报警，有效防止车辆被盗。

3) 路障机。参见图3-31，用于阻挡汽车运行，与道闸同步使用，可有效防止盗车、不交费强行出场，适用于重要的停车场管理口。路障机的启动有气动、电动、液压等多种形式，起降平稳、迅速、承载力要求大于100t。

4) 图形摄像对比系统。可将该系统配置于进出道口，主要设备有摄像机、闪光灯、抓拍控制系统和图像处理系统。车辆进场读卡时，控制系统工作，摄下有号牌的车辆图像，经计算机处理，提取号码和车主所持卡的信息，一并存入系统数据库内；出场读卡时，摄像机再次工作，拍摄出场车辆，并与进场时信息对比，是同一车则放行，否则不予出场。该摄像机也可配置人工监视器，监视车辆通行、加强管理。

5. 设计举例

(1) 单车道进出智能停车场管理系统。如图3-32所示，该系统进出读卡机分别处理车

图3-31 路障机

图3-32 单车道进出系统

辆的进出信息，各自控制同一道闸起落，适用于同一单车道、少量车辆出入的场所。

它由出票机、读卡机、闸门机、车辆地面检测器（环形线圈感应器）、中文显示屏、对讲系统、语音报价机、电脑等组成。当车辆驶入停车场入口工作区，停在读卡机前时，读卡机提示请读卡或出卡机出卡后再读卡，记录正确信息后闸门机开启，汽车便可驶入。当汽车进闸驶过防砸车检测器（环形线圈感应器）后，确定车辆已通过道闸，则控制闸门自动放下。车辆出库时方向相反，但程序基本相同。

（2）双车道一进一出智能停车场管理系统　如图3-33所示，该系统进出车辆分开行驶，读卡机分别控制各自的道闸，这是一种应用最多的系统。

（3）分散多车道、中央管理智能化停车场系统　如图3-34所示，该系统适用于一些大型场所，可有多个进口通道、多个出口通道。各通道可独立工作，相互间通过联网方式传送信息到中央管理系统，在线或联网中可适时通信，也可暂停网络通信，让各终端独立工作，定时通过网络采集各终端信息汇总；非联网的也可通过数据采集机，采集信息汇总到中央处理计算机。

图3-33　双车道一进一出停车场　　　　　图3-34　分散多车道停车场

（4）无人管理智能停车场系统　如图3-35所示，该系统谢绝临时车入场，只供持卡者（识别卡、储值卡、期卡）进出停车场使用，无人管理系统自动识别、核费、扣款、放行等工作全自动化。

图3-35　无人管理停车场

目前停车场管理系统的种类较多，设备产品型号繁多，我们设计时一定要根据实际情况，并与厂商多联系、多咨询、多比较，这样才能保证系统的先进性、实用性、经济性、可靠性。

习 题

3-1 什么叫门禁系统？门禁系统有何作用？

3-2 试画出门禁系统结构方框图（可以自己构思设计）。

3-3 读卡机有哪些种类？试述各种个人识别卡的优缺点。

3-4 门禁管理软件一般应包括哪几个部分？

3-5 商场、对外办公的机关大楼等主要出入口应该设置什么样的门禁系统？什么时候设防？什么时候撤防？

3-6 出入口控制门禁系统各种设备自行配置时，应该注意什么？

3-7 NTK4050型门禁系统是哪个公司的产品，该系统可以控制多少个门？使用者基本容量为多少？是否可以扩展？该系统有些什么主要功能？

3-8 楼宇对讲系统应包括哪几个部分？每部分有哪些作用？系统应达到怎样的基本功能？

3-9 画出总线制楼宇对讲结构框图。

3-10 试用ML—1000D型主机，设计某个小区可视对讲系统框图。

3-11 什么是电子巡更系统？巡更系统程序软件的编制应向厂商提出什么要求？

3-12 自动门按控制方式怎样分类？

3-13 简述自动感应门的控制程式。

3-14 停车场管理系统的主要功能是什么？

3-15 汽车传感器通常采用什么方式？说明两种方式的基本工作原理。

3-16 试为某单位画出一个读卡进、自由出的停车场管理系统示意图，并说明管理过程。

3-17 画出基本的车辆出入库程序流程框图（可自行设计）。

3-18 完善的门禁系统应有哪些特点？

3-19 感应卡有哪些优点？最适合于什么场所使用？

3-20 请说出巡更系统的作用、主要功能和主要设备。

第四章 电视监控系统

美国电影《国家公敌》结尾有这样一段话："我们必须监控我们的敌人，我们也意识到，我们还必须监控那些实时对我们监控的人，那么谁来监控那些监控的人呢？国家为了国家的安全，需要掌握一定的情报，那么怎样解决这种需求和保护个人隐私之间的矛盾呢？因为政府和任何人显然没有权力侵犯我们的家庭隐私。"这个问题必须引起安防工程设计的注意，要知道私设监控系统是违法的。目前我国在这方面已有比较完善的法律、法规和标准，安防系统工程必须向有关部门申请报批后才可施工。

第一节 简 介

随着各类建筑的智能化要求和生产经营管理自动化的要求，也随着安全防范的高标准要求，电视监控系统目前得到了极大的发展，也得到了各行各业广泛的使用。有些行业、部门，国家有关部门还要求强行使用电视监控系统（如银行、三星级以上宾馆等）。

电视监控系统可分为闭路（有线）电视监控（CCTV）系统和无线电视监控系统。有线电视监控系统有着保密性强，不易受干扰，也不干扰其他电器设备，不占用无线电空间，传输信号稳定可靠，设备费用较低等很多优点，得到普遍使用、推广。无线系统有着无线传输不需要布线，施工简单等优点，但有很多地方是不能与无线（闭路）系统相比的，所以一般不采用，因此本章只介绍闭路电视监控（CCTV）系统，简称电视监控系统或 CCTV 系统。

CCTV 系统是应用电缆或光缆在闭合的环路内传输电视信号，从摄像到图像显示，并按一定要求进行录像的独立完整电视系统。

CCTV 可分为工业（管理）电视系统和保安电视监控系统。

工业电视监控系统应用于工厂企业的生产调度、质量监测或对人眼不便直接观察的场所（如核反应堆、有毒、有害工序等）进行监视，也用于商家、公司的经营管理。

保安电视监控系统应用于写字楼、酒店、宾馆、超级商场、银行、证券、交易所、文物展厅、展品库、停车场、机要保密室、档案室、车站、机场以及某些建筑的出入口、主要通道、电梯轿厢等场所。其作用是对现场进行实时图像监控，并能采用录像等方式进行记录。

第二节 CCTV 系统的组成

CCTV 系统一般由摄像机、监听微型话筒（传声器）、云台、解码器、防尘罩（这些属于前端设备）、监视器、控制器、录像机、控制机框（这些属于机房设备）、传输电缆和控制电缆等组成。概括地说，由前端、传输、终端组成。

（1）前端 用于获取被监控区域地图像，一般由摄像机和镜头、云台、解码器、防尘罩等组成。

（2）传输　信号的传输分为有线和无线两种方式，有线常用同轴电缆、电话线、双绞线和光纤等。无线常用微波、红外线等。

（3）终端　用于显示和记录、视频处理、输出控制信号、接受前端传来的信号。一般包括监视器、各种控制设备和记录设备等。

系统的自身安全要求：前端不易被破坏、若被破坏应先触发系统。线路要有防护功能，走向应避开危险区域。中心控制室应设在防护区域内，并设有紧急报警按钮。

摄像机安装于需要监视的场所，也可装于较隐蔽的地方用于长焦距镜头拉过场景进行摄像。但如果需要监听或录音，监听话筒就必须安装于监听场所。摄像机把图像光信号变为电信号。监听头把声信号变为电信号，由电缆传输给安装于监控室的控制设备，再传至监视器、录像机、扩音器等，将图像、声音还原，并进行必要的录像和录音。

为了调整摄像机的监控范围，可将摄像机装上变焦距镜头（电控）并装于云台上，在监控室通过控制器对云台进行遥控，带动摄像机做水平和垂直旋转，同时可控制摄像机镜头焦距的改变（广角、标准或远望的连续变化）。

电视监控系统有多种组成方式，参见图 4-1。

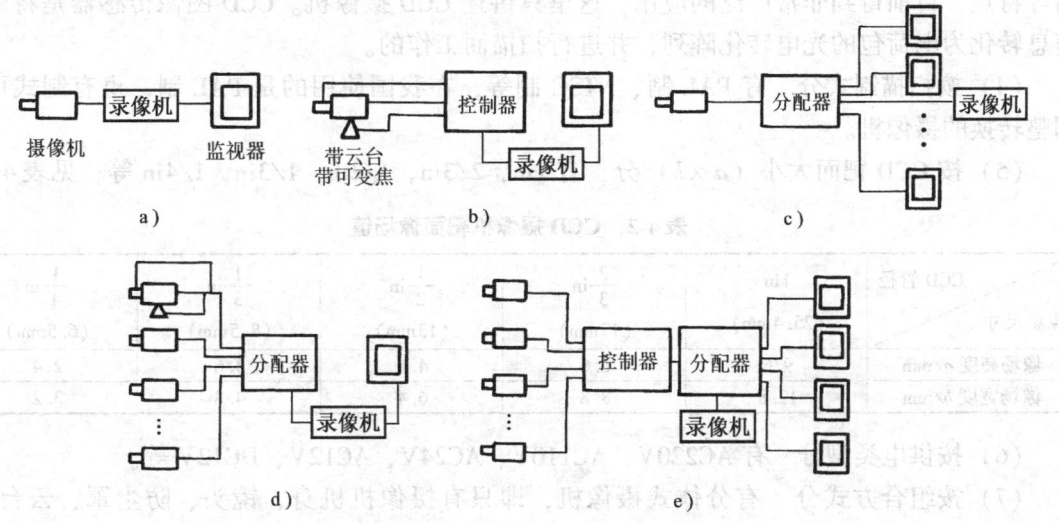

图 4-1　CCTV 系统基本组成形式

a）单头单尾式　b）电动云台（一对一式）　c）单头多尾式　d）多头单尾式　e）多头多尾式

各种组成方式所适合的应用场所参见表 4-1。

表 4-1　CCTV 系统组成方式适用场所

组成方式		应用场合	组成方式	应用场合
单头单尾式	固定（图 4-1a）	用于一处连续监视一个目标或一个区域	多头单尾式（图 4-1d）	用于一处集中监视多个目标或区域
	云台（图 4-1b）			
单头多尾式（图 4-1c）		用于多处监视同一个固定目标或区域	多头多尾式（图 4-1e）	用于多处监视多个目标或区域

注：每种组成方式都可增加监听装置。

第三节 摄 像 机

一、摄像机的分类

为了把光信号变为电信号,就必须使用摄像机,摄像机的分类有多种方法。

(1) 按成像色彩分 有彩色摄像机和黑白摄像机两大类(含彩色—黑白一体机)。

(2) 按分辨率分 以影像像素 38 万个为界,影像像素在 38 万点以上的为高分辨率型,影像像素在 38 万点以下的为一般型。其中以 25 万像素 (510×492),分辨率为 400~480 线的产品用得最普遍,这是因为保安电视监控不是艺术摄影,图像要求不是非常高,没有特殊要求时,一般不必增加投资采用高分辨率型。

(3) 按摄像器件分 有电真空摄像器件(光电真空管)和固态摄像(半导体光电靶)器件两大类。其中电真空摄像器件又可分为光导摄像管(Vidicon)和新型光电管(Newvicon)等种类,目前已很少使用。固态摄像器件又可分为 CCD (电荷耦合器件)、MOS (金属氧化物)和 CID (电荷注入器件)等种类。CCD 摄像机由于其先进性、可靠性、性价比高等特点,目前得到非常广泛的应用,这里只讲述 CCD 摄像机。CCD 图像传感器是将图像信息转化为电荷包的光电转化阵列,并进行扫描而工作的。

(4) 按扫描制式分 有 PAL 制、NTSC 制等,在我国使用的是 PAL 制,也有制式可以调整转换的摄像机。

(5) 按 CCD 靶面大小 ($a \times b$) 分 有 1in, 2/3in, 1/2in, 1/3in, 1/4in 等,见表 4-2。

表 4-2 CCD 摄像机靶面像场值

CCD 管径 像场尺寸	1in (25.4mm)	$\frac{2}{3}$in (17mm)	$\frac{1}{2}$in (13mm)	$\frac{1}{3}$in (8.5mm)	$\frac{1}{4}$in (6.5mm)
像场高度 a/mm	9.6	6.6	4.6	3.6	2.4
像场宽度 b/mm	12.8	8.8	6.4	4.8	3.2

(6) 按供电类型分 有 AC220V、AC110V、AC24V、AC12V、DC12V 等。

(7) 按组合方式分 有分体式摄像机,即只有摄像机机身、镜头、防尘罩、云台等,根据需要自由配置。一体化普通摄像机,即摄像机、镜头、防尘罩设计为一体。还有快球型摄像机,即摄像机、镜头、防尘罩、快速云台设计成一体,外形为球形或半球形。

因此在选择摄像机时,应首先确定选择何种类型,以便满足使用要求。在一般的电视监控系统中多选择 1/3~1/2in,PAL 制,380~480 线 AC220V 或 DC12V 的 CCD 摄像机。这样既符合中国国情又能满足一般摄像需求。

二、摄像机的性能

(1) 黑白摄像机与彩色摄像机 黑白摄像机与彩色摄像机的性能差别比较大,见表 4-3。由于价格及用途上的原因,如果没有识别颜色的要求,一般尽量选用黑白摄像机。同档次的黑白摄像机很多性能都高于彩色摄像机。当选用彩色摄像机时,由于其灵敏度较低,必须具备较好的照明条件,此外彩色摄像机的价格也比黑白摄像机高得多,如采用彩色摄像机,则后面的所有设备(矩阵、画面分割器、显示器等)都必须用彩色机,整个系统的价格会更高。

表4-3 黑白和彩色摄像机对比

摄像机 项　目	黑　白	彩　色
灵敏度	高	约低10倍以上
分解力	高	约低20%
尺寸、重量	小	大
图像观察感觉	只有黑白	有色彩、真实
价　格	低	高得多

(2) 照度　各种摄像器件的灵敏度不同,故各种摄像机的最低照度也不同。最低照度的意思是指摄像机在此照度(光线强度)时,用规定的定焦距镜头、光圈在F1.4时摄像,可以获得看得见轮廓的图像,图像信号的有效幅度不低于额定值(0.7V)的10%(即>0.07V)。

通常由真空摄像器件(Vidicon)摄像的最低照度约为5.0lx,电荷耦合器件(CCD)摄像机的最低照度,黑白的为0.2lx,彩色的为1.0lx。

各种环境的大约照度参见表4-4。从此表中可以建立起照度的概念,这个物理量反映了光照的强度,单位为勒克斯(lx)。

表4-4　各种环境的相对照度(大约)

照度/lx	明暗例	照度/lx	明暗例
2×10^{-5}	阴暗的夜晚	200	教室
8×10^{-4}	星光	300	设计室、打字室
3×10^{-1}	月圆	400	精细作业室
2	剧场内观众席	500	自选商场
5	曙光	3×10^3	阴天室外
10	一般车库	3×10^4	晴天室外
50	宾馆走廊	3×10^5	阳光下水边
100	宾馆大厅		

为了获得满意的图像,所需的照度应比所选摄像机的最低照度大得多。例如,为获得额定信号幅度,就应增大10倍。如果所选镜头光圈达不到F1.4,最大光圈只能是F4,则F1.4和F4的进光量相差三挡光圈(F2.8、F3.6)即8倍,此时应比最低照度大80倍的照度,才能获得额定信号幅度,这一点在电视监控系统的设计中要特别注意,否则工程完工后才发现图像质量太差,便难予解决了。

如有的场所光线实在太暗,为获得良好的图像,必须增加照明设施,也可用红外照明(隐蔽性好),还可用红外摄像机。

还有一种彩色—黑白摄像机,当光照度低于5~10lx时,自动转变为黑白摄像,此时最低照度可达0.1lx。此类摄像机多用于光照度变化特别大的室外监控系统,在这样的场所白天、夜晚都可获得清晰的图像,只不过白天是彩色,夜里是黑白。

(3) 同步　在切换图像时,为了防止图像闪跳,系统设备之间需采用外同步信号连接器。

目前一般利用控制器来进行同步,外同步在控制器中连接,这样摄像机可以采用单电缆多功能传输方式，如图 4-2 所示。

摄像机一般都具有电源同步功能，但需注意同一系统中所有摄像机应使用同一交流电源，这样全部摄像机才能同步在同一电源相位上，即让系统获得电源同步。

(4) 电源 摄像机的电源一般有交流 220V、110V、24V，直流 24V、12V 几种，要根据现场需要适当选择。如采用的是直流 24V 或 12V 摄像机，应将直流稳压电源装

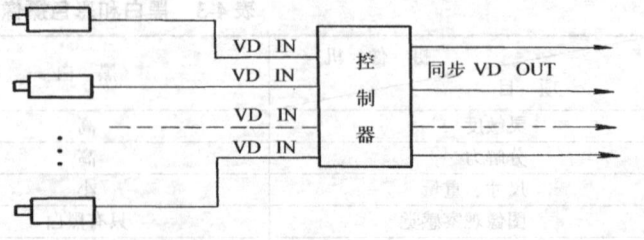

图 4-2 利用控制器同步方式

于摄像机附近，并将交流 220V 送至直流稳压器输入端，这是因为低压直流长距离输送损耗很大。

(5) 功耗 摄像机的功耗一般在 3~20W 之间，各种摄像机的说明书中都有此项指标，设计时要注意一组电源线供多少台摄像机，应采用多少平方毫米的电线，还要考虑计算供给电源的容量。

(6) CCD 尺寸 CCD 摄像机扫描的有效面积（光靶面积），是用等效的摄像管直径来标称的，参见表 4-2。CCD 的尺寸决定着镜头的选择（在镜头一节中要讲），但要注意 CCD 尺寸的大小与摄像机的分辨率并无直接关系，1/3in 摄像机的分辨率可能比 1/2in 的还要高，所以不一定光靶面积越大越好。

(7) 制式 摄像机同家用电视机、录像机一样，也有制式之分，有 PAL 制和 NTSC 制等。由于我国电视信号的制式是 PAL 制，所以摄像机一般选用 PAL 制，购买时要注意根据设计系统所用的制式进行选择，要求全系统中所有设备都要在同一制式上，否则系统将不可能正常工作。

(8) 清晰度 清晰度有水平清晰度和垂直清晰度。电视制式限制了垂直方向的清晰度，各种制式有一个最高的限制，PAL 制约为 400 线。摄像机的清晰度是用水平清晰度来表示的。如果用 R_h 表示水平清晰度，V 表示画面的垂直高度，H 表示水平长度，m 表示一条水平线上能再现的象素数，那么水平清晰度由下式定义：

$$R_h = \frac{V}{H} \cdot m$$

一般 V 和 H 的比是 3/4，即 0.75，当然清晰度越高越好，但价钱也越高，所以要根据实际需要慎重选择。高清晰度的摄像机还要配高清晰度的显示器才有意义，一般选择 450~480 线的，清晰度已经很好了。

(9) 自动增益控制 (AGC) 在低亮度的情况下，自动增益功能可以提高图像信号的强度以获得清晰的图像。目前市场上 CCD 摄像机的最低照度都是在这种条件下的参数。AGC 还可保证图像信号在一定范围内波动时，获得稳定的输出。

(10) 自动白平衡 对彩色摄像机而言，白平衡是衡量红、绿、蓝三基色是否平衡的参数。白平衡正常，才能真实地还原被摄物体的色彩。彩色摄像机的自动白平衡就是让其实现自动调整。此功能又分自动白平衡 (AWB) 和自动跟踪白色平衡 (ATW)。AWB 功能可以自动测量色温并保存起来。ATW 功能可以随时对被摄物体的色温进行跟踪测量，并自动调

整白色平衡以真实地还原色彩，这在光源经常改变，如晚上使用水银灯等情况下非常有用。黑白摄像机没有此功能。

（11）电子亮度控制　有些 CCD 摄像机可以利用电子快门，根据射入光线的亮度来调节 CCD 图像传感器的曝光时间，从而在光线变化较大时也可以不采用自动光圈镜头。使用电子亮度控制时，被摄物体的景深要比使用自动光圈镜头时要小。

（12）逆光补偿　在逆光的情况下，采用普通摄像机摄取的物体的图像会发黑不清。具有逆光补偿功能的摄像机在这种情况下仍能得到被摄物体的清晰图像，这是因为它采用了特殊的逆光补偿电路。这种电路可以检测被摄物体在整幅图像中的尺寸和对比度，并自动计算所需的补偿电平进行补偿。有此功能的摄像机价格较高，设计系统时应尽量选择顺光布置摄像机。

（13）工作温度　摄像机在这个温度范围内应能长时间正常工作，一般工作温度应在 $-10 \sim 50$℃。

常见摄像机参见图 4-3、图 4-4。

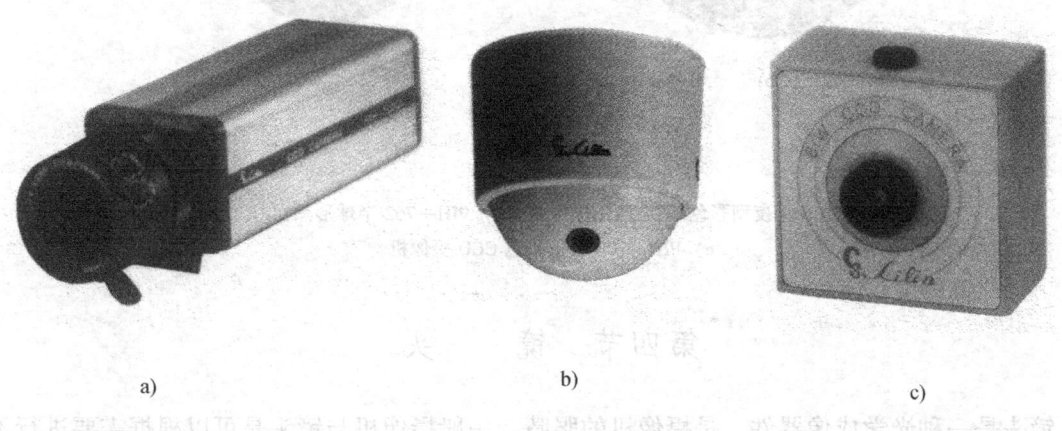

图 4-3　几种常见摄像机

a) PIH—7030L 黑白 CCD 摄像机　b) PIH—763 半球形黑白 CCD 摄像机　PIH—773 半球形彩色 CCD 摄像机
c) PIH—742 黑白 CCD 摄像机　d) PIH—761 半球形黑白 CCD 摄像机　PIH—770 半球形彩色 CCD 摄像机
e) PIH—764 半球形黑白 CCD 摄像机　PIH—774 半球形彩色 CCD 摄像机　f) PIH—717XP 高速球型摄像机

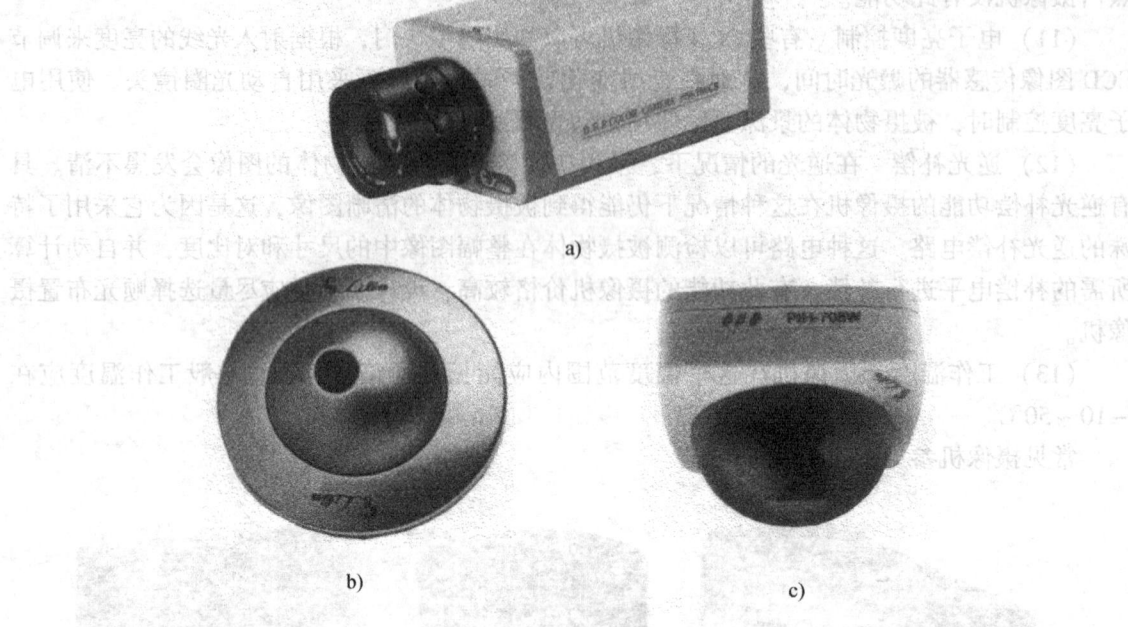

图 4-4 摄像机
a) PIH—780CB 昼夜型彩色/黑白两用摄像机 b) PIH—762 半球形黑白 CCD 摄像机
c) PIH—708 吸顶彩色 CCD 摄像机

第四节 镜 头

镜头是一种光学成像器件,是摄像机的眼睛,一般摄像机与镜头是可以根据需要进行不同组合的。监控图像的质量很大程度上取决于镜头的成像质量,要获得高质量的图像和摄像范围,镜头选择十分关键。

一、镜头的分类

(1) 按摄像机镜头规格分 有 1in,2/3in,1/2in,1/3in,1/4in 等规格。镜头规格应与摄像机的靶面尺寸相对应,即摄像机靶面大小为 1/3in 时,镜头同样应选择 1/3in 的,否则不能获得良好的配合。

(2) 按镜头安装分 有 C 安装座和 CS 安装座(特种 C 安装座)的接口安装方式。两者的螺纹相同安装部位的口径都是 25.4mm,但两者到感光表面的距离不同。前者从镜头安装基本面到焦点的距离为 17.526mm,后者为 12.5mm。大多数摄像机只适应一种接口方式安装式,新型摄像机可适应 C 和 CS 两种接口(加调节器或加接圈)。

(3) 按镜头光圈分 有手动光圈和自动光圈。自动光圈镜头又分为两类:视频输入型——将视频信号及电源从摄像机输送到镜头来控制光圈;DC 输入型——利用摄像机上的直流电压直接控制光圈。前者是从摄像机中取视频信号作为参考,通过比较发出指令来控制光圈的开大或闭小。执行机构有电动机和电磁机构两种形式,一般电磁机构动作灵敏迅速,后者也称为电眼镜头,它像人眼一样,利用光学取样。进光的强弱能自动启闭光圈,使传到摄像器件光靶上的平均光照度基本恒定,这种叫 cds 的电眼镜头只需外接规定电源便可工作。

(4) 按镜头的视场大小分

标准镜头:视角 30°左右。在 1/2in CCD 摄像机中,标准镜头焦距定为 12mm;1/3in CCD 摄像机的标准镜头焦距定为 8mm。

广角镜头:视角 90°以上。焦距可小于几毫米,但可提供较广阔的视景,图像会有一些变形。

远摄镜:视角在 20°以内。焦距可达几米、几十米,并可远距离将拍摄的物体影像放大,但使观察范围变小。

变倍镜头:也称伸缩镜头,有手动和电动之分。

变焦镜头:它介于标准镜头与广角镜头之间,焦距可连续改变。

(5) 针孔镜头　镜头端头直径只有几毫米。由该孔进光而得到光像,由于光的入口是极细小的长镜头筒,所以可以用隐蔽的形式进行安装。

(6) 棱镜镜头　在其前面隐蔽装设棱镜。这种棱镜一般从顶棚或墙面上显露出来,不明情况的人以为这是室内装饰用的水晶玻璃,而不被人们警觉,所以常用于特殊监视用的隐蔽摄像机上。

(7) 鱼目镜头　一般将具有 180°以上视角的广角镜头称为鱼目镜头。这种镜头能得到广阔的视野,但会使图像产生失真,设计时要非常注意。

(8) 光学扫描镜头　这种镜头由固定镜面和旋转镜面组合而成。只是利用镜面的旋转来得到扩大水平视野的效果,而不须摄像机本身转动,具有一定隐蔽作用。

(9) 按镜头焦距分

短焦距镜头:入射角较宽,可提供较宽的视景。

中焦距镜头:标准镜头,焦距长度视 CCD 光靶尺寸而定。

长焦距镜头:入射角较窄,故仅能提供狭窄的视景,适用于远距离监视。

变焦距镜头:通常为电动式,可作广角、标准或远望镜头使用。

(10) 一体化摄像机　镜头和摄像机装为一体的产品,镜头不能轻易更换,选择时要确定好镜头规格。

(11) 按镜头参数可调项目分　三可变镜头(光圈、焦距、调焦)、两可变镜头(焦距、调焦)、一可变镜头(焦距)。

二、镜头的选择

选择镜头时要考虑的一系列问题见表 4-5。

表 4-5　选择镜头时需考虑的内容

考 虑 要 求	对 镜 头 要 求	考 虑 要 求	对 镜 头 要 求
被摄场景的大小 摄像机和被摄物的距离	视角	对被摄物的监视方式	视角是否可变 焦距、镜头的光圈大小
使用摄像机的类型	画面尺寸(1/2in 或 1/3in 等) 是否要用高灵敏度自动光圈等 镜头的安装方式	摄像机的设置条件 应用方法	是否要遥控 是否要 EE(自动光圈)

1. 镜头的焦距 f

选择镜头时，应根据摄像机安装位置到被监视目标的距离及监视目标的范围来决定镜头的焦距 f，参见图 4-5 和图 4-6。

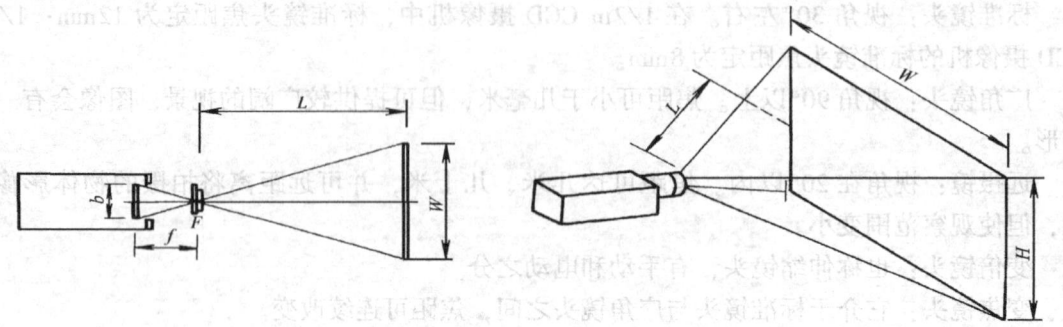

图 4-5　镜头特性参数间关系

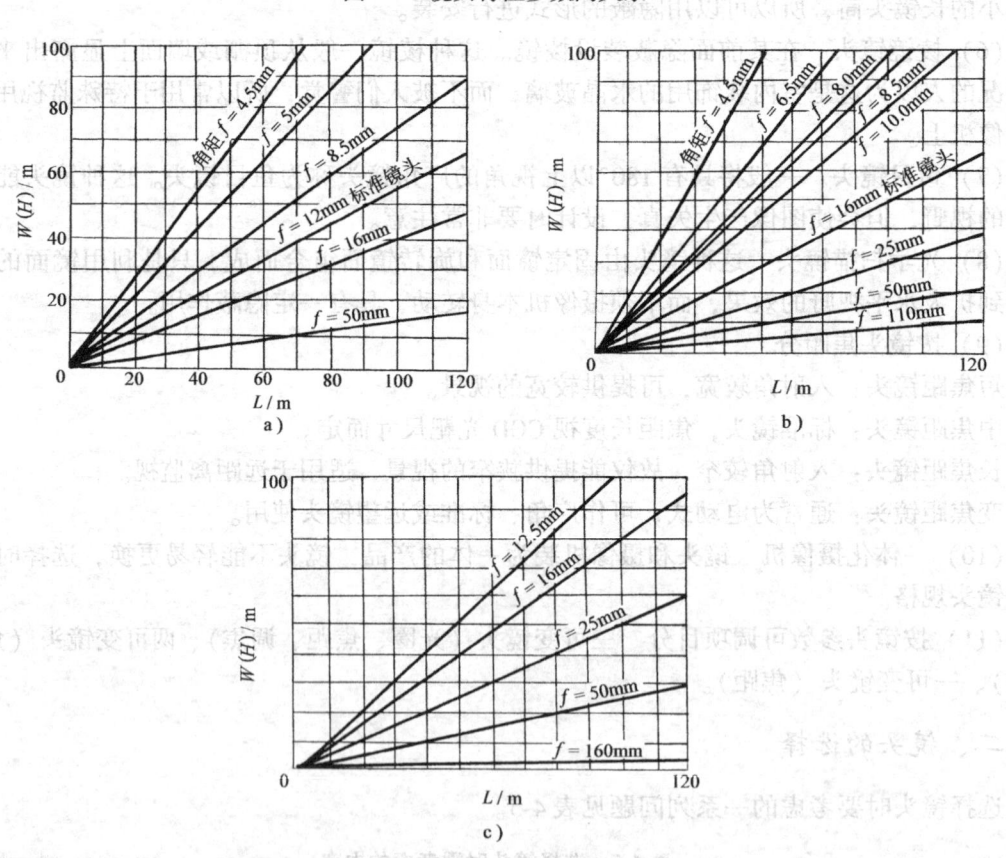

图 4-6　镜头参数计算图
a) 1/2in 管摄像机　b) 2/3in 管摄像机　c) 1in 管摄像机

关系式如下：

$$H = \frac{aL}{f}$$

第四章 电视监控系统

$$W = \frac{bL}{f}$$

式中 H——视场高度（m）；
W——视场宽度（m）；
L——镜头至被摄物体的距离（视距）（m）；
f——镜头焦距（mm）；
a——像场高度（靶面像场值）（mm）；
b——像场宽度（靶面像场值）（mm）。

不同摄像机的 a、b 值可参见表 4-2 所示。

由前面两式可得出：
$$f = \frac{aL}{H}$$
$$f = \frac{bL}{W}$$

可以用这两个式子计算所需镜头的焦距，然后选择镜头。因为监控场所要求的景物视场的高度 H 和宽度 W 一般是能够确定的。

例 某宾馆大厅出入口需进行电视监控。大门的高度为 2.5m，宽度为 4m，摄像机安装位置至景物（大门）为 6.5m。选用 1/3in CCD 摄像机，求应该选用焦距为多少的镜头？如选用 1/2in CCD 摄像机，镜头焦距为多少？

解 已知 $H=2.5\text{m}$，$W=4\text{m}$，$L=6.5\text{m}$。

（1）1/3in 镜头，由表 4-2 查得 $a=3.6\text{mm}$，$b=4.8\text{mm}$。

那么 $f = \dfrac{aL}{H} = \dfrac{3.6 \times 6.5}{2.5}\text{mm} = 9.4\text{mm}$

$f = \dfrac{bL}{W} = \dfrac{4.8 \times 6.5}{4}\text{mm} = 7.8\text{mm}$

为了有完整的视场宽度，所以选择焦距为 7.6mm 左右的 1/3in 镜头，这样在摄像机上可摄取最佳的范围满足要求的景物图像。

（2）1/2in 镜头，由表 4-2 查得 $a=4.6\text{mm}$，$b=6.4\text{mm}$。

这样 $f = \dfrac{aL}{H} = \dfrac{4.6 \times 6.5}{2.5}\text{mm} = 12.36\text{mm}$

$f = \dfrac{bL}{W} = \dfrac{6.4 \times 6.5}{4}\text{mm} = 10.4\text{mm}$

同样考虑要有完整的视场宽度，此时应选择焦距为 10mm 左右的镜头。

2. 镜头的光圈

往往被监视的场所光照是不断或无规律变化的，这就要求镜头的光圈要自动调整，才能保证有清晰的图像，因此通常都采用自动光圈的镜头。

有的场所都是靠灯光照明，环境的照度是恒定的，如酒店的走道、地下停车场、没有窗子的场所等，就没有必要选自动光圈镜头，可选手动光圈镜头，安装时现场调整，调好后锁紧即可。

自动光圈镜头按其取样执行机构分为：电眼、视频取样两种。

电眼像人眼一样，利用光学取样，根据进光的强弱自动启闭光圈，使传到摄像机光电转换面（光靶）的光平均照度基本恒定，从而达到自动光圈作用。这种叫 cds 的电眼镜头只需外接规定的电源（如+12V），不需要外接视频信号。

视频取样自动光圈镜头是从摄像机中取视频信号为参考，通过对比发出指令，开启或关闭光圈。执行机构又有电动机和电磁机构两种。一般认为，利用电磁机构控制光圈，动作灵敏、迅速、有效。

自动光圈镜头与摄像机之间应有连接线，一般用插头连接，因各厂商采用的插头座不一样，故使用时应注意接口的配合问题。

3. 镜头的景深

被摄物体总有一定的深度，而镜头仅在某位置的前后一定范围内聚焦，比该位置更近和更远的地方其图像就会发"虚"，这个被摄物体能聚焦的范围叫被摄体深度或叫景深。另一方面对于平面形的被摄体，把最佳成像点前后能够得到清晰图像的范围叫做焦点的深度或景深。

当把黑白摄像机装在室外去监视相当远的广阔范围时，事实上就不存在景深问题了。灵敏度较低的彩色摄像机在室内使用时，由于其景深较浅，必须精心考虑所要观察的目标所处的位置是否正落在镜头焦点的深度之内。

必须认识到镜头的光圈越小（数值越大），景深越长；光圈越大（数值越小），景深越浅。那么光圈的大小取决于被摄场所的光照度，因此为了得到足够的景深，就必须让被摄物（或场所）有足够的光照度，设计时，如可能应尽量选择良好的照明条件。各种镜头参见图4-7所示。

图 4-7　各种镜头

4. 像差

由于肉眼所看到的光线是由多色光复合而成的，因此成像光束的波长不同，光学系统的折射率不为常数，所以实际光学系统成像与理想光学系统所得的结果不同，两者间存在着偏差，这种偏差称为像差。

像差分为两类。一类是单色光成像时的像差，主要由镜头工艺及精度引起，有球差、慧差、像散、像场弯曲、桶形失真、枕形失真等，称单色像差。另一类是复合光成像时，由于镜头折射率不同而引起的像差，称为色差。

现在CCTV镜头都使用凸透镜与凹透镜的不同组合及其他一些技术来减少像差，对图像畸变进行矫正，同一类镜头的价格很大程度上取决于减小、消除像差的水平。

第五节 云 台

云台是电视监控（CCTV）系统中不可缺少的配套设备之一。它与摄像机配合使用能达到上下左右转动的目的。扩大一台摄像机的监视范围，同时能在一定范围内跟踪目标进行摄像，提高了摄像机的使用价值。由于使用环境不同，云台的种类很多。

按用途分：有通用型云台和特殊型云台。通用型云台又可分为遥控电动云台和手动固定云台两类。目前遥控电动云台由于其操作方便可靠，得到普遍应用。特殊云台可分为防爆型云台、耐高温云台和水下云台等。

按安装环境分：有室内云台和室外云台（全天候型），注意室内云台绝不可用于室外。

按运动方向分：有水平旋转云台和全方位云台（水平和垂直方向都可电控自由旋转，可实现全方位或跟踪监视）。

按承受负载能力分：有轻载云台（最大负重10kg）、中载云台（最大负重25kg）、重载云台（最大负重45kg）、防爆云台（用于危险环境）、防水云台（密封、耐压、高绝缘）。

按速度分：有恒速云台（只有一挡速度），一般水平转速为3°~30°/s，垂直俯仰速度为3°~45°/s。可变速云台，水平转速为0°~400°/s可调，垂直倾斜速度为0°~120°/s。

几种常用电动云台的特性参见表4-6，外形见图4-8所示。

表4-6 各种云台的特征

参数		型式 室内限位旋转式	室外限位旋转式	室内连续旋转式	室外自动反转式
旋转角度	水平/(°)	340	340	360	350
	垂直/(°)	上45 下45	上15 下50	上10 下55	上30 下60
旋转速度	水平/(°/s)	6	3.2	约1~2min 转一周	6
	垂直/(°/s)	3	3	3	—
最大荷重/kg		约30	约40	约25	直立25，侧挂16
自重/kg		约7	约15	约10	约8.5
耗电（最大）/W		70	100	120	60
风速/m·s^{-1}		—	60	60	60
水平检测		—	—	内带同步电动机	—
环境温度/℃		-10~+60	-10~+50	-10~+50	-50~+50

电动云台由微型电动机驱动，通过减速装置使输出轴获得所要求的转矩和速度，带动摄像机进行各方向转动跟踪监视。电动云台的工作角度可调节微动开关进行限位。由于采用了自锁能力的蜗轮蜗杆减速机构，所以当电动机停止工作时，摄像机能立即悬停于任意工作位置，以达到使摄像机能够在设定范围内跟踪监视对象的技术要求，借助于遥控装置还可对摄像机进行遥控。

选择云台时，除考虑电参数外，还应考虑移动时云台所承受的重量，计算出摄像机和镜

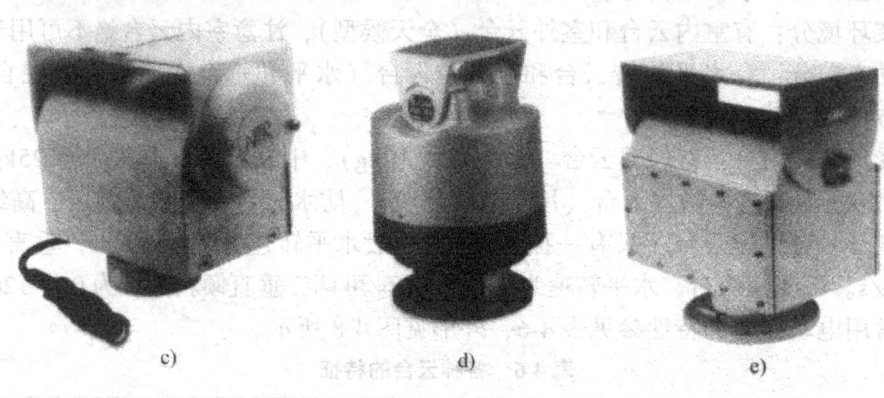

图 4-8 几种常见云台
a) PIH—305S 小型室内水平云台　b) PIH—302 室内万向云台
c) 轻型云台　d) PIH—301 室外万向云台　e) 防爆型云台

头组合的总重量加上防护罩和任何附加部件的重量，如是室外使用还要考虑可能增加云台负重的各种因素，如强风、冰雪等。

云台在大多数监控摄像机上是不需要的，因为很多摄像机是用来固定监视某一个目标或区域的，如电梯的轿箱、宾馆饭店的走道、银行的柜台、金库、各种出入口等都不需要摄像机旋转，可安装成固定式的。

另外，云台的控制需要云台控制装置，有普通按键控制和微电脑控制两种。控制信号的传送有多芯电缆直接传递各动作信号方式；总线加解码器传递方式；利用视频信号的场回扫区视频电缆传递方式等。目前多用总线解码传递方式。

第六节　防护罩（防尘罩）和支架

一、防护罩

防护罩也称防尘罩，它的作用是用来保护摄像机及镜头不受诸如有害气体、天气、灰尘及人为有意破坏等环境条件的影响。

防护罩的分类有室内型、室外型、空调型、防爆型、防尘型及高度安全型、装饰型、隐蔽型等。

根据实际的使用环境和具体的用途选择合适的防护罩是很重要的。选择防护罩时应考虑以下因素：

环境——安装防护罩的地点是室内还是室外，是否有不利的环境因素？
设备——所选摄像机和镜头及附件的类型、形状及其尺寸大小？
供电——计划使用什么样的电源供电？
安装——防护罩将安装于何处（墙壁、天花板、立杆、高台）？
要求——防护罩是否需要隐蔽？什么类型、什么颜色才与建筑装修协调美观？

各种常见的防护罩参见图4-9。

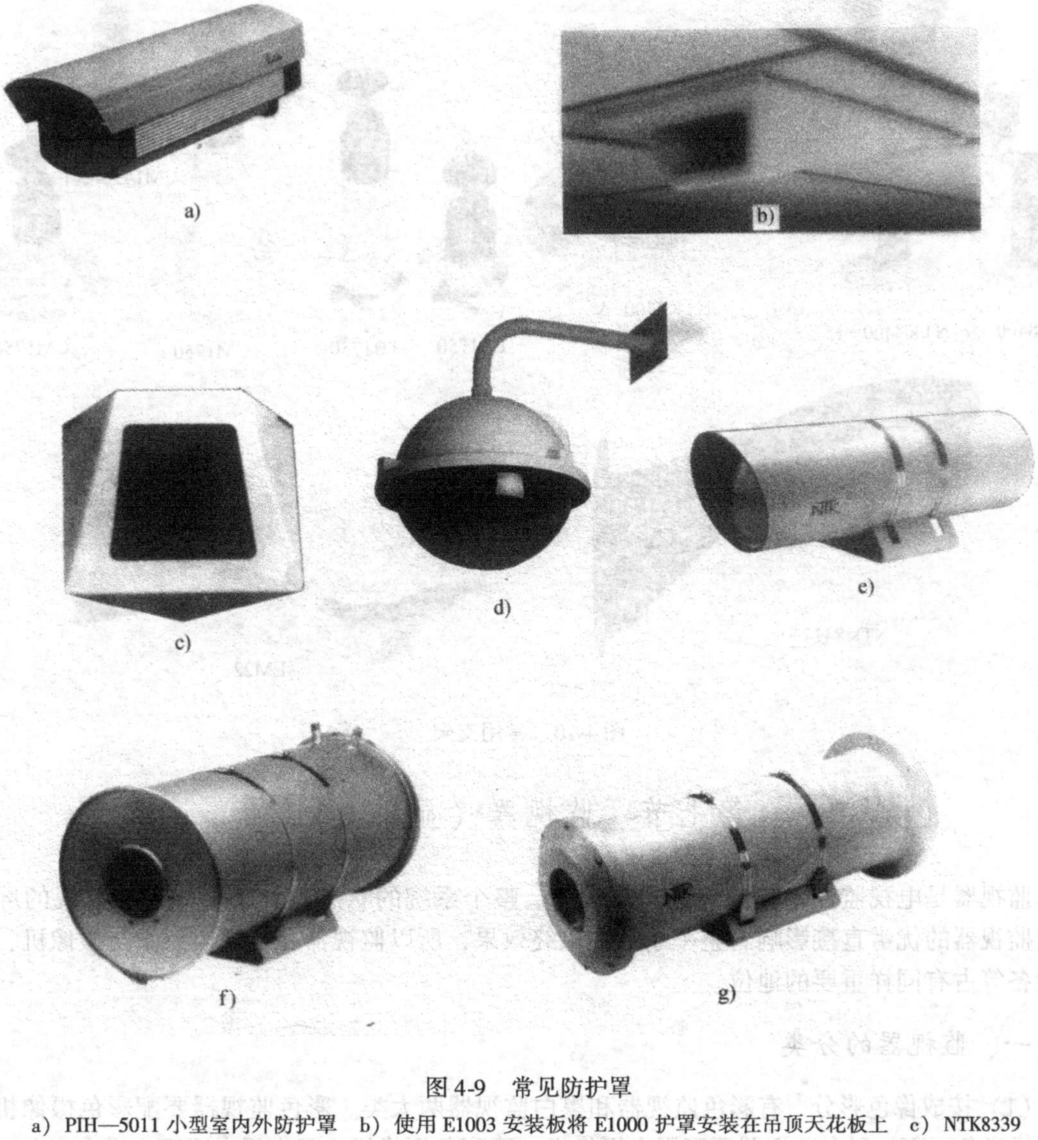

图4-9 常见防护罩
a) PIH—5011 小型室内外防护罩　b) 使用E1003安装板将E1000护罩安装在吊顶天花板上　c) NTK8339
d) PIH—518L 室外球形防护罩　e) NTK8320—6 护罩　f) 水冷却 NTK8337　g) 防爆 NTK8332 护罩

二、支架

支架是用于摄像机（含防护罩）安装时作为支撑的，并将摄像机（防护罩）连接于安装部位的辅助器件上。

支架有摄像机安装支架，防护/球形一体摄像机支架、转台及云台安装支架，多功能安装支架、墙装、角装、基座装、柱子装、顶装支架等。

选择支架时要根据实际安装地点的需要进行合适的选择，还应确保支架能够支撑设备的总负重的四倍，并且只能选择安防设备制造的专用支架。有些特殊环境需根据实际情况定做或自己设计制作支架，常用支架见图4-10。

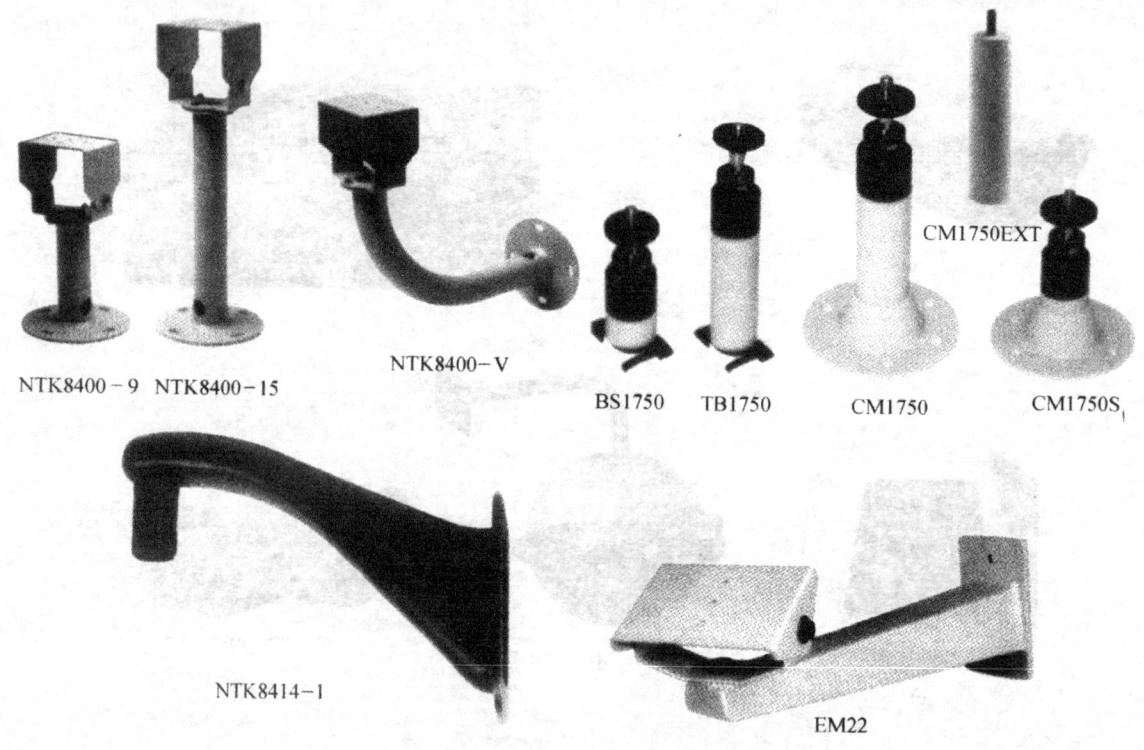

图4-10　常用支架

第七节　监视器（显示器）

监视器是电视监控系统的终端显示设备。整个系统的状态最终都要体现在监视的屏幕上，监视器的优劣直接影响着整个系统的最终效果，所以监视器在电视监控中与摄像机、控制设备等占有同样重要的地位。

一、监视器的分类

（1）按成像色彩分　有彩色监视器和黑白监视器两大类。彩色监视器要配彩色摄像机才能显示彩色画面，黑白监视器要配黑白摄像机（配彩色摄像机也只有黑白画面，没有意义）。

(2) 按功能分 有图像监视器（只有视频输入、输出）和音视监视器（有音频、视频输入、输出），也可用电视接收机，选择时要根据实际需要来配置。

(3) 按屏幕对角线的长度大小分 有 9in、14in、15in、17in、21in、25in 等，最常用的是 14~21in。屏幕的高宽比一般为 3:4。

(4) 按性能分 有精密型监视器，这种监视器中心分辨率在 600 线以上，色彩还原性高，各类技术指标的稳定性和精度都很高，基本功能齐全，但价格昂贵；高质量监视器，这种监视器中心分辨率一般为 370~500 线，具备一定的使用功能，但功能指标、技术指标均低于精密型监视器；一般用监视器，这种监视器一般具备视音频输入或只有视频输入功能，中心分辨率为 300~700 线，信号的输入、输出、转接等基本功能比较齐全，是目前监控系统中使用最多的一种。监视器的选择应注意其性能要与摄像机、控制设备相匹配。

(5) 按画面分 有单画面监视器和多画面分割监视器（不需另配画面分割器）。

常用监视器参见图 4-11 所示。

二、监视器的技术指标（常用）

输入电压：有 120V、60Hz；230V、50Hz；12V、24V 等。

功率消耗：有 25W、30W、48W、60W、100W 等。

输入信号：一般在 0.5~2.0V 的峰值视频信号。

输出信号：一般在 1V（p-p）复合视频信号。

输入阻抗：75Ω 或更高（可切换）。

图 4-11 监视器

带宽：100Hz~10MHz。

分辨率：300~1000 线以上。

制式：我国为 PAL 制，有的监视器带有制式转换开关。

亮度：大于 50cd/m^2。

灰度：6~7 个灰度等级。

信噪比：大于 40dB。

非线性失真：小于 10%。

工作温度：一般 10~55℃。

储存温度：一般 -30~65℃。

相对湿度：一般 10%~95%。

显像管尺寸：一般 9~25in。

外型尺寸：对制作机柜时非常重要。

外观颜色、重量等。

三、监视器的选择

1) 安全防范电视监控系统至少要有两台监视器，一台做切换固定监视用，另一台做时序切换或多画面监视用。监视器宜采用 14in~21in 屏幕的监视器，特别是多画面显示的，应尽可能大一些。

2) 黑白监视器的水平清晰度应大于 600 线，彩色监视器的水平清晰度应大于 400 线。

3) 在选择监视器时，一定要根据实际情况或条件，选择技术指标合适的监视器。

4) 同样尺寸的监视器性能远好于电视机，但价格也高于电视机很多，有时根据用户的要求也可采用电视机作监视器，有特殊要求时，还可采用大屏幕电视机或投影电视作为监视器。

5) 选择监视器必须与系统安装的摄像机制式性能相一致。

6) 还要考虑监视器本身的安装环境、条件等。

7) 数字记录电视监控系统都选择电脑显示器作为监视器。

监视器的选择可参见表 4-7。

表 4-7 监视器的选择

用 途	选 择 要 点
4~16 分割	17in 以下的监视器，屏幕尺寸太小，在多画面显示时，各摄像机拍的图像太小，很难监视和分辨
安放于标准机柜	15in 以下的监视器较合适，否则标准机柜（架）尺寸不够
每台摄像机一对一配监视器	9~21in 都可以，但要认真考虑监视人与监视器之间的距离和安装场地及投资情况
多台监视器并排	有金属外壳较好，防止相互干扰
使用了高清晰度摄像机	要选择高清晰度的监视器，否则摄像机的性能不能充分发挥出来
用于摄像机对焦	6in 监视器比较合适，便于随身携带

四、监视器监视形态

监视形态一般有实时监视（每台摄像机的图像都能实时地监视）、VTR（录像机）记录（需要查看时调出来看）。主要监视形态由表 4-8 所示。

表 4-8 主要监视形态

监视方法	实 时 监 视	VTR 记 录
1:1 系统	所有的摄像机拍摄的图像没有空载时间都可同时监视 所占场地大，监视器多	理想作法是每台摄像机都与 VTR 连接，也可用帧转换和时序转换的方法
多画面系统	节省场地，所有摄像机拍摄的图像都没有空载时间 在报警等情况下，可将报警处的摄像机拍摄的图像扩大到整个画面，加以核实	可将每台多画面分割器都与 VTR 连接，也可在一台 VTR 上同时切换多画面分割，并记录，空载时间少，但重放时，各台摄像机拍的图像小，难进行核实。
帧转换系统	监控时，按时序显示各摄像机拍的图像，有空载时间 各摄像机拍的图像可在整个画面上显示，容易核实	如果与一般 VTR 组合，几乎没有空载时间，是一种理想的监视形态 如果与慢速 VTR（长时间录像机）组合，则有相当多的空载时间 重放时，可以连续观看任何一台摄像机拍的图像
时序转换系统	按时序显示各摄像机图像，有空载时间，各台摄像机图像可在整个画面上显示	各摄像机图像都有很多空载时间

五、监视器的最佳观看视野范围

监视器的最佳观看视野范围参见表 4-9，设计时可供参考。

表4-9 监视器的最佳视野范围

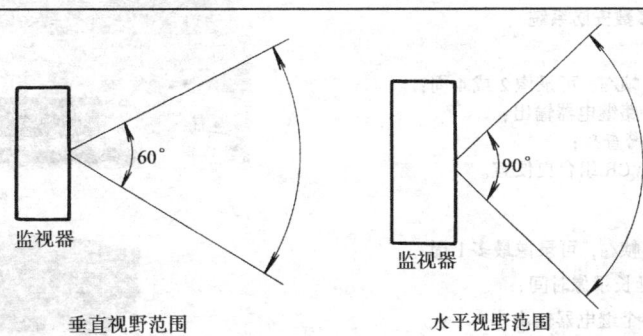

监视器屏幕尺寸 in (cm)	距监视器最小距离 L/mm	距监视器最大距离 L/mm
9 (23)	700	2300
12 (31)	900	3000
14 (35)	1000	3300
17 (47)	1200	4000
21 (52)	1400	4600

第八节 录 像 机

在电视监控系统中，录像机是用来记录各摄像机所拍图像资料和监听资料，以便备查回放和备案的记录设备。

一、录像机的分类

（1）按记录方式分 有磁带录像机（模拟记录）和硬盘录像机（数字记录）两大类。磁带录像机早已得到普遍应用，数字硬盘录像机正在推广使用。

磁带录像机又分为普通录像机和长时间录像机。长时间录像机是用一盘180min录像带记录8h以上的监控图像，最长记录时间可达到960h，最常用的是24h机型，这样既节约磁带又基本保证录像质量。

（2）按用途分 有广播用录像机、专业用录像机（如电视监控用、教育用）和家庭用录像机三类。

（3）按使用方式分 有开盘式、盒式、卡盒式等。电视监控系统中，一般采用盒式机。

（4）按功能分 有记录重放式、单放机式和便携式三种，电视监控系统中必须使用记录重放机。常用录像机外型参见图4-12。

二、长时间录像机

作为保安电视监控系统，最常用的录像设备为盒式长时间录像机和硬盘长时间录像机（数字压缩记录）。这样的录像机才能保证每天24h不停地进行监控录像，而又不必备大量的磁带和硬盘。

Pelco DX 系列数字视频录像机
全系列产品适用于大多数安防系统

- **DX1000 系列**
  - —4 路输入，每路 1 帧/s，可录像 2 或 4 周；
  - —4 路报警输入，一路继电器输出；
  - —按时间/日期或报警查找；
  - —比多画面处理器/VCR 组合更便宜。

- **DX3000 系列**
  - —9 路输入，每路 1 帧/s，可录像最多 1 周；
  - —移动检测录像可延长录像时间；
  - —9 路报警输入，多个继电器输出；
  - —按时间/日期、移动事件或报警查找。

- **DX7000 系列**
  - —16 路输入，每路 1 帧/s，最多录像 2 周；
  - —可增加硬盘容量；
  - —最大 280GB 硬盘（录像 2 个月）；
  - —移动检测录像可延长录像时间；
  - —按时间/日期、移动事件或报警查找；
  - —本地或通过 PTSN、ISDN、TCP/IP 进行远程查找、控制。

- **DX9000 系列**
  - —8、16 或 24 路输入，15 或 30 帧/s；
  - —使用多个设备可连接几百个摄像机，用于大型系统；
  - —所有硬盘录像均可独自压缩；
  - —超大型应用系统可使用磁带介质。

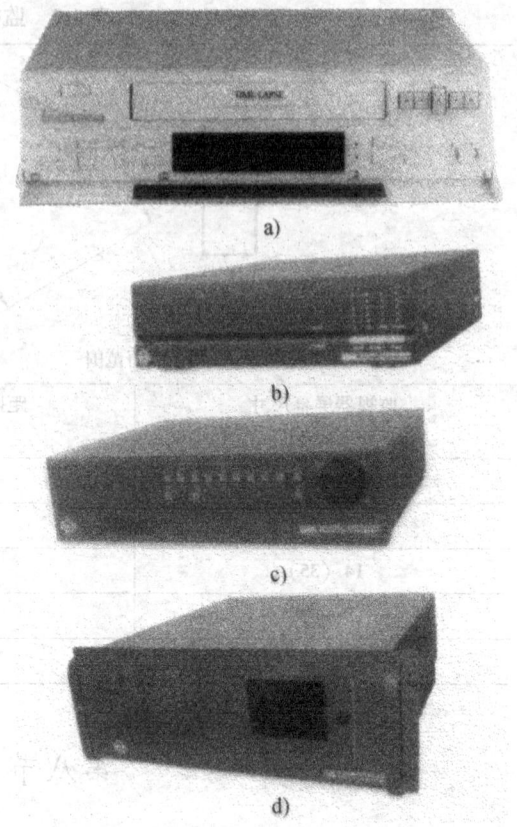

图 4-12 常用录像机
a) PIH—TR24K 24h 实时录像机 b) DX1000 系列 c) DX3000 系列 d) DX7000/DX9000 系列

（1）长时间磁带录像机 除了能以标准速度进行记录和重放外，还可以将用标准速度记录的画面以慢速或静帧方式进行重放；以长时间记录的画面用快速或静帧方式进行重放。所谓慢速重放，是把所记录的运动景物图像缓慢地重放以便对画面进行分析研究。

长时间录像机分时滞式（间歇录像方式）和实时录像方式两种。时滞式因有时间间隔而可能漏录图像，而且回放时因影像不连续而影响效果；实时式录像机回放时画面动作连续可观，能完整捕捉报警事件，但记录信息量少（只能记录一台摄像机信号），所用磁带多。

磁带录像机如需完成报警录像、移动目标录像等功能，就须配置其他设备，且检索需要查看图像，较麻烦，但其价格较低，因此使用的场所也很多。

（2）硬盘录像机 除具有磁带录像机的功能外，还具有多种画面分割（不需另外配画面分割设备），如 4 画面、9 画面、16 画面，可自行设定和选择，可实时录像、回放、定时录像、循环录像（自动/手动）25 帧/s 左右、音视频同步录制、报警录像、动态侦测录像。并且支持报警联动，报警与图像信号丢失报警。查看图像检索非常方便，可按日期时间查看，可按报警录像查看，也可定时查看，所有检索功能都只需用鼠标点击即可完成。硬盘录像机还有备份，取证方便，存储量大，图像质量高等优点，但有时会"死机"（因为它本身就是一台电脑），而且价格较高，目前正在推广使用。

三、磁带录像机技术指标（常用）

输入电压：110V、220V、100~230V 等。

功耗：一般 20~30W。

分辨率：黑白 >330 线，彩色 >280 线。

声道：单声道、双声道等。

视频、音频输入、输出个数。

磁带速度及录像时间：180min 磁带可录 180min、8h、12h、24h、36h 等。

信噪比：视频 >42dB，音频 >43dB。

报警录像时间 15s、30s、45s、1min、2min、5min、10min。

显示模式：（月）—（日）—（年）、（小时）—（分）—（秒）（报警录像编号）。

环境温度：室内 5~45℃。

相对湿度：<95%。

重量、尺寸等。尺寸对定做控制机柜很重要。

录像机是一种机电一体化的精密设备，还要注意选择有知名度的品牌机，这样性能可靠，售后服务也好，对工程的后期服务带来很多方便和好处。

四、磁带录像机的保养维护

当磁带运行和磁头高速旋转时，如有灰尘或脱落的磁粉在磁头间隙上，放像时会使信号失真、失落、信噪比变坏；另一方面会损坏磁头和磁带，因此要对其进行定期清洗。方法有两种：一是用沾有清洁剂（甲醇、乙醇）的麂皮棒水平方向上轻轻擦洗磁鼓、磁头，切忌上下擦拭，否则会损坏磁头。二是用专用清洗带清洗，此方法可对磁带运行路径全面清洗，但对磁头磨损较大。

电视监控系统工程人员一定要告知并教会用户清洗磁头、保养录像机，正常使用时一般 1~2 个月要清洗一次。

第九节 信号分配与切换装置（矩阵）及其他控制设备

这些装置是完善的电视监控系统，特点是模拟式系统所必须的设备，也是电视监控系统特有的设备，有了这些设备电视监控的许多功能才能实现。

一、视频信号分配器

在电视监控系统中，视频信号配接的标准阻抗是 75Ω，视频信号输出的标准电平是 $1V_{p-p}$（峰值）正极性，其中图像信号是 $0.7V_{p-p}$，同步信号是 $0.3V_{p-p}$，这在视频设备的设计及系统设备的配置时要注意，否则会引起信号失真或反射、重影等。在视频信号分配时，尤其要遵守信号幅度相适应和阻抗匹配原则。

与有线电视系统（CATV）用射频形式传送声音、图像调制的复合信号不同，电视监控系统（CCTV）图像、声音信号一般都是用视频和音频信号传输的，这是因为每台摄像机、话筒都是用独立的电缆传送信号（它们不在同一地点，而是放射性布置），所以没有必要调制成射频。

有时电梯中的监控摄像为克服电梯变频系统频率接近视频信号而产生的干扰，可将视频信号调制成射频传送后再解调成视频信号。

电视监控系统中心控制室（机房）的视频信号都来自各摄像机，并由75Ω同轴电缆送入机房。

当一路视频信号只送到一个监视器时，可直接把75Ω同轴电缆送来的视频信号接到监视器的视频输入端，监视器输入阻抗开关拨到75Ω即可。

当一路视频信号需送到多个相距不远的监视器时，也可以不用视频分配器，而是把输入的视频信号接到第一个监视器的视频输入端。第一个监视器的输入阻抗开关拨到高阻位，它的视频输出用75Ω同轴电缆接到第二个监视器的视频输入端，第二个监视器的输入阻抗开关也拨到高阻位，它的视频输出再用75Ω同轴电缆接到第三个监视器的视频输入端……如此一直接到最后一个监视器的视频输入端。只有最后一台监视器的输入开关拨到75Ω位。用这种带串联的监视器不能太多（一般不要超过6台），因为并联到75Ω上的多个高阻，会使总阻抗少于75Ω，会造成图像信号的反射，影响监视质量。

当一路视频信号需要送到相距较远的多个监视器时，就应该使用视频分配放大器分配出多路幅度为1Vp-p，配接阻抗是75Ω的视频信号分别接到多个监视器上。各个监视器的输入阻抗开关都拨到75Ω档。典型的配置如图4-13所示。

视频分配放大器可将接收到的每一路视频输入信号复制成同一振幅的多个输出信号。如CM9760—MDA型视频分配放大器，有十六路视频输入，每个输入有四路视频输出，参见图4-14。这是一种功能全面的产品，它不但有视频分配放大的功能，还具有标准时间/日期、标题生成功能，是一种比较适用的设备。

在这里只把监视器作为视频设备来举例，对于其他视频设备（如录像机等）的配接，也同样要用上述方法来处理。

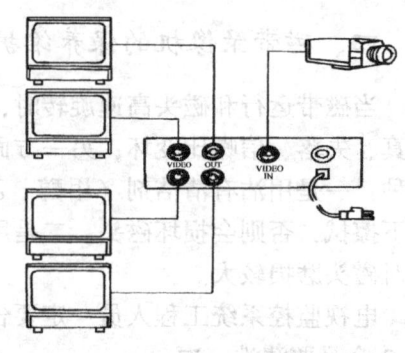

图4-13　典型配置图

CM9760—MDA 视频分配放大器
具有时间/日期及标题字符叠加功能
产品特性
· 标准时间/日期、标题生成装置；
· 分配放大器；
· 可接受来自系统9750/9760时间/日期；
· 使用键盘编程，功能独特；
· 可为最多63个设备（总共64个）提供统一时间/日期及标题生成功能；
· 16个视频输入；
· 每个视频输入有4个视频输出；
· 输出可选择只叠加时间/日期、只叠加时间/日期和标题或者不叠加字符；
· 视频放大功能；
· 线补偿；
· 有便于使用的Windows编程包。

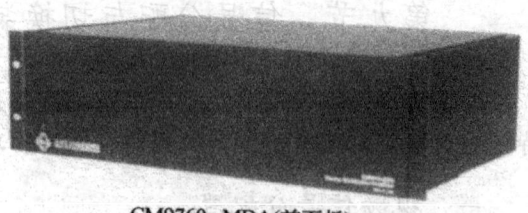

CM9760-MDA(前面板)

CM9760-MDA(后面板)

图　4-14

二、视频信号切换器（矩阵）

在电视监控系统中使用更多的是多个摄像机送来的信号要由一台或几台监视器显示，这就要用视频信号切换装置进行切换，也叫做矩阵切换。在一个比较大或大的电视监控系统（摄像机数量大于10台）中，使用矩阵切换不但可以节省监视器的数量，减小监控机房的面积，而且可以使监控人员更方便、更科学地进行监控工作（试想有几十台监视器，监控人员很难观察和操作，设备成本也大大增加）。

最简单的切换器一般有4到16路输入，1路输出。切换器面板上有手动切换按键，操作人员根据需要手动进行切换，如图4-15所示。有的设备可自动顺序切换，有的还有报警输入自动切换等功能，可供选择。

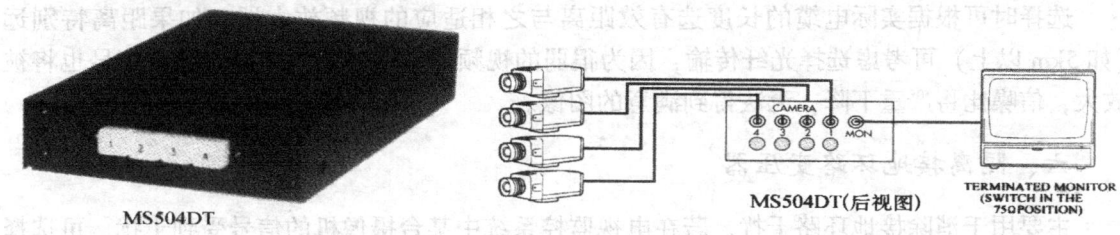

图4-15 四入一出矩阵切换

完整的全功能微处理矩阵切换器具有强大的功能，一般可支持1~8个控制键盘，16个、32个、64个、…、208个、256个等视频输入，4个、16个、32个等视频输出，并配有相应的报警输入及继电器输出（用于接报警器或控制录像机），配有时间、日期、字符叠加、自动巡视切换、多画面处理控制、支持计算机联网等功能。有的还带有音频切换功能，有的可以通过简单易用的键盘和屏幕编程窗口来实现系统编程，每个合法用户均可通过任一键盘访问系统，并且每个用户由自己的用户配置文件决定访问权限。有的还有串行通信端口及打印机接口可进行视频打印等。

三、画面分割器

画面分割器是用于在一台监视器上同时显示一个摄像机的视频或者同时显示两台摄像机、4台摄像机、9台摄像机、16台摄像机的分割视频。多画面分割可节省监视器，如16画面分割就可用一台显示器同时观察16台摄像机的画面，如需要仔细观察某一画面时，可将该画面调为满屏，使用起来非常方便。

四、视频移动探测器

视频移动探测器是对比每帧画面的变化情况（含照度的突变），如前后两帧画面发生变化，则会给出相应的控制信号，用于控制报警器、控制录像机，这样可大大地节省录像带或节省录像硬盘容量，延长硬盘录像时间，给检索查看需要的画面带来方便。

一般视频移动探测器应具有如下功能：能保持一致的探测水平并具有抗高度噪声的能力。其灵敏度可调，并且可以自动补偿光线的缓慢变化。一旦探测到物体的移动，一个扬声器被激活报警（有时不用），一个辅助控制被输出（可控制一台延时录像机），自动开始录像

(录像延时可以根据需要设置)。视频输入可以和视频输出形成一个视频回路,以便在关闭移动物体探测器时不会丢失图像。

视频移动录像非常有用,因为大多数摄像信号都没有必要进行录像的,如银行下班后的夜间,如没有事件发生,从头到尾进行监控录像,只会得到 10 多个小时的固定不变的图像,既浪费磁带,又给检索查看带来麻烦,毫无意义。采用移动录像录下的画面一定是有事件发生的场景。

五、视频放大器

摄像机如果距离监控机房 300m 以上,视频信号衰减过大,就应该增加使用视频放大器,以保证完整的视频信号幅度、对比度和清晰度。

选择时可根据实际电缆的长度选有效距离与之相适应的视频放大器,如果距离特别远(如 5km 以上)可考虑选择光纤传输,因为很弱的视频信号过分放大的同时噪声信号也将被放大,信噪比将严重下降,无法得到满意的图像。

六、隔离接地环路变压器

主要用于消除接地环路干扰。若在电视监控系统中某台摄像机的信号受到干扰,可选择使用隔离接地环路变压器。它是一个 1:1 的特殊变压器,可传送从 DC 至 200MHz 以上频率的信号,但对电源线频率具有很高的共模隔离作用。

隔离接地变压器有助于视频信号通过在不同接地电位的点之间的电缆上传输。接地电位差异的原因一般是电源线负载不平衡,幅值可从 0~10V 不等。在长距离传输时易出现较高电压差。短距离(200m 以内)一般不易出现,同一建筑物两点间的电位差较小(0.5V 左右),两建筑物间的电位差可能会较大(1~10V 左右)。

因为隔离接地环路变压器一般是无源和全天候的,所以适于安装在存在接地环路电压的同轴电缆中的任何位置,一般装于控制机房内较方便。在接地环路电压幅值超过 10V 时,可能需要一台以上的隔离接地环路变压器才能消除接地电位差带来的干扰。

七、解码器

对于有云台的摄像机、快球摄像机及电控焦距、光圈等摄像机,由于需要在监控机房控制的动作很多,如果直接用电缆连接控制就需要多芯电缆(一般有 N 个动作需控制就需要 $N+1$ 芯电缆),给放线和控制带来困难,也容易相互干扰。这时可在这类摄像机附近安装解码器,将需要控制的动作信号在控制室内进行编码,编码信号用 2~4 芯屏蔽电缆送至解码器,解码后就近送到摄像机及云台,达到控制目的。

有的解码器还可以在同一根同轴电缆上传输控制信号和视频信号,这样布线更加简单、方便,但使用的设备要增加。

解码器的规格、型号很多,设计时根据实际需要进行选择,选择时还要注意室内型和室外型及与控制器的配合问题。

八、红外照明灯、聚光灯、泛光灯

在低照度(如夜间没有照明)的环境中,要进行电视监控是比较困难的,特别是照度变化很大的环境，给摄像机的选择带来很多问题，这时就要考虑增加照明装置。

（1）红外照明灯　要求照明装置隐蔽，照明时也不易被人察觉，就可采用红外照明灯。这种灯设计用于低照度摄像机，这种摄像机除对可见光灵敏外，对红外线光谱（700nm 以上）也具有灵敏性，这样就可在照度很低的条件下进行摄像，如可视对讲系统门口摄像就采用红外照明。

（2）聚光灯、泛光灯　在照明不需要隐蔽的情况下，要求集中照明某个部位的可采用聚光灯（可用于远距离照明）。要求照明某个区域的，可采用泛光灯，可使照明达到最大程度的均匀，此时使用较短焦距的镜头可使照明灯的效果更好。

（3）夜间照明灯可以和报警装置联动　当有报警信号或有移动目标报警时才触发照明灯开启，这样既节约能源、节约照明灯，又具有隐蔽性和威慑性，可达到良好的电视监控和保安效果，被广泛使用。

九、机架及控制柜

在电视监控机房中，为了控制、操作方便和操作人员工作的舒适，也为了美观大方，所有的设备、器材都应该安装于机架上或控制机柜内。常见的控制机柜参见图 4-16 所示。

图 4-16　几种机柜

机架一般有标准型号可供选择，但机柜一般需要根据设备的多少、规格大小及用户的要求进行设计，然后定做。

控制机柜一般要求采用模块式部件，这样便于运输、安装、调整，还要求外形美观大方，并且使控制器、视频切换器、画面分割器、监视器等设备具有一体化的外观感觉，所有设备在机柜内都要有支撑结构（且可调整），附件要有扩展配件，以便扩展和更改用。

第十节 电视监控系统用电缆及信号传输、辅材

在CCTV系统工程中，为了信号的传输，有大量的工作是电缆的选择和布线。布线施工的方法、质量决定着系统施工的最终质量和效果，因此选择电缆、布线是非常重要的。

传输系统由各种电缆电线、管材、桥架等组成。其作用是将摄像系统输出的视频信号、音频信号，传输到显示系统和监听系统，同时将控制信号从控制机房传输到摄像机等前端系统以控制云台、镜头等运动状态。电视监控系统的传输多用有线形式，因此电缆显得很重要。

一、同轴电缆

将视频信号从一个设备传送到另一个设备的最常用的手段是通过同轴电缆传输。同轴电缆被简称为"coax"，它不仅是最常用的电缆线，而且也是成本最低、最可靠、最方便施工及最容易维护的。在CCTV系统中几乎都用同轴电缆传送视频信号，这是因为电视监控系统一般都是短距离传输。

同轴电缆虽然有很多生产厂家，有各种不同的尺寸、形状、颜色、规格及性能，但都是在内导体上用聚乙烯（PE）物理发泡后以同心圆状覆盖绝缘（也有藕芯状绝缘，但高频特性较差，一般不用），外导体是软铜芯编织物（有的还镀锡、镀银），最外层用聚氯乙烯（PVC）封包，如图4-17所示。

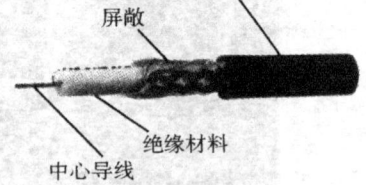

图4-17 同轴电缆结构

这种电缆对外界的静电场和电磁波没有良好的屏蔽作用，当作为长距离传输时，会有对地不平衡的低频地电流影响，铺设的场所有时也会有高频干扰，所以布线施工时，对外部条件要特别调查了解。另外在中波发射台附近，由于受到发射电波干扰，图像经常会有杂波影响，所以此时从摄像机到监视器的同轴电缆要穿在金属管内进行屏蔽，并且尽可能埋在地下。若施工时做不到这样，就要考虑用其他方式传输（如光纤等）。

不同型号、规格的同轴电缆，尽管其工作原理是一样的，但每种同轴电缆都有其自己不同的物理及电气上的特性，参见表4-10，这一点在设计时必须考虑到。

表4-10 国产同轴电缆主要特性

型　　号	波阻抗/Ω	30MHz时衰减不小于/dB·m^{-1}	电容不大于/pF·m^{-1}
SYV—75—2	75±5	0.186	76
SYV—75—3	75±3	0.122	76
SYV—75—5—1	75±3	0.0706	76
SYV—75—5—2	75±3	0.0785	76
SYV—75—7	75±3	0.0510	76
SYV—75—9	75±3	0.0369	76
SYV—75—12	75±3	0.0344	76
SYV—75—15	75±3	0.0274	76

(续)

型　号	波阻抗/Ω	30MHz 时衰减不小于/dB·m⁻¹	电容不大于/pF·m⁻¹
SYV—75—17	75±3	0.0244	76
SYV—75—23—1	75±3	0.0200	76
SYV—75—23—2	75±3	0.0161	76
SYV—75—33—1	75±3	0.0164	77
SYV—75—33—2	75±3	0.0124	76

二、同轴电缆的选择

同轴电缆的选择有两个决定因素：电缆线路的地点（室内、室外等）及具体线路的最大长度。

(1) 电视监控系统用的信号传输带宽　一般为50Hz～10MHz，为了把该信号的各频率都进行同样的传输，就要按照所使用的同轴电缆的长度和特性进行补偿。设计的目的是以最小的信号衰减传输由75Ω输出到75Ω负载的最高信号电平。如果使用非75Ω的电缆，则会产生信号额外损耗或折射，所以同轴电缆的选择原则首先是波阻抗为75Ω。

在不考虑经常扭曲的情况下，实心裸铜导线（内导体）最适用于视频信号传输。在电缆须不断地折弯的地方（如电梯井道随行电缆、云台、转台上的电缆等），应使用内导体为多股绞和线芯的电缆，这种电缆能适应不断弯曲。必须注意电视监控系统中决不能使用镀铜钢芯电缆，因为这种电缆在视频传输工作频段内损耗很大，传输效果极不佳，会给系统带来很多难以解决的问题。

由于特殊用途的需要，如高温环境，化学腐蚀环境，地下走线要求等，应采用专用同轴电缆。

(2) 同轴电缆最大传输距离的计算　传输视频信号一般都使用75Ω特性阻抗的同轴电缆，因为图像的质量与电缆的质量有关，因此应使用优质的电缆。下面的计算也是对优质电缆而言的。

最大传输距离不但由传输损耗，而且由无杂波和精确的对比度来确定，常用同轴电缆的最大传输距离见表4-11。

表4-11　常用同轴电缆的最大传输距离

国产型号	国外型号	外径/mm	重量/kg·km⁻¹	衰减/dB·km⁻¹ 1MHz	衰减/dB·km⁻¹ 10MHz	最大的传输距离/m
SDV—75—3—4 SIV—75—4	3C—2V, RG—95/V	5.8	50	13	42	250
SDV—75—5—4 SIV—75—7	5C—2V, RG—6/V	7.5	78	8	27	500
SDV—75—7—4 SIV—75—9	7C—2V, RG—11/V	10.2	140	7	22	600
SIV—75—9—4	10C—2V, RG—15/V	13.4	230	5	18	750

从表中看出频率越高，传输损耗越大。尤其在传输视频信号时，传输距离越长，高频成分就越小，这样图像的对比度就会恶化。

视频信号的频率通常在10MHz左右，传输同轴电缆的最大传输距离通常可作近似计算，假定10MHz频率的传输允许损耗量在10～13dB之间。

由于图像质量不但由对比度，而且由杂波原因引起的干扰所影响，最终将由图像的视觉

检查来确定。最大传输距离可用下式来计算

$$最大传输距离 = \frac{13(\text{dB})}{10\text{MHz} 时的传输损耗(\text{dB/km})}$$

以最常用的 SDV—75—5—4 型同轴电缆为例,其最大传输距离计算如下

$$最大传输距离 = \frac{13\text{dB}}{27\text{dB/km}} \approx 0.481\text{km} \approx 500\text{m}$$

(3) 电缆补偿器的运用 为了把监视用的信号的各频率成分都进行同样的传送,就需要按照所使用的同轴电缆的长度进行频率特性补偿(主要用于传输距离在 300m 以上) 见图 4-18 所示。

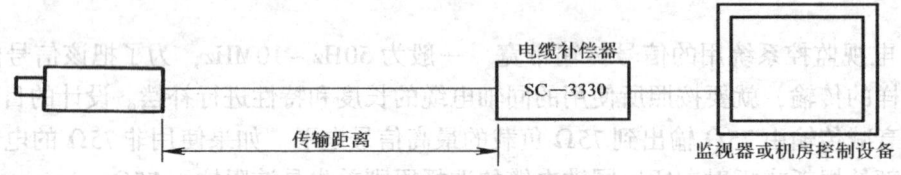

图 4-18 电缆补偿器的应用

在 CCTV 系统中,从经济角度考虑,一般传输距离在 300m 范围内时,同轴电缆传输的衰减影响可以不予考虑(因为对图像的影响不大,肉眼一般看不出来)。当传输距离大于 300m 时,由于电缆对视频信号的衰减量已比较大,就应考虑使用电缆补偿器了。而当传输距离超过 500m 时,就必须设计使用电缆补偿器,这种补偿器一般有分档变换、连续可调以及两者结合的形式。

如果需要电缆补偿器,就应安装于监视器附近,用来放大来自摄像机的视频信号中因电缆的延伸而被衰减了的信号。

目前电缆补偿器产品规格、型号很多,以常用的 SC—3330 电缆补偿器为例介绍,其他型号的使用与之大同小异。该补偿器面板上有 4 档补偿量预置开关,开关的各档补偿量和适用范围,参见表 4-12,设计使用时注意选择。

表 4-12 SC—3330 电缆补偿器的补偿范围

电缆		开关挡位			
国 产	进 口	1	2	3	4
SDV—75—3—4 SIV—75—4	5C—2V, RG—6/V	500m	1km	1.5km	2km
SDV—75—5—4 SIV—75—7	7C—2V, RG—11/V	600m	1.2km	1.8km	2.4km
SDV—75—4 SIV—75—9 SIV—75—9—4	10C—2V, RG—15/V	750m	1.5km	2.2km	3km
6MHz 处补偿量		10dB	21dB	31dB	42dB

如传输距离大于 2km,则应考虑用光缆传送。这样才能保证达到良好的信号传输效果。

三、光缆传输

视频信号通常用同轴电缆传输,但对于长距离的电视监控系统(如交通警察指挥中心各

路口及道路状况电视监控系统），为了保证图像和伴音质量，就应采用光缆传输方式。

光缆也叫光纤（光导纤维），其传输信号的特点是损耗极低，频带极宽，传输容量极大，抗干扰性极强（不受电、磁干扰）。在CCTV系统中，长距离传输视频信号采用光缆，可非常有效地克服两地间因电位不同而引起的交流干扰，减小信号衰减，提高图像和伴音质量，是长距离传输信号的最佳选择。

1. 光缆的结构及主要特性

光缆一般由光导纤维芯子、包层、护层组成。芯子和包层用石英做成，原材料的纯度要求极高。芯子折射率要很高，而包层折射率要很低（反射率高）。它们的组合起到传播光的作用。护层是由钢丝和塑料做成的，起到增加强度和保护的作用。

光缆的主要参数有：衰减、通频带、孔径值以及几何尺寸、光纤强度、结构、骨架等。

衰减：信号在光缆中的衰减是由于材料中的杂质、材料不均匀所引起的泄露以及几何尺寸的差异而产生的，一般光缆的信号衰减是1~20dB/km。

通频带：光缆的通频带是指光缆能够传输的频带宽度。通常用1km长度的光缆传输信号比传输直流时，其损耗增加6dB，所对应的频率f_0表示光缆的带宽。带宽主要取决于光缆的类型（单模、多模，其折射率是阶梯式变化的还是均匀式变化的）、材料及其构造。一般以发光二极管作为光源的带宽为80MHz/km，以激光为光源的带宽为300MHz/km以上。

孔径值：孔径值决定着可以导入纤维的光立体角的大小。导入光缆时，光能的损耗与孔径值有关。一般对于发光二极管来说，它为14~18dB，对于激光二极管来说约为2~8dB。

2. 光缆的传输

如图4-19所示是一种光缆传输系统图。在发送端，待传输的模拟或数字信号经激励器激励发光二极管或激光器，使它们输出的光强度随激励电流而变化，从而得到被电信号调制的光信号。光信号在远距离光缆传输中不断衰减，需用光中继器给予补偿。在光中继器里，检光器把光信号变换为电信号，将它放大或再生并再转换成光信号继续传输。在接收端，经检光器及放大器再生等电路恢复原信号。

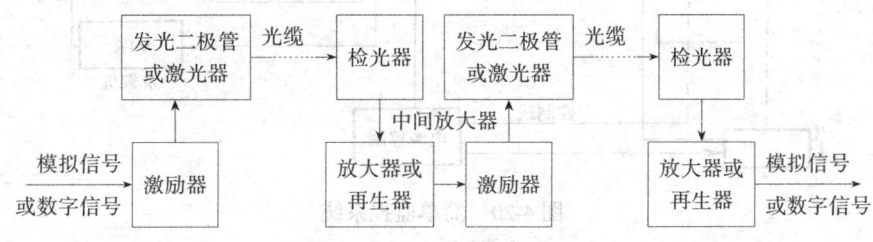

图4-19 光缆系统框图

在光缆传输中应使用标准光缆连接器（ST），它可端接光缆交接单元，陶瓷头的连接器应保证每个连接点的衰减不大于0.4dB，塑料头连接器应保证每个连接点的衰减不大于0.5dB。

在光纤传输系统中的标准连接装置（LIU）是用来端接光纤和跨接光缆的设备，支持ST连接器、LIU连接装置分别有端接12芯、24芯、48芯光缆等几种规格，对于设备间子系统，光纤交接地经常安装一组LIU。

在光缆的布线中，光缆可不用穿PVC管，可走电缆桥架。在没有桥架的横跨架空处需用钢丝绳吊拉。光缆严禁转直角弯和小弯，光缆严禁穿过高温环境（70℃以上），光缆严禁夹扁，但光缆可直接穿过高电场、磁场区（如配电房、电梯井、中央空调机房、无线电发射台附近等)。

3. 无线传输和其他传输

电视监控系统的视频等信号的传输还可采用无线传输、双绞线传输、电话线传输等形式。

四、CCTV 系统用其他辅材

在电视监控系统中还要使用很多其他线材，如 Q9 头（用于同轴电缆与各设备的连接）、音频立体声插头（一般用 φ3.5 型与设备连接）、各种电源插头插座（为设备供电）、各种电缆桥架、PVC 线槽板、PVC 管（布线用）、各种电线、电缆（三芯、四芯、六芯屏蔽电缆作控制线）等。这些作为 CCTV 系统的辅材，没有统一规定，但设计时要根据实际需要查阅有关手册，认真选择。如电源线一定要考虑通过的电流大小、耐压、绝缘、强度等。控制线要考虑需要多少芯，是否要带屏蔽层、强度等。各种接插件要考虑是否与设备匹配，接插质量如何，是否可靠，接线是否方便等。各种管材要考虑规格大小是否合适，还要考虑阻燃性能和强度。虽然称之为辅材，但也直接影响着整套系统的质量，决不可轻视。

第十一节　电视监控系统的设计

前面分别讲述了各种设备、器材的特性、用途及选择方法。这些独立的设备、器材需要合理地配合起来使用，才能成为一个完善的电视监控系统。

图 4-20 就是一种最简单的 CCTV 系统，它只有数台摄像机，同时也不需要遥控，用手动操作视频切换或自动顺序切换器来选择所需要的图像画面。而图 4-21 则是美国 AD 公司的矩阵切换控制系统的典型配置图。

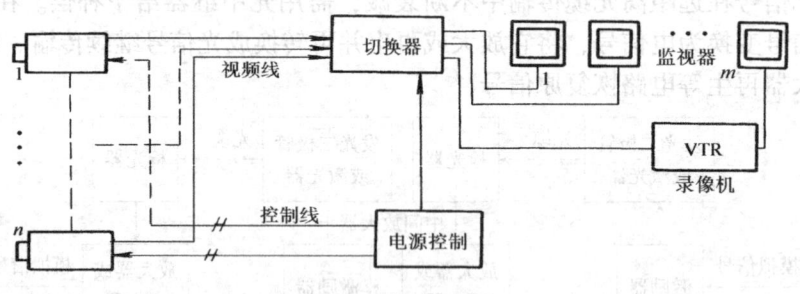

图 4-20　简单监控系统

一、设计要求与步骤

电视监控系统的设计，应根据实际使用要求及政府有关部门（如公安部门、建设部门）的有关规定、规范、规程和有关标准进行，并认真了解现场情况、工程规模、系统造价以及用户的特殊需要进行综合考虑，然后由设计者提出实施想法和措施进行工程设计。

电视监控系统工程设计，一般分为两个阶段，一为初步设计（方案设计），用来进行方案讨论修改；二为正式设计（施工图设计）用来签合同，并作为施工依据。系统的设计方案应根据下列因素确定。

1) 根据系统的技术和功能要求，确定系统的组成及设备配置。在国内，系统的制式应是 PAL 制。

第四章 电视监控系统

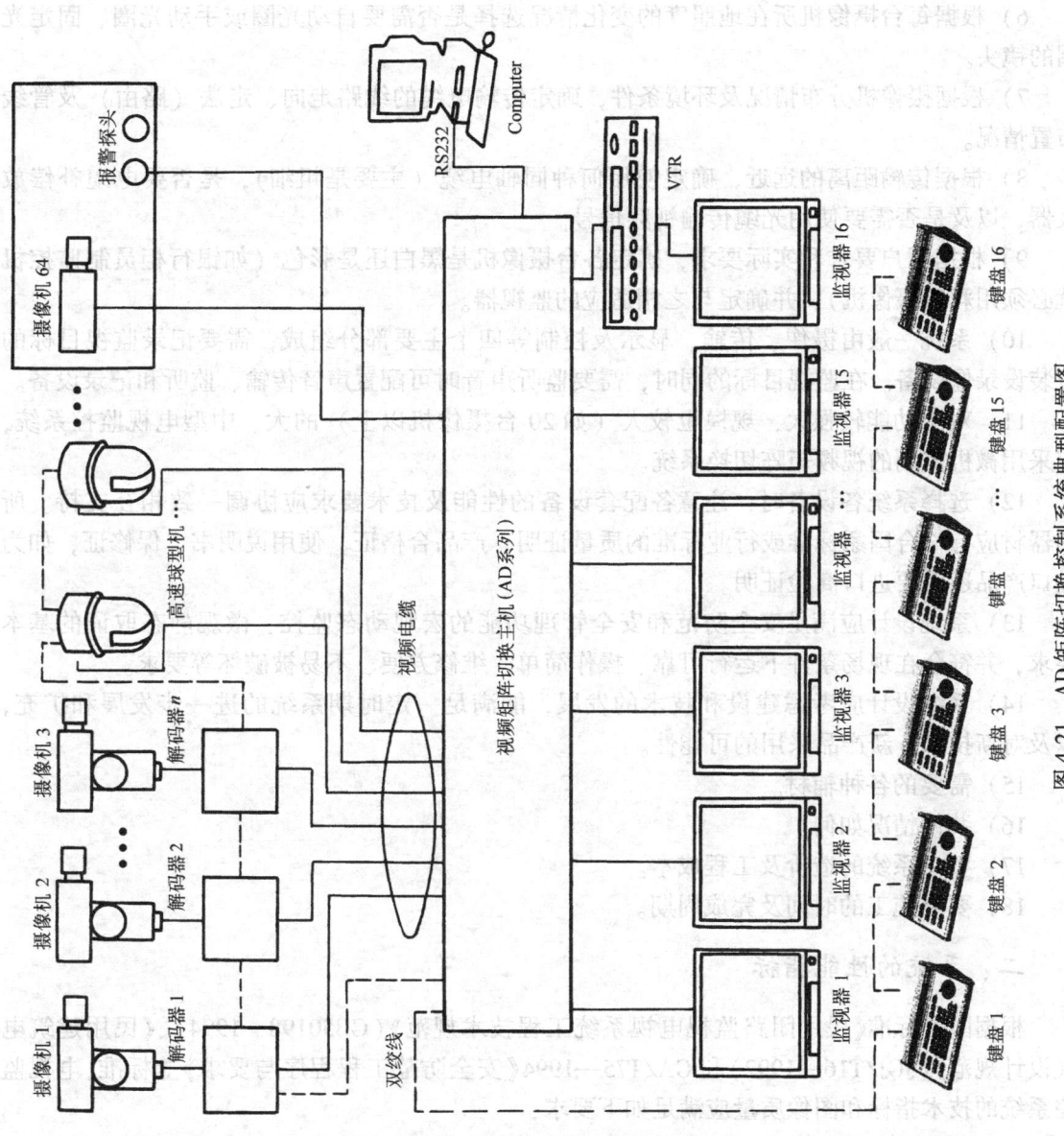

图 4-21 AD 矩阵切换控制系统典型配置图

2）根据建筑平面图和认真的实地勘察，确定摄像机和其他设备的设置地点、位置及数量。

3）根据监控目标和环境的条件及要求，确定摄像机的类型、防护措施、安装方法。

4）根据每台摄像机所在点的照度情况，选择摄像机型号（要满足最低照度要求）。

5）根据每台摄像机需要监控的目标范围选择镜头的焦距（长焦距、标准焦距、广角、变焦等）。

6）根据每台摄像机所在地照度的变化情况选择是否需要自动光圈或手动光圈、固定光圈的镜头。

7）根据摄像机分布情况及环境条件，确定传输电缆的线路走向、走法（路由）及管线布置情况。

8）根据传输距离的远近，确定使用何种同轴电缆（主要是粗细），是否要电缆补偿放大器，以及是否需要使用光缆传输视频信号。

9）根据用户要求和实际要求，确定各台摄像机是黑白还是彩色（如银行柜员制监控机就必须用彩色摄像机），并确定与之相适应的监视器。

10）系统一般由摄像、传输、显示及控制等四个主要部分组成，需要记录监视目标的应装设录像设备。在监视目标的同时，需要监听声音时可配置声音传输、监听和记录设备。

11）对于功能较强大，规模也较大（如20台摄像机以上）的大、中型电视监控系统，应采用微机控制的视频矩阵切换系统。

12）选择系统各设备时，注意各配套设备的性能及技术要求应协调一致相互支持。所用器材应有符合国家标准或行业标准的质量证明、产品合格证、使用说明书、保修证，如为进口产品还需要进口商检证明。

13）系统设计应满足安全防范和安全管理功能的宏观动态监控、微观静态取证的基本要求，并符合在现场条件下运行可靠、操作简单、维修方便、不易被破坏等要求。

14）系统设计应考虑建设和技术的发展，能满足一定时期系统的进一步发展和扩充，以及对新技术、新产品采用的可能性。

15）需要的各种辅材。

16）装修情况如何。

17）整个系统的造价及工程成本。

18）要求施工的时间及完成周期。

二、系统的性能指标

根据国家标准《民用闭路监视电视系统工程技术规范》（GB50198—1994）、《民用建筑电气设计规范》（JGJ/T16—1992）和 GA/T75—1994《安全防范工程程序与要求》等标准，电视监控系统的技术指标和图像质量应满足如下要求：

1）在摄像机的标准照度情况下，整个系统的技术指标应满足表4-13 的要求。

表 4-13　CCTV 系统的技术指标

项目	指标值	项目	指标值
复合视频信号幅度	1Vp–p ±3dB VBS	灰度	8 级
黑白电视水平清晰度	>400 线	信噪比	见表4-14
彩色电视水平清晰度	>300 线		

相对应图像质量的信噪比应符合表 4-14 的规定。

表 4-14 信噪比 （单位：dB）

项 目	黑白系统	彩色系统	达不到指标引起的现象
随机信噪比	37	36	画面噪波，即"雪花干扰"
单频干扰	40	37	图像中纵、斜、人字形或波浪状的条纹
电源干扰	40	37	图像中上下移动的黑白间置的水平横条
脉冲干扰	37	31	图像中不规则的闪烁，黑白麻点或"跳动"

注：VBS 为图像信号、消隐脉冲和同步脉冲组成的全电视信号的英文缩写。

系统在低照度使用时，监视画面应达到可用图像，其系统信噪比不得低于 25dB。

2) 电视监控系统各部分信噪比的指标分配应符合表 4-15 规定。

表 4-15 系统各部分信噪比的指标分配 （单位：dB）

项 目	摄像部分	传输部分	显示部分
连续随机信噪比	40	50	45

3) 在摄像机的标准照度下，评定监视电视图像质量的主观评价可采用五级损伤制评分等级，系统的图像质量不应低于表 4-16 中的评分要求。

表 4-16 五级损伤制评分等级

图像质量损伤的主观评价	评分等级
图像上不察觉有损伤或干扰存在	5
图像上稍有可觉察的损伤或干扰，但不令人讨厌	4
图像上有明显的损伤或干扰，令人讨厌	3
图像上的损伤或干扰较严重，令人相当讨厌	2
图像上的损伤或干扰极严重，不能观看	1

4) 系统的制式宜与通用的电视制式一致，系统采用的设备和部件的视频输入和输出阻抗以及电缆的特性阻抗均应为 75Ω。

5) 系统设施的工作环境温度应满足下列要求：

寒冷地区室外工作设施：-40~35℃

其他地区室外工作设施：-10~55℃

室内工作设施：-5~40℃

6) 如使用音频设备，其输入、输出阻抗应为高阻抗或 600Ω。

为了保证监视的质量，使电视监控系统经济合理，一般都采用多画面监视，画面切换监视的方式。这就要求摄像机与监视器的数量配比保持恰当比例。如果比例过小，设备增加，机房场地增加，投资过大，监视也不方便。如果比例过大，画面太小，切换时间间隔过长，不能及时发现问题，甚至贻误时机，造成工作上的失误，所以恰当的比例配备是非常重要的。

三、控制设备的功能

电视监控系统中所需要控制的种类如图 4-22 所示。

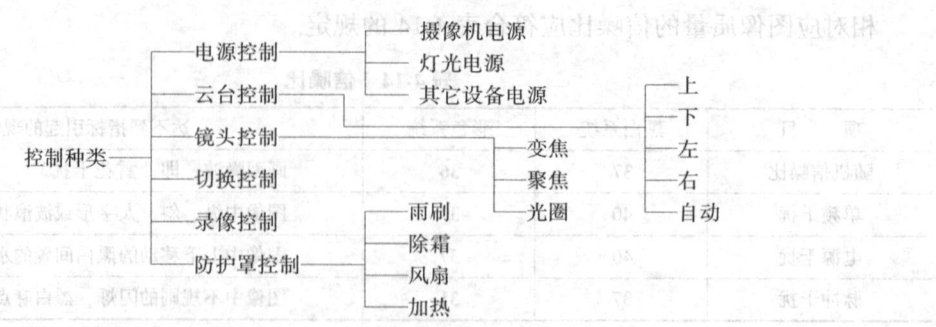

图 4-22 电视监控系统控制的种类

（1）电动变焦镜头的控制 变焦镜头是在固定成像面的情况下能够连续调整焦距的镜头。它常与云台旋转组合达到对相当广阔的范围进行监视的目的，而且还可以对该范围内任意部分进行特写。对它的控制就是变焦、聚焦和光圈3种功能。每种功能分别要求有长短、远近和开闭的控制，总计6种控制。

（2）云台控制 电动云台需要左右上下4种控制，有些云台还有自动巡视功能，增加一个自动控制，共5种控制。

（3）切换设备控制 切换的控制一般要求和云台、镜头的控制同步，即切换到哪一路图像，就控制哪一路的设备，一般多用矩阵控制。

电视监控系统还可以有许多高级控制，比如把云台、变焦镜头和摄像机封装在一起的一体化摄像机（快球摄像机），它们配有高级的伺服系统，云台可以有很高的旋转速度，还可以按设定的路线进行自动巡视，一旦发生报警，就能很快地对准报警点，进行定点的监视和录像（启动录像机）。

四、摄像机、镜头、云台的选择

摄像机应根据目标照度的情况选择不同灵敏度的摄像机，监视目标的最低环境照度至少应高于摄像机最低照度的10倍，通常选择时可参照表4-17进行，这样才能保证监视图像的清晰度。一般黑白监视目标最低照度应大于10lx，彩色监视目标最低照度应大于50lx。零照度环境下要采用近红外光源或其他光源。

表 4-17 照度与选择摄像机的关系

监视目标的照度/lx	对摄像机最低照度的要求（在 F/1.4 时）/lx
<50	≤1
50~100	≤3
>100	≤5

在室外或半室外等光线强度变化悬殊的环境下进行昼夜监视时，应采用最低照度小于1lx（F/1.4）的摄像机，并配备自动光圈的镜头，或采用彩色—黑白型摄像机。

监视目标为逆光摄像时，应选用具有逆光补偿的摄像机。

户内、户外的摄像机都应加装防护罩，对之进行保护和防尘。防护罩可根据需要选择室内型、室外型、特殊型，有些需要带有遥控雨刮和调温控制功能。

镜头像面尺寸应与摄像机光靶尺寸相适应。摄取固定目标的摄像机，可选用定焦距镜头（但要计算好所需焦距）；在有视角变化要求的摄像场所，可选用变焦镜头。照度恒定的可选用手动光圈镜头现场调整固定，照度变化大的场所，要采用自动光圈镜头。

电梯轿厢内的摄像机应根据轿厢体积大小，选用水平视场角 >70°的广角镜头。

对景深大，视角范围广的监控区域，应采用带全景云台的摄像机，并根据监控区域的大小选用 6 倍以上的电动变焦镜头。

隐蔽安装的摄像机宜选择棱镜镜头或针孔型摄像机。

五、监视器与录像机的选择

监视器与录像机的选择见本章第七节和第八节。

六、摄像机的布置

在什么场所安装 CCTV 系统、在什么地方布置摄像机是电视监控系统设计的重点，也是工程施工图的重要内容之一。

国家部门规定必须安装电视监控系统的地方有：银行、证券、机场、车站、码头、三星级（含三星级）以上宾馆、酒店、大型商场、超市等。

必须安装摄像机进行监控的部位有：主要出入口、总服务台、大厅、银行营业室、营业柜台（一对一）、计算机房、金库、电梯厅、电梯轿厢、车库、停车场、公共走道等。

摄像机的布置参见图 4-23 ~ 图 4-25。

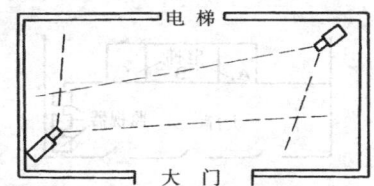 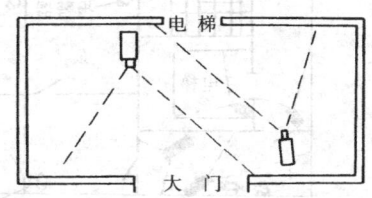

图 4-23　门厅摄像机的设置

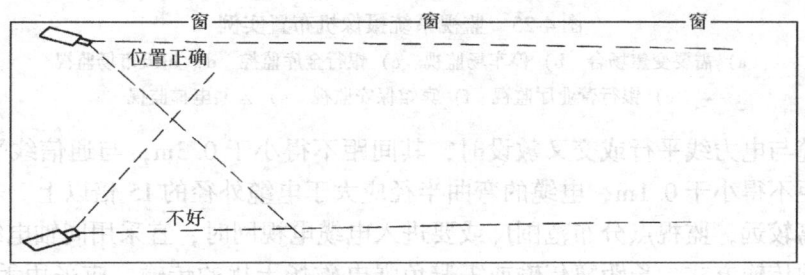

图 4-24　摄像机应顺光源方向设置

七、传输线路的考虑

参见本章第十节。要认真仔细地选择电缆、光缆、电线、控制线，并确定布线方法、走向、距离等，布线要一次性布完，装修后再想增加布线会变得相当困难，甚至不可能。

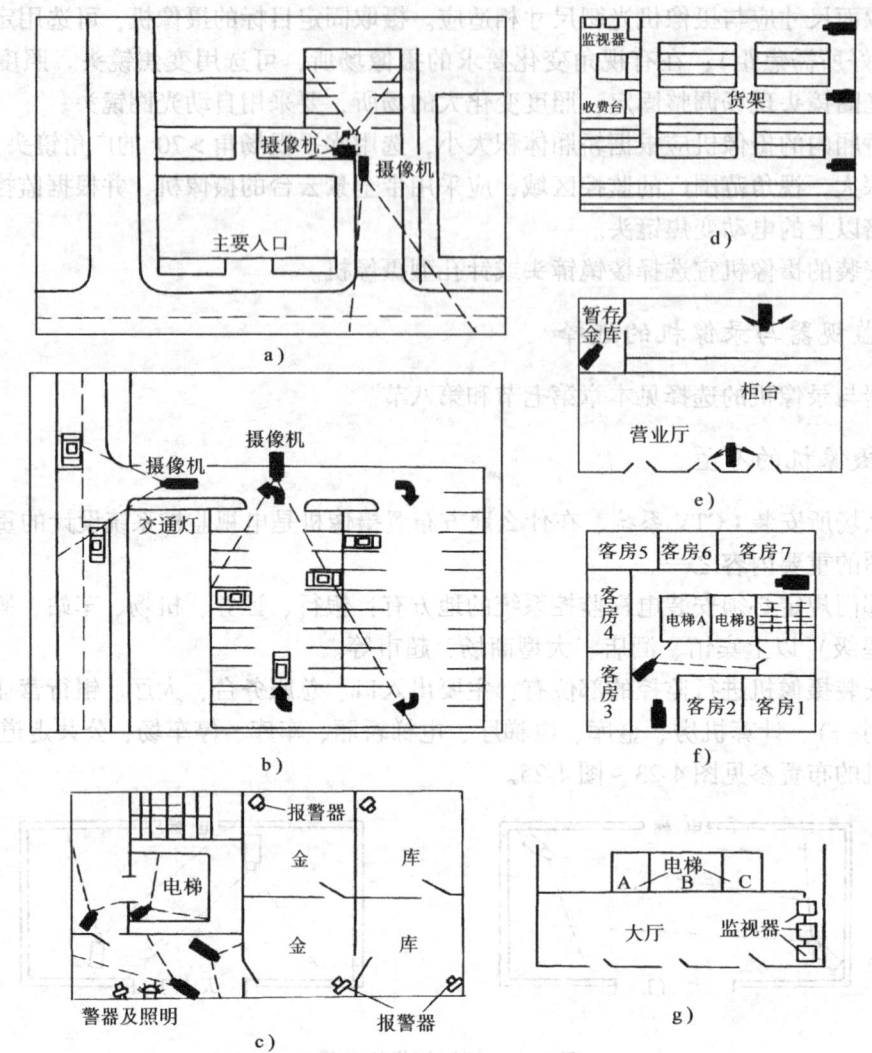

图 4-25 监视系统摄像机布置实例
a) 需要变焦场合 b) 停车场监视 c) 银行金库监控 d) 超级市场监视
e) 银行营业厅监视 f) 宾馆保安监视 g) 公共电梯监视

弱电电缆与电力线平行或交叉敷设时,其间距不得小于 0.3m,与通信线平行或交叉敷设时,其间距不得小于 0.1m,电缆的弯曲半径应大于电缆外径的 15 倍以上。

传输距离较远,监视点分布范围广或要进入电缆电视网时,宜采用同轴电缆传输射频调制信号的射频传输方式。长距离传输或需避免强电磁场干扰的传输,应采用无金属的光缆。光缆抗干扰能力极强,可传输几十公里不用补偿,选用光缆时要注意其型号、性能及室内型和室外型。

传输线路布完后必须编号,并进行对线检查、绝缘检查,发现问题及时解决。

八、CCTV 系统监控机房的设计

电视监控系统要有一个指挥、控制中心,所有的操作都在这里进行,所有的控制指令都由这里发出，保安人员也在这里进行监视，这里就是监控机房。

CCTV 监控机房应具备以下功能：

1）统一供给摄像机、监视器、录像机及其他设备所需的电源，并由监控机房操作通断。设计时要特别注意电源的容量和供电的质量，必须满足系统的要求才能保证系统的正常工作。

2）输出各种遥控信号，对摄像机等前端设备的各种动作进行控制，包括遥控镜头的焦距、聚焦、光圈、云台的水平、垂直方向动作，摄像机的电源以及防护罩的除霜、雨刷等（一般配有解码器）。

3）接收各种报警信号。用于保安的电视监控系统，应留有与治安报警系统连接的接口。已和110联网或与上级治安联网的系统，报警信号由监控机房发出。

4）配备视频分配放大器，能同时输出多路视频信号，可在其他房间（如总经理室、保安部经理室等）连接副控台，并能设置副控权限。

5）能对视频信号进行时序或手动切换，这是中、大型CCTV系统必需的功能。

6）能对视频信号进行画面分割（多画面显示）。

7）具有日期、时间、编号等字符显示装置（字符发生器）。

8）能够监视和多种录像（实时录像、定时录像、报警录像等）。

9）具有无线和有线的内外通信联络手段。

10）机房本身具有防盗、防破坏功能。机房应在防范区域内。

若电梯轿厢内安装有摄像机，则应在监控机房内同时配置楼层指示器显示电梯运行情况。

九、监控机房设计的一般规定

1）监控机房一般应在比较隐蔽的地方，并应在各监视区域的中心，保证各摄像机到机房的距离都基本最近。

2）监控机房应在环境噪声影响和电磁波的干扰最小的地方（如远离配电室和中央空调机房）。

3）根据电视监控系统的大小、设备的多少，机房面积一般为 $12\sim50m^2$，室内温度宜为 $16\sim28℃$，相对湿度宜为 $40\%\sim70\%$。为了操作人员的舒适，更为了保护各种设备正常运行，必要时应安装空调机。

4）地面应平整光滑，最好采用防静电地板，地板架空高度不应小于 $0.15m$。

5）机房门宽不应小于 $0.9m$，高不应小于 $2.1m$（此规定主要考虑方便搬运机柜和控制台）。

6）根据机柜、控制台等设备的相应位置，设计电缆槽和进线孔、槽高、槽宽应满足敷设电缆的需要和电缆弯曲半径的要求。

7）电源线与容易受干扰的信号传输线应尽量避免平行走线或交叉敷设。若无法避免，一定要平行时，最好相隔 $1m$ 左右。若采用穿钢管敷设，则传输线与电力线的间隔也不应小于 $0.2m$。

8）电视监控系统应由可靠的交流电源回路单独供电，配电设备应设有明显标志。最好采用UPS电源，无条件时，也要加装交流稳压电源。

9) 整个系统接地宜采用一点接地方式。接地电线应采用铜芯导线，接地电阻不得大于 4Ω。当系统采用共同接地网时，最好设置系统专用地线，其接地电阻不得大于 1Ω。

10) 摄像机应由监控机房引专线集中供电。对离监控室较远的摄像机统一供电确有困难时，也可就近解决，但必须与监控室为同相的可靠电源。低压直流供电的摄像机应将 220V 交流电送到摄像机附近再降压、整流供给摄像机。

11) 监控机房内部设备的排列，监视器的设置等应避免外来光线直射（特别是显示屏）。监视器宜设置在操作台、调度桌或单独的支架上，监视器设置在机柜内时，柜内应有适当的通风孔或风扇。控制台（柜）正面与墙的距离，不应小于 1.2m（便于操作），背面与墙的距离，不应小于 0.8m（便于维修）。机房的进门口，不应能看见监控屏幕。

12) 监控机房还应满足安全、消防等的规定要求。

有关电视监控机房的布置等可参见图 4-26、图 4-27、图 4-28 及表 4-18。

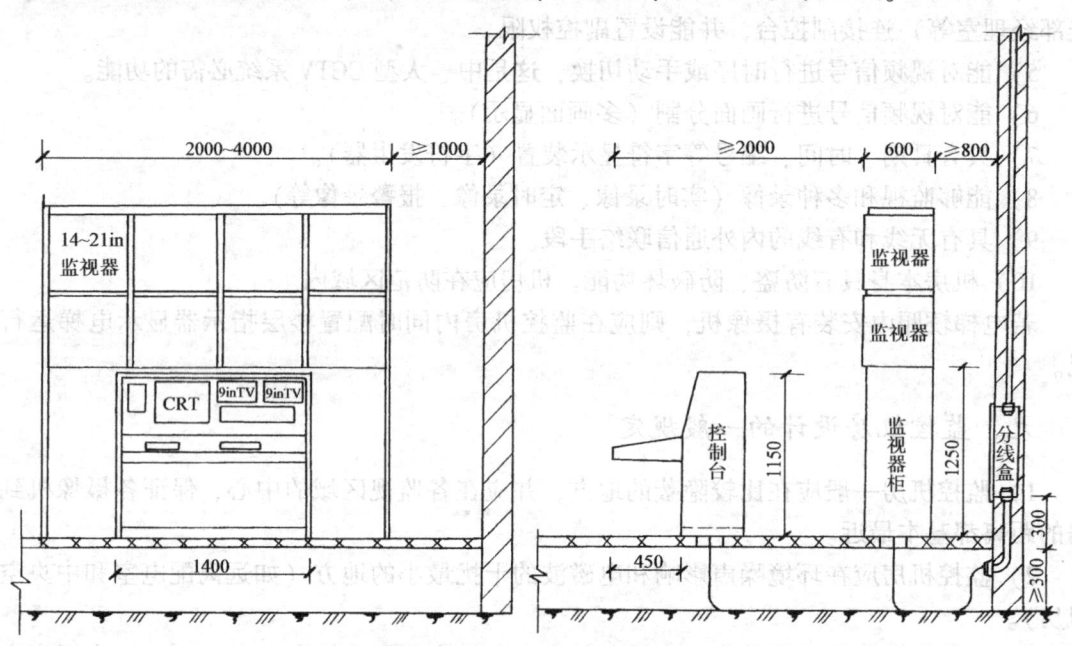

图 4-26 监控室的设备布置

注：1. 控制室供电容量约 3~5kVA
2. 控制室内应设接地端子
3. 图中尺寸仅供参考，单位 mm

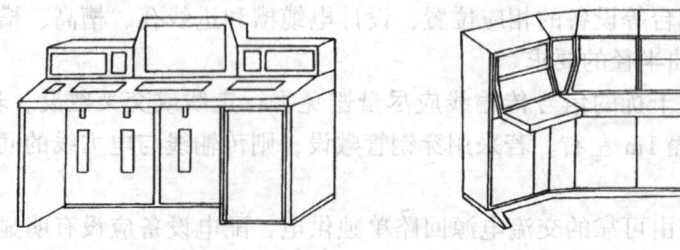

图 4-27 控制台形式

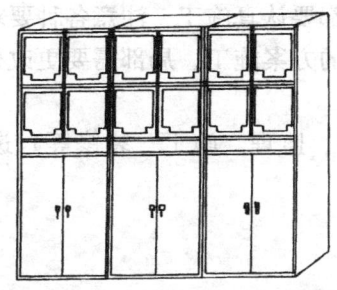 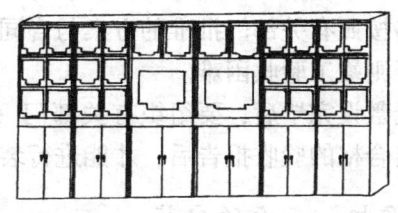

图 4-28 监视器布置

表 4-18 监视器屏幕尺寸与可供观看的最佳距离

监视器规格（对角线）		屏幕标称尺寸		可供观看的最佳尺寸	
cm	in	宽/cm	高/cm	最小观看距离/m	最大观看距离/m
23	9	18.4	13.8	0.92	1.6
31	12	24.8	18.6	1.22	2.2
35	14	28.0	21.0	1.42	2.5
43	17	34.4	25.8	1.72	3.0
47	18	37.6	28.2	1.83	3.2
51	20	40.8	30.6	2.04	3.6

第十二节 电视监控系统的安装

电视监控系统的安装主要包括线路敷设、摄像机与云台的安装，监控机房控制及监视设备的安装，电源及接地保护装置的安装等方面。

为了提高电视监控系统的施工效率和质量，一般系统的安装如图 4-29 所示。

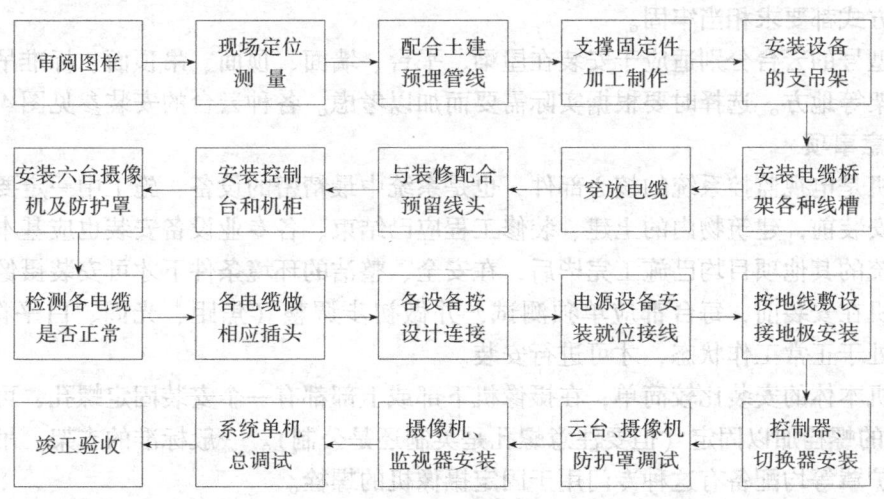

图 4-29 安装施工程序图

在安装过程中，必须做到每一流程、每一细节都要认真施工，注意各种要求、规范，保证质量，严格按照有关部门批准的方案与合同签定的方案施工，局部需要更改处，要先报批后再执行，否则竣工验收困难。

各种管线敷设完毕后，要组织有关部门（用户、监理、施工、装修等）进行隐蔽工程验收，并写出合格的验收报告后，才能进行装修。

一、摄像机、云台的安装

摄像机的安装，首先是各种支架或云台的安装，固定式摄像机使用各种支架支撑，支架的结构简单，安装、使用和调节都很方便，而且价格低廉，在固定监视某一目标或区域时，得到广泛应用。

根据不同型号的摄像机使用目的的不同，安装条件的限制和要求，选择相适应的支架进行安装。支架装好后摄像机装入防护罩内再装于支架上，并进行角度、光圈、焦距等调整。

支架的安装一般采用 2~4 个螺栓将之固定在建筑物的墙、柱、顶或自制钢架上。

墙装、壁装、柱装等可用电锤打孔后用相应的金属或塑料膨胀螺钉进行安装固定。如有吊顶的顶装，必须将支架用自制架直接固定于原顶上，不能简单地将支架或摄像机直接安装于吊顶面板上。

支架和摄像机的安装还要注意位置、角度要基本对准于被监控目标或区域，这样才便于最后的调整。

几种常用的安装方法参见图 4-30 和图 4-31。

1. 带云台摄像机的安装

电动云台分为室内型和室外型两种，用云台可以带动摄像机寻找固定目标和活动目标，增大监视区域，扩大视野范围。云台的安装要注意其转动范围，不能影响其灵活、平稳的转动（包括水平转动 350°、垂直转动 ±50°），摄像机应先装于防护罩内再安装于云台上，一般不允许将摄像机直接安装在云台上。

在室外和半室外必须安装室外型云台和室外型防护罩，并且要考虑到大风的破坏作用，各种安装方式都要求相当牢固。

不同型号的云台分别适应于安装在屋梁、平台、墙面、顶面、吊顶面、标准吊架、支架和自制钢架等地方。选择时要根据实际需要而加以考虑。各种云台的安装参见图 4-32。

2. 注意事项

摄像机是电视监控系统的核心部件，也是系统中最精密的设备，施工中一定要认真、小心操作。安装前，建筑物内的土建、装修工程应已结束、各专业设备安装也应基本完成，电视监控系统的其他项目均已施工完毕后，在安全、整洁的环境条件下才可安装摄像机。

摄像机在安装前，每台都应单独测试，并做初步调整（焦距、光圈、白平衡等）后，使摄像机处于正常工作状态，才可进行安装。

摄像机本体的安装比较简单，在摄像机下部或上部都有一个安装固定螺孔，可以用一个 M6 或 M8 的螺栓加以固定（但要注意螺孔是英制还是公制）。一般标准的支架、吊架、各种云台、防护罩等均配备有这种专门用于固定摄像机的螺栓。

摄像机安装时，还要先检查，各支架是否安装牢固，云台的水平、垂直角度和定值控制是否正常，并根据设计要求调整定位云台转动的起始点。

第四章　电视监控系统

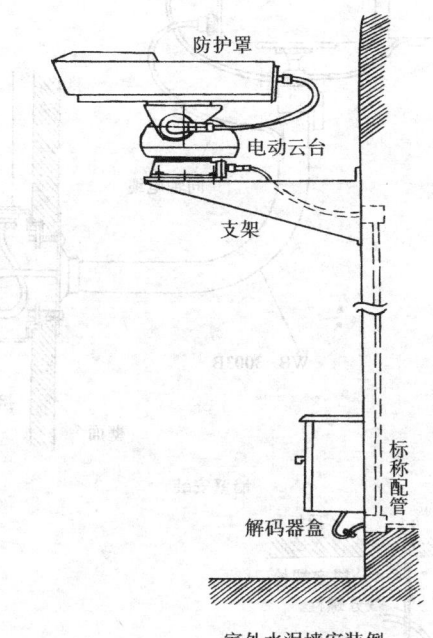

室外水泥墙安装例

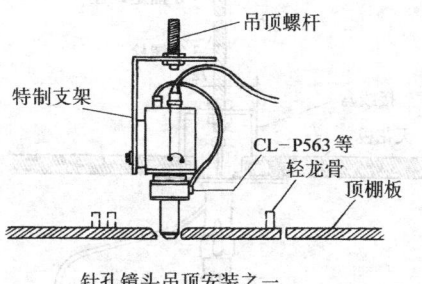

针孔镜头吊顶安装之一

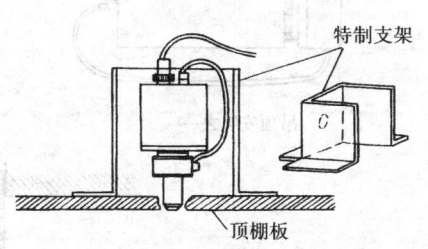

针孔镜头吊顶安装之二

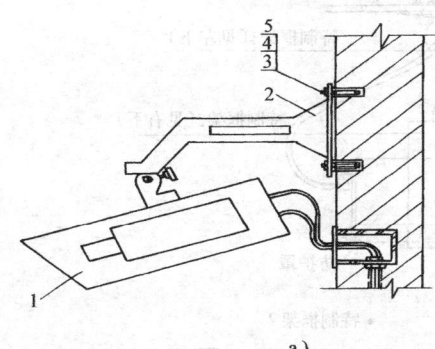

a)

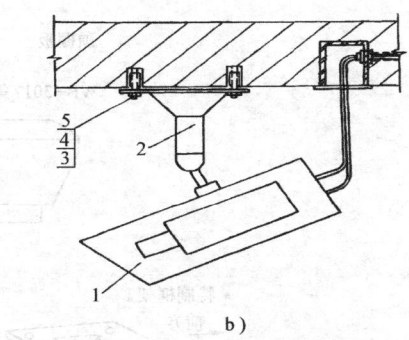

b)

编号	名　称	型号规格	单位	数量	备　注
1	摄像机		台	1	
2	支架	与摄像机配套	个	1	
3	膨胀螺栓	M8×70		4	
4	螺母	M8	个	4	GB52—1976
5	垫圈	8	个	4	GB97—1976

图 4-30　壁装与吊装之一
a) 壁装　b) 吊装
注：1. 壁装支架距屋顶 1.5m 左右。
　　2. 吊装适用于层高 2.5m 以下场所。

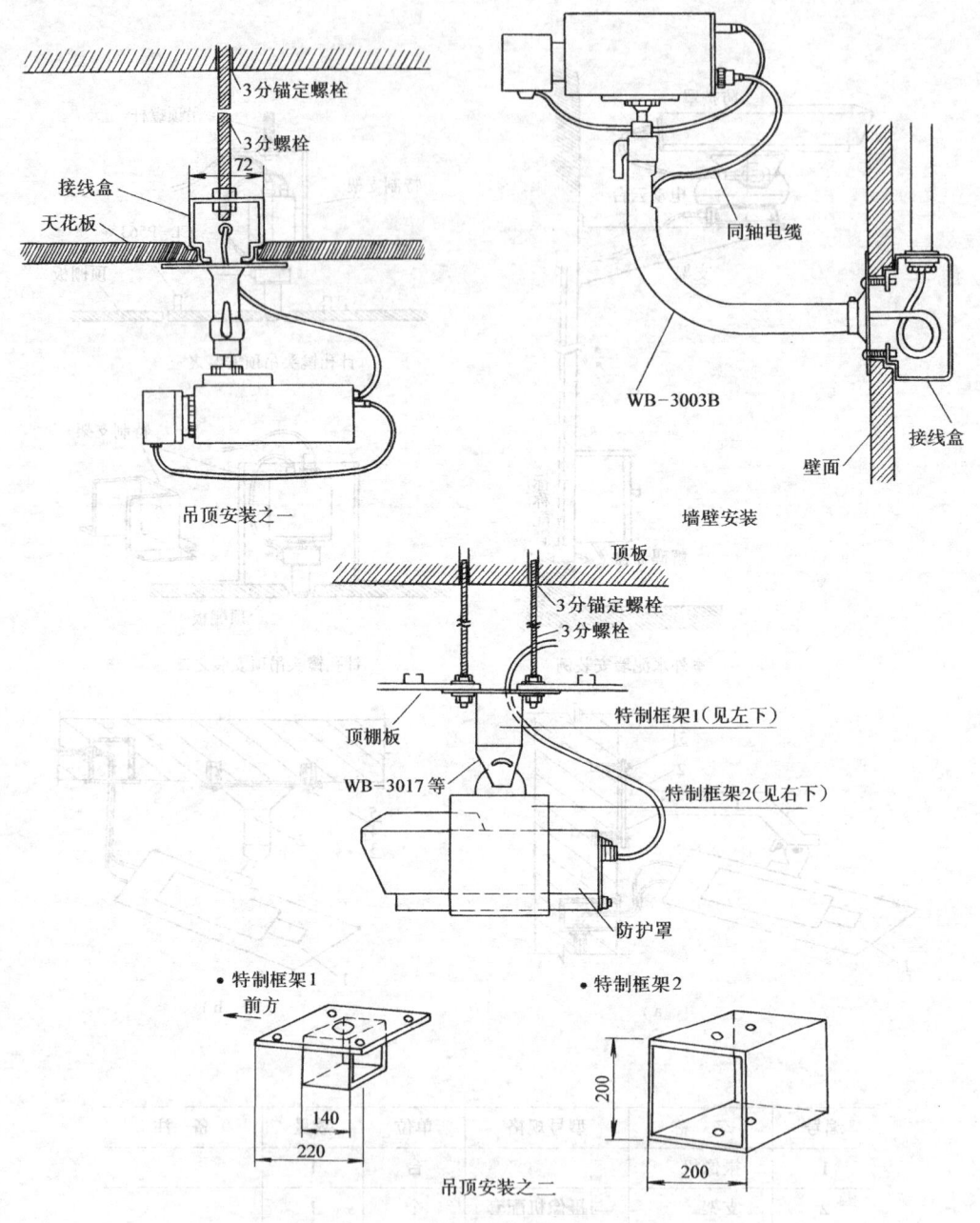

图 4-31 壁装与吊装安装之二

从摄像机引出的电缆应留够余量（0.5~1m）以便于摄像机的转动，不得利用电缆插头和电源插头承受电缆的重量。

室外摄像机安装于防护罩内后，要认真装好防护罩的密封装置，避免漏水损坏摄像机。

摄像机宜安装于监视目标附近且不易受到外界损伤的地方。室内安装高度以 2.5~5m 为宜，室外安装高度以 3.5~10m 为宜。电梯轿厢内的摄像机应安装于轿厢的顶部角上，摄像机的光轴与电梯轿厢的两个面壁成45°角，并且与轿厢顶棚成45°俯角为适宜。

第四章 电视监控系统

底装

顶装

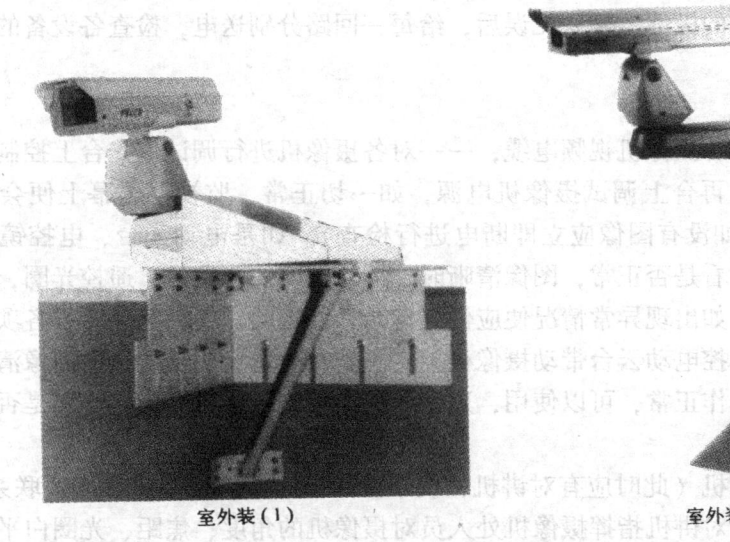

室外装（1） 室外装（2）

图 4-32 带云台摄像机的安装

摄像机镜头应避免强光直射，应避免逆光安装。若必须逆光安装的场所，应选择将监视区的光对比度控制在最低限度范围内，并选择逆光补偿型摄像机。

有时候，为了保证摄像机正常工作，在恶劣环境下使用的摄像机还需要实施一系列的保护措施，例如：在高温多尘的场合，要加装风冷或水冷型防护罩。

二、监控台的安装

为了监视和控制的方便，一般将监视器、视频切换器、画面分割器、录像机、控制设备等组装在一个监控台上，设置于监控机房内，其结构参见图 4-27。

有的监控台上还设置有电脑、打印机、报警设备、电话、数码显示器等，要注意布置整齐、美观、合理并便于操作。

三、电视监控系统的调试

1. 调试前的准备工作

（1）线路检测　对控制电缆进行检测，检查接线是否正确，并在开路的情况下，采用500V兆欧表对控制电缆绝缘进行测量，其线芯与线芯、线芯与地线的绝缘电阻应大于0.5MΩ；用500V兆欧表对电源电缆进行测量，其线芯间、线芯与地线间的绝缘电阻应大于1.0MΩ。对视频、音频线主要检测是否断线、是否短路、各编号是否正确、是否缺线。还应检查机房内各设备的连接是否可靠。

（2）接地电阻检测　电视监控系统中的各种机柜、控制台、金属保护管、电缆桥架、金属线槽、配电箱和各种设备的金属外壳均应与地线连接，并保证可靠的电气通路，系统的接地电阻值通常应小于4Ω，最好应小于1Ω，这是为了人员和设备的安全必须要做好的工作。

（3）电源检测　检查各线路接线是否正确，合上监控机房的电源总开关，检测交流电源电压、USP装置或稳压电源装置的电压表读数是否正常。合上各电源分路开关，测量各输出端电压、直流输出端的极性，确认无误后，给每一回路分别送电，检查各设备的工作情况是否正常。

2. 单体调试

调试时，分别接通各摄像机视频电缆，一一对各摄像机进行调试。先合上控制设备、监视器等机房设备电源，再合上调试摄像机电源，如一切正常，监视器屏幕上便会显示图像（图像应设置成满屏，如没有图像应立即断电进行检查）。如是电动云台、电控镜头的摄像机，可进行各种控制，看是否正常，图像清晰时，可遥控变焦、聚焦、遥控光圈，观察变焦过程中图像的清晰度，如出现异常情况便应做好记录，并将问题一一解决，若各项指标都能达到设计要求，便可遥控电动云台带动摄像机旋转。若在静止和旋转过程中图像清晰度变化不大，则认为摄像机工作正常，可以使用，这时还应去检查电动云台旋转情况是否平稳、有无噪声、是否发热等。

如果是固定式摄像机（此时应有对讲机，便于摄像机处与监控机房的通信联系），可在机房根据图像的情况用对讲机指挥摄像机处人员对摄像机的角度、焦距、光圈白平衡等进行调试，调试工作应反复进行几次，对比找到最佳点，然后固定稳摄像机，锁定调好的光圈（自动光圈除外）、锁定调好的焦距，然后装好防护罩，此时由于安装防护罩可能会移动着角度，应对角度重新调整。

每台摄像机都进行如上的调整后，可认为前端设备调试完毕，可进行机房设备的调试。

3. 系统调试

当各种设备单体调试完毕，便可进行系统调试，此时，按照设计方案和施工图对每台摄像机进行编号、确认，然后对各种控制功能进行测试，如多画面显示、各种切换方式、各种遥控情况、各种录像模式、重放情况等，看是否达到设计要求。在调试过程中，每项试验都应做好记录，及时处理调试中出现的每个问题。当各项技术指标都达到设计要求时，系统经过24h连续运行无事故后，可申请让系统全面开通进入一个月的试运行期。

在试运行期中，除注意各设备的工作情况是否正常外，应进行用户培训，并绘制竣工图，准备各种验收资料，全面开始验收前的准备工作。

四、组织验收

按有关规定,电视监控系统安装、施工完毕,试运行一个月后,便可组织验收。一般验收应由当地公安部门技防办、建设方(用户)、监理公司、监控机房操作人员、施工方(工程设计、安装人员)共同组成联合验收小组进行验收。

工程施工方应准备好如下竣工验收材料:
1) 施工方简介(含所做过的工程简介、工商营业执照等)。
2) 相应公安部门颁发的资格证书。
3) 工程设计方案、合同、竣工图,各设备、材料的合格证,进口产品还需商检合格报告。
4) 当地公安部门技防办的开工通知和建设方的开工通知(含施工方开工申请)。
5) 隐蔽工程验收报告(建设方、监理公司、施工方组织的验收)。
6) 建设方(用户)出具的试运行期使用情况报告。
7) 用户培训计划及培训情况说明。
8) 全套系统的用户操作手册(附各种设备的操作使用说明书),售后服务协议书。
9) 施工方的自检、自查、整改报告。
10) 增补、更改的协议、合同(如有增补或更改)。
11) 施工人员名单、职务、职称、身份证复印件。
12) 填写好的公安部门技防办所发的各种验收表格。

以上各种资料准备好后,便可组织工程竣工验收,验收内容一般按表4-19进行。

表4-19 施工验收表

验收项目	验收内容	抽查比例(%)
设计要求	各项指标、各项设备是否与合同一致	100
摄像机	设置位置、视野范围 安装质量 镜头、防护罩、支架、云台安装质量,紧固情况 通电试验	20
监视器	安装位置与安装质量、图像清晰度与质量 设备条件 通电试验	100
控制设备	安装质量、安装位置 控制内容、切换路数、画面分割等 通电试验	100
其他设备	安装位置与安装质量 通电试验	100
控制台与机架	安装的垂直、水平度、位置 设备安装位置,操作是否方便 布线质量(隐蔽部分,看隐蔽工程验收报告) 插座、连接处的接触可靠程度 开关、按钮质量情况 通电试验	100

(续)

验收项目	验收内容	抽查比例（%）
电（光）缆敷设	敷设与布线（质量、合理性） 电缆排列位置、捆绑质量 地沟、桥架、支吊架、线槽、管线安装质量 埋设、架设质量 焊接及插头安装质量 各接线盒、分线盒，接线、安装质量	30
接地	地线材料 地线焊接 接地电阻	100

验收后如有整改项目，应立即组织进行整改。整改后，写出书面整改报告及整改结果，并附上建设方（用户）整改结果证明书，报公安部门技防办认可、签章，领回验收结果报告，整个验收工作才算结束。此时便可与建设方（用户）进行系统设备、资料的移交，移交后工程结束，但必须注意售后服务。

对那些重要场所的工程，如银行金库、博物馆、军事重地等，要教育施工人员注意对设计方案、施工情况进行保密，这是对自己负责，也是对社会负责。工程完工后，所有的工程资料应交由使用方入档管理，不要的工程图样、资料应进行销毁处理，这是做安防工程的基本要求之一。前面几章讲过的防盗报警系统、门禁系统和后面要讲的消防联动报警系统等都应注意这个问题。

第十三节 基本保安系统

一、基本保安控制系统

图 4-33 所示的是一个基本的电脑控制的保安系统。系统的所有控制均由一台多媒体电脑来完成。其主要方式是从计算机出来一条通信总线，所有需要控制的设备均挂接在这条总线上，计算机将通过总线得到各个分系统的状态，接收其发来的信息。这些信息经过电脑的智能系统处理后，输出处理指令，一些在电脑上显示出来，另一些则通过信息总线来控制系统的设备，如报警控制器、电视监控控制器、视频处理、读卡器、门禁控制及现场其他控制设备等。除此之外电脑还可以通过其网络向外传送或接收信息，比如公安部门和其他控制中心。

这个系统的软件在中文视窗下运行，是全汉字系统。鼠标操作简单，即使是初次使用者，也可以快速、安全地操作整个系统（当然要进行必要的短期培训）。利用高分辨率低辐射的彩色监视器，可以直接从状态指示表中用鼠标选择控制，降低了操作人员的劳动强度，方便的图形界面使工作人员在任何情况下都可以快速而清晰地了解总体情况。系统可不断更新目前的报警数量，操作系统的状态，打印机是否准备好和操作者的使用级别等系统状态。

作为高层次的管理，所有保安设施在控制中心都可以管理、监视和控制，并在事件发生时，以视听的方式指示有关人员，并提示预置的处理措施。

报警将自动地显示，监视点的图像均可在电脑显示屏幕上显示出来，电脑可以对图像进

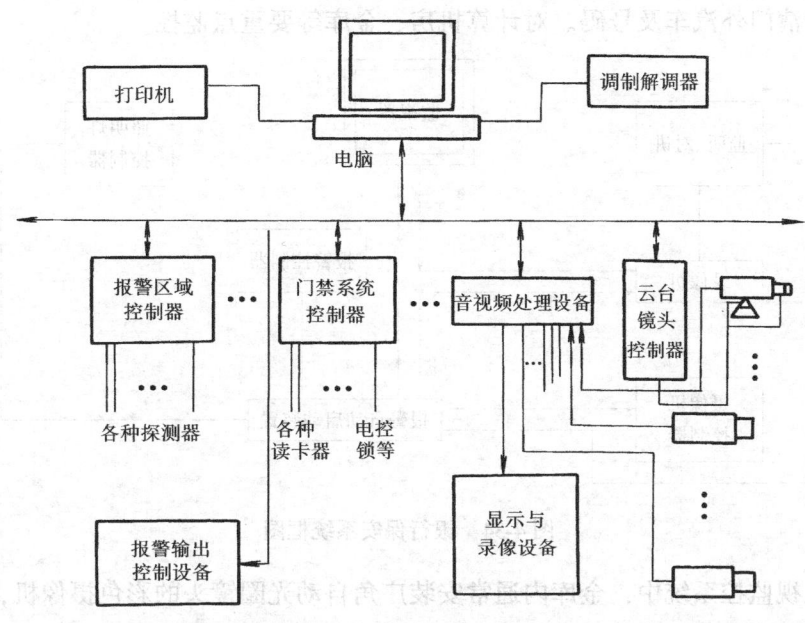

图 4-33 基本保安系统结构图

行捕捉，存在磁盘（或硬盘）中，也可由视频打印机打印出来。电脑屏幕上显示哪路画面，就可以对此路的云台、镜头、雨刷、电源、灯光等进行控制，显示与控制同步切换、也可以控制各路监控画面在电脑显示屏幕上进行顺序循环显示（或多画面显示）。可调整设定每路显示的驻留时间，所有监视的图像都可以实时录像，或定时录像或报警录像或移动目标录像等，监视器上的各路图像还可以随报警联动切换，以达到跟踪目标的作用。所有目前的报警和已报警的处理方式和图像都将被保存起来，并可用鼠标调出来查看。不是通过报警系统产生的报警信息，比如电话报警等也能在直接信息表中调出来查看。

所有重要的系统和使用者的活动，如接收的报警日期、时间和位置、信息、响应方式、控制各设备的联动都将在一定时期内保存起来，事后可生成报表打印出来备查，对这些数据分析研究，可提供改进的预防措施和破案的线索。

由于通信总线的应用，系统变得具有很好的扩充功能。无论是扩充监视点，还是报警点，只需要增加现场设备和布线即可，无需增加主控设备。因此，这样的保安系统得到不断的推广应用。

二、银行保安电视监控系统

银行是非常重要、非常危险的机构，必须设置保安监视系统。银行的保安监视系统，除电视监控外，还需装有报警系统、监听装置、夜间照明和录像设备，报警装置还需和公安部门联网。

银行保安监控中心应设在远离监视现场的地方，以确保警卫人员的人身安全和监控室的隐蔽性。系统的组成一般为图 4-34 的框图所示，此图表示的只是基本的结构方式，实际配置时要做很多细致的工作，并根据实际情况进行设计。

金融单位对电视监控系统的基本要求是，看清进出营业厅的人员，看清台面交易过程、钞票面值，看清门外汽车及号码。对计算机房、金库等要重点监控。

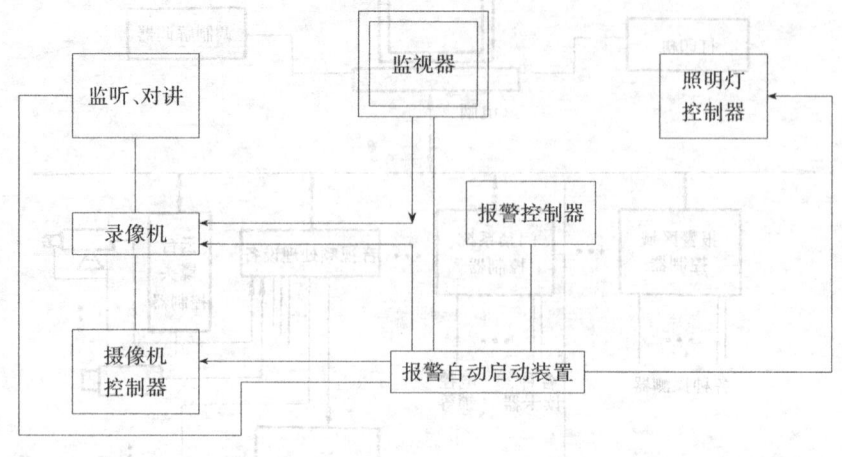

图 4-34 银行保安系统框图

在银行电视监控系统中，金库内通常安装广角自动光圈镜头的彩色摄像机，柜台安装监视对讲机，可监听一路或多路从监视现场（如框员制）送来的声音，也可对一路或多路对讲，音频输出送到录像机的音频输入端进行声、像同时记录。

在报警系统中，除报警按钮外还采用双鉴式（红外、微波）报警探头或三鉴（红外、微波、人工智能）探头。这种报警器只有当接收到人体发出的热量（红外线）和物体移动时（两者缺一不可）才发出报警信号，非常可靠。此外报警探头是常闭式触点，当报警器或线路被切断时也将发出报警信号，因此非常适用，误报率极低。

系统中设有报警自动启动装置，在夜间只需打开报警器通过控制器上的密码按键进行设防，设防后一旦有人入侵防范区域，报警器便发出声光报警并指示哪个区域被入侵，与此同时全套设备自动启动，照明灯全亮，录像机开始录像录音，值班人员可用对讲机通知保安人员，可以向110报警（有的重要防区可直接与110联动报警），起到非常有效的保安作用。

图 4-35～图 4-38 是某银行电视监控系统摄像机布置图，这样的设置比较合理。

三、酒店、宾馆电视监控系统

酒店电视监控系统要求虽然没有银行那么严格，但一般系统都比较大，而且应具备以下功能。

1) 在进行监视的同时，可以根据需要定时记录监视目标的图像或数据，以便存档。一般可不设置监听和声音记录。

2) 根据对视频信号的分析或在其他指令控制下，能自动启动录像机，如设有监听系统时，应能同时启动。系统应设有时标装置以便在录像带上录上相应时标，以便查看、分析、处理。

3) 系统应能手动选择其中某个指定的摄像区域，以便进行重点监视或在某个范围内对几个摄像区作自动巡回显示或多画面显示。

4) 录像系统要求既可快录慢放，又可慢录快放，也可使其中某个画面长期静止显示，供分析研究用。专业型录像机和硬盘录像机都有此功能。

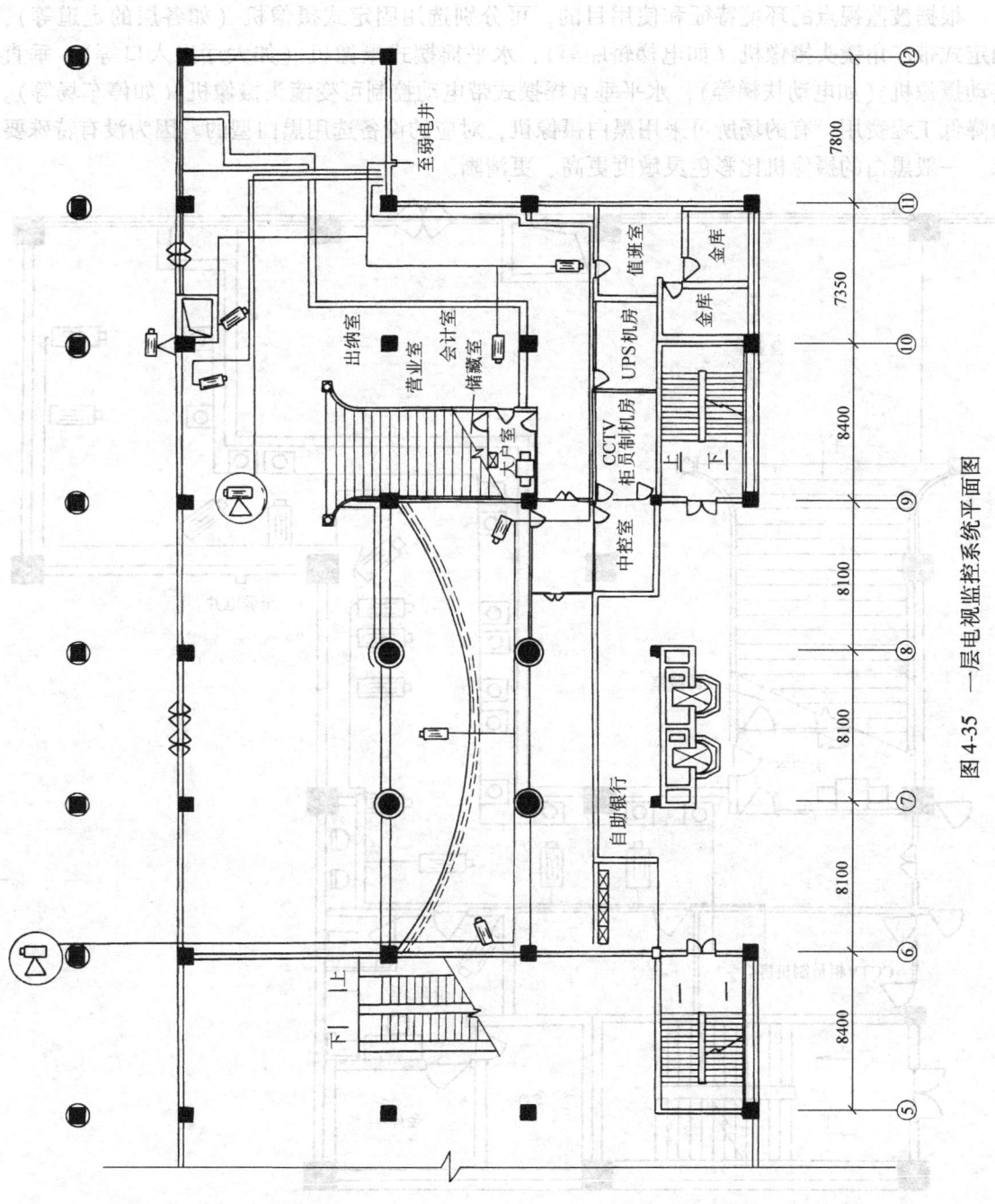

图 4-35 一层电视监控系统平面图

酒店电视监控系统一般比较庞大，设计时可将大楼分成若干个监视区域，每一个监视区内可设 9~16 个摄像机，共用一个监视器（9 画面分割、16 画面分割、顺序切换）。超过 16 个摄像机时应增加监视分区，每一分区再设一个监视器。所有的区域统一由监控机房控制。

根据被监视点的环境特征和使用目的，可分别选用固定式摄像机（如各层的走道等），固定式带广角镜头摄像机（如电梯轿厢等），水平摇摆式摄像机（如大厅出入口等），垂直摇动摄像机（如电动扶梯等），水平垂直摇摆式带电动控制可变镜头摄像机（如停车场等）。为降低工程费用，有的场所可采用黑白摄像机，对应的设备选用黑白型的。因为没有特殊要求，一般黑白的摄像机比彩色灵敏度更高、更清晰。

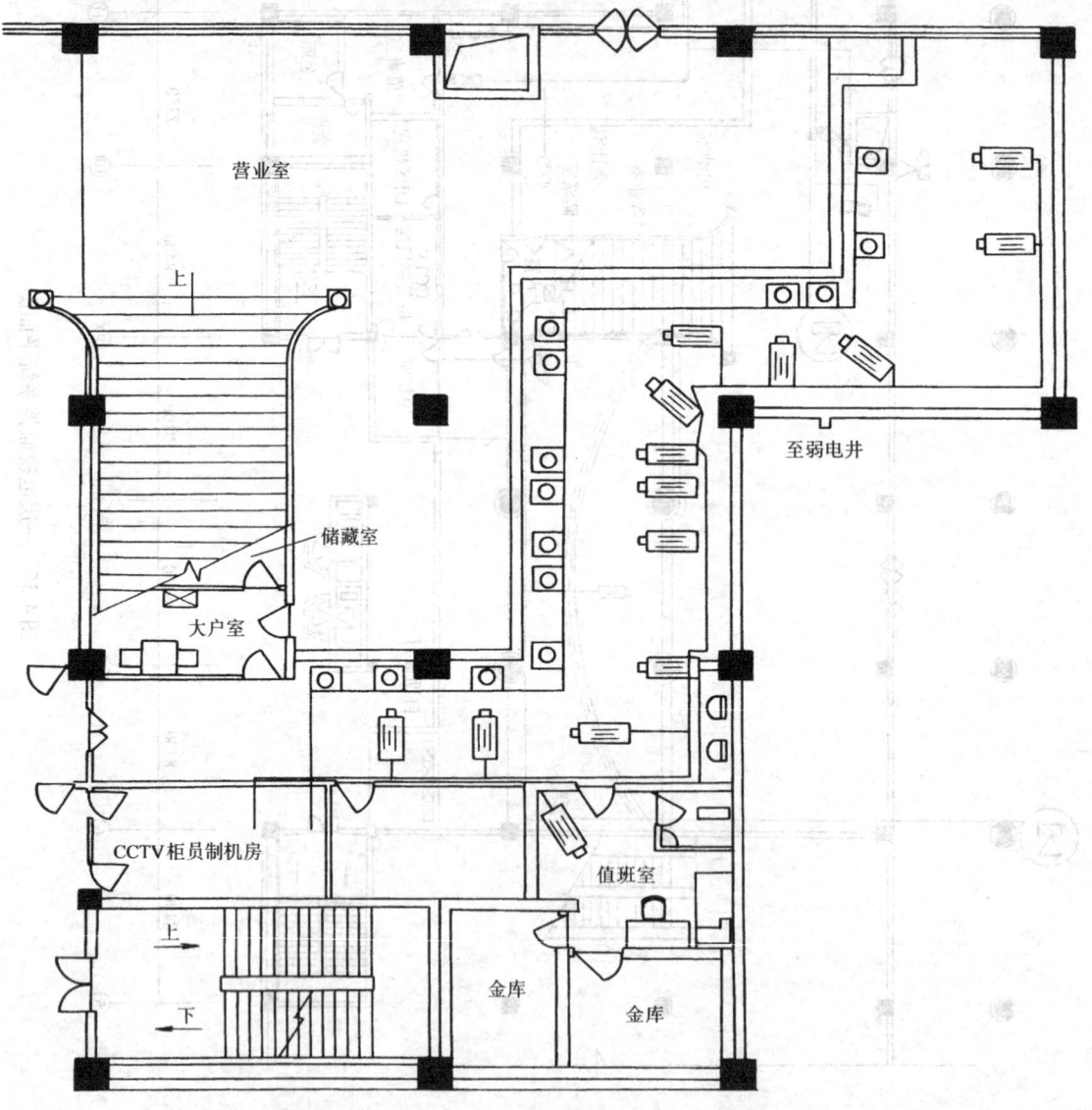

图 4-36　柜员制电视监控系统平面图
注：1. 全程线缆 PVC 穿管或金属桥架。
　　2. 供电和信号线缆分别穿管。
　　3. 柜员制电视监控独立成一个系统。

第四章 电视监控系统

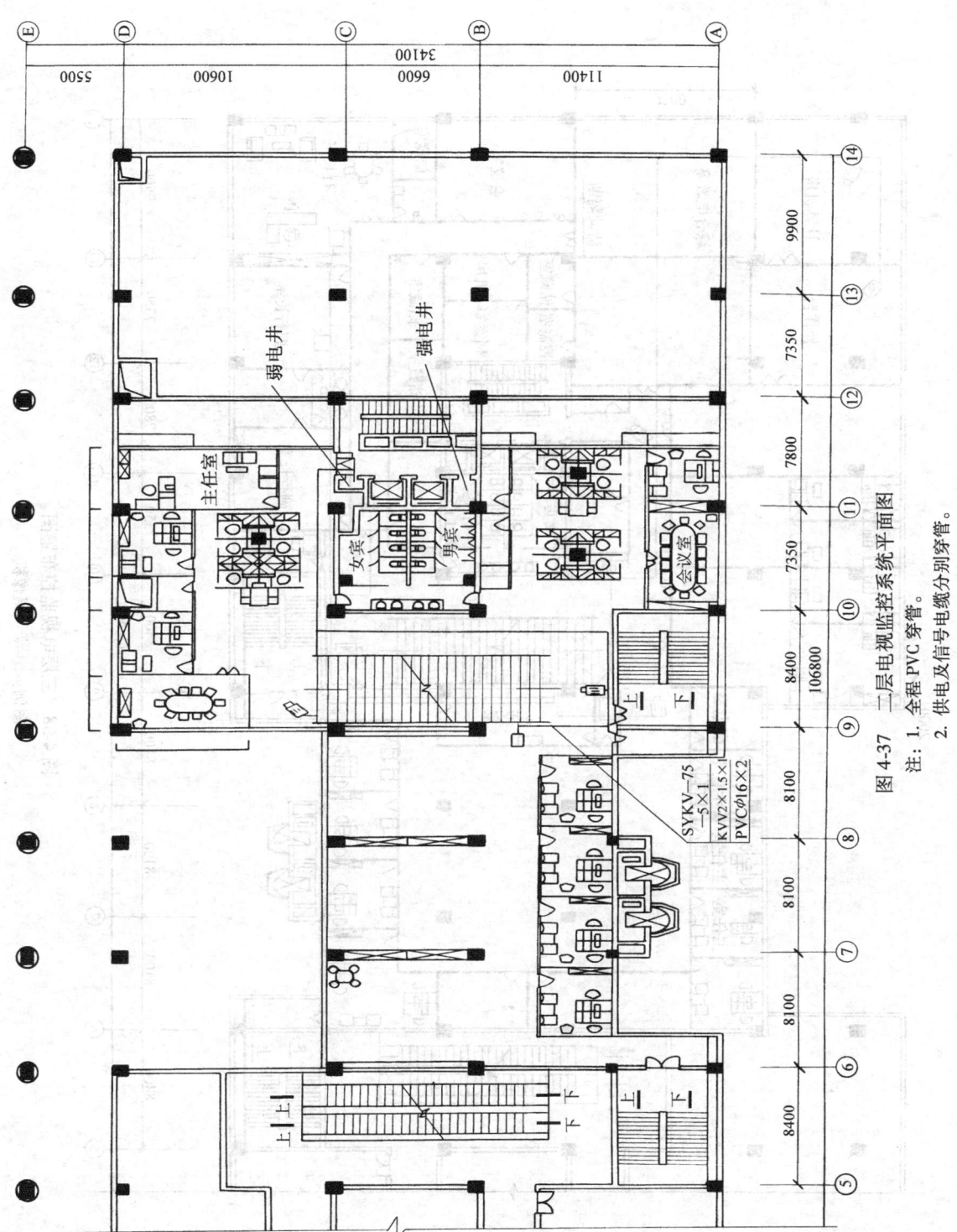

图 4-37 二层电视监控系统平面图

注：1. 全程 PVC 穿管。
2. 供电及信号电缆分别穿管。

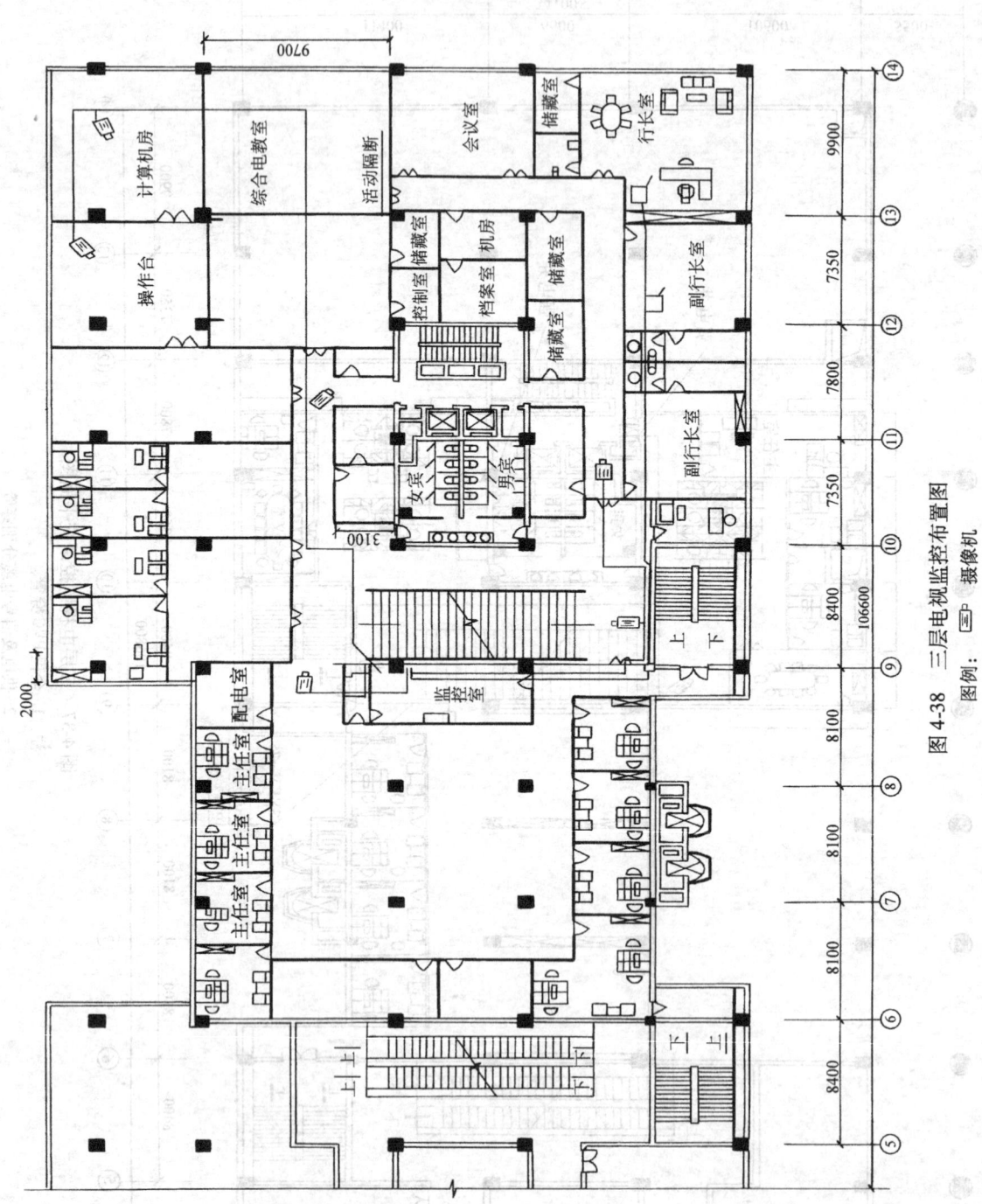

图 4-38 三层电视监控布置图
图例:⌐◉ 摄像机

传输部分：视频传输采用同轴电缆，摄像机云台、镜头的控制可采用符合要求的普通铜芯塑料电缆，分别穿阻燃型 PVC 管暗设，水平部分尽量走弱电桥架。

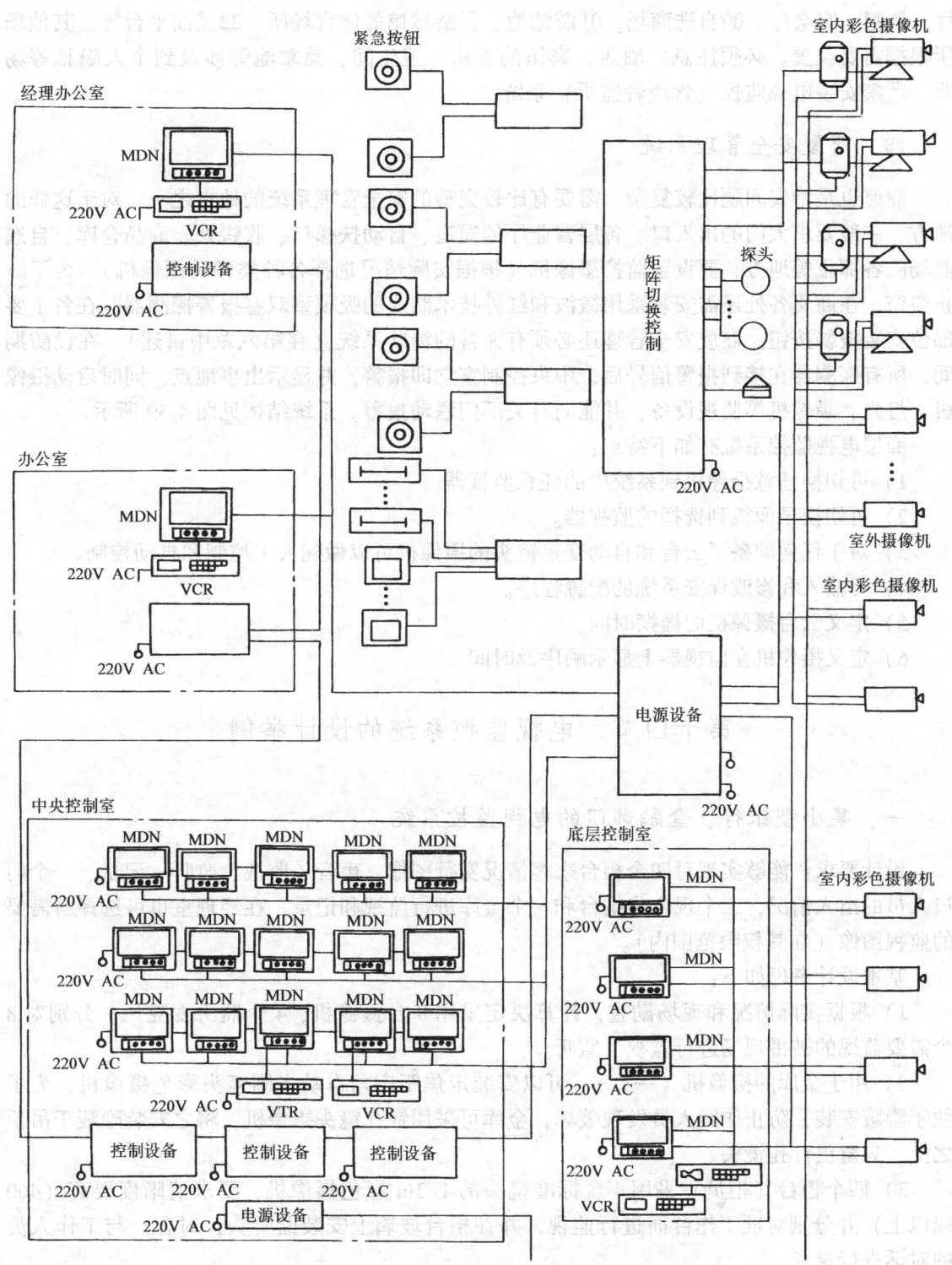

图 4-39　商厦安全管理系统结构图

酒店及下列场所必须安装监控摄像机。①出入口。②大厅（大堂）、主要楼梯口。③电梯门厅。④电梯轿厢。⑤总服务台。⑥结账处。⑦各层的走廊。⑧银行、金库。⑨餐厅、舞厅、酒吧、宴会厅。⑩自选商场。⑪游泳池、保龄球馆等体育场所。⑫屋面平台等。其他场所根据需要设置。必须注意，酒店、宾馆的客房、卫生间、桑拿池等涉及到个人隐私等场所，严禁安装电视监控（含声音监听）系统。

四、商厦安全管理系统

商厦也是治安问题比较复杂、需要有比较完整的安全管理系统的地方之一。对于这样的地方，一般要求大门的出入口、各层营业厅的通道、自动扶梯口、收银处、商品仓库、自选商场的各部位等地方，要设置监控摄像机（根据实际情况选择各种类型的摄像机）。为了防止盗窃，在商厦各处还需安装采用微波和红外技术制成的吸顶型双鉴报警探测器，在各重要部位安装报警按钮。商厦安全管理还必须有完善的消防系统（在第六章中讲述）。在设防期间，所有探测器在接到报警信号后，中央控制室立即报警，并显示出事地点，同时启动摄像机、灯光、录像机等监视设备，并能向有关部门联动报警。系统结构见图4-39所示。

商厦电视监控系统有如下特点：
1) 可切换任意摄像机到系统中的任意监视器。
2) 可切换录像机到选择的监视器。
3) 对于任何配备了云台和自动变焦镜头的摄像机可以做到人工控制和自动控制。
4) 可输入和修改保安系统的配置程序。
5) 定义云台摄像机的摇摆时间。
6) 定义摄像机在监视器上显示顺序及时间。

第十四节　电视监控系统的设计举例

一、某小型银行、金融部门的电视监控系统

设计要求：能够实现对四个柜台来客情况实行图像、声音、监视、监听、记录、一个门口人员的出入情况，二个现金出纳台和一个金库进行监视和记录，在经理室也可选择所需要的监视图像（在其权限范围内）。

基本设计考虑如下：

1) 根据实际情况和现场勘查，计算决定采用8台摄像机，4个监听麦克风，分别对8个需要监视的被摄现场进行监视、监听。

2) 用于金库的摄像机（一台），可以安装定焦距广角自动光圈镜头彩色摄像机，为了便于隐蔽安装，防止作案人员发现破坏，金库可采用针孔镜头摄像机，将之安装隐蔽于吊顶之上，只留出针孔镜头。

3) 四个柜台（柜员）采用4台标准镜头的1/3in彩色摄像机，要求清晰度要高（460线以上）并分别对准工作台面进行监视，并在柜台玻璃上安装监听头，对客户与工作人员的对话进行录音。

4) 两个出纳台分别安装两台标准镜头彩色摄像机进行监控。

5) 大门出入口，采用电动云台和电动变焦镜头的彩色摄像机，并且要带逆光补偿，对门口人员出入情况和周围环境进行监控。

6) 4台柜员制摄像机的音、视频信号分别送入长时间录像机（或嵌入式硬盘录像机）再送入顺序切换器。顺序切换器要求带有时间、日期字符发生功能，顺序切换后接入视频分配器，分出两路视频信号，一路接控制机房、显示器，另一路接录像机，从切换器再接一路视频信号到经理的副控器，用以各自选择所需的监视图像。

7) 金库、出纳台和出入口的四台摄像机输出的视频信号可接入顺序切换器后进行监视。

8) 摄像机输出的图像信号都应叠加上日期、时间、编号的信号，便于记录和查阅。

9) 监控机房可采用一台17in彩色、带音频和视频输入输出的纯平监视器，经理室监视器只需有视频输入即可。

10) 因为信号传输距离不远，视频信号采用 SYV—75—5 同轴电缆，以视频方式传输，音频信号采用 $3 \times 0.5 mm^2$ 带屏蔽层、带护套的三芯电缆传输。传输中无需设置任何信号放大器或其他补偿设备，摄像机电源用 2×0.5 带护套两芯电缆供电，线路穿PVC阻燃管和电缆桥架送到机房。

11) 营业大厅的出入口或大门口是摄像监视的重点之一，出入口大多直对室外，在室外阳光的照射下进入室内会产生强烈的逆光。必须考虑室内灯光的补偿，由于只设置一台带云台的摄像机，所以选择三可变自动光圈（可调焦距、可调光圈、可调聚焦）逆光补偿摄像机，以使摄像机所摄画面清晰。

设计的系统图如图4-40所示。系统设备器材见表4-20所示。

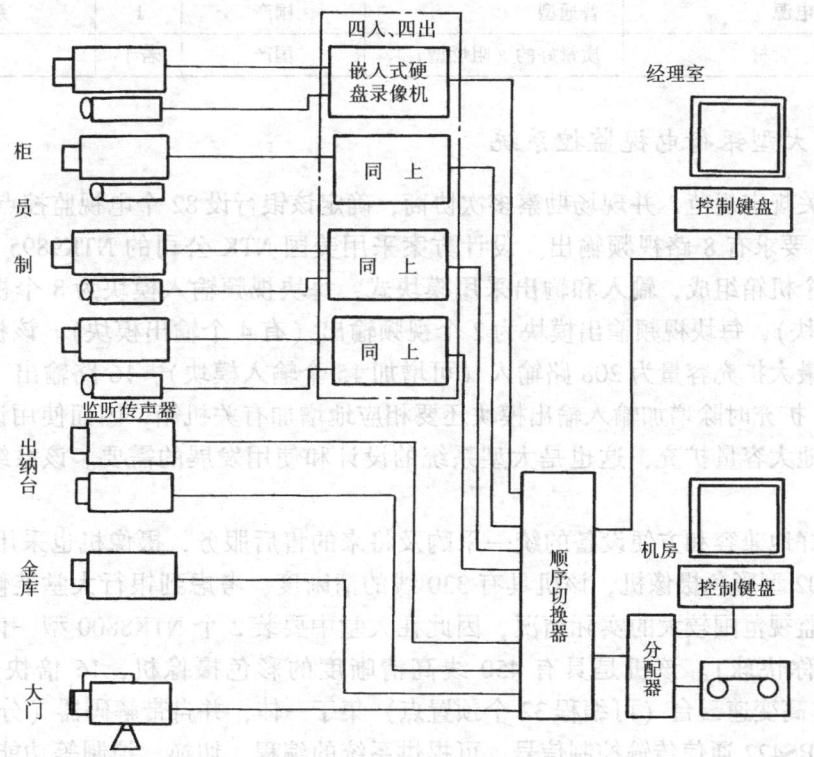

图4-40 某银行电视监控系统图

表 4-20 系统设备、器材表

序号	名　称	规格、型号	产　地	数量	备　注
1	1/3 CCD″摄像机	WV—CP460	日本	4	柜员制
2	1/3 CCD″摄像机	PIH—73	中国台湾	4	出纳、金库、大门
3	自动光圈镜头	LA9C3（标准）	日本	4	柜员制
4	三可变镜头	13ZD*6×10*	美国	1	大门
5	自动光圈镜头	TG2Z3514	Computar	3	出纳、金库
6	云台	V3030APT	VICON	1	大门
7	防护罩	VD9—8	国产	8	所有摄像机
8	硬盘录像机	HSP—1P	Song	1	柜员制
9	长时间录像机	AG—TL350	日本	1	其他
10	解码器	VI306R—230	VICON	1	云台、镜头
11	彩色顺序切换	PIH—200BL	中国台湾	1	控制切换
12	柜员制麦克风	DS—200	国产	4	柜员制
13	视频分配器	普通型	国产	1	视频分配
14	支架	普通型	国产	7	除云台外
15	监视器	CM2000（20in）	日本	1	机房
16	监视器	CM1430（14in）	日本	1	副控台
17	控制机柜	IEE标准	自制	1	机房
18	UPS电源	普通型	国产	1	系统供电
19	电缆、管材	质量好的（阻燃型）	国产	若干	布线

二、某大型银行电视监控系统

根据有关规定规范，并现场勘察多次协商，确定该银行设82个电视监控点（即有82路视频输入），要求有8路视频输出。设计方案采用美国NTK公司的NTK9895型控制主机，该主机由1个机箱组成，输入和输出采用模块式，每块视频输入模块为8个视频输入（有11个输入模块），每块视频输出模块为2个视频输出（有4个输出模块）。该机可增加模块扩大容量，最大扩充容量为208路输入（可增加15个输入模块），16路输出（可增加4个输出模块），扩充时除增加输入输出模块还要相应地增加有关机箱，因而使用该系统将来如需要可方便地大容量扩充，这也是大型系统的设计和使用发展的需要。该系统的结构由图4-41所示。

为了更好地兼容和方便设备的统一采购及将来的售后服务，摄像机也采用美国NTK公司的NTK8102型彩色摄像机，该机具有330线的清晰度，考虑到银行大堂装修豪华美观的特殊要求及监视范围较大的实际情况，因此在大堂中要装2个NTK8800型一体化快速球型摄像机（简称快球）。该机是具有450线高清晰度的彩色摄像机，16倍快速变焦镜头，0.5~250°/s高变速云台（可编程32个预置点）集于一体，并自带解码器（分格很高）。由于该机通过RS422通信传输控制信号，可提供系统的编程、切换、控制等功能，操作简便，是目前较先进且可靠稳定的系统。

第四章 电视监控系统

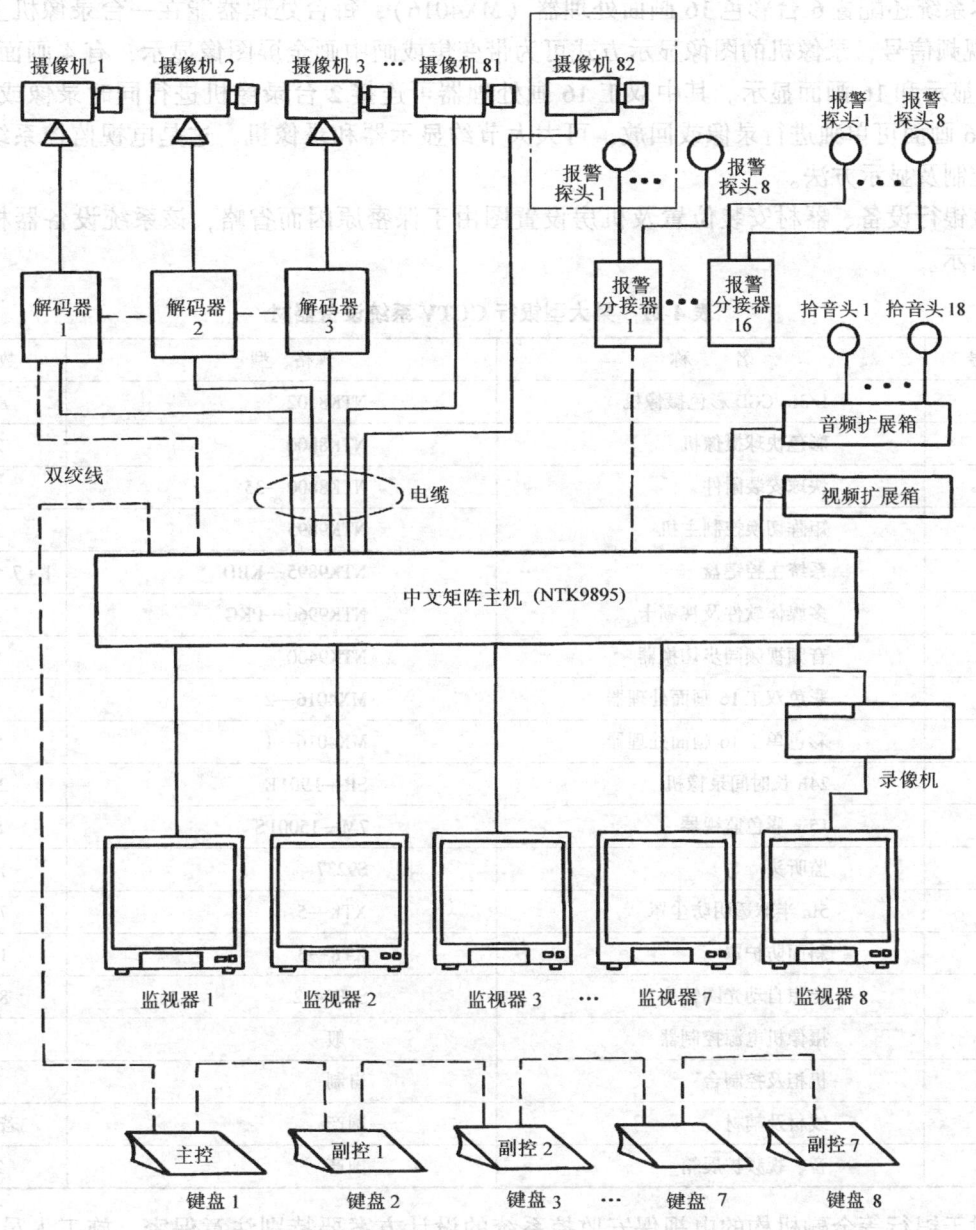

图 4-41　某大型银行的电视监控系统

根据柜员制的要求,在银行的 18 个柜台除一对一安装监视摄像机外,还安装 18 个监听头,为实现音频与视频的同步切换,配置同步切换器,它与主机连接,可提供 32 个可编址 A 型继电器(有双极、单掷、常开)这些继电器可分组串接,编程用于一台监视器,或者分成二组,每组 16 个,用于两台特定的监视器(这是柜员制要求)。在键盘上用手动方式或自动巡视方式将有关摄像机切换到编程监视器,特定的继电器闭合,从而启动音频电路、图像显示器或照明控制器等。柜员制的 18 台摄像机分别接 18 台录像机进行实时录像,这也是柜员制的要求。

本系统还配置 6 台彩色 16 画面处理器（MX4016），每台处理器能在一台录像机上记录 16 路视频信号，录像机的图像显示方式可为带变焦或画中画全屏图像显示，有 4 画面显示、9 画面显示和 16 画面显示。其中双工 16 画处理器可连接 2 台录像机进行同时录像或回放；单工 16 画面可单独进行录像或回放，可大大节约显示器和录像机，这是电视监控系统中常用的控制及显示方法。

该银行设备、器材安装位置及机房设置图由于保密原因而省略，该系统设备器材如表 4-21 所示。

表 4-21 某大型银行 CCTV 系统设备器材

序号	名 称	规格、型号	数量
1	1/3in CCD 彩色摄像机	NTK8102	80
2	彩色快球摄像机	NTK8800	2
3	快球安装附件	NTK8800—35	2
4	矩阵切换控制主机	NTK9895	1
5	系统主控键盘	NTK9895—KBD	1＋7 个副控
6	多媒体软件及视霸卡	NTK9960—PKG	1
7	音频视频同步切换器	NTK9400	1
8	彩色双工 16 画面处理器	MX4016—2	1
9	彩色单工 16 画面处理器	MX4016—1	5
10	24h 长时间录像机	SR—L901E	22
11	15in 彩色监视器	7M—1500PS	8
12	监听头	S9237	18
13	5in 半球透明防尘罩	XTK—5	70
14	斜面防护罩	XTK—3	10
15	定焦自动光圈镜头	SSE0412	80
16	摄像机电源控制器	一般	1
17	机柜及控制台	自制	1
18	线材及辅材	国产	若干
19	音、视频扩展箱	国产	2

对于银行等金融机构的电视保安监控系统的设计方案要特别注意保密，施工人员名单、身份证复印件都需交公安部门备案。

三、某大厦电视监控防盗系统

此大厦是一座按五星级标准建设的集宾馆和办公楼于一体的综合大楼，要求整个系统的视频输入（监视点）为 196 个，视频输出为 32 路，同样采用美国 NTK 公司的设备为主设备。主机用 NTK9940 型矩阵系统，该机为一个机箱构成，输入输出采用模块方式，每块视频输入模块为 16 路视频输入，每块视频输出模块为 4 路视频输出，最大扩充容量可达 256 路输入，32 路输出，因此特别适用于大型电视监控系统（该矩阵主机集成度高、机箱数少、功能强大，与前例 9895 型系统的许多附件及组件相同）。

第四章 电视监控系统

由于该大厦装修相当豪华，故在比较醒目的位置都安装美观的一体化快变速彩色摄像机（快球），固定型摄像机也采用半球形防护罩或斜坡式防护罩，整个系统如图 4-42 所示。

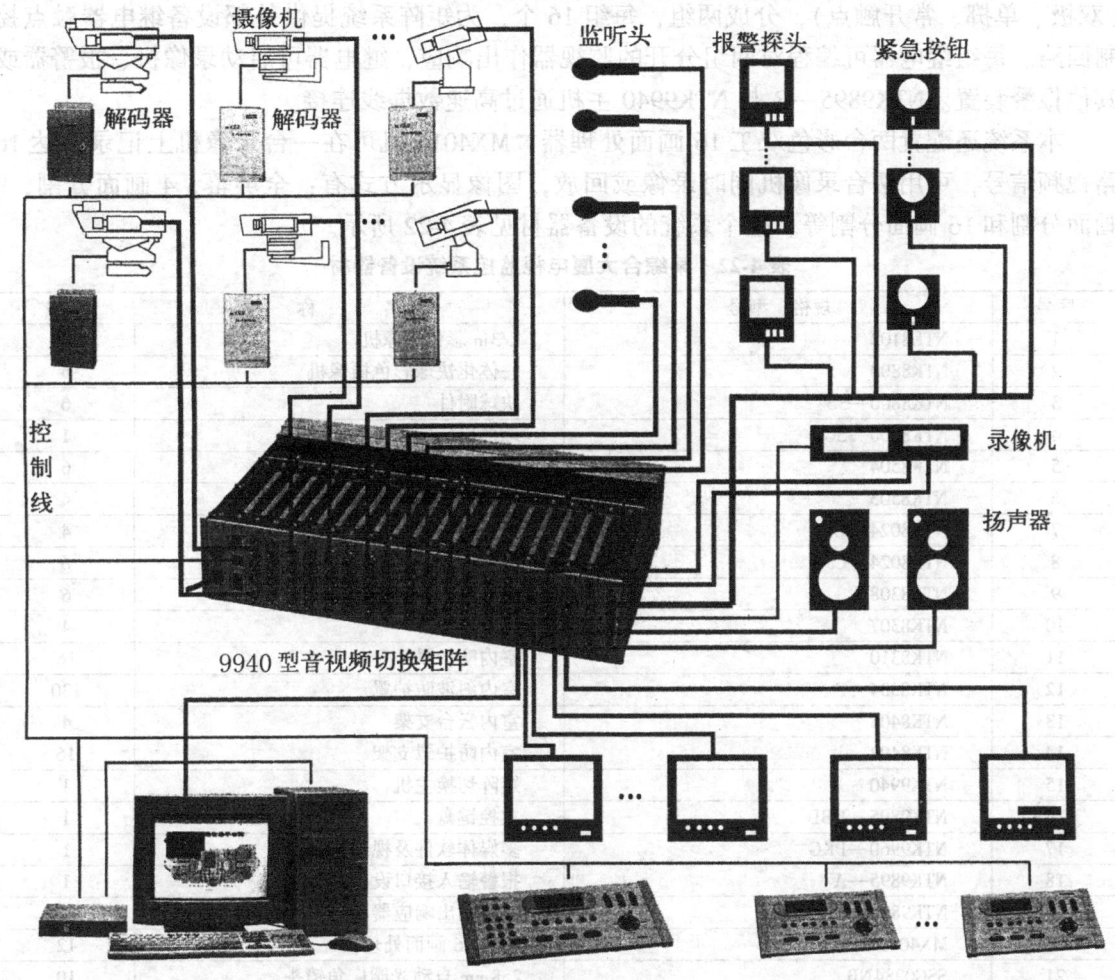

图 4-42 某综合大楼的电视监控防盗系统

NTK9940 是基于微处理器控制交叉点或音、视频切换器的系列矩阵，能逻辑选择摄像机、优先等级操作、多路切换控制、内置视频丢失检测、内置系统诊断。基于 WINDOWS 的系统管理软件，可控制和显示 256 个视频输入和 32 路视频输出，强大的控制功能可手动或自动激活时间、星期、日期和报警等易发事件；可以调用系统的巡视、预置位，摄像机的辅助功能以及录像机自动控制、自动激活外部继电器来报警、开灯、锁门等。其网络兼容性使得本系统可与中心系统进行远程通信。

NTK9940 系统还具有强大的报警控制功能，系统通过报警接口单元使外部报警得以进入系统，接口单元接收外部传感器（探头）或者适当编程的门禁控制系统，消防报警等信号、系统通过编程可设置多路报警自动响应。

由于该系统需要防盗报警联动，故配置 NTK9895—A 报警输入接口设备和 NTK9895—R 报警输出响应器。NTK9895—A 有 64 个接口卡，能把报警输入转换成报警信号编码，供 NTK 矩阵切换控制主机使用。主机经编程后，能自动将报警摄像机切换到指定监视器上，启动预置功能及辅助功能，对报警触点作出响应。该机通过RS—422通信接口与主机连接，还有两个RS—232端口用于外接设备的输入。NTK9895—R能提供32个可编址A型继电器（双极、单掷、常开触点），分成两组，每组16个，为矩阵系统提供外部设备继电器触点控制回路。每组继电器可编程对两组分开的监视器作出响应，继电器可启动录像机、报警器或其他报警装置。NTK9895—R与NTK9940主机通过高速数据线连接。

本系统还配置两台彩色双工16画面处理器，MX4016机可在一台录像机上记录多达16路视频信号，可用两台录像机同时录像或回放，图像显示方式有：全屏幕，4画面分割，9画面分割和16画面分割等。整个系统的设备器材见表4-22所示。

表4-22 某综合大厦电视监控系统设备器材

序号	规格、型号	名　称	数量
1	NTK8102	1/3in 彩色摄像机	190
2	NTK8800	一体化快球彩色摄像机	6
3	NTK8800—3S	快球附件	6
4	NTK8800—SG	球形码发生分配器	1
5	NTK8504	室外全方位云台	6
6	NTK8503	室内全方位云台	4
7	NTK8024—C1	室内解码器	4
8	NTK8024—C3	室外解码器	6
9	NTK8308	室外全天候防护罩	6
10	NTK8307	室内防护罩	4
11	NTK8310	室内防护罩	16
12	NTK8304—P	室内斜坡防护罩	130
13	NTK8408	室内云台支架	4
14	NTK8402	室内防护罩支架	16
15	NTK9940	矩阵切换主机	1
16	NTK9895—KBD	主控键盘	1
17	NTK9960—PKG	多媒体软件及视霸	1
18	NTK9895—A	报警输入接口设备	1
19	NTK9895—R	报警输出响应器	1
20	MX4016—2	彩色16画面处理器	12
21	SSG0284NB	2.8mm 自动光圈广角镜头	10
22	SSE0412	4.0mm 手动光圈镜头	14
23	SSE0812	8.0mm 手动光圈镜头	156
24	SSG0412NB	4.0mm 自动光圈镜头	20
25	SSLO6036GNB	6倍二可变焦镜头	4
26	SSLO6072	12倍三可变镜头	2
27	WV—AG6124	24h 长时间专业录像机	12
28	TM—1700	17in 彩色监视器	16
29	TM—2100	21in 彩色监视器	4
30	一般	楼层显示器	12
31	XTK—5	5in 球形防护罩	40
32	15KVA	电源供电器	1

四、其他几种电视监控系统

参见图4-43~图4-45，其基本原理与上面几个系统相同，但配置与功能有所不同。各图示意完整清楚这里就不再详细讲述。

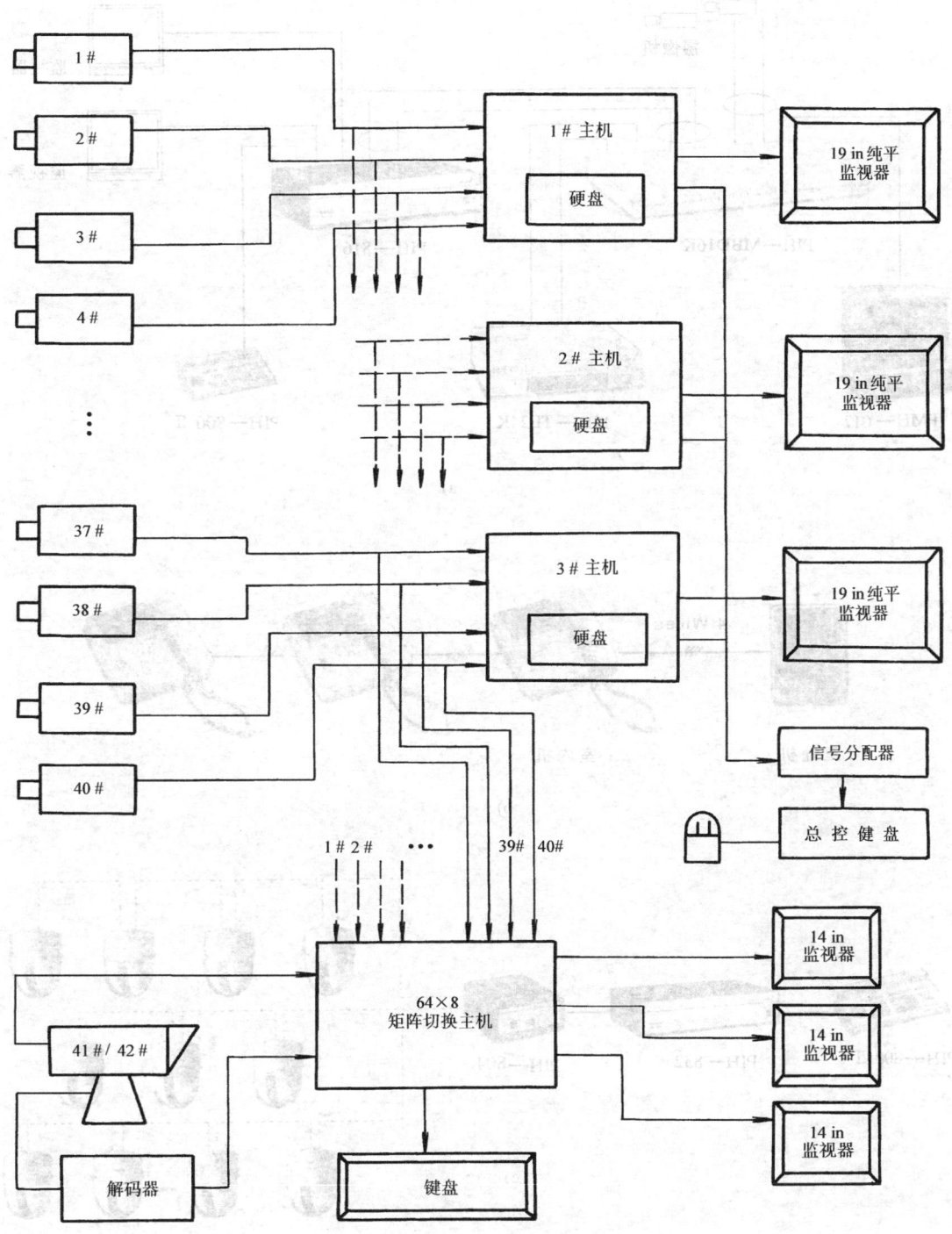

图 4-43 硬盘录像矩阵切换控制系统

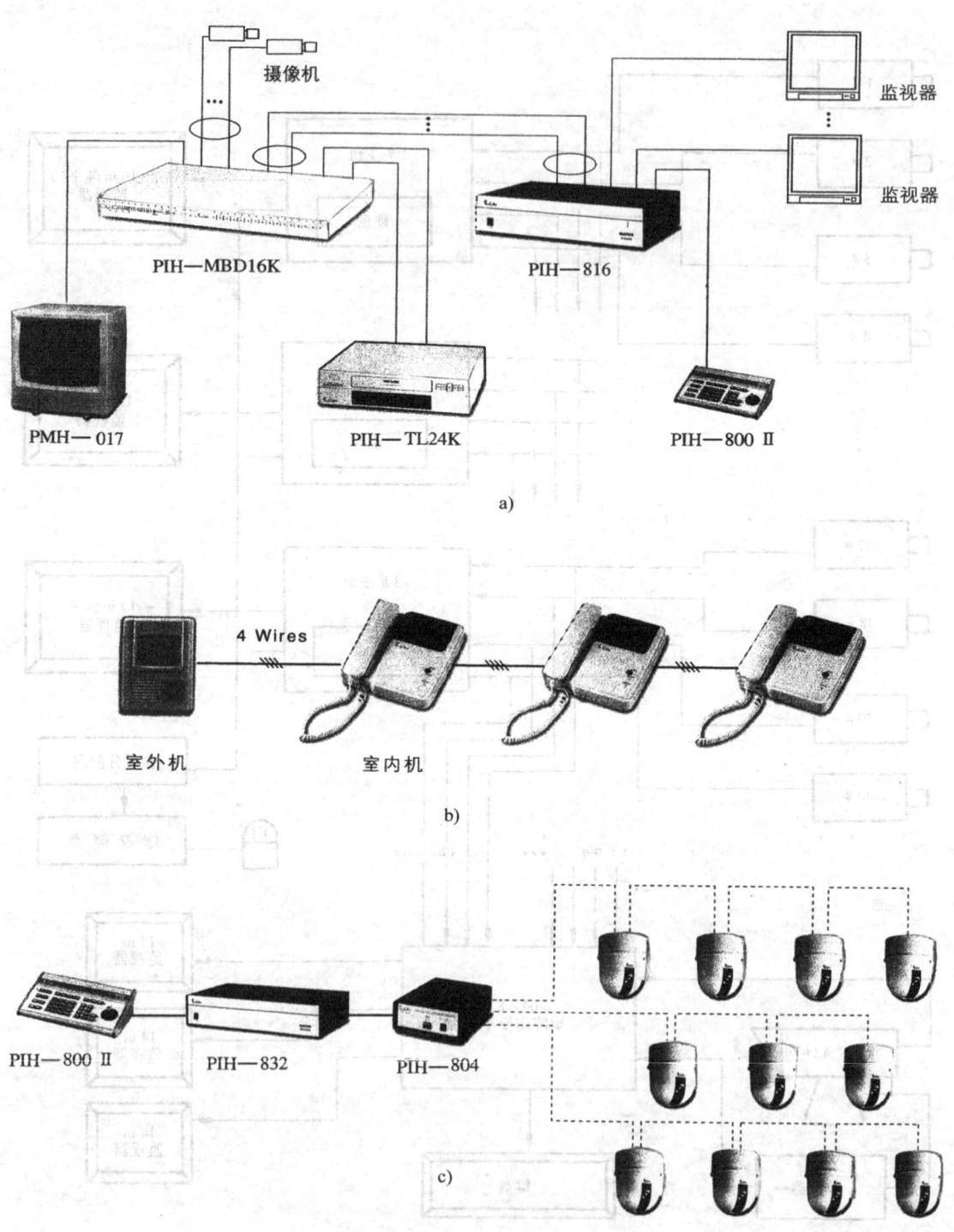

图 4-44 几种独立控制系统
a) 多画面处理器配合矩阵系统录像示意图 b) VDP—100 单户型可视对讲门铃系统 c) 码分配器星状连接图

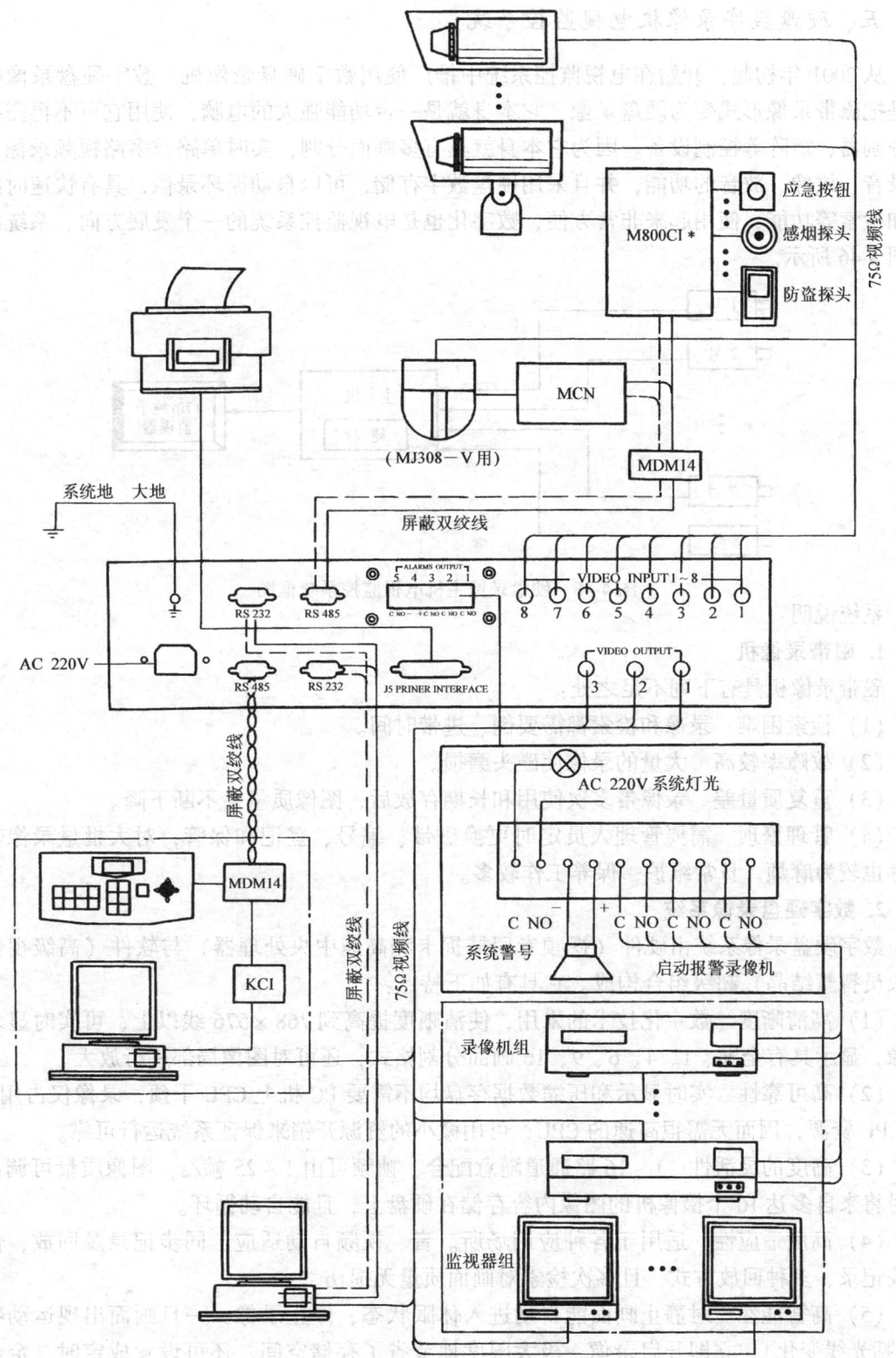

图 4-45 多媒体安全防范系统图

五、硬盘数字录像机电视监控系统

从 2001 年初起,开始在电视监控系统中推广使用数字硬盘录像机。数字硬盘录像机不只是把磁带录像形式变为硬盘录像,它本身就是一台功能强大的电脑,使用它可不再需要画面分割器、矩阵等控制设备。因为它本身就具有多画面分割,实时单路或多路视频录像,音频录音、放像、放音的功能,并且采用硬盘数字存储,可以自动循环录像,具有快速时间查询和检索等功能,使用起来非常方便,数字化也是电视监控系统的一个发展方向。系统结构见图 4-46 所示。

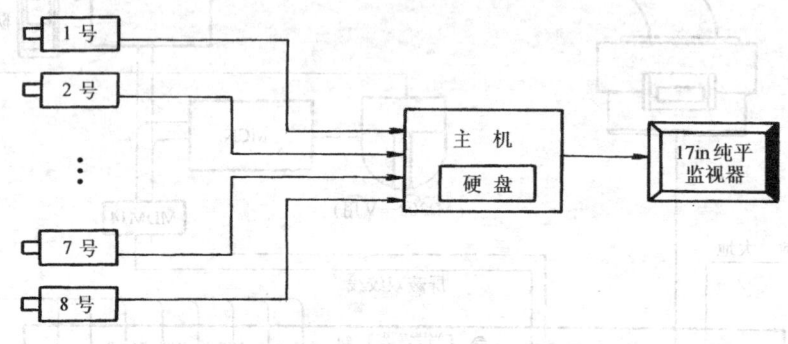

图 4-46　硬盘录像主机电视监控系统框图

系统说明:

1. 磁带录像机

磁带录像机具有下列不足之处:

(1) 检索困难　录像和检索都需要倒、进带时间。

(2) 故障率较高　大量的录像使磁头磨损。

(3) 重复质量差　录像带多次使用和长期存放后,图像质量会不断下降。

(4) 管理繁琐　需要管理人员定时更换磁带、编号、登记和保管,对大批量录像带的保存也较为麻烦。日常维护,保养工作较多。

2. 数字硬盘录像系统

数字硬盘录像系统由硬件(视频专用捕捉卡和高速中央处理器)与软件(高级视信研发人员智慧结晶)超级组合构成。它具有如下特点:

(1) 高清晰度　数字化技术的采用,使清晰度提高到 768×576 线以上,可实时显示及录像,显示具有全屏、1、4、6、9、16 画面分割格式,还可对图像局部进行放大。

(2) 高可靠性　实时显示和压缩数据存盘均不需要 PC 机上 CPU 干预,录像仅占用 5% 的 CPU 资源,因而无需很高速的 CPU,可用微小的资源开销来保证系统运行可靠。

(3) 高度的灵活性　1~16 路通道随意配合,帧频可由 1~25 帧/s,图像质量可调,可同时将来自多达 16 个摄像机的图像内容存储在硬盘上,且能自动循环。

(4) 高度适应性　适用于各种应用场所。音、视频自动适应、同步记录及回放,快速查找记录、多种回放方式,且多次检索对画面质量无损伤。

(5) 高智能性　对静止画面能自动进入休眠状态,停止录像,一旦画面出现运动物体(包括光线变化),立即开启录像,极大限度地节省了存储空间,还可设置成定时、定点等录像形式。

(6) 全实时性 实时显示滞后时间不大于 0.2s，完全满足前端控制要求，具有多种实时显示方式，不需要另外设置大量显示屏。

(7) 多功能性 具有多路报警输入和输出，能接 16 路报警传感器，每个图像均支持 99 个区域的视频移动报警设置，灵敏度可调，时钟字符叠加，云台镜头控制，外部报警联动以及其他控制系统的联接，还可通过网络或电话线等进行远程图像回放、实时调看、备份。

(8) 安全可靠 系统有三级安全密码保护，能有效地防止内部人员作案，系统按程序化进行工作，稳定可靠，可无人值守。

(9) 方便性 整个系统外部联接简单、方便，配置设备少，录像存储空间可方便地通过加挂硬盘提高。如果四路柜员制音视频记录，每天每路记录 10 小时，100~160G 硬盘可满足 30 天，总计 1200 小时的多种实时记录。如果 16 路输入，则可保存 1 周录像、录音资料，若还需保存 30 天，可再加挂 3 个 160G 硬盘。

硬盘录像机目前容易死机，且价格较高，但随着科技的发展，这样的系统一定会普及、推广、应用。

系统操作可在界面上用鼠标点击，参见图 4-47~图 4-52。

以数字硬盘录像机为核心的安防系统，参见图 4-53。

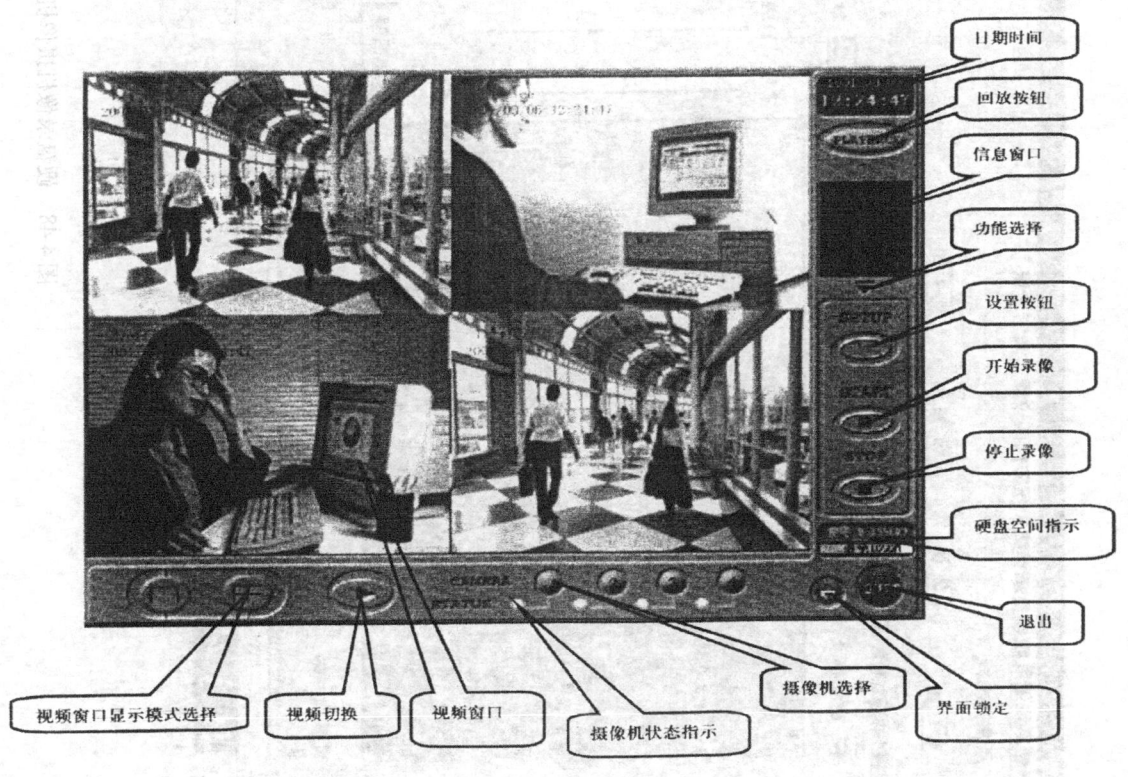

图 4-47 硬盘录像机主控制界面

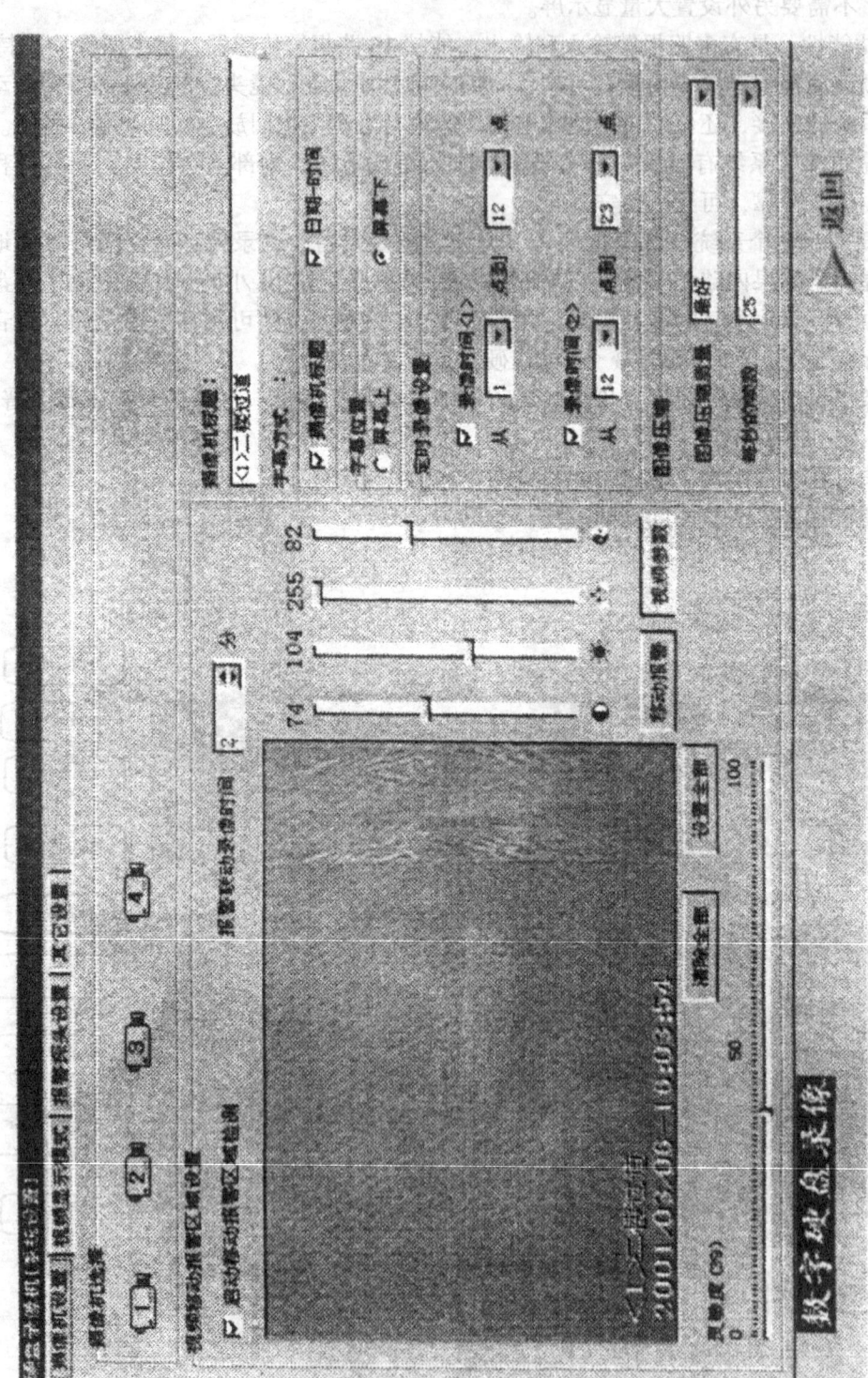

图4-48 硬盘录像机摄像机设置界面

第四章 电视监控系统

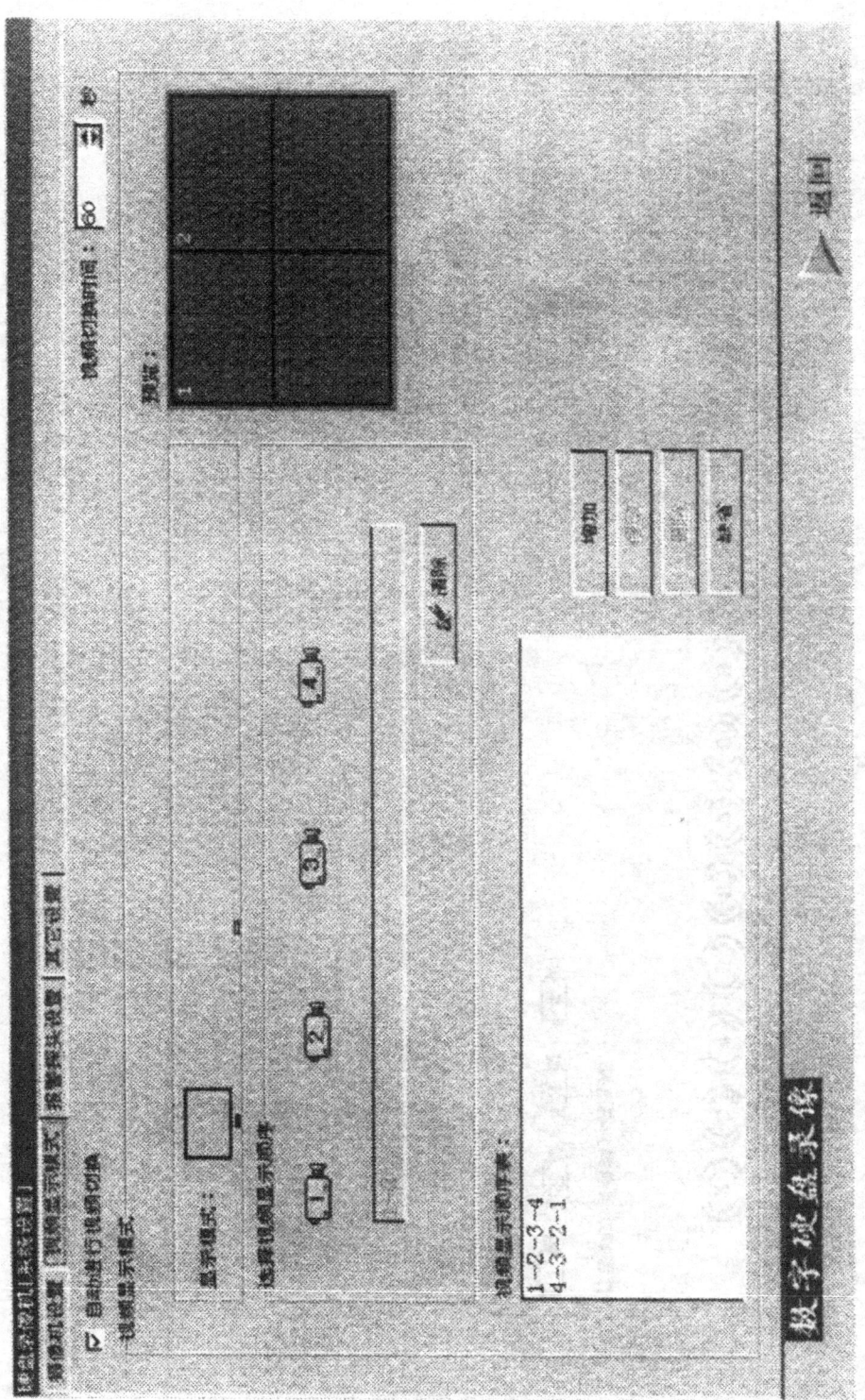

图 4-49 硬盘录像机视频显示模式设置界面

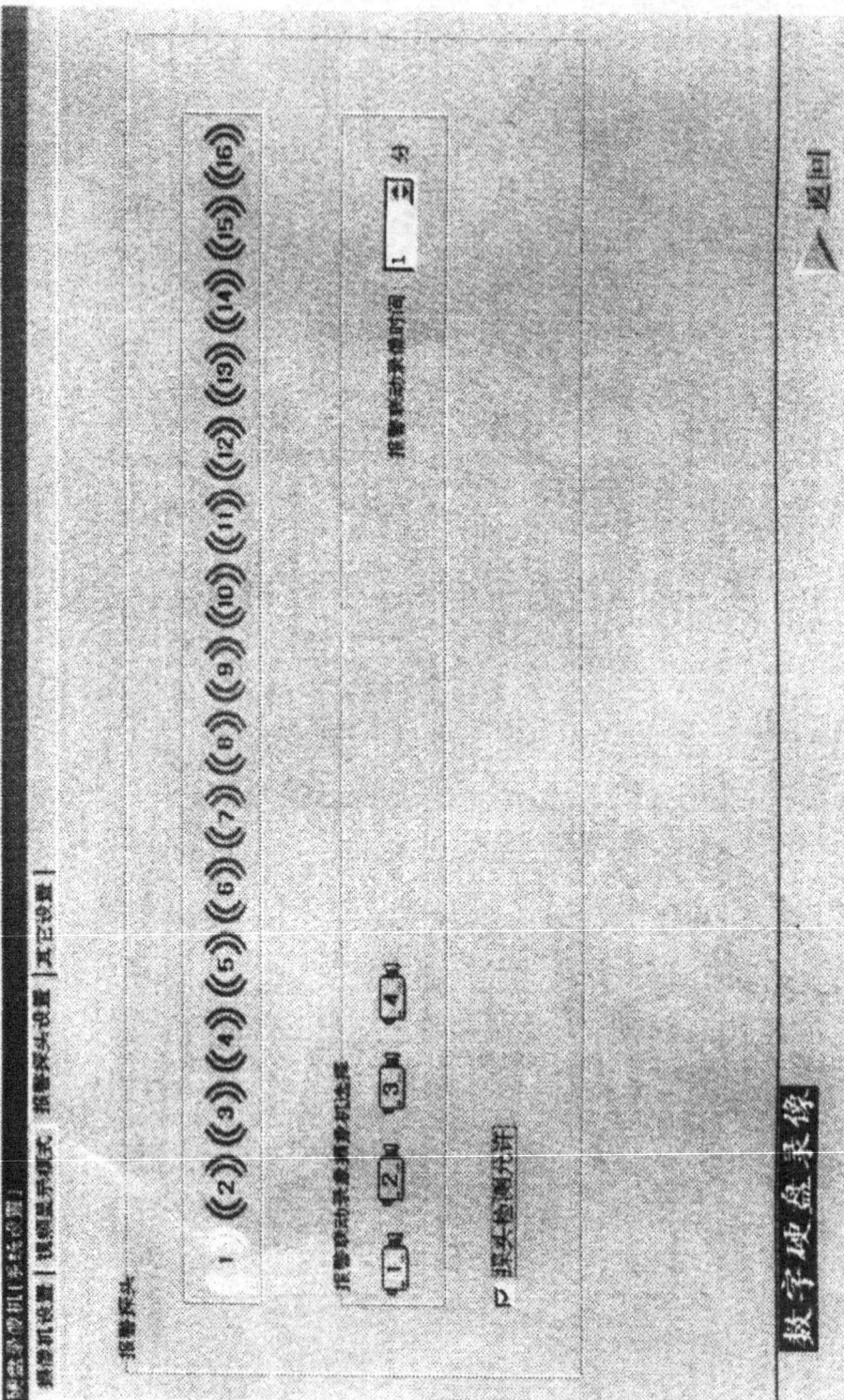

图 4-50　硬盘录像机报警探头设置界面

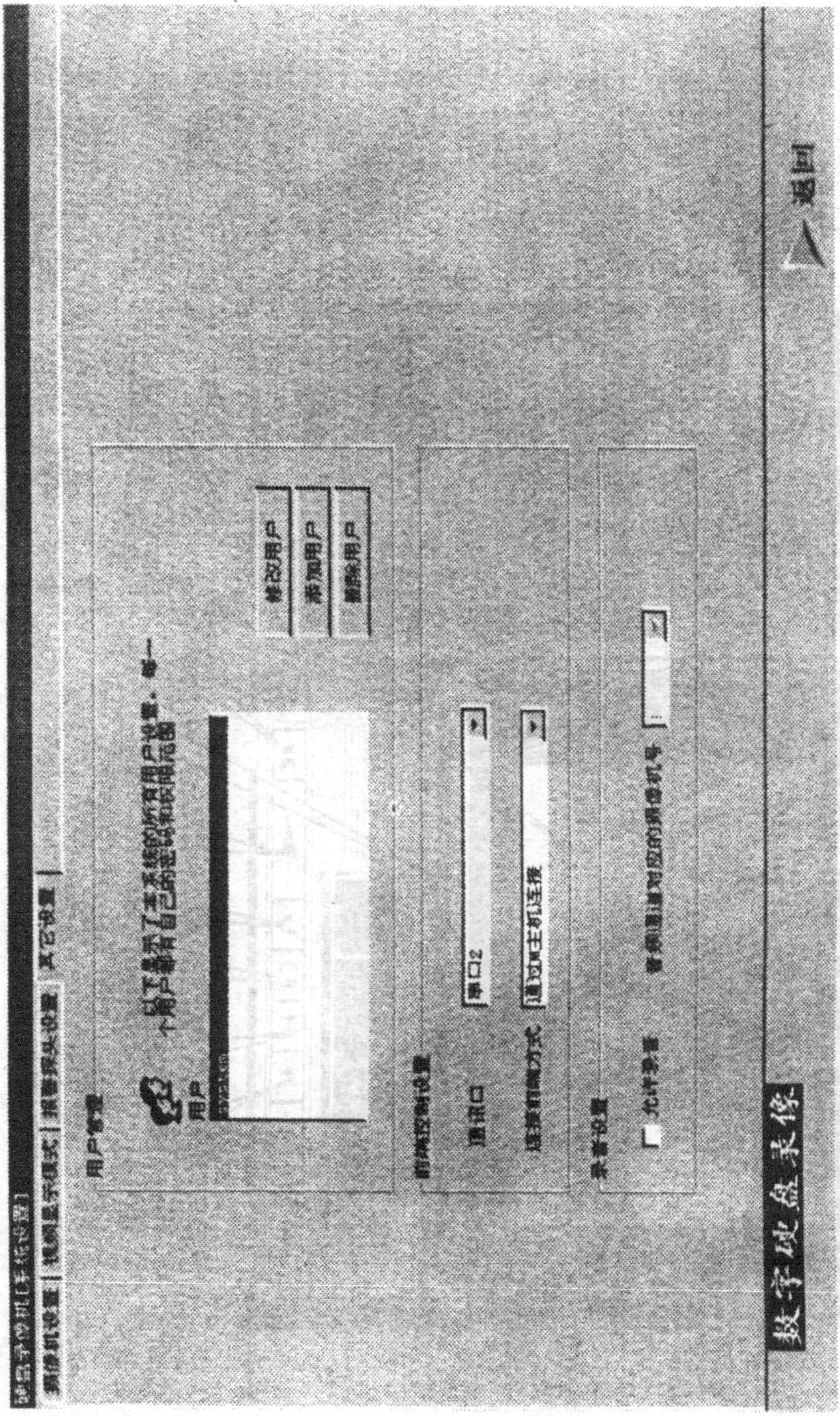

第四章 电视监控系统

图 4-51 硬盘录像机其他设置控制界面

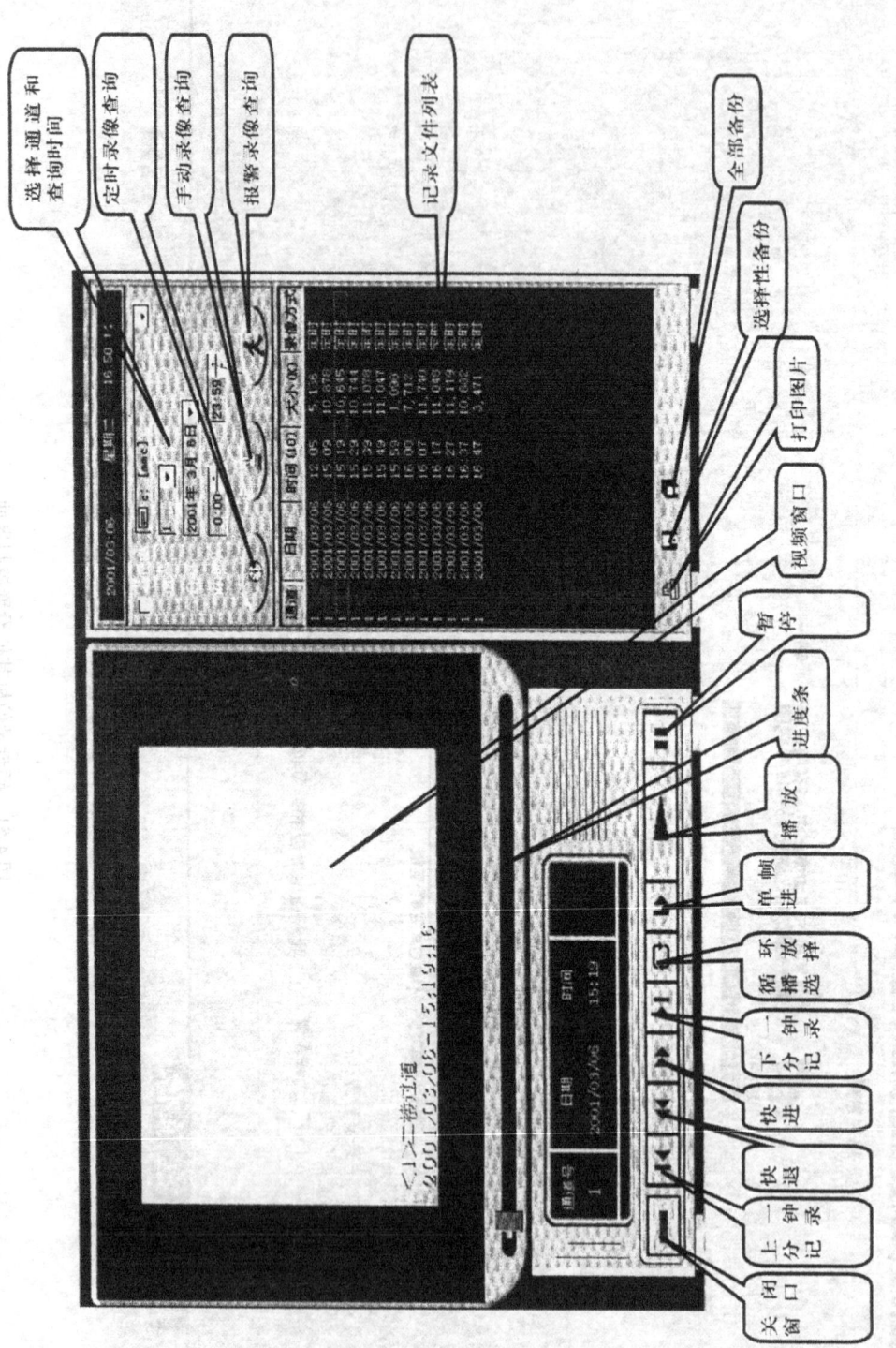

图 4-52 硬盘录像机回放及检索控制界面

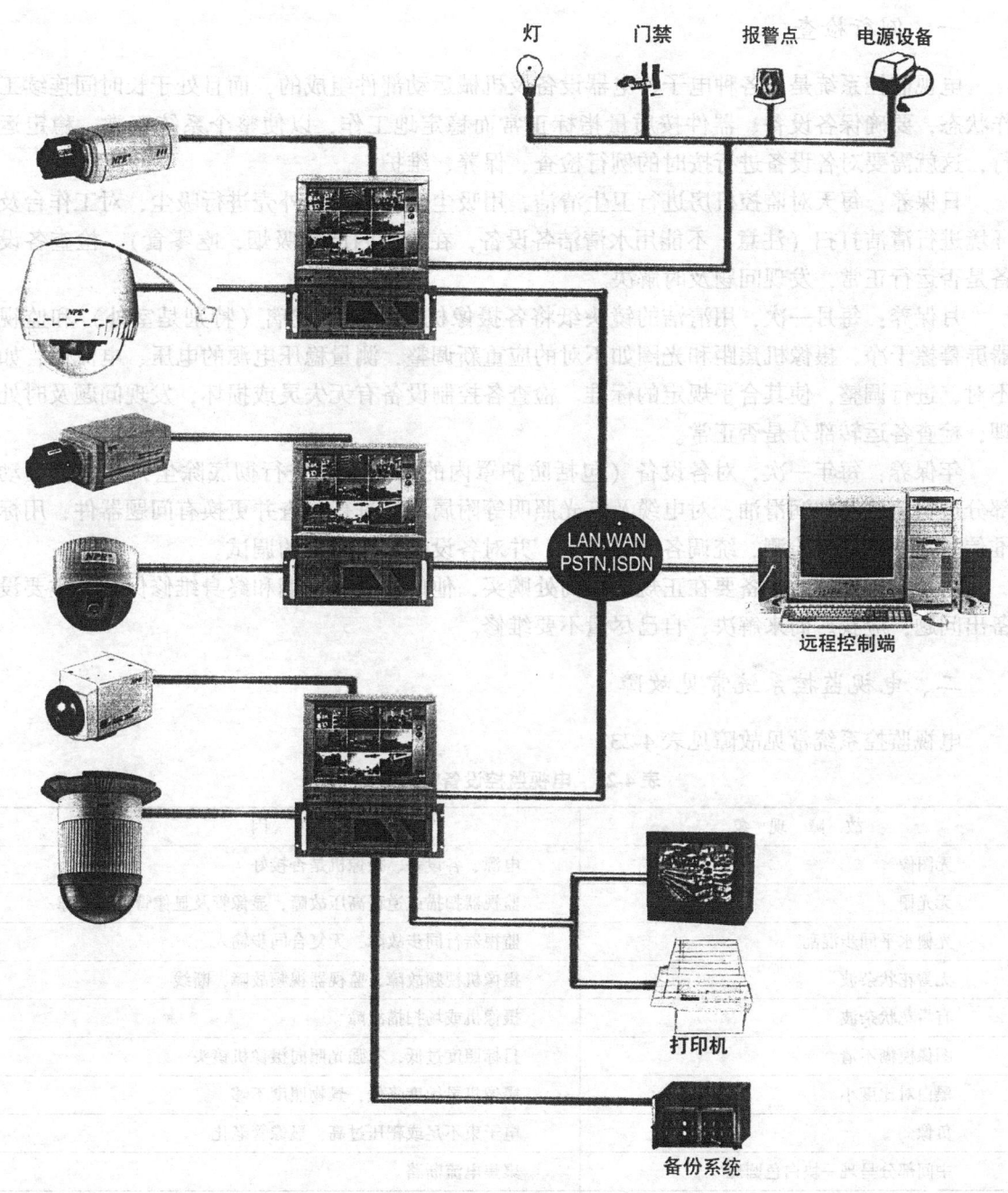

图 4-53 数字硬盘安防系统

第十五节 电视监控设备的例行检查及常见故障

一、例行检查

电视监控系统是由各种电子、电器设备及机械运动部件组成的,而且处于长时间连续工作状态,要确保各设备、器件按质量指标正常而稳定地工作,以使整个系统正常、稳定运行,这就需要对各设备进行按时的例行检查、保养、维护。

日保养:每天对监控机房进行卫生清洁,用吸尘器对各设备外壳进行吸尘,对工作台及环境进行清洁打扫(注意:不能用水清洁各设备,在机房内严禁吸烟,吃零食)。检查各设备是否运行正常,发现问题及时解决。

月保养:每月一次,用清洁的镜头纸将各摄像机的防护罩玻璃(特别是室外)和监视器屏幕擦干净,摄像机焦距和光圈如不对的应重新调整,测量稳压电源的电压、电流值,如不对,进行调整,使其合乎规定的标准。检查各控制设备有无失灵或损坏,发现问题及时处理,检查各运转部分是否正常。

年保养:每年一次,对各设备(包括防护罩内的摄像机)进行彻底除尘,对机械运动部分进行清洁和加润滑油,对电缆及灯光照明等附属设施进行检查并更换有问题器件,用标准信号对系统进行检测,统调各部分参数,并对各设备进行必要的调试。

电视监控系统的设备要在正规的厂商处购买,他们都有保修期和终身维修保证,主要设备出问题,应找厂商来解决,自己尽量不要维修。

二、电视监控系统常见故障

电视监控系统常见故障见表4-23。

表4-23 电视监控设备常见故障

故 障 现 象	原　　因
无图像	电源、各设备、摄像机是否接好
无光栅	监视器扫描或逆程高压故障,显像管及显像管电源故障
光栅水平同步混乱	监视器行同步故障,无复合同步输入
无雪花状杂波	摄像机视频故障,监视器视频故障,断线
有雪花状杂波	摄像机或场扫描故障
图像模糊不清	目标照度过低,有强光照向摄像机镜头
黑白对比度小	摄像机灵敏度降低,景物照度不够
负像	电子束不足或靶压过高,显像管老化
中间部分呈现一块白色圆斑	聚焦电流断路
上下有一方拉长,另一方压缩	摄像机场扫描线性变坏,监视器场扫描线性变坏
左、右有一方拉长,另一方压缩	摄像机行线性变坏,监视器行线性变坏
沿垂直方向的黑条有白边	摄像机行线性变坏
水平黑条"拖黑"或"拖白"	视频通道低频特性变坏

(续)

故障现象	原因
浮雕状	视频信号失去低频分量
图像垂直跳动	复合同步故障
画面出现垂直宽黑条	监视器同步故障
画面左侧有黑白相间的垂直条	摄像机行线性调节器漏感振荡，可加阻尼消除
画面出现向右或向左斜黑条	射频干扰引起，接地不良
画面出现沿水平方向明暗相间条纹	交流电源及谐波干扰，接地不良
调节聚焦或云台时画面出现黑点亮点	控制电动机火花干扰
光栅某一角出现网状条纹	聚焦不良
图像上有固定的白斑	摄像机某部分已损坏
图像上有固定的黑斑	镜头和摄像机靶面上有脏物
信噪比变坏	摄像机衰老
图像灰度层次减少	同步信号幅度相对于图像信号幅度比例过大
惰性增大	电子束电流太小
图像上出现白色的回扫线	监视器消隐电路故障
图像上出现黑色的回扫线	摄像机的消隐电路故障
云台不动	云台电机损坏，控制线路故障，解码器故障
电动镜头失控	镜头电机损坏，控制线路故障，解码器故障
切换失控	矩阵切换器故障
画面分割失控	多画面分割处理器故障
不能录像或回放	线路问题，信号分配器或录像机问题
录像和回放质量差	清洗录像机磁鼓，检查磁带是否良好
监听失常	线路问题，监听头损坏，检查监听设备
监听不清晰	调整音量或调整监听头灵敏度
照明失控	检查控制器及灯泡、灯管

习 题

4-1 简述电视监控系统的作用及基本组成。画出多头多尾 CCTV 系统框图。

4-2 什么是 CCD 摄像机，选择 CCD 摄像机时要注意什么？

4-3 黑白摄像机和彩色摄像机各有什么特点？

4-4 摄像机最低照度指标是指什么？

4-5 阴暗的夜晚照度约为_____，月圆的夜晚照度约为_____，教室照度约为_____，阴天室外照度约为_____，晴天室外照度约为_____。

4-6 如所用摄像机的电源是 DC12，而供电是 AC220V，这就需要配置一个 DC12V 稳压电源，这个电源是装于摄像机附近还是装于控制机房？为什么？

4-7 什么叫自动白平衡？黑白摄像机需要这个功能吗？

4-8 简单说明什么是标准镜头、广角镜头、远摄镜头。

4-9 选择镜头时应考虑哪些内容?

4-10 某银行营业室需装柜员制监控系统(每个柜台一只摄像机)8台,每个柜台及周边范围高1.5m,宽2m,摄像机安装位置至景物的距离为4m,采用1/3in摄像机,试计算选用焦距为多少的镜头?另外,营业室大门也需设一台摄像机进行监控,大门宽4m,高2.5m,摄像机距大门6m,如采用1/2in摄像机,镜头的焦距又选多少?

4-11 什么情况下应选用带有逆光补偿的摄像机?为什么?

4-12 云台、防尘罩、支架各有什么用途,选择时应注意什么?

4-13 监视器的作用是什么?监视器的选择要点有哪些?

4-14 简述监视形态,并说明什么是实时监视。

4-15 14in 和 21in 的监视器操作人员监视的最佳距离应分别在什么范围内?

4-16 磁带录像机与硬盘数字录像机的主要区别是什么?什么是长时间录像机?什么是慢速重放?

4-17 什么情况下要使用视频信号分配放大器?

4-18 视频信号切换器有什么用途?

4-19 使用多画面分割器有什么好处?

4-20 视频移动探测器的基本原理是什么?它有什么用途?

4-21 摄像机距监视器_____m以上,视频信号_____过大,就应_____。

4-22 如果出现接地电位差干扰图像,可用什么方法解决?为什么?

4-23 什么情况下应使用解码器?

4-24 红外灯、聚光灯、泛光灯各有什么用途?

4-25 传输视频信号一般用什么电缆?

4-26 怎样选择同轴电缆?

4-27 试计算 SDV—75—7—4 型同轴电缆的最大传输距离,并说明什么是最大传输距离?

4-28 什么情况下要考虑使用电缆补偿器?

4-29 光缆传输视频信号有什么优点?

4-30 试画出光缆系统框图。

4-31 光缆布线中应注意什么?

4-32 什么是光缆的通频带,信号在光缆中为什么也会衰减?

4-33 试画出最基本的电视监控系统框图并加以说明。

4-34 电视监控系统设计一般分为哪两个阶段?

4-35 电视监控系统一般由_____、_____、_____、_____等四个部分组成。需要记录时,增加_____设备,需要监听时,增加_____设备。

4-36 在标准照度下,怎样评定电视监控系统的图像质量。

4-37 画出电视监控系统中所需要控制的种类图。

4-38 黑白监视目标最低照度应大于_____lx,彩色监视目标最低照度应大于_____lx,达不到时应增加_____设备。

4-39 什么情况下使用固定式摄像机?什么情况下应使用带云台摄像机?电梯轿厢中应

使用什么镜头?

4-40 按照国家有关部门规定,哪些地方必须安装电视监控系统?电视监控系统中必须安装摄像机进行监视的部位是哪些?

4-41 弱电电缆与强电电缆同时敷设时,应注意什么问题?

4-42 监控机房的作用是什么?有哪些基本要求?

4-43 电视监控系统的接地要求是什么?

4-44 画出电视监控系统的安装程序图(可自己设计)。

4-45 什么是隐蔽工程和隐蔽工程验收?为什么隐蔽工程部分要验收后才能进行装修?

4-46 在施工安装过程中什么时候才具备安装摄像机的条件?安装摄像机时要注意些什么?

4-47 电视监控系统的调试是施工的最后工作,也是非常重要的、必要的工作,试简述系统的调试步骤。

4-48 什么是系统的试运行期?按规定试运行期是多长时间?

4-49 系统的验收应准备哪些基本材料?

4-50 为什么电视监控系统的施工人员要注意保密工作?

4-51 简述硬盘录像机的功能,试画硬盘录像机电视监控系统框图。

4-52 怎样维护、保养电视监控设备?

第五章 消防报警及联动系统

第一节 概 述

一、火灾的危害

美国9.11事件中，象征美国强大经济的雄伟的世贸大厦在顷刻之间便坍塌夷为平地，这一让全世界都惊心动魄的事件，是由于飞机撞大厦造成的，但一架飞机的碰撞能使闻名世界的百层钢架结构的大厦倒塌吗？恐怕连制造这一事件的恐怖分子自己也没想到。这是由于飞机的大量燃油引起大厦火灾，高温使钢结构软化，整个大楼在巨大的重力下坍塌。可见火灾的危害是多么的巨大而恐怖。

火灾是当前人类普遍关注的灾难性问题。火灾指违背人们意志，在时间或空间上失去控制的燃烧，它是发生频率较高的一种灾害。在任何时间，任何地点都可能发生。它不仅在顷刻之间可以烧掉大量的物质财富，毁灭无法补偿的历史文化珍宝，而且严重地危及人们的生命安全。火灾如果不及时控制和扑灭，很容易漫延殃及周围建筑迅速扩大受灾面积。

例如，1994年12月8日晚，在新疆克拉玛依友谊宾馆，教师、家长、学生769人在看汇报演出中，聚光灯烤燃幕布引起大火，由于七个太平门只有一个可打开，疏散极为困难，加之人们惊慌失措，共有325人死亡、130多人受伤。

每年全国因火灾（不含森林大火）造成的经济损失都达上百亿元，死亡上万人。2003年2月18日韩国大邱市地铁一号线发生火灾，造成176人死亡、数百人受伤。美国1997年火灾180万起，死亡4050人，受伤23750人，损失87亿美元。可见火灾不分国籍、民族，给人类带来巨大的伤害。人类从利用火以来就没有间断过防火、灭火的探索研究，最早的灭火是发现火情时，人工用水、砂、泥等去降温、隔氧灭火。随着人类的发展，火灾的形式也发生了巨大的变化，给消防工作提出了更高的要求。

随着社会经济的发展，建筑物、构筑物应用的材料的多样化，各类工业和科学技术的发展，易燃材料逐渐增多，加之人们生活环境和生活方式的变革，大量的用电设备普及到每个房间，火灾的危险性日益增加，火灾的次数，火灾造成的人员伤亡和经济损失也逐渐增多。尤其是近几年高层建筑大量增加，一旦发生火灾，灭火难度更大。疏散人员，抢救物资，通信联络等，都变得更加复杂。地下商场、停车场、地下仓库等地下建筑物的兴建和采用，对消防工作都提出了更高的特殊要求。总而言之，未来的火灾将更加复杂，消防工作的困难程度也会大大增加，对此应有足够的认识，消防已不再是原来意义上的"救火"工作，而成为一门要求极为严格的科学技术。

二、我国消防系统的发展

1. 从无到有

20世纪70年代前我国基本没有现代化消防系统，1979年国家公安部和核工业部下达了研究解决火灾自动报警的科研计划,要求制造出中国自己的火灾自动报警器,以适应国家经济日益发展的需要。早期的产品虽然科技水平较低、线制复杂、施工困难,但实实在在解决了我国火灾自动报警产品从无到有的大问题,那些科研人员无愧为行业的元勋。

2. 从小到大

1985年年底,随着半导体集成技术和计算机技术的飞速发展,传统型探测器多线制报警系统在技术方面越来越显得落后,于是很多厂商高起点地推出了总线制自动报警系统,预示了多线制系统的末期即将到来。于是众多科技人员全力研制线制最少,稳定性、可靠性最高的总线制报警系统,在行业内激烈的竞争中,把技术水平向前大大推进了一步。

3. 从弱到强

1994年后,国内基本形成了在科研水平、制造能力、市场占有率等主要指标有相当高的水平和相当强的能力,并向世界级的火灾报警制造商学习、竞争,行业内形成了百花盛开的景观。

4. 博采众长

学习先进才能抛弃落后,在世界经济逐步一体化的当今时代,如果闭关自守、固步自封,势必会被时空远远的抛在后面。我国的火灾自动报警行业的发展,在学习先进的正确道路上前进,做到了"洋为中用、博采众长"。无论是世界上最早从事火灾自动报警行业的瑞士,还是当今发达的美、日、英、德、法的技术目前都领先于我国,学习他们的先进技术对我国的发展是一条捷径。我们必须注意到新技术有阶段性、有滞留期,如果国内外同时达到某一先进技术水平后,而又尚无更先进的技术问世,这就意味着正是我们加紧研究的大好时机,有利于我国向新的技术高峰攀登。

5. 发展方向

我国火灾自动报警行业起步较晚,20多年来经历了三个发展阶段,即从小到大、从弱到强、从原始到智能化。目前已具有雄厚的实力,但摆在我们面前的课题还很多,例如,集中智能系统和分散智能系统有机结合的问题;复合探测器尽快为市场接受并大量应用的问题;特殊恶劣环境的报警及联动控制问题;城市和区域自动报警联网问题等。随着智能化技术的不断发展火灾报警及联动控制也将全面进入智能化。

三、防火等级的划分

根据国家有关部门的规定:民用建筑应根据其使用性质,火灾危险性,疏散难易,扑救难度等进行防火等级的分类,一般可按表5-1和表5-2划分,表中未列出的建筑物,可参照此表划分类别的标准确定其相应类别。

表5-1 高层建筑分类表

名称	一 类	二 类
民居	高级住宅或19层以上普通住宅	8~18层的普通住宅
公共建筑	高度超过100m的建筑物 医院病房楼 每层面积超过1000m²的商业楼、综合楼 每层面积超过800m²的电信、金融楼 邮政楼,防火指挥调度楼	除一类建筑以外的商业楼,展览楼,综合楼,商住楼,财贸金融楼,电信楼,图书楼 建筑物高度不超过50m的教学楼和普通的旅馆,办公楼、科研楼等

(续)

名称	一 类	二 类
民居	高级住宅或19层以上普通住宅	8~18层的普通住宅
公共建筑	电力调度大楼，广播电视大楼 省、市级机关大楼 高级宾馆、酒店 每层面积超过1200m² 的商住楼 藏书超过100万册的图书楼 重要的办公楼、科研楼、档案楼 建筑高度超过50m的教学楼、科研楼、办公楼等	

表5-2 低层建筑物分类表

一 类	二 类	一 类	二 类
电子计算中心	大、中型电子计算站	大型百货商场	
300张床位以上的多层病房	中型百货商场	1200座以上的电影院、礼堂	
广播楼、电视楼、电信楼、财贸金融楼	中型图书馆	1200座以上的剧场、会堂	
档案馆	中型档案馆	机场、大型铁路客站	
博物馆	中型体育馆	三星级以上宾馆、酒店	
藏书超过100万册的图书馆	中型影剧院	大型超市	
3000座以上的体育馆	中型车站、码头	大型汽车站、客运码头	
2.5万座以上的大型体育场			

四、耐火等级

高层建筑的耐火等级分为一、二级。其构件的燃烧性能和耐火极限不应低于表5-3的规定小时数。

预制钢筋混凝土构件的节点缝隙或金属承重构件节点的外露部位，必须加设防火保护装置，其耐火极限不应低于本表相应构件的规定。一类建筑物的耐火等级应为一级，二类建筑物的耐火等级不应低于二级，与高层主体相连的附属建筑物，其耐火等级不应低于一级，建筑物的地下室，耐火等级应为一级。

表5-3 建筑物构件的耐火极限

构件名称	耐火极限/h	耐 火 等 级	
		一 级	二 级
墙	防火墙	非燃烧体4.00	非燃烧体4.00
	承重墙、楼梯间、电梯井、住宅单元之间的墙	非燃烧体3.00	非燃烧体2.50
	非承重墙、疏散走道两侧的隔墙	非燃烧体2.00	非燃烧体1.00
	房间隔墙	非燃烧体1.00	非燃烧体0.75
柱		非燃烧体4.00	非燃烧体3.00
梁		非燃烧体3.00	非燃烧体2.00
楼板、疏散楼梯、屋顶承重构件		非燃烧体2.00	非燃烧体1.00
吊顶		非燃烧体1.00	难燃烧体0.25

五、防火等级和保护范围的确定

根据国家现行规范要求，在各类建筑物中火灾探测器设置的部位应与保护对象的等级相适应，并符合下列规定。

1）超高层（建筑物高度超过100m）为特级保护对象应采用全面保护方式。

2）高层中的一类建筑为一级保护对象，应采用总体保护方式。

3）高层中的二类和低层中的一类建筑为二级保护对象应采用区域保护方式；重要的应采用一级总体保护方式。

4）低层中的二类建筑为三级保护对象，应采用场所保护方式，重要的可采用总体保护方式。

5）保护对象的分级见表5-4所示。

表5-4 建筑物火灾自动报警系统保护对象分级

分级	建筑物分类	建筑物名称
特级	高度超过100m的建筑	各类超高层建筑物
一级	高层民用建筑物	"高规"一类所列建筑物
	建筑高度不超过24m多层民用建筑及建筑高度超过24m的单位公共建筑	200床以上的病房楼，每层1000m²以上的门诊楼 每层超过3000m²的百货楼、商场、展览楼、宾馆、财贸金融楼、电信楼、高级办公楼 藏书超过100万册的图书馆 3000座以上的体育馆 科研楼、资料档案楼 邮政、广电楼、电力调度楼、防灾指挥调度楼 重点文物保护场所 1500座以上的影剧院、会堂、礼堂
	地下民用建筑	地铁、车站 地下影院礼堂、1000m²以上的地下商场、医院、旅馆、展厅、停车场及其他商业或公共场所 重要的实验室、仓库、图书、资料、档案库 各类电控机房
二级	高层民用建筑物	"高规"二类所列建筑物
	建筑高度不超过24m的民用建筑	设有空气调节系统的或每层面积超过200m²但不超过3000m²的商业楼、财贸金融楼、电信楼、展览楼、旅馆、办公楼、车站、码头等公共建筑或公共商业活动场所 邮政、广电楼、防灾调度指挥楼 不超过1500座的影剧院 26辆车位及以上的汽车库 高级住宅 图书馆、档案楼 机关办公楼、学校教学楼 高级生产车间
	地下民用建筑	26辆车位及以上的停车场 长度超过500m的城市隧道 使用面积不超过1000m²的地下商场、医院、旅馆、展览城及其他商业或公共活动场所

通常情况下，在超高层建筑物中，除不适合装设火灾自动探测器的部位外（如厕所、浴池等），都应全面设置火灾自动探测器。一级和二级保护对象，应分别在下述部位装设火灾探测器。

· 走道、大厅。

· 重要的办公室、会议室及贵宾休息室。

· 可燃物品库、空调机房、自备应急发电机房、配电室、UPS室。

· 计算机房、监控机房、广播机房等各种电子设备机房。

· 地下室、地下车库、地下商场、地下体育场所。

· 具有可燃物的技术夹层。

· 重要的资料、档案室、材料库。

· 消防电梯、防排烟楼梯间、疏散楼梯间等。

- 强电、弱电隧道、高层建筑的垃圾井、电缆竖井。
- 净高超过0.8m具有可燃物的闷顶（吊顶上部）。
- 商业和综合建筑的营业厅、陈列室、周转库。
- 展览楼的展览厅、陈列室、报告厅、洽谈室。
- 博物馆的展厅、珍品储存室。
- 财贸金融大楼的营业厅、走道、票证库。
- 三星级及以上宾馆、酒店的客房，公共活动用房，对外出租的写字楼内的主要办公室。
- 电信和邮政楼的大厅、营业室、重要机房、电力室、办公室。
- 广播电视楼的大厅、营业室、演播室、录音录像室、道具和布景室、节目播出及其技术用室和办公室。
- 电力及防洪、防灾调度楼的各类重要办公室。
- 医院的病历室、高级病房及贵重医疗设备用房。
- 剧场的观众厅、舞台、化妆室、声控灯控室、服装道具室。
- 体育馆（场）的灯控声控室和计时计分控制室。
- 车站、码头和机场的大厅、调度室、导控室、行旅房、票据房、售票室、候车室等。
- 根据火灾危险程度及消防功能要求需要设置火灾自动探测器的其他场所。

注：
- 8层以上的民用建筑必须安装消防设施和火灾探测器。
- 舞厅、卡拉OK厅、夜总会等商业娱乐场所不论大小，均需设置火灾探测器和消防设施。

六、自动消防设计的主要内容

现代建筑规模大，标准高，人员密集，设备多样化，要求设置现代化的消防设备，消防设施要求功能完善，这是保障人身安全和财产不受损失的至关重要的基本条件之一。自动消防工程的设计，必须遵循国家有关政策以及公安消防安全管理部门的有关法规和规范。自动消防系统设计的主要内容参见表5-5，其相互关系见图5-1。

燃烧是一种发热、发光的化学反应，要达到燃烧必须同时具备三个条件：有可燃物、有助燃物（如氧、高锰酸钾、氯、溴等）、有足够的温度（如高热、电火、明火等）。因此只要不使上述三个条件同时具备，就可以实现防火、灭火的目的，所有的消防设计都是根据这一原理进行，设计时还要根据现场的实际情况来选择和确定具体的灭火方法，以达到最理想的消防效果。

表5-5 自动消防系统设计的内容

设备名称	内容
报警设备	漏电火灾报警器，火灾自动报警设备（探测器、报警器、控制设备），紧急报警设备（电铃、电笛、紧急电话、紧急广播、紧急按钮）等，报警联动设备
自动灭火设备	洒水喷头、泡沫、粉沫、卤化物灭火设备、二氧化碳等
手动灭火设备	消火器（泡沫粉沫等），室内外消防栓
防火排烟设备	探测器、控制器、自动开闭装置、防火卷帘门、防火风门、排烟口、排烟机、空调设备（停）
通信设备	紧急通信机、一般电话、对讲机、无线步话机、消防广播
避难设备	应急照明装置、引导灯、引导标志牌
与火灾有关的必要设备	洒水送水设备、应急插座设备、消防水池、应急电梯
避难设备	紧急出口，避难阳台，避难楼梯，特殊避难通道
其他有关设备	防范报警设备，航空障碍灯设备，地震探测设备，煤气检测设备，电气设备的监视、普通电梯运行监视，一般照明等

第五章 消防报警及联动系统

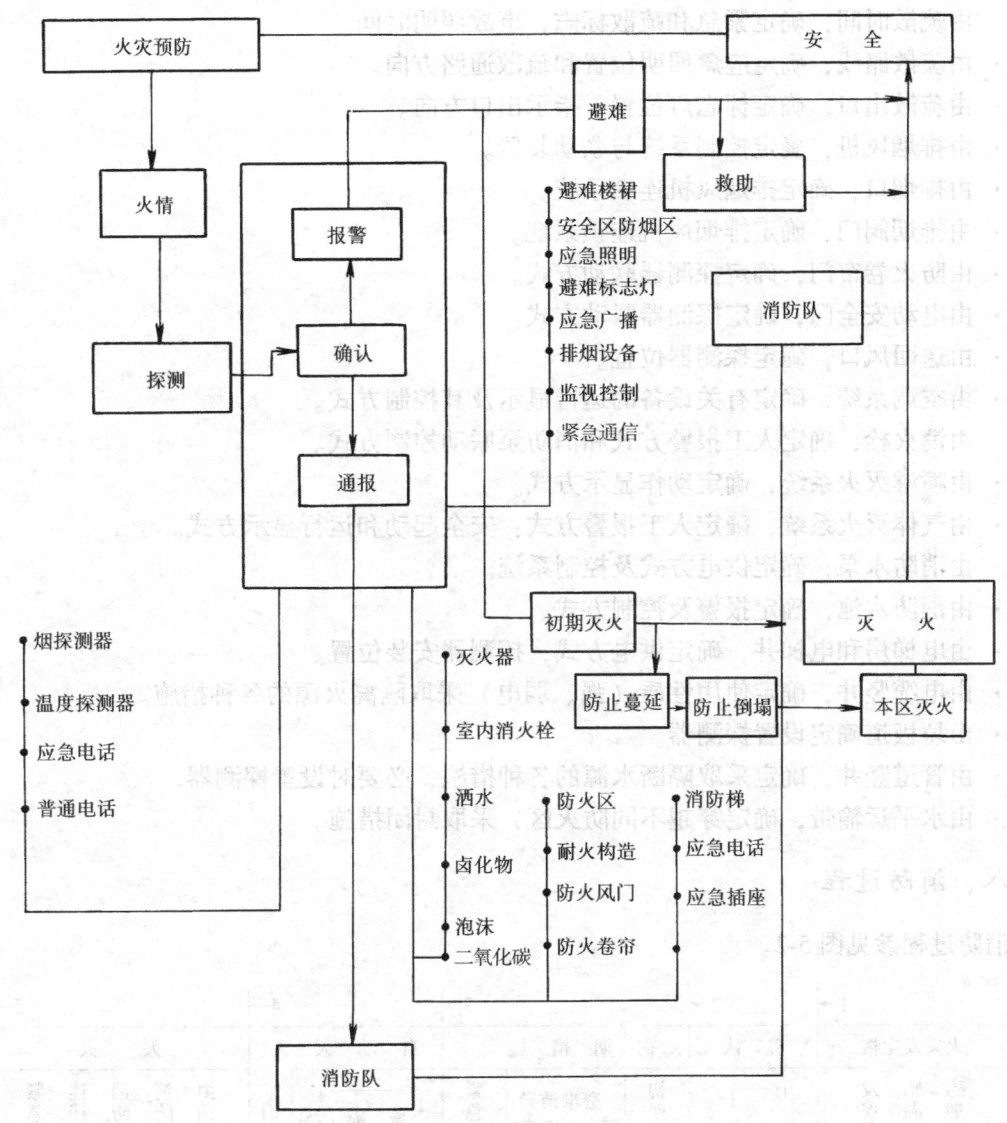

图 5-1 消防系统相互关系图

七、消防系统设计项目与电气专业配合的内容

- 由建筑物的高度，确定电气防火设计范围。
- 由建筑物的防火分类，确定电气消防设计内容和供电方案。
- 由防火分区、确定区域报警范围，选用探测器种类。
- 由防烟分区，确定防烟、排烟系统控制方案。
- 由建筑物室内用途，确定探测器形式类别及安装方式、位置。
- 由建筑构造耐火极限，确定各种电气设备设置部位。
- 由室内装修，确定保护方式，采用探测器类型。
- 由家具确定选择探测器类别、安装位置。
- 由屋架确定屋架探测方法和灭火方式。

- 由疏散时间，确定紧急和疏散标志，事故照明时间。
- 由疏散路线，确定应急照明位置和疏散通路方向。
- 由疏散出口，确定标志灯位置，指示出口方向。
- 由排烟风机，确定控制系统与联动装置。
- 由排烟口，确定排烟风机连锁系统。
- 由排烟阀门，确定排烟风机连锁系统。
- 由防火卷帘门，确定探测器联动方式。
- 由电动安全门，确定探测器联动方式。
- 由送回风口，确定探测器位置。
- 由空调系统，确定有关设备的运行显示及其控制方式。
- 由消火栓，确定人工报警方式和消防泵联动控制方式。
- 由喷淋灭火系统，确定动作显示方式。
- 由气体灭火系统，确定人工报警方式：安全起动和运行显示方式。
- 由消防水泵，确定供电方式及控制系统。
- 由消防水池，确定报警及控制方式。
- 由电梯房和电梯井，确定供电方式，探测器安装位置。
- 由电缆竖井，确定使用性质（强、弱电）采取隔离火源的各种措施。
- 由垃圾道确定设置探测器。
- 由管道竖井，确定采取隔断水源的各种措施，必要时设置探测器。
- 由水平运输带，确定穿越不同防火区，采取封闭措施。

八、消防过程

消防过程参见图 5-2。

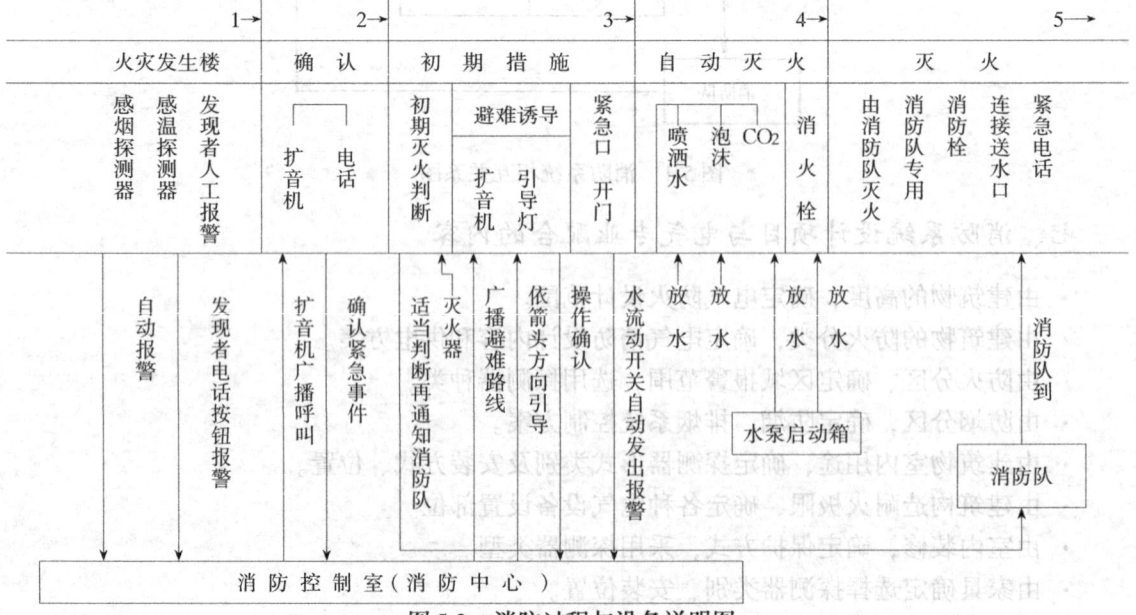

图 5-2　消防过程与设备说明图

九、对智能化消防报警及联动系统的基本要求

（1）火灾探测器智能化　对正常、火警、污染、故障等现象进行判断，并实现电子编码及离线特性检查，安装、维修、调试方便。

（2）火灾报警控制器智能化　有汉字显示屏，清晰直观，除可显示各种报警信息外，还可显示各类图形，能将各种传感器采集到的现场各参数信号进行数据及曲线分析，准确判断火情，还应具有各类故障报警、提示功能。

（3）报警及联动控制系统全功能化　采用内部并行总线制、积木式结构，容量扩充简单方便，要适应于目前各种报警系统的布线方式，各类控制器要通过 GB4717—1993 及 GB16806—1997 双项标准检验。

（4）各控制器要有抗干扰功能　由外界强电磁场造成的程序混乱可自行恢复正常运行。

（5）能随时通过输入密码，对系统内任意探测器进行开启、关闭及报警趋势状态检查操作，并根据现场实际情况，对探测器的灵敏度进行调节（如防止开会大量抽烟误报）。

（6）交直流两套供电系统　交流掉电时，直流后备电源自动切入，保证系统运行连续性。

（7）可自动记录报警类别、时间、地址，并配有打印机记录备份。

（8）有配接专用联接探测器及模块的光纤接口，可实现远程探测器及模块的控制和信号传输，控制器间也可实现远程联网通信。

第二节　火灾探测器

物质燃烧前总是先产生烟雾，接着周围温度渐渐升高，产生一定的可见光和不可见光的辐射，开始燃烧到火势渐大酿成火灾总是有个过程的，探测器的功能就是捕捉刚刚开始燃烧时的各种信号。火灾探测器是火灾自动报警系统的检测元器件，它将火灾初期所产生的热、烟或光信号转变为电信号。当其电信号超过某一确定值时，传递给与之相关的报警设备和控制设备。因此探测器的工作稳定性、可靠性和灵敏度等技术指标直接影响着整个消防系统的正常运行。

一、火灾探测器的种类

目前火灾探测器随着科学技术发展种类非常繁多，功能各异。根据其工作原理划分，一般可按图 5-3 分类。

现在的火灾探测器已经智能化，每只探测器内均安装有一只单片计算机，探测器通电后计算机可对传感器采集到的环境参数（烟雾、水气、粉尘、温度、光强、可燃气体浓度等）信号进行分析判断，并可靠地向火灾报警控制器传送正常、火警、污染、故障等状态信号，极大地降低误报率。探测器智能化后可大大减少普通火灾报警系统中探测器与控制器之间的信息传输量，进一步提高了火灾报警系统的可靠性。

在众多的火灾探测器中，离子式感烟探测器具有稳定性好，误报率低、结构紧凑、寿命长等优点，而得到广泛应用。其他类型的火灾探测器，一般只在某些特殊场合作为补充才用到。例如，在厨房、发电机房、地下车库及有气体自动灭火装置时，需要提高火灾报警可靠性而与感烟探测器联合使用的地方才考虑采用感温式火灾探测器。

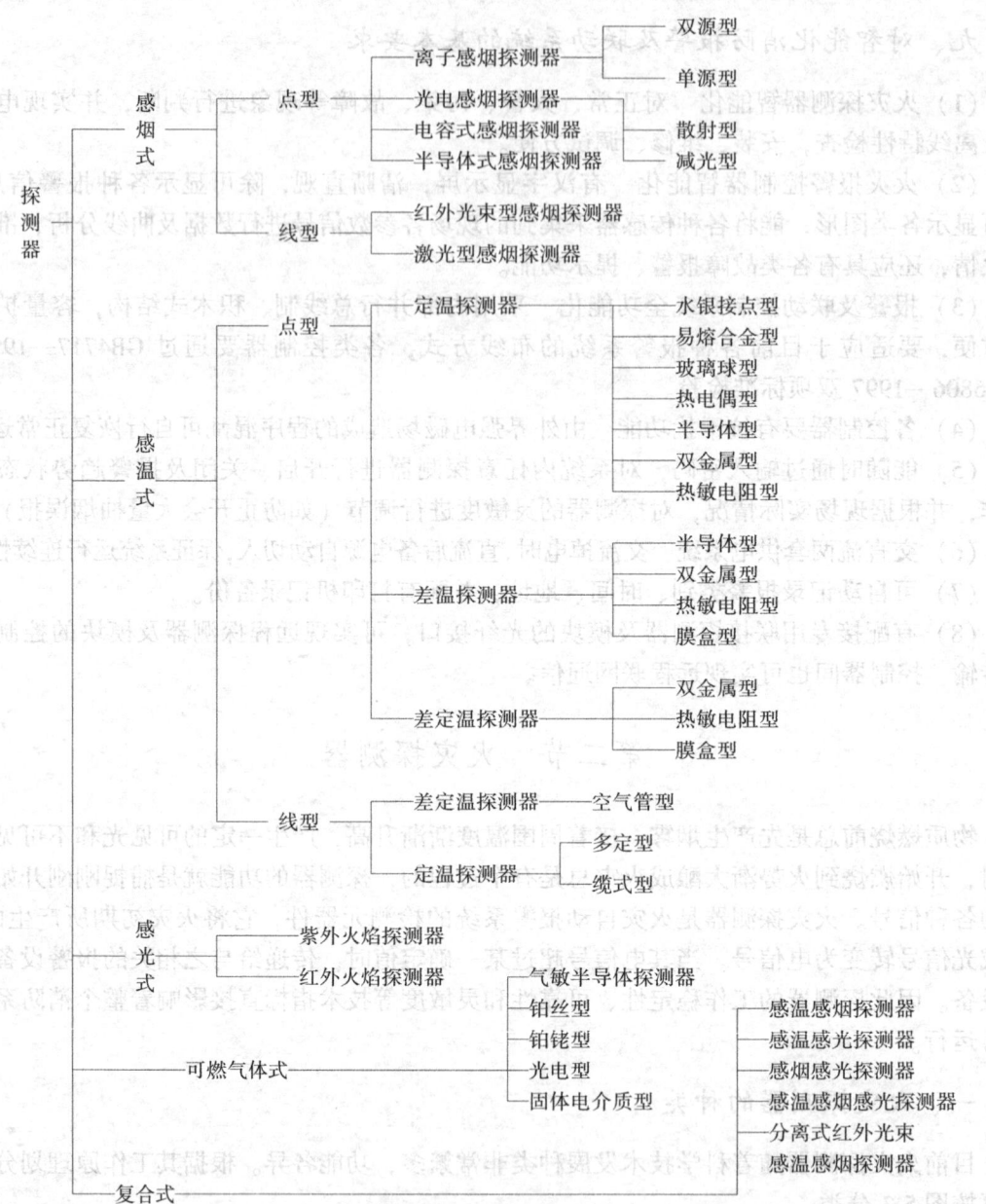

图 5-3 火灾探测器的分类

注：复合探测技术是目前国际上流行的新型、多功能、高可靠火灾探测技术，能更加准确地对火灾探测和报警，扩大了探测器的应用范围。

二、火灾探测器的选择原则

在使用火灾探测器时，如何根据具体建筑物的特点、使用要求以及所在场所的环境特征，合理选择不同类型的火灾探测器是十分重要的。

1）火灾初期，阴燃阶段能产生大量的烟和少量的热，很少或没有火焰辐射，应选用感烟探测器，可及早发现火灾。

2）火灾发展迅速，产生大量的热、烟和火焰辐射，可选用感温探测器、感烟探测器、火焰探测器或其组合。

3）火灾发展迅速，有强烈的火焰辐射和少量的热烟，应选用火焰探测器。

4）当有自动联动或自动灭火器装置时，宜将感烟、感温、火焰探测器组合使用，提高报警联动可靠性。

5）在生产、储存、输送或可能散发、泄漏可燃气体和可燃蒸气引起易燃易爆的场所，宜选用可燃气体探测器，能在泄漏时发出报警信号，避免火灾发生。

6）保护面积过大的，宜选用线型探测器，可在一定距离检测到火灾发生时产生的烟尘。

7）对不同高度的房间，应根据表5-6选择火灾探测器。

8）条件允许时应尽量采用复合型智能探测量，可大大提高报警及联动的可靠性。

表5-6 根据房间高度选择探测器

房间高度 h/m	感烟探测器	感温探测器 一级	感温探测器 二级	感温探测器 三级	火焰探测器
12 < h ≤ 20	不适合	不适合	不适合	不适合	适 合
8 < h ≤ 12	适 合	不适合	不适合	不适合	适 合
6 < h ≤ 8	适 合	较适合	不适合	不适合	适 合
4 < h ≤ 6	适 合	适 合	适 合	不适合	适 合
≤ 4	适 合	适 合	适 合	适 合	适 合

9）火灾形成特点不可预料，可进行适当的模拟试验，根据试验结果，选择适当的探测器，也可参考各厂商生产探测器的性能指标介绍和推荐使用条件、环境等资料。

各种场所是否适宜选择火灾探测器见表5-7所示。类型的选择参见表5-8。

表5-7 适宜或不适宜选用火灾探测器的场所

类 型		适 宜 选 用 的 场 所	不 适 宜 选 用 的 场 所
感烟探测器	离子式	饭店、旅馆、商场、教学楼、办公楼、住宅楼、机关办公室等 电子计算机房、通信机房、电控机房、电影、电视放映室等 楼梯、走道、电梯机房等 书库、档案库等 有电器火灾危险的场所等	相对湿度长期大于95%的场所 气流速度大于5m/s 有大量粉尘、水雾滞留 可能产生腐蚀性气体 产生醇类、醚类、酮类等有机物 在正常情况下有烟滞留
	光电式		可能产生黑烟的场所 大量积聚粉尘 可能产生蒸气和油雾 在正常情况下有烟滞留 存在高频电磁干扰
感温探测器		相对湿度经常高于95% 可能发生无烟火灾的地方 有大量粉尘 在正常情况下有烟和蒸气滞留 厨房、锅炉房、发电机房、茶炉房、烘干车间等 汽车库等经常有烟的地方 吸烟室、小会议室等 其他不宜安装感烟探测器的地方	房间净高大于8m 有可能产生阴燃火 火灾危险性大，必须早期报警 温度在0℃以下（不宜选用定温火灾探测器） 正常情况下温度变化较大（不宜选用差温火灾探测器）
火焰探测器（感光探测器）		火灾时有强烈的火焰辐射 无阴燃阶段的火灾 需要对火焰作出快速反应	可能发生无焰火灾 在火焰出现前有浓烟扩散 探测器的镜头易被污染 探测器的视线易被遮挡 探测器易受阳光或其他光源直接照射或间接照射 在正常情况下有强光、X射线等
可燃气体探测器		散发可燃气体和可燃蒸气的场所（如乙烯装置、汽油装置、酒精装置等）	除适宜选用场所之外的所有场所

表 5-8　各部位火灾探测器类型的选择表

设置场所	火灾探测器的类型											
	差温式			定温式			感烟式			感光式		
	I级	II级	III级	I级	II级	III级	I级	II级	III级	I级	II级	III级
影剧场、商场、宾馆、住宅、医院、图书馆、博物馆	△	O	O	O	△	△	×	O	O	×	△	O
厨房、锅炉房、开水间	×	×	×	△	O	O	×	×	×	×	×	×
进行干燥、烘干的场所	×	×	×	△	O	O	×	×	×	×	×	×
有可能产生大量蒸汽场所	×	×	×	×	×	×	×	×	×	×	△	O
容易结露场所	△	△	△	O	O	O	×	×	×	×	×	×
发电机室、立体停车场	×	O	O	O	O	O	×	△	△	×	×	×
影视演播室	×	△	△	×	×	×	×	×	×	×	△	△
差温式、定温式不预报场所	×	×	×	×	×	×	O	O	O	×	△	O
发生火灾时温度变化缓慢	×	×	×	×	×	×	O	O	O	×	△	O
楼梯及倾斜路	×	×	×	×	×	×	O	O	O	×	×	×
走廊及通道	×	×	×	×	×	×	△	O	O	×	×	×
电梯竖井、管道井	×	×	×	×	×	×	O	O	O	×	×	×
电器机房、通信机房	△	×	×	×	×	×	△	O	O	×	×	×
书库、地下仓库	△	O	O	O	O	O	O	O	O	×	×	△
吸烟室、会议室	×	×	×	×	×	×	×	△	O	×	×	×
探测器易受腐蚀场所	×	×	×	△	△	△	×	×	×	×	×	×
可能有大量虫子的场所	O	O	O	△	△	△	×	×	×	×	×	×
可能发生阴火的场所	×	×	×	×	×	×	O	△	△	×	O	O
大空间、高顶棚	△	△	△	×	×	×	×	×	×	O	O	O
显著高温场所	×	×	×	O	O	O	×	×	×	×	×	×
不易维修的场所	O	O	O	×	×	×	×	×	×	×	×	×
容易受风影响的场所	O	O	O	O	O	O	×	×	×	O	O	O

注：O表示适合使用；△表示根据安装场所等状况，限于能够有效地探测火灾发生的场所使用；×表示不适合于使用。

选择火灾探测器时，要注意了解监控区域内可燃物的性质、数量和初期火灾形成和发展的特点，房间的大小和高度，对安全的要求及周围环境的情况，有无容易引起误报的干扰源等情况，认真地选择，才能使整个系统可靠地有效地工作。

三、常用火灾探测器的基本原理

1. 感烟型火灾探测器

感烟火灾探测器能够及时探测到火灾初期所产生的烟雾，因而对初期灭火和早期避难都是十分有利的，根据探测器结构的不同，感烟探测器可分为离子感烟探测器和光电感烟探测器。

（1）离子感烟探测器　如图 5-4 所示，它是由两个内含 ^{241}Am（镅：一种人造元素）放射源串联的电离室、场效应管及开关电路组成的。内电离室（即补偿室）是密封的，烟不能进入；外电离室（即检测室）是开孔的，烟能够顺利进入，在两个串联的电离室两端接入 24V 直流电源。

当火灾发生时，烟雾进入检测电离室，烟雾粒子很容易吸附，被电离的正离子和负离子因而

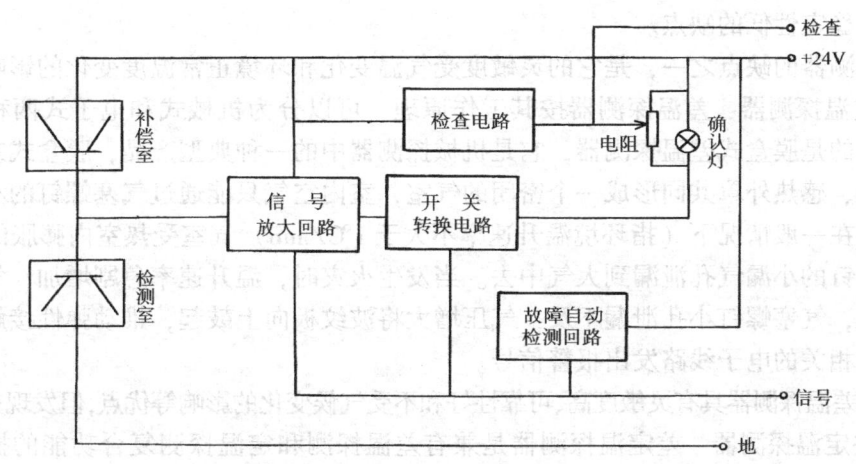

图 5-4 离子式感烟探测器框图

减慢了在电场中的移动速度,而且增大了移动过程中正离子和负离子相互中和的机率,使电离电流明显减小,检测电离室空气的等效阻抗得到增加;而补偿电离室因无烟雾进入,电离室的阻抗保持不变,因此,引起施加在两个电离室两端分压比的变化,在检测室两端的电压增加到一定值时,开关电路动作,发出报警信号,有的要先进行分析、判断,确认为真实火情时才发出报警信号。

(2) 光电感烟探测器 光电感烟探测器可分为遮光式和散射光式两种,但是通常在建筑物内使用的几乎都是散射光式光电感烟探测器。

散射光式光电感烟探测器由暗箱、发光元件、受光元件和电子线路所组成,其原理是:暗箱是一个特殊设计的"迷宫",外部光线不能到达受光元件,但烟雾粒却能进入其中。另外发光元件与受光元件在暗箱中是一定角度设置,并在其中间设置遮光板、吸光板等,正常情况下从发光元件发出的光不能直接射到受光元件上,属于光阻断状态。

散射光式光电感烟探测器,通过检测被烟雾粒子散射的光而对烟雾进行检测。无烟雾时,光不能射到光电受光元件上,电路处于维持正常状态。当发生火灾时,有烟雾存在,随着其浓度的增加,烟雾粒子密度不断增大,则烟雾粒子散射的光量也就不断增加,当该散射的光量达到规定值时,即达到光通路状态,光信号转换成电信号,经放大电路放大后,驱动自动报警装置,发出火灾报警信号。

2. 感温火灾探测器

感温探测器是响应异常温度、温升速率和温差等参数的探测器。

(1) 定温探测器 发生火灾后,室内温度将升高,当定温探测器周围环境的温度达到设定温度以上时,定温探测器就动作。目前应用较多的定温探测器是双金属片式点型定温探测器,它一般由外壳、双金属片、触头、电极等组成。

这种探测器的温度敏感元件是一块双金属片(也有用热敏电阻的)。当发生火灾的时候,探测器周围的环境温度升高,热膨胀系数不一样的双金属片受热会变形而发生弯曲。当温度升高到某一规定值时,双金属片弯曲变形足够大推动触头,于是两个电极被接通,使相关的电子线路发出火灾报警信号。这种探测器结构简单、价格低、较可靠,在要求不太高的地方使用,可满足火灾探测要求。

目前有一个半导体热敏元件制作的定温探测器,其灵敏度、可靠性都比双金属片式高,但也有参数稳定性低的缺点。

定温探测器的缺点之一，是它的灵敏度受气温变化和环境正常温度变化的影响。

（2）差温探测器 差温探测器按其工作原理，可以分为机械式和电子式两种。目前国内使用较多的是膜盒式差温探测器，它是机械探测器中的一种典型产品，膜盒式差温探测器一般由底座、感热外罩共同形成一个密闭的气室，室内空气只能通过气塞螺钉的小漏气孔与大气相通。在一般情况下（指环境温升速率不大于1℃/min）气室受热室内膨胀的气体可以通过气塞螺钉的小漏气孔泄漏到大气中去。当发生火灾时，温升速率急剧增加，气室内的气体膨胀加速，气塞螺钉小孔泄漏不及，气压增大将波纹板向上鼓起，推动弹性接触片，接通电触点，使相关的电子线路发出报警信号。

膜盒式差温探测器具有灵敏度高、可靠性好和不受气候变化的影响等优点，但发现火情较晚。

（3）差定温探测器 差定温探测器是兼有差温探测和定温探测复合功能的探测器。若其中的某一种功能失效，另一种功能仍起作用，因而大大地提高了报警工作的可靠性，在感温探测器中往往使用这种复合型的探测器，有的还带有微电脑进行分析判断，可有效地减少误报率。

（4）电子感温探测器 其基本电路如图5-5所示。图中R_{t1}和R_{t2}是两个阻值和温度特性都完全相同的热敏电阻。在结构上可以直接感受环境温度的变化，但R_{t1}则封装在具有一定热容量的金属体内，对温度变化的反应较慢。当外界温度变化缓慢时，R_{t1}和R_{t2}的阻值随温度的变化基本

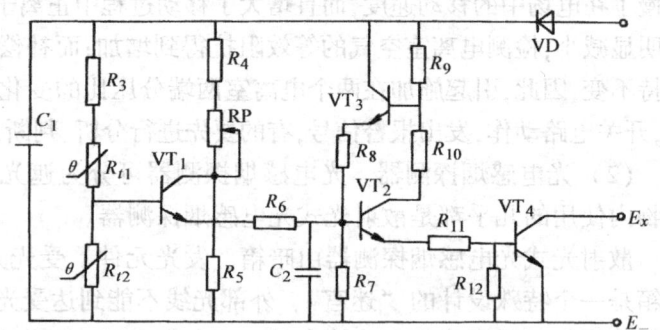

图5-5 电子感温探测器电路图

相接近，适当地配置R_{t1}、R_{t2}、R_3，可使正常情况下晶体管VT_1处于截止状态，这样VT_4同样也处于截止状态。当发生火灾时，环境温度剧烈上升，R_{t2}直接受热温度上升比R_{t1}快得多，其电阻值R_{t2}比R_{t1}上升也快得多，R_{t1}和R_{t2}的压降分配改变，VT_1基极电位提高，使VT_1迅速导通，触发VT_2、VT_3所构成的互补双稳电路，使VT_4导通而发出差温报警信号。VT_1~VT_4都采用NPN型小功率晶体管，电路稳定性好。

3. 可燃气体探测器

所谓可燃气体探测器是对探测区域内的气体参数敏感响应的探测器。

可燃气体探测器能对焦炉、煤气、水煤气、石油液化气、天然气、甲烷、乙烷、丙烷、丁烷、汽油蒸气等易燃气体进行泄漏监测报警、预防火灾。它适用于石油、化工、煤炭、冶金、电力、电子等工业部门以及其他储存可燃性气体、液体的场所。

其原理是：当气敏探测元件接触到可燃气体，并达到一定的报警浓度时，探测器进行气—电转换，将电信号输入到调制电路，然后由输入比较电路进行电位比较后，推动音响报警电路和触发记忆电路及自动控制电路（如排风扇的启动等）。当可燃性气体排除后或泄漏问题解决后，报警器自动停止报警，探测器信号灯熄灭，手动复位后、排气扇等停止工作，记忆指示灯熄灭，报警器和探测器恢复正常的监视状态。可有效地预防火灾的发生。

各种火灾探测器的外形参见图5-6所示。

第五章 消防报警及联动系统

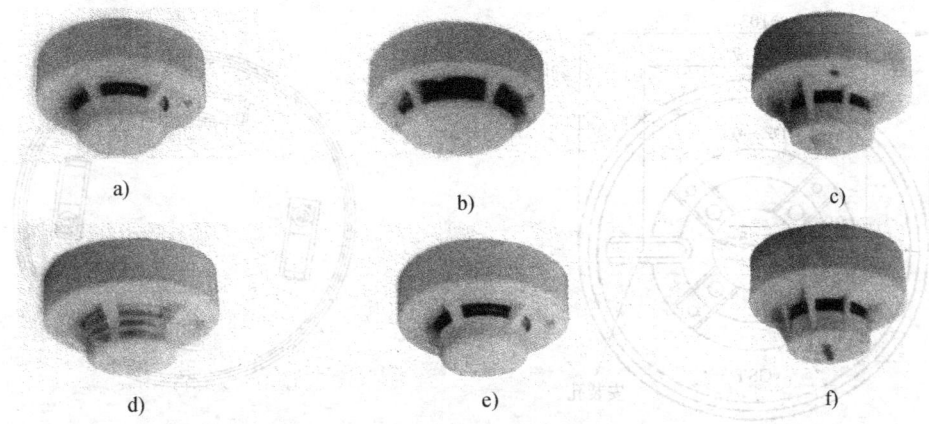

图 5-6 常见火灾探测器
a) JTV—LZ/SC9210 离子感烟探测器　b) JTV—GD/SC9230 光电感烟探测器　c) JT—CH/SC9260 气敏探测器
d) JT—ZD/SC9220 电子感温探测器　e) JTV—GW—SC9232 烟温复合探测器
f) JT—ZHWF/SC9240 红紫外复合火焰探测器

四、安装与布线

(1) 探测器安装方式如图 5-7 所示。

(2) 接线盒可采用 86H50 型标准预埋盒，其结构尺寸如图 5-8 所示。

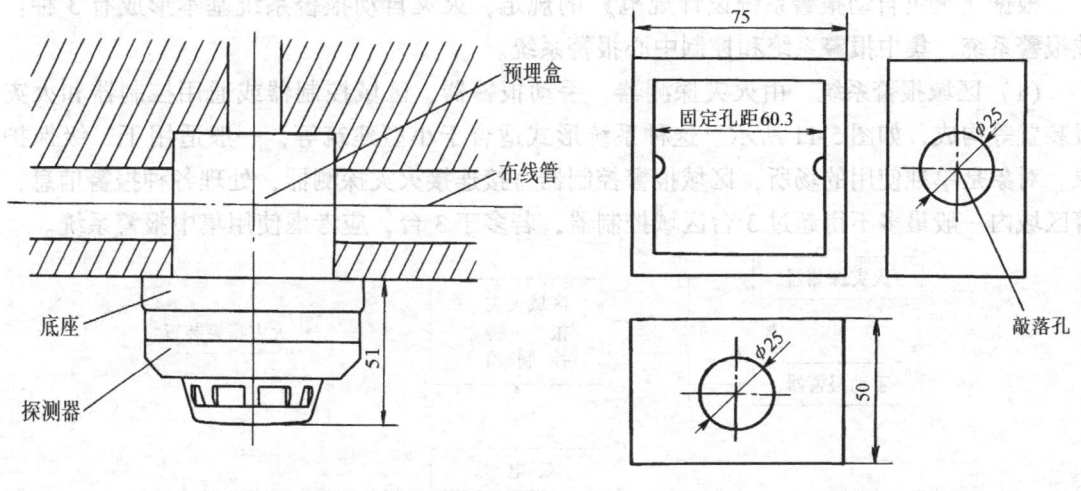

图 5-7 探测器安装示意图　　　　图 5-8 86H50 预埋盒外形示意图

(3) DZ—02 探测器通用底座示意图如图 5-9。
底座上有 4 个导体片，片上带接线端子，底座上不设定位卡，便于调整探测器报警指示灯的方向。预埋管内的探测器总线分别接在任意对角的二个接线端子上（不分极性），另一对导体片用来辅助固定探测器。

(4) 感烟探测器底部示意图如图 5-10。
待底座安装牢固后，将探测器底部对正底座顺时针旋转，即可将探测器安装在底座上。

(5) 布线要求　探测器二总线宜选用截面积 $\geq 1.0 mm^2$ 的 RVS 双绞线，穿金属管或阻燃管敷设。

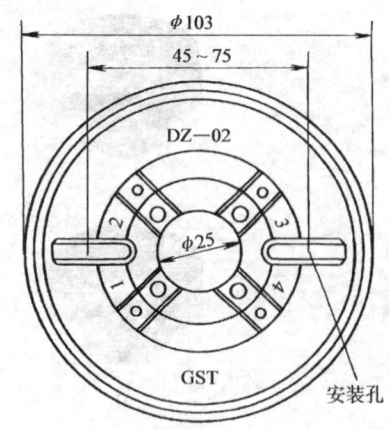
图 5-9 探测器通用底座外形示意图

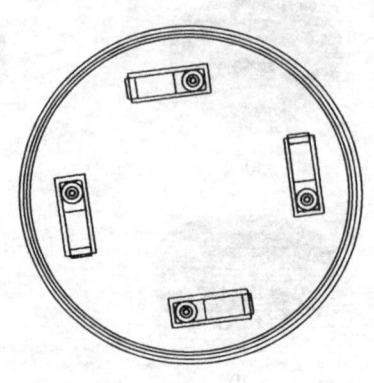
图 5-10 感烟探测器底部示意图

第三节 火灾自动报警系统

一、火灾自动报警系统的基本类型

根据《火灾自动报警系统设计规范》的规定，火灾自动报警系统基本形成有 3 种：区域报警系统，集中报警系统和控制中心报警系统。

（1）区域报警系统 由火灾探测器、手动报警器、区域控制器或通用控制器和火灾警报装置等构成，如图 5-11 所示。这种系统形式适合于小型建筑等，一般适用于二级保护对象。对象是单独使用的场所，区域报警控制器直接连接火灾探测器，处理各种报警信息，报警区域内一般最多不得超过 3 台区域控制器，若多于 3 台，应考虑使用集中报警系统。

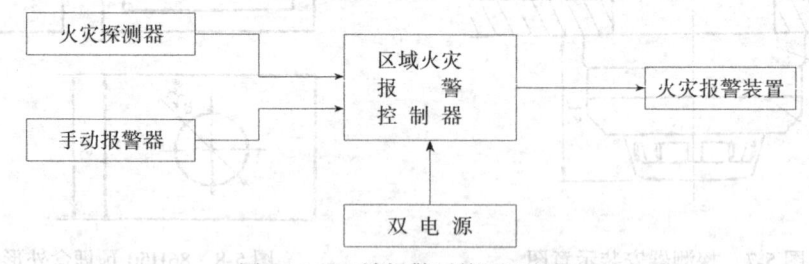
图 5-11 区域报警系统原理框图

（2）集中报警系统 由火灾探测器、区域控制器或通用控制器和集中控制器等组成。集中报警系统的典型结构如图 5-12 所示，它一般不与火灾探测器直接相连，而与区域报警控制器相连，处理区域级报警控制器送来的信号。这样的系统适合于高层的建筑，如宾馆、写字楼、教学楼、住院楼、住宅楼等。一般适用于一、二级保护对象。

（3）控制中心火灾报警系统 是由设置在消防控制室的消防控制设备、集中控制器、区域控制器和火灾探测器、报警装置等组成，或由消防控制设备、环状布置的多台通用控制器和火灾探测器等组成。控制中心火灾报警系统的典型结构如图 5-13 所示，适用于大型建筑群、高层及超高层建筑、商城、大宾馆、公寓综合楼、住宅小区、学校等，一般适用于特级、一级保护对象。这样的系统可对各类设在建筑中的消防设备、设施实现联动控制和手动/自动转换。一般控制中心报警系统是智能型建筑中消防系统的主要类型，是楼宇自动化系统的重要组成部分。

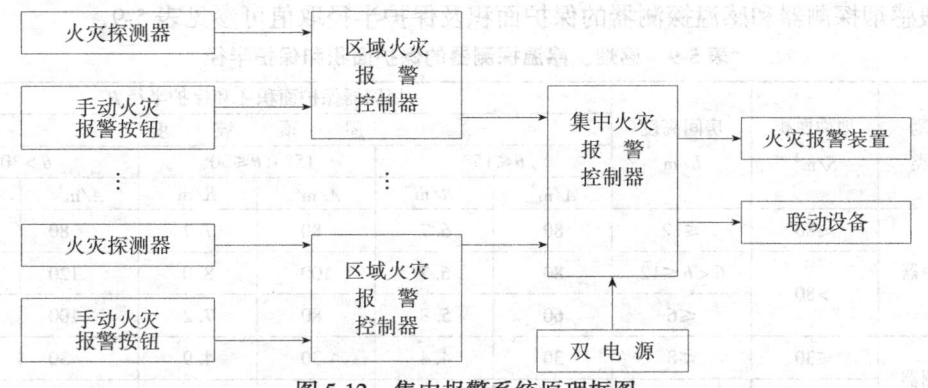

图 5-12　集中报警系统原理框图

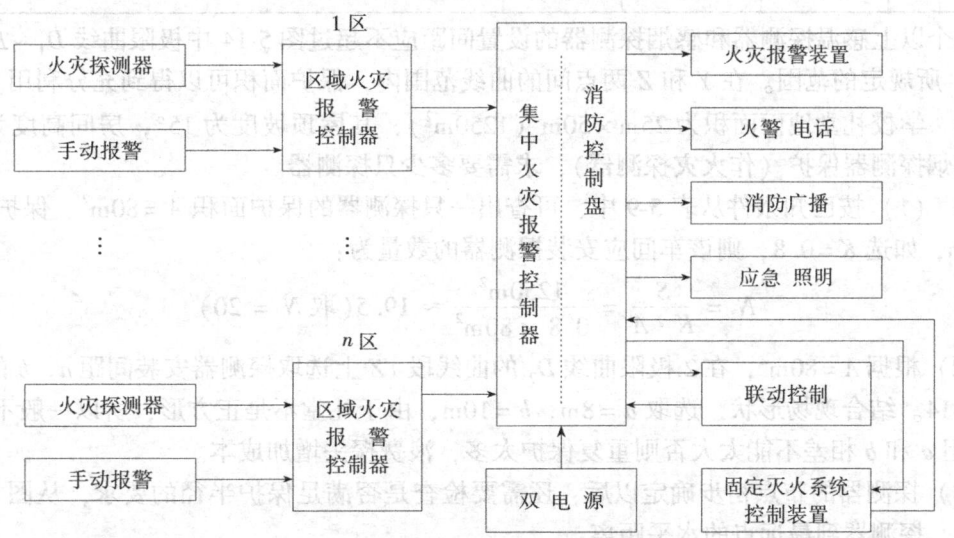

图 5-13　控制中心报警系统原理框图

二、火灾探测器数量的确定及布置

在火灾自动探测报警系统中，探测器种类及数量的选择十分重要，布置合理是保证探测器有效运行的关键。为此在选择和布置时，应符合国家有关规定、规范的要求。

1. 当指定的火灾探测区域比较大时

首先要了解每个火灾探测器的保护范围，然后按照下列公式计算。

$$N \geq \frac{S}{K \cdot A}$$

式中　N——一个探测区域内需要设置的探测器的数量（个），N 取整数，有小数点的都进位；

　　　S——一个探测区域的面积（m^2）；

　　　A——一个探测器的保护面积（m^2）；

　　　K——安全系数，一般取 0.7~0.8。

所谓"探测区域"是指有热气流或烟雾充满且需要保护的区域。就屋内顶棚表面和顶棚内部而言,为被墙壁及凸出安装面 0.4m(差温、定温式点型探测器)或 0.6m(差温分布型探测器、感烟探测器)以下隔梁等分隔开的部分。

一般感烟探测器和感温探测器的保护面积及保护半径取值可参见表 5-9。

表 5-9 感烟、感温探测器的保护面积和保护半径

火灾探测器的种类	地面面积 S/m^2	房间高度 h/m	探测器保护面积 A 和保护半径 R					
			屋 顶 坡 度					
			$\theta \leq 15°$		$15° < \theta \leq 30°$		$\theta > 30°$	
			A/m^2	R/m	A/m^2	R/m	A/m^2	R/m
感烟探测器	≤80	≤12	80	6.7	80	7.2	80	8.0
	>80	6<h≤12	80	6.7	100	8.0	120	9.9
		≤6	60	5.8	80	7.2	100	9.0
感温探测器	≤30	≤8	30	4.4	30	4.9	30	5.5
	>30	≤8	20	3.6	30	4.9	4.0	6.3

两个以上感温探测器和感烟探测器的设置间距应不超过图 5-14 中极限曲线 $D_1 \sim D_{11}$(包括 D_9)所规定的范围。在 Y 和 Z 两点间的曲线范围内,保护面积可以得到充分利用。

例 学校礼堂地面面积为 $25m \times 50m$($1250m^2$),其屋顶坡度为 15°,房间高度为 10m,使用感烟探测器保护(作火灾探测器),求需要多少只探测器。

解(1)按已知条件从表 5-9 中,可查出一只探测器的保护面积 $A = 80m^2$、保护半径 $R = 6.7m$,如选 $K = 0.8$,则该车间应安装探测器的数量为:

$$N = \frac{S}{K \cdot A} = \frac{1250m^2}{0.8 \times 80m^2} \approx 19.5 (取 N = 20)$$

(2)根据 $A = 80m^2$,在 2 极限曲线 D_7 的曲线段 YZ 上选取探测器安装间距 a、b 的数值,见图 5-14。结合现场形状,选取 $a = 8m$,$b = 10m$,由于礼堂不是正方形,所以一般不能选 $a = b$,但 a 和 b 相差不能太大否则重复保护太多,浪费探头增加成本。

(3)探测器的布点初步确定以后,还需要检查是否满足保护半径的要求,从图 5-15 中可看出,探测器到最远点的水平距离:

$$R = \sqrt{\left(\frac{8}{2}\right)^2 + \left(\frac{10}{2}\right)^2}m = \sqrt{4^2 + 5^2}m = 6.4m < 6.7m (见表 5-9)$$

符合要求,所以这个计算和布点是合理的,可以作为设计方案来执行。

2. 特殊情况

按照上面公式计算出来的一个探测区域需要设置的火灾探测器的数量,以及按图 5-14 确定的火灾探测器设置间距,都只是对一般的较大面积的探测区域而言的,但在实际建筑中往往会遇到墙的分隔、梁的阻挡、风口的影响等特殊情况,因而在遇到类似的特殊情况时,还必须针对计算和查图所得的结果做些必要的调整,根据实际情况灵活、科学地处理,如:

1)探测区内的每个房间至少应设置一个火灾探测器。如果房间内被设备等物品分隔,而顶部至顶棚或梁的距离又小于房间净高的 5% 时,那么每个被隔开的部分也应至少设置一只火灾探测器。

2)当梁凸出顶棚的高度在 $0.2 \sim 0.6m$ 时,需按图 5-16、表 5-10 确定梁的影响和一个探测器能够保护的梁间的区域的个数。当梁凸出顶棚的高度超过 0.6m 时,被梁隔断的每个

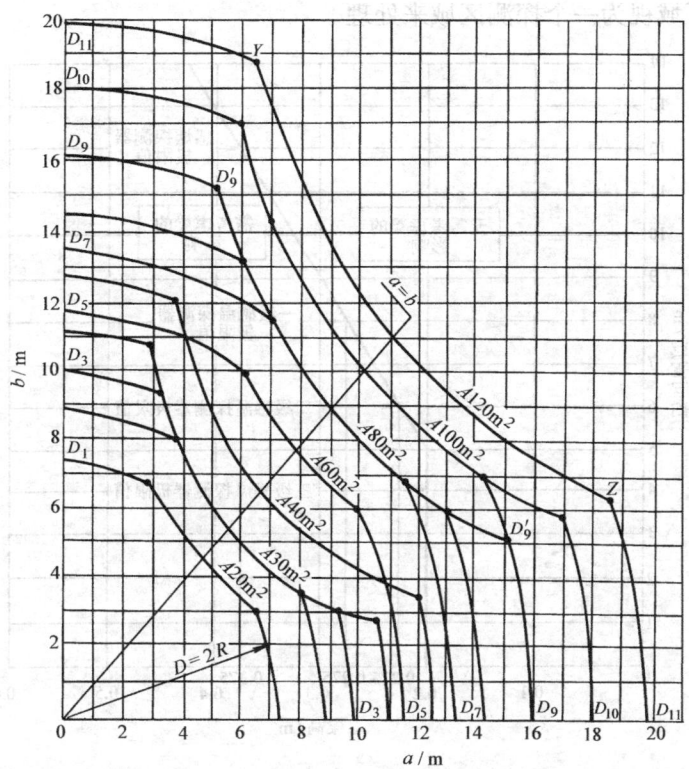

图 5-14 由探测器的保护面积 A 和保护半径 R 确定探测器的安装间距 a、b 的极限曲线

A—探测器的保护面积（m^2） a，b—探测器的安装间距（m）

注：在 Y 和 Z 两点之间的曲线范围内，保护面积可得到充分利用

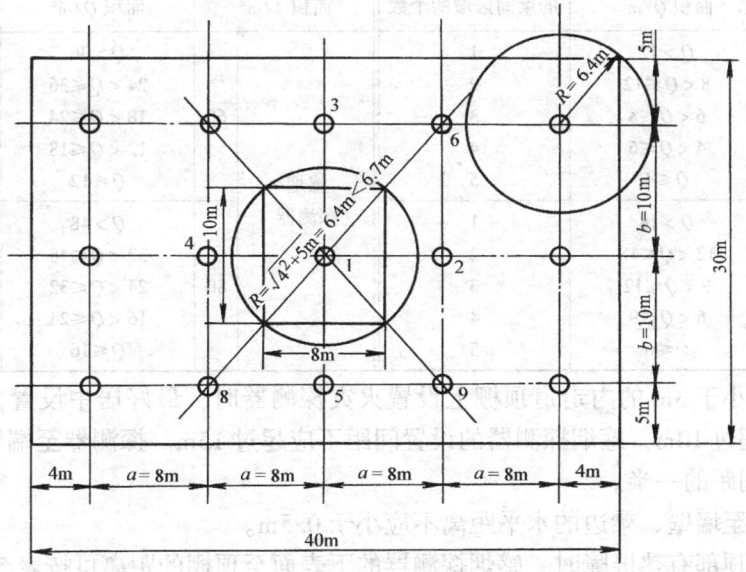

图 5-15 布点情况

梁间区域至少应设置一个探测器。当被梁隔断的区域面积超过一个火灾探测器的保护面积

时,应将被隔的区域视为一个探测区域来处理。

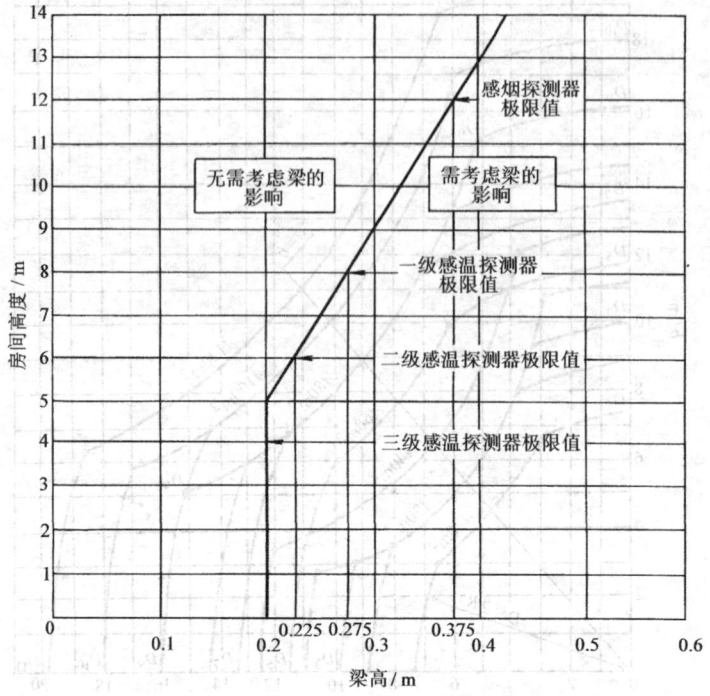

图 5-16　不同房间高度下梁高对探测器的影响

表 5-10　按梁间区域面积确定一只探测器能保护的梁间区域的个数

探测器的保护面积 A/m^2	梁隔断的梁间区域面积 Q/m^2	一只探测器保护的梁间区域的个数	探测器的保护面积 A/m^2	梁隔断的梁间区域面积 Q/m^2	一只探测器保护的梁间区域的个数
感温探测器 20	$Q>12$	1	感烟探测器 60	$Q>36$	1
	$8<Q\leqslant12$	2		$24<Q\leqslant36$	2
	$6<Q\leqslant8$	3		$18<Q\leqslant24$	3
	$4<Q\leqslant6$	4		$12<Q\leqslant18$	4
	$Q\leqslant4$	5		$Q\leqslant12$	5
感温探测器 30	$Q>18$	1	感烟探测器 80	$Q>48$	1
	$12<Q\leqslant18$	2		$32<Q\leqslant48$	2
	$9<Q\leqslant12$	3		$24<Q\leqslant32$	3
	$6<Q\leqslant9$	4		$16<Q\leqslant24$	4
	$Q\leqslant6$	5		$Q\leqslant16$	5

3)在宽度小于 3m 的内走道顶棚上设置火灾探测器时,最好居中设置,感温探测器的设置间距不应超过 10m,感烟探测器的设置间距不应超过 15m。探测器至端墙的距离不应大于探测器设置间距的一半。

4)探测器至墙壁、梁边的水平距离不应小于 0.5m。

5)当房屋顶部有热屏障时,感烟探测器的下表面至顶棚的距离可按表 5-11 来确定。

6)锯齿形屋顶和坡度大于 15°的人字形屋顶,应在每个屋脊处设置一排火灾探测器,探测器下表面距屋顶最高处的距离也应符合表 5-11 的要求。

7)在电梯井、升降机井设置探测器时,其位置宜在井道上方的机房顶棚上。

表 5-11 感烟探测器下表面距顶棚（或屋顶）的距离

探测器设备高度 h/m	感烟探测器下表面距顶棚（或屋顶）的距离 d/mm					
	顶棚（或屋顶）坡度 θ					
	$\theta \leq 15°$		$15° < \theta \leq 30°$		$\theta \geq 30°$	
	最小	最大	最小	最大	最小	最大
$h \leq 6$	30	200	200	300	300	500
$6 < h \leq 8$	70	250	250	400	400	600
$8 < h \leq 10$	100	300	300	500	500	700
$10 < h \leq 12$	150	350	350	600	600	800

8）火灾探测器最好水平安装，如必须倾斜安装时，其倾斜角不应大于45°。

9）探测器的周围0.5m范围内不应有遮挡物。

10）楼梯间顶部必须安装一只探测器，楼梯间或斜坡道，可按垂直距离每10～15m高处安装一只火灾探测器，为便于安装维护和方便管理，应在房间面对楼梯平台上设置。

11）地上层和地下层楼梯间若需要合并成一个垂直高度考虑时，只允许地下一层和地上层的楼梯间合用一个探测器，其他各层必须有独立的探测器。

12）管道井（竖井）应在最上层顶部安装探测器。

3. 在下列场所可不设置感烟、感温火灾探测器

1）火灾探测器的安装高度距地面大于12m（感烟）、大于8m（感温）的场所。

2）因气流影响，使探测器不能有效地发现火灾的场所。

3）闷顶和夹层间距小于0.5m的场所。

4）闷顶和相关吊顶内的构筑物和装修材料是难燃型或已装有自动喷淋灭火系统的闷顶或吊顶的场所。

5）难以维修的场所。

6）厕所、浴室及类似场所。

7）车库、发电机房。

8）厨房、锅炉房，有高温、烟雾的场所。

4. 对于煤气探测器

煤气探测器在墙上安装时，应距煤气灶4m以上，距地面0.3m。在顶棚上安装时，应距煤气灶6m以上。当屋内有排气口时允许安装在排气口附近，但应距煤气灶8m以上，当梁高大于0.8m时，应装在煤气灶一侧。在梁上安装时，与顶棚的距离应小于0.3m。还要经常注意检查探测器是否被油烟封住。

5. 线型红外光束感烟探测器的设置

（1）线型光束感烟探测器的选用 线型光束感烟探测器与点型光电式感烟探测器的工作原理基本相同，只是烟不必进入点型光电探测器的采样室中。因此点型光电感烟探测器能使用的场合，线型光束感烟探测器都可以使用。但一般说来，线型光束感烟探测器较适宜安装在下列场所：

1）无遮挡大空间的库房、博物馆、纪念馆、档案馆、飞机库等高层建筑群。

2）古建筑、文物保护的厅堂馆所、仓库群等。

3）发电厂、变配电站、工厂车间等。

4）隧道工程等。

5)凡是在火灾形成前有烟雾出现的场所。

(2)线型光束感烟探测器的安装 可参见图5-17和图5-18。

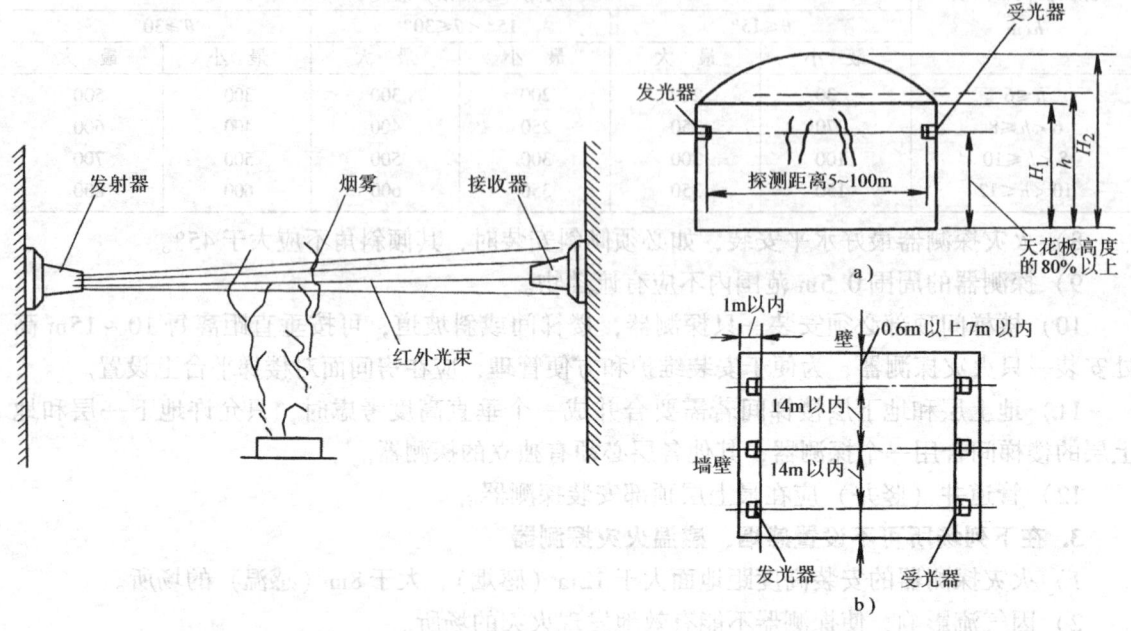

图5-17 线型光电探测器的安装
注:将发射器与接收器相对安装在保护空间的两端且在同一水平直线上

图5-18 光电探测器的布置
a)正面图 b)平面图
注:天花板倾斜时高度 $h = \dfrac{H_1 + H_2}{2}$

注意:下列场所不宜使用线型光束探测器:

1)在保护空间有一定浓度的灰尘、水气粒子、且粒子浓度变化较快相对湿度大于95%的场所,及本来就有烟雾的场所。

2)有剧烈振动的场所,发射器与接收器错位就会误报。

3)有日光照射或强红外光辐射源的场所。

4)发射器与接收器不能相对安装在同一水平直线上的场所。

(3)线型光束感烟探测器安装注意事项

1)建筑物空间高度≤5m时,探测器安装高度为距顶棚0.3m。建筑物空间高度5~10m时,探测器安装高度可距顶棚1.0m。建筑物空间高度>10m时,探测器安装高度可距顶棚2.0m。

2)探测器安装位置要远离强磁场、要避免光直射。

3)探测器安装环境不应有灰尘滞留。

4)应在探测器相对空间避开固定遮挡物和流动遮挡物。

5)探测器底座一定要安装牢固,不能有丝毫松动。

三、手动按钮报警装置

关于手动火灾报警按钮的设置,要求在报警区域内的每个防火分区,至少要设置一个手动报警按钮。当人工发现火灾时按下按钮上的有机玻璃片,可向控制器发出火灾报警信号,控制器接收到报警信号后，显示出报警地址编号并发出报警。手动报警按钮和前面介绍的各类探测器一样可直接接到控制器的总线上。

手动火灾报警按钮应安装在下列部位：大厅、过厅、主要公共活动场所的出入口；餐厅、多功能厅等处的主要出入口；主要通道等经常有人通过的地方；各楼层的电梯间、电梯前室、各类机房、各类重要场所。

手动火灾报警按钮安装位置，应满足在一个防火分区内的任何位置到最邻近的一个手动报警按钮的步行距离不大于25m的要求，也不能太近，否则占地址码太多。

手动火灾报警按钮在墙上的安装高度为1.5m。按钮盒应具有明显的标志和防误动作的保护措施。

手动火灾报警按钮系统的布线应独立设置，一般为无极性二总线，可采用RVS双绞线，截面积$\geqslant 1.0 mm^2$。

常见火灾手动报警按钮参见图5-19。

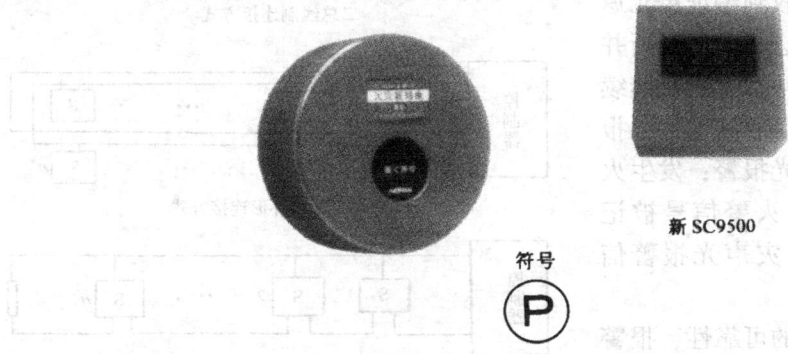

图5-19 常见手动报警按钮

四、多线制系统和总线制系统

线制是火灾自动报警系统运行机制的体现，它指所有探测器和控制器之间连接电缆的线数。

火灾自动报警系统按照其火灾探测器和各种功能模块与火灾报警控制器的联接方式，结合火灾探测器本身的结构和电子线路设计，分为多线制和总线制两种系统形式。

多线制系统形式与火灾探测器的早期设计、探测器与控制器的联接方式等有关。每个探测器需要两条或更多条电线与控制器相连接，以发出每个点的火灾报警信号。简而言之，多线制系统的探测器与控制器的联线是采取一一对应的关系，每一个探测器都需要一组导线对应到控制器，依靠直流信号工作和检测。多线制系统的设计、施工和维护都比较复杂，已逐渐被淘汰，但还是应该有所了解（今后的维修工作中可能遇到）。

总线制系统形式是在多线制系统形式的基础上发展起来的，目前已得到广泛应用。随着微电子器件、数字脉冲电路及微型计算机应用技术等用于火灾自动报警系统，改变了以往多线制系统的直流巡检功能，代之以使用数字脉冲信号巡检和信息压缩传输，采用大量编码及译码逻辑电路来实现探测器与控制器的协议通信，大大减少了系统线制，带来了工程布线的灵活性和方便性，并形成了支状和环状等几种布线结构，当前使用较多的是两总线和四总线系统两种形式。

在设计火灾消防报警系统时，也应采用总线制，总线制除上面所说的优点外，扩容、增加或更改探测器也很方便。火灾报警控制器的线制与连接方式见图 5-20 所示。

在二总线系统中区域报警控制器到各探测器的线路传输只需 2 条总线，每一个部位的探测器都有自己的编码，即一个部位为一个编址单元。当编址单元接收到主机发来的信号，加以判断，如果编址单元的码与主机的发码相同，该编址单元响应。主机接收到编址单元返回的地址及状态信号，进行分析判断并处理。如果编址单元正常，主机将继续向下巡检，经判断如果是故障信号，报警器将发出部位故障声光报警；发生火灾时，经主机确认后，火警信号被记忆，同时发出部位的火灾声光报警信号。

一般为了提高系统的可靠性，报警器主机和各编址单元在地址和状态信号的传播中采用多次应答、判断的方式。各种数据经反复判断后，才给出报警信号。火灾报警、故障报警、火警记忆、音响、火警优先等功能均由微电脑自动完成。

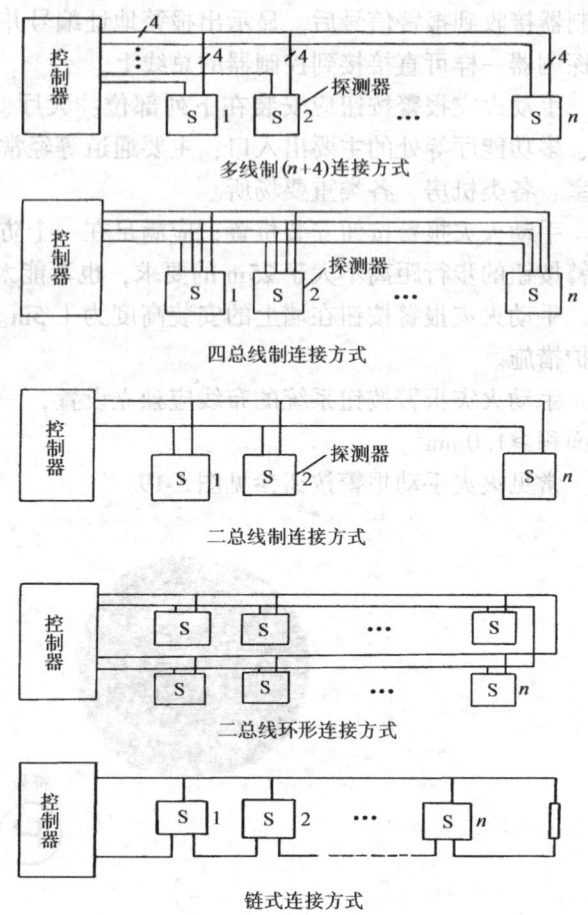

图 5-20 报警控制器的线制与连接方式

第四节 智能型火灾报警系统

智能型火灾报警联动控制系统采用 PC 控制机和单片机技术，以及先进的神经网络和相关判断等软件配置，可实现多种模式的报警判断和控制。同一台设备可连接模拟量系列产品，也可连接数字化系统产品。在同一总线回路上可同时连接探测器，输入/输出控制模块以及手动报警按钮等报警、控制器件和设备，有强大的容量，可多台机组网，大屏幕信息显示，具有抗干扰和自诊断、灵敏度自动调节、编程与通信查询与测试、密码操作方式等功能。

智能型火灾报警系统主要体现在两个方面：一是作为探测火灾的先导——探测器本身比普通的探测器有了较大的改进，设置了能准确判别火情的智能处理电路；二是系统的控制主机引入了人工智能组成逻辑系统，使主机处理各种信号、区别真伪报警的能力大为增强，能够在烟尚不被人眼所见的情况下，正确判断其存在，为早期探测、预防火灾提供了有效手段。

一、智能型探测器

常规的探测器都是由其本身的物理状态来探测火情，自行决定报警的情况，报警主机只提供有限的接收信号及验证功能。虽然结构简单、价格低，但误报率、漏报率都较高。

而智能型探测器其本身就已预设了一些针对常规及个别区域和用途的火情判断计算规则，且探测器本身就带有微处理信息的功能，它可以处理由环境所收到的各种信息，并针对这些信息进行计算处理，统计评估，在信息评估过程中，不再只是根据简单的是非准则，而是同时考虑到其他中间价值，如"火势很弱——弱——适中——强——很强，再根据预设的有关规则，把这些不同程度的信息转化为适当的报警动作指标。如"烟不多，但温度快速上升——发出警报"又如"烟不多，且温度没有上升——发出预报警"等。

这些功能的具备，是因为探测器本身所设置的信息处理电路，可把累积的经验分类，设下特定的反应程式，日后当类似情况再出现时，可以根据特定的反应程式来处理，这就要求探测系统不被环境的干扰所误导，并能在异常情况发生的初期，根据有限而时有矛盾的信息，预测到接下来情况的发展，及时发出相应程度的报警，其灵敏度比普通探测器高出500倍以上。

在这种情况中，探测器对信息的处理是一个快速持续的过程，但处理时间必须短暂，因为真正的火灾，发展非常迅速，时间的延误对灭火、疏散工作将是相当不利的，因此，信息处理的形式不是一次次的分别处理，而是同时进行的，就像人脑的神经细胞，可以相互联系及相互交换信息。一般情况为被记录的脉冲数经运算分析处理后，与预先设定的各种报警级别响应，阀值相比较，如达到某一报警阀值，则给出相应的报警信号。

在这里，智能探测器就能担负起在事发现场最先对收到的信息进行直接的快速评估及分析，自行决定信息的危险程度，再将信息传递到消防主机内，由主机进一步加以快速证实后，触发其相应的报警设备和联动有关的消防设施进行灭火。

例如北京核工业四零四厂生产的H8000系列两总线分布智能型离子感烟差定温感温火灾报警探测器，就具有这样的功能。H8801智能离子感烟探测器内置微处理器，由独立的测量与处理系统构成。它对环境中烟雾的变化信息，采用多种判断模糊逻辑处理。把其结果和中间数据传送给报警控制器，并由控制器根据模糊逻辑和神经网络技术，进行状态判断，以便快速、准确地发出报警信号。H8805智能型差定温感温火灾报警探测器内置微处理器，由独立的测量与处理系统构成。它对环境温度变化及温升速度信息进行模糊逻辑判断，并采用多种判据把处理的结果或中间数据传送给报警控制器，由控制器根据模糊逻辑和神经网络技术进行状态判断，以便快速准确地发出报警信号。这些探测器非常成熟，可靠性高，一致性好，抗干扰能力强，应用广泛。

二、智能型火灾报警控制器

智能型火灾报警控制装置，是火灾报警自动系统的心脏，其主要的接收报警、控制消防设施的功能、任务与普通控制器基本一致，差别主要在于这种装置的技术先进性和对火灾情况判断的准确性。智能控制器，能从接收到的探测器所在环境的烟浓度或温度对时间变化的数据，根据内置的智能数据库内有关火灾形态资料对收集回来的数据进行分析比较，才决定接收的资料是否显示有真正的火情，从而作出相应的报警、控制决定。

同时智能型火灾报警控制器对其他系统元件，包括模拟显示屏，输入/输出界面单元、手动报警器等的连接、处理、控制比一般的控制器来得方便、可靠。

如 GST 系列火灾报警控制器，采用大屏幕汉字液晶显示，清晰直观。除可显示各种报警信息外，还可显示各类图形。报警控制器可直接接收火灾探测器传送的各类状态信号，通过控制器可将现场火灾探测器设置成信号传感器，并对传感器采集到的现场环境参数信号进行数据及曲线分析，为更准确的判断现场是否发生火灾提供了有利可靠的手段。

智能火灾报警控制器只对具备火警特有形态的曲线判别为火警状态（如图 5-21）、并发出报警，而对像图 5-22 中都不具备火警特征的一类曲线，此类情况控制器并不报警，通过这种智能化判断火警的方法就使误报率大大降低，同时这种判别火警的方法对火警反应所需的时间也是很短的，因此能早期对火灾发出报警。

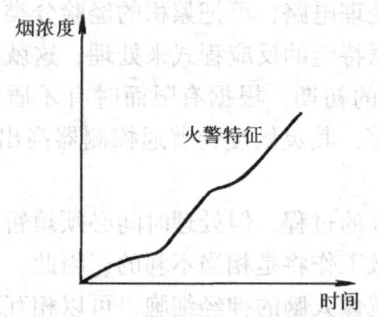

图 5-21　火警特征曲线

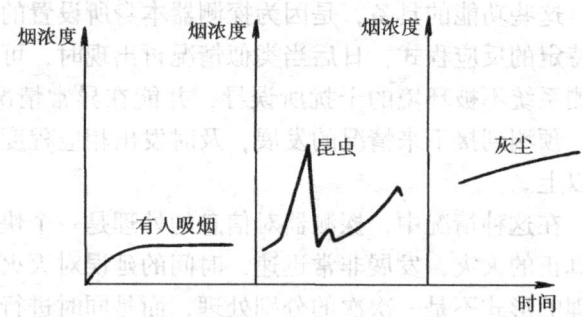

图 5-22　非火警特征曲线

火灾报警控制器的主要技术指标如下：

（1）容量　指能够接收火灾报警信号的回路数，以 M 表示。区域报警器的 M 数值等于探测器数量，集中报警控制器容量数等于 M 乘以区域报警器的台数 N，即 MN。

（2）使用环境　指报警控制器能够正常工作的环境条件，要求温度 $-10 \sim 50℃$，湿度 $\leqslant 92\%$，气压 $85 \sim 106kPa$。

（3）工作电压　一般 AC220V，DC24～32V（备用）。

（4）满载功耗　指当火灾报警控制器容量不大于 10 路时，所有回路均处于报警状态所消耗的功率；当容量超过 10 路时，20% 的回路（最少按 10 路计）处于报警状态所消耗的功率。

（5）输出电压　指控制器提供给探测器使用的工作电压，一般为 DC24V。

（6）空载功耗　指系统处于非报警状态工作时的耗电功率。

三、系统的主要功能和工作方式

火灾智能化自动报警控制系统的功能和主要工作方式为：当火灾发生时，在火灾的初期阶段，火灾探测器（烟、温、可燃气体等）根据现场探测到的情况，将首先动作——发出信息给各所在区域的报警显示器及消防控制系统的主机（当系统是不设区域或报警显示器时，将直接发信息给系统控制主机）。或当人员发现火灾后，用手动报警器或消防专用电话报警给系统主机。

消防系统主机在收到报警信号后，首先迅速进行火情确认，当确认火情后，系统主机将根据火情及时作出一系列预定的动作指令，诸如及时报警；及时开启着火层及上下关联层的疏散警铃；消防广播通知人员尽快疏散；同时打开着火层及上下关联层电梯前室，楼梯前室的正压送风及走道内的排烟系统；在开启防排烟系统的同时，停止空调机、抽风机、送风机的运行；同时启动消防泵、喷淋泵、水喷淋动作；开启紧急诱导照明灯；迫降电梯回底层；普通电梯停止运行；消防电梯投入紧急运行。全过程迅速、有序而准确。

此时消防报警控制系统主机对各过程报警、消防进程将有明确监控。显示如下信息

- 火灾部位显示或地址码显示。
- 防排烟设备动作显示。
- 消防设备的动作显示。
- 防火卷帘门的动作显示。
- 防火门开闭动作状态显示。
- 消防电梯的位置显示。
- 风向、风速显示。
- 高空障碍灯断线显示。
- 探测器的自检显示。
- 消防电话的信号显示。
- 地震感应器的动作显示。
- 消防水箱水位显示。
- 气体灭火装置状态显示。

记录如下资料、信息

- 消防设施的动作记录。
- 消防设施的故障记录。
- 探测器巡回检测记录。
- 火灾情况及时间记录。

作如下控制

- 防烟、排烟、消火设备。
- 消防电梯。
- 消防广播系统的强切选择。
- 疏散报警系统选择。
- 消防疏散门的开启。
- 火灾时空调、送风、动力的切断。
- 紧急时诱导指示。
- 地震时的特殊控制。

如果所设置的火灾自动报警控制系统是智能型的，那么整个系统将是以计算机数据处理传输作为系统的信息报警和自动控制。系统将利用智能类比式探测器，在所监测的环境范围中采集烟浓度或温度对时间变化的综合信息数据，并与系统主机数据库中存有的大量火情资料进行分析对比，迅速分清信号是真实火情所致，还是环境干扰的误报（一般普通探测器是做不到的），从而准确及时地发出实时火情状态警报，并联动各消防设备投入灭火救灾工作。

不同的建筑物，其使用目的、性质、重要性、位置环境条件、火灾所带来的危害程度和

管理模式等各不相同，其所要求构成的火灾报警控制系统方式也不同。设计时，应考虑有与其性质等级相配的系统与其相适应，所以设计人员在设计时应首先认真分析工程的建设规模、用途、性质和等级等条件，从而确定并构成与其相适应的火灾自动报警控制系统和联动系统。

火灾自动报警控制系统还应具有交、直流两用供电系统，当交流断电时，直流供电系统可自动导入，以保证控制器运行的连续性。报警控制器还应配有时钟及打印设备，以便记录和备份。

有些还配有专用连接探测器及模块的光纤接口，可实现远程（30km 左右）探测器及模块到控制器之间的信号传输，实现远程联网通信，设计时可根据实际需要进行选择，（注意这个功能在一般工程中是不必要的）。

第五节　消防广播与消防专用电话、疏散引导系统

每套完整的火灾自动报警系统都必须设置消防广播和消防专用电话，主要作用是为了有效地组织人员迅速疏散，指挥消防人员进行灭火工作。

一、消防广播和警报装置

根据《火灾自动报警系统设计规范》（GB50116—1998）和《民用建筑电气设计规范》（JGJ/T16—92）的规定：控制中心报警系统，应设置火灾应急广播系统，集中报警系统宜设置火灾应急广播系统。因为消防广播设备作为建筑物的消防指挥系统，在整个消防控制管理系统中起着及其重要的作用。

按照有关的规定、规范及要求，火灾事故广播系统在技术上应符合以下要求：

（1）对扬声器设置的要求　参见表 5-12 所示。

表 5-12　消防广播扬声器设置要求

类　　别	要　　求
走道、大厅、餐厅等公共场所任何部位到最近一个扬声器的步行距离	≤15m，额定功率≥3W
走道末端扬声器距墙距离	≤8m，额定功率≥3W
客房扬声器	额定功率≥1W
客房外走道扬声器间距	≤10m，额定功率≥3W

（2）火灾事故广播播放疏散指令的控制程序　地下层发生火灾，应先接通地下各层及首层，若首层与 2 层具有大的共享空间时也应接通 2 层。首层发生火灾，应先接通本层、2 层及地下各层。2 层及 2 层以上发生火灾，应先接通火灾层及其相邻的上、下层。

（3）火灾事故广播线路应独立敷设　不应和其他线路（包括火警信号、联动控制等线路）同管或同线槽槽孔敷设，但在水平通路和电缆井中可与弱电线缆走同一桥架。

（4）火灾应急广播与其他广播（包括背景音乐等）合用时应符合以下要求

1）火灾时，应能在消防控制室将火灾疏散层的扬声器和公共广播扩音机强制转入（强切）火灾应急广播状态。

2）消防控制室应能监控用于火灾应急广播时的扩音机的工作状态，并能开启扩音机进行广播。

3）床头控制柜设有扬声器时，应有强制切换到应急广播的功能。

4) 火灾应急广播应设置备用扩音机，其容量不应小于火灾应急广播扬声器最大容量总和的1.5倍。

火灾应急广播的强切功能在共用广播系统中是非常重要和必须的，它要求不论在任何情况下都能实现紧急广播，尤其是对客房、办公室的紧急广播，即使房间内的人员把广播音响关断时，紧急广播也能将应该传送的信号播送到每个房间和全楼。平时各房间可以通过音乐选择和音量控制面板获得所需的波道及适当的音量，一旦需要紧急广播时，通过广播机房（或消防机房）的紧急广播按钮可将不同的广播波道和音量强切到紧急广播上和最大音量上，再通过紧急广播话筒把信息传送到各房间及公共场所。其原理参见图5-23，这里关键是把交流220V/AC经过变压整流滤波后变为24V/D直流电压，该直流电压加到带强切动能的音量控制器的继电器J上，使其动作，让扬声器切断其他广播内容（包括关断），直接接上紧急广播，播出紧急广播信息。正常时的播音还可检测消防广播系统是否正常，以便及时维护系统。

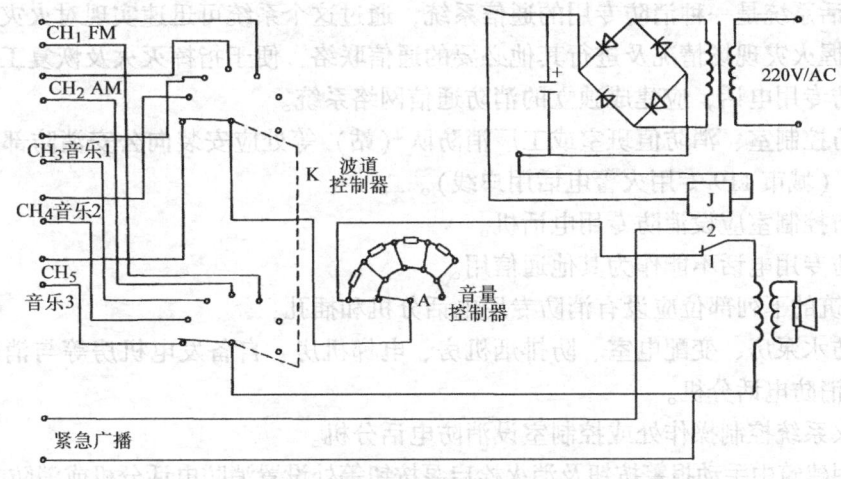

图5-23 紧急广播强切原理图

采用这一技术措施，不但可以节省另外附加一套紧急广播设备的费用，减少工程施工量，减少各房间或公共场所的扬声器数量，美化装修，而且可避免紧急广播时有其他广播的干扰。

消防广播系统通常由以下设备构成：
1) 音源，如录音卡座、CD机等。
2) 播音话筒（有线和无线）。
3) 前置放大器。
4) 功率放大器。
5) 现场播音设备，如吸顶音箱、壁挂音箱、客房床头柜音箱等。
6) 分区音量控制器、消防播音强切装置。

消防广播设备可与其他设备一起，也可单独装配在消防控制室控制柜内，各设备工作电源统一由消防控制系统电源供电。注意：根据现场实际使用的喇叭数量及功率，依照规范规定的计算标准来选择功率放大器（或扩音机）的瓦数，通常还应再配一台备用功放机。

（5）火灾报警装置的设置范围和技术要求 有关规范规定：设置区域报警系统的建筑，

应设置火灾报警装置；设置集中报警系统和控制中心报警系统的建筑，宜装置火灾报警装置。同时还规定：在报警区域内，每个防火分区至少安装一个火灾报警装置。其安装位置，宜设在各楼层走道靠近楼梯出口处。

为了保证安全，火灾警报装置应在火灾确认后，除消防广播强切报警广播外，应由消防中心按疏散顺序统一向有关区域发出警报。在环境噪声大于60dB的场所设置火灾警报装置时，其声压级应高于背景噪声15dB。

在实际设计消防广播系统时，有总线制和多线制二种方案可供选择，二者的区别在于总线制系统是通过控制现场专用消防广播编码切换模块来实现广播的切换及播音控制；而多线制系统是通过消防控制中心的专用多线制消防广播分配盘来完成播音切换控制的。

二、消防专用电话

为了消防系统的可靠、有效、迅速地进行火灾报警，灭火疏散工作，应设置消防专用电话，消防电话系统是一种消防专用的通信系统，通过这个系统可迅速实现对火灾的人工确认并可及时掌握火灾现场情况及进行其他必要的通信联络，便于指挥灭火及恢复工作。

1）消防专用电话，应建成独立的消防通信网络系统。
2）消防控制室、消防值班室或工厂消防队（站）等处应安装向公安消防部门直接报警的外线电话（城市119专用火警电话用户线）。
3）消防控制室应设消防专用电话机。
4）消防专用电话不能作为其他通信用。

民用建筑的下列部位应设有消防专用电话分机和插孔：

1）消防水泵房、变配电室、防排烟机房、电梯机房、自备发电机房等与消防联动有关的值班室设消防电话分机。
2）灭火系统控制操作处或控制室设消防电话分机。
3）民用建筑中手动报警按钮及消火栓启泵按钮等处设置消防电话分机或消防电话插孔。
4）特级保护对象建筑中各避难层应设置消防电话分机。
5）其他应该设置分机或插孔的地方。

工业建筑中下列部位应设置消防专用电话分机：

1）总变、配电站（室）及车间变、配电所（室）。
2）工厂消防队（站）、总调度室。
3）保卫部门总值班室。
4）消防泵房、取水泵房（处）、电梯机房等。
5）车间送排风及空调机房等处。

工业建筑中手动报警按钮处，消火栓启泵按钮等处宜设消防电话插孔。

三、消防电话系统主要设备

1）智能型消防电话主机，可呼叫任意固定分机，分机被呼叫时会振铃直至分机摘机或火灾报警控制器取消呼叫。
2）消防电话分机可呼叫主机，无需拨号。主机被呼叫时会振铃，直至主机摘机或分机取消呼叫，分机间可通过主机允许通话。

3）消防电话插孔，将分机插入任意插孔，都视为分机呼叫主机，电话插孔要可任意扩充。

4）手提式消防电话分机，多用于救灾时，方便与主机联系，汇报灾情，接收指示。

图 5-24 所示的是 LD—8300 系列型火灾事故紧急广播通信系统图，该系统主要由广播机、广播分路控制盘、消防电话总机、电话录音装置和电源等组成，兼有火灾事故广播和消防电话两项功能。

5）系统电话线要采用阻燃耐温型线缆，穿阻燃 PVC 管走金属桥架敷设，线径≥1mm²。

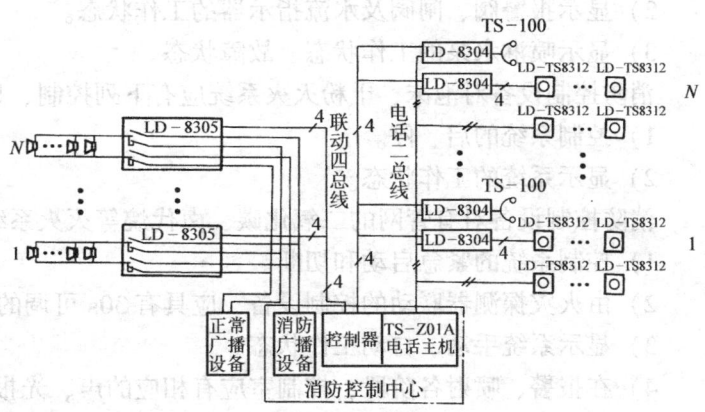

图 5-24 LD—8300 型火灾事故广播、通信系统图

6）全套系统要定期检查（一般一周一次），保证系统各设备正常可靠，在火灾发生时不出任何问题。

第六节 消防设施的联动控制及气体灭火等新型灭火系统

消防设施的联动控制是现代消防系统特别是智能化消防系统的重要内容，设计人员在从事火灾自动报警及消防联动控制设计时，要根据实际情况按照国家有关消防法规，如"火灾自动报警系统设计规范"、"高层民用建筑设计防火规范"等要求进行设计，以保证符合规范、实用有效、造价合理。

一、消防联动控制的要求与功能

1. 一般规定

1）消防联动控制对象有灭火设施（消防泵、喷淋、喷气等）、防排烟设施、防火卷帘门、防火门、水幕、电梯、送风、广播等及非消防电源的断电控制。

2）消防联动控制应根据工程规模、管理体制和功能要求等来合理确定控制方式。控制方式一般为两种，即集中控制和分散与集中相结合方式。无论采用何种控制方式，应将被控制对象执行机构的动作信号（反馈信号）送至消防控制室。

3）容易造成混乱带来严重后果的被控制对象（如电梯、非消防电源及警报等），应由消防控制室集中管理。

2. 消防联动控制的功能

消防控制设备对室内消火栓系统应有下列控制显示功能：

1）控制消防水泵的启、停。

2）显示启泵按钮启动的位置。

3）显示消防水泵的工作、故障状态。

消防控制设备对自动喷淋灭火系统应有下列控制显示功能：

1) 控制系统的启、停。
2) 显示报警阀、闸阀及水流指示器的工作状态。
3) 显示喷淋水泵的工作状态、故障状态。

消防控制设备对泡沫、干粉灭火系统应有下列控制、显示功能：
1) 控制系统的启、停。
2) 显示系统的工作状态。

消防控制设备对有管网的二氧化碳、卤代烷等灭火系统应有下列控制显示功能：
1) 控制系统的紧急启动和切断。
2) 由火灾探测器联动的控制设备，应具有30s可调的延时装置。
3) 显示系统手动、自动工作状态。
4) 在报警、喷射各阶段，控制室应有相应的声、光报警信号并能手动切除声响信号。
5) 在延时阶段，应能自动关闭防火门、窗，停止通风及空气调节系统。

火灾报警后，消防控制设备对联动控制对象应有下列功能：
1) 停止有关部位的风机，关闭防火阀，并接收其反馈信号。
2) 启动有关部位的防烟、排烟风机、正压送风机和排烟阀，并接收其反馈信号。

火灾确认后，消防控制设备对联动控制对象应有下列功能：
1) 关闭有关部位的防火门、防火卷帘、并接收其反馈信号。
2) 发出控制信号，强制电梯全部停于首层，并接收其反馈信号。
3) 接通火灾事故照明灯和疏散指示灯。
4) 切断有关部位的非消防电源。

火灾确认后，消防控制设备应按疏散顺序接通火灾报警装置和火灾事故广播，接通顺序如下：
1) 二层及二层以上楼层发生火灾，宜先接通着火层及其相邻的上、下层。
2) 首层发生火灾时，宜先接通本层、二层及地下各层。
3) 地下室发生火灾时，宜先接通地下各层及首层。

消防控制室的消防通信设备，应符合下列要求：
1) 消防控制室与值班室、消防水泵房、配电室、通风机房、电梯机房、区域报警控制器及卤代烷等管网灭火系统应急操作装备处应设置固定的对讲电话。
2) 手动报警按钮处宜设置对讲电话插孔。
3) 消防控制室内应设置向当地公安消防部门直接报警的外线电话。

二、火灾自动报警系统对消防设施的控制

一个完善的火灾自动报警系统中对消防设施的控制内容包括：防火门、防火卷帘的控制；排烟控制；正压送风控制；消防水泵控制；喷淋水泵控制；疏散广播；警铃控制；气体自动灭火控制；电梯控制；消防通信和其他消防设施的控制等。其主要作用是便于安全迅速疏散；便于高效灭火，控制火势蔓延扩大。

1. 防火门和防火卷帘门的控制

如果所要控制的对象是防火门时，首先要了解防火门的开关方式。一般有两种形式：一是防火门被永久磁铁吸住处于平时开启状态，火灾时可通过自动或手动将其关闭。自动控制时，由探测器或消防控制装置发来指令信号，使电磁线圈通电产生的吸力克服永久磁铁的吸

力,从而靠弹簧将门关闭。另一种是防火门被电磁锁固定扣住,平时处于开启状态,火灾时由探测器或消防控制装置发出指令信号使电磁锁扣被解开,防火门靠弹簧(闭门器)将门关闭。注意,当防火门被人用手拉开时也可使门自动关闭。如图 5-25、图 5-26 所示。

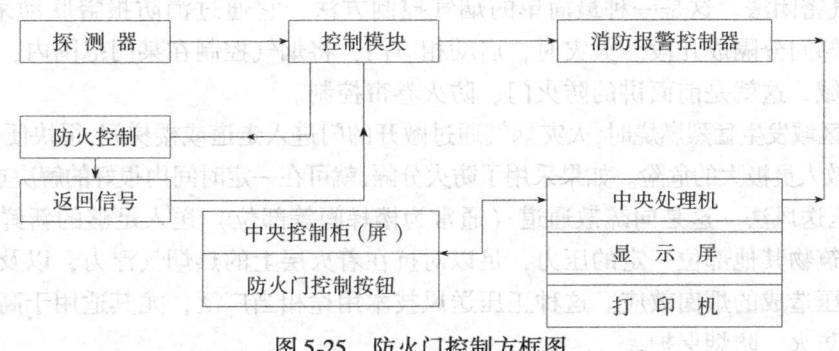

图 5-25　防火门控制方框图

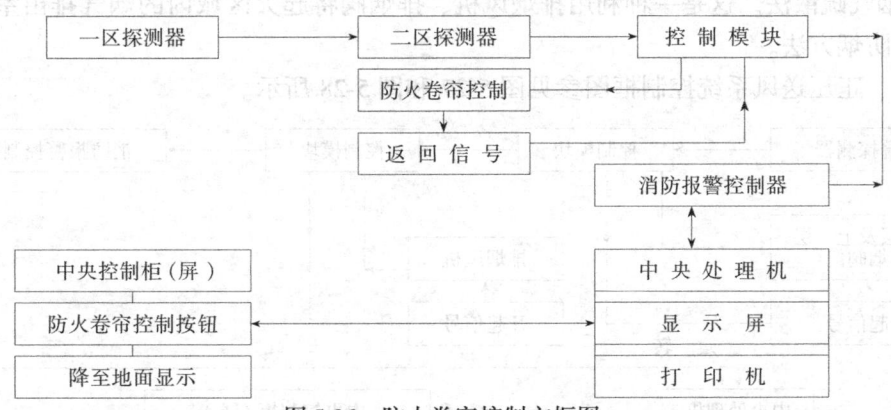

图 5-26　防火卷帘控制方框图

对于防火卷帘而言,当火灾发生时,也是根据探测器或消防控制装置的指令信号使卷帘上方的控制装置动作,自动将卷帘降下至预定的位置。根据现行规范规定,当现场的感烟控制器动作或消防控制装置第一次指令时,卷帘下降到距地面 1.8m 处,当现场的感温探测器动作或消防控制装置第二次指令时,卷帘下降到底,以达到控制火灾蔓延的目的。

目前有一种卷帘门自停控制器,可控制卷帘门下降时触障碍物立即停止,障碍物移走后继续下降,这样对用户增加了安全感。如火灾卷帘下降时,门下如果有人通过不会造成人员安全事故,如果有人来不及疏散,可用障碍物或手抬住卷帘,保证人员疏散。

还有一种新型带记忆的防火卷帘门,当发生火灾时,如果控制电路发生故障或电路断电或无人值班,只要温度超过 75℃,防火卷帘能根据预置记忆自动下降。火灾消除后自动恢复,可反复使用上千余次,大大提高了火灾时,防烟、防火的可靠性。

卷帘也可由现场手动控制。

对于防火门、防火卷帘、现场装设的手动控制器外,还要装自动探测器,一般为一个温感探测器,一个烟感探测器。通常用两个探测器的"与"门信号来控制防火门的关闭。

2. 排烟、正压送风机系统的控制

大型建筑物内烟气控制是非常重要的,这种控制是智能化消防系统中必不可少的。它有两个基本目的,一是对安全疏散通道的保护;二是配合消防队的救援行动。疏散通道的形式和布局、消防设施的特点以及建筑物的用途都决定了将采取主动还是被动的烟、气控制方式，通常采用的方法有烟气密闭、烟气疏散、正压送风、置换—稀释排烟、直流排烟、负压排烟和混合排烟等，最常见的有：

1）烟气密闭法。这是一种最简单的烟气控制方法，它通过消防报警联动采用防烟门，将走道或楼梯间分隔成几段。火灾时，启动相应门，将烟气控制在某门范围内，不致影响到其他相邻区域，这就是前面讲的防火门、防火卷帘控制。

当起火区域发生猛烈燃烧时，火灾烟气通过敞开的门进入走道或楼梯间，很快便会充满浓烟，从而造成疏散人员极大的危险。如果采用了防火分隔，就可在一定时间内很好的解决这一问题。

2）正压送风法。这是向疏散通道（通常为楼梯间等部位）送入足够的新鲜空气，使其维持高出建筑物其他部位一定的压力，足以对抗在着火层上的热烟气浮力，以及建筑物内外部温差和风压造成的烟囱效应。这种正压送风技术用途相当广泛，尤其适用于高层建筑中作疏散通道的防火、防烟保护。

3）烟气疏散法。这是一种利用排烟风机、排烟阀将起火区域内的烟气排出室外的有效的防火、防烟方法。

排烟、正压送风系统控制框图参见图 5-27 和图 5-28 所示。

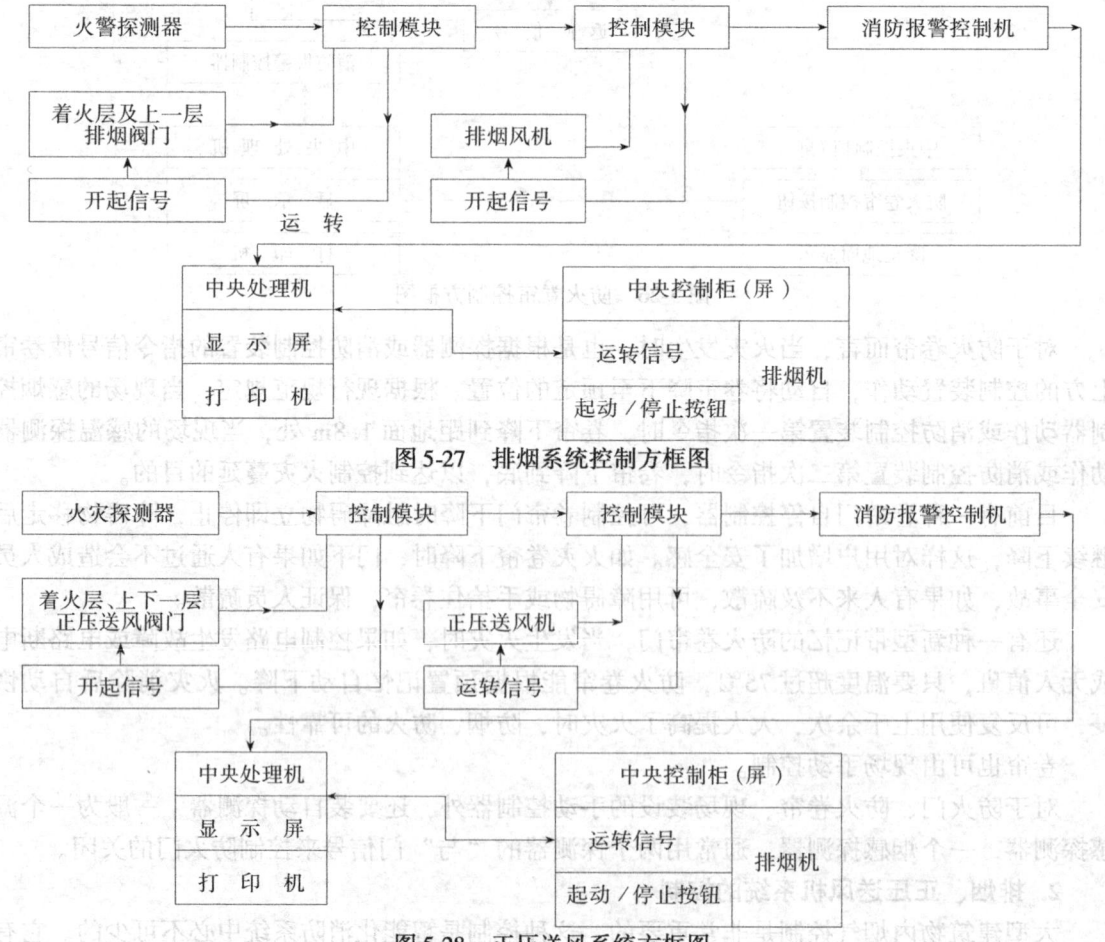

图 5-27 排烟系统控制方框图

图 5-28 正压送风系统方框图

由于着火时产生的烟雾一般以一氧化碳为主，这种烟气是火灾时人员死亡的主要因素（约占火灾死亡人数的60%）；再者火灾时由于烟气对人视线的遮挡，使人们在紧急疏散时无法辨别方向，所以火灾时烟气对人员的危害相当严重。火灾发生后迅速排出烟气，并防止烟气窜入非火灾区域，这在整个消防系统中是非常重要的。

常规的排烟、正压送风系统由排烟风机、送风机以及排烟阀门、送风阀门等组成。

排烟阀门一般是设在排烟口处，平时处于关闭状态。当火警发生后，它可以与感烟信号联动，控制主机发信号或手动使之瞬间开启，进行排烟。任何一处排烟阀开启时，会立即联锁起动排烟风机。

在排烟风机前的排烟吸入口外，装设有排烟防火阀，当排烟风机启动时，此阀同时打开，进行排烟，当排烟温度高达280℃时装设在阀口的温度熔断器动作，再将阀自动关闭，同时也联锁关闭风机。

如果是高层建筑，对于任何一层着火时，排烟阀的开启应该是着火层及上一层。

对于正压送风系统而言，由于通常在各层楼梯间前室的正压送风口为敞开式的，所以火灾时，需要加压风机送风时，只要打开正压送风机即可。如果正压送风口也设计成由电动阀开启的（通常在电梯间前室），那么阀平时也处于关闭状态，着火时，应该根据着火层及上下相邻一层来控制。发生火灾时防排烟系统工作程序如图5-29所示。

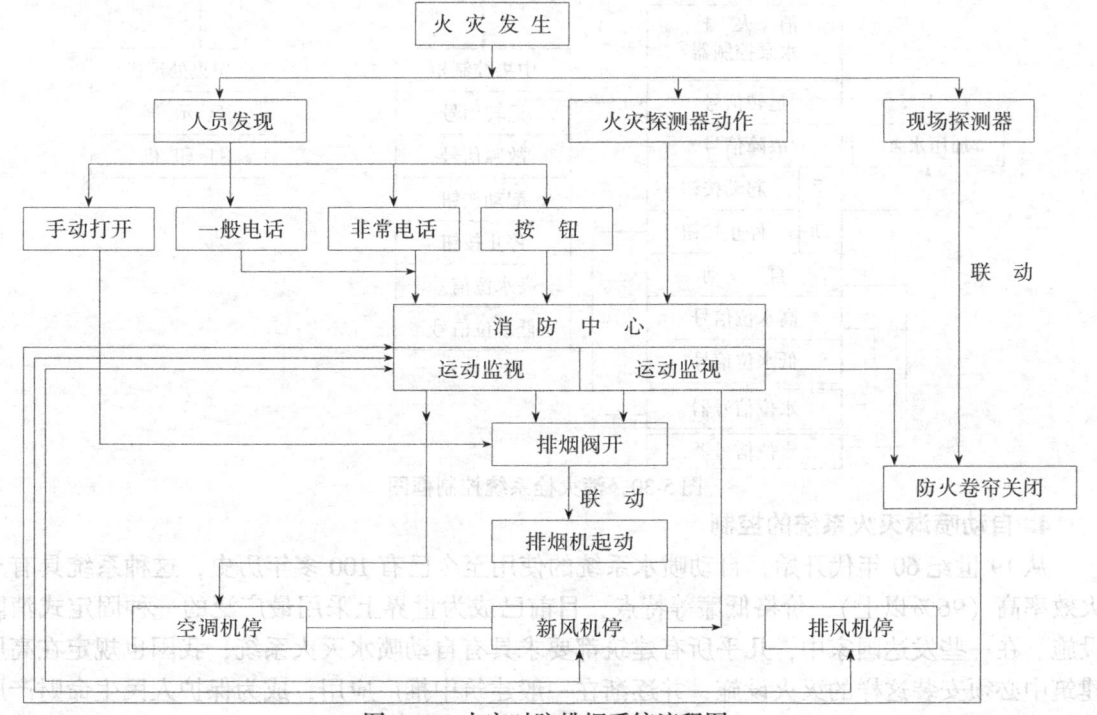

图5-29 火灾时防排烟系统流程图

有时在要求比较高的场所，为了使某一场所的正压值保持在特定的范围内，那么就应该根据某一场所正压值的变化来自动调节送风口的电动调节阀门的开度大小。

在有通风空调的场所，通风空调设备（包括管道上的防火阀）对火灾也影响较大。所以在开启火灾相关层排烟、正压风阀的同时，也应同时关闭空调系统的相关层空调送风格栅及新风机组送风阀，这样可以防止火灾蔓延。

上面介绍的几种防火、防烟方法，在现代智能建筑消防系统中是联合使用的，这样才能更有效的保证防灾、救灾工作的正常、顺利进行，尽可能地保护人员和财产的安全。

3. 消火栓灭火系统的控制

水是众多灭火剂中价格最便宜、取材最容易、器材最简单、维护最方便，对生态环境污染最小的灭火材料，而且灭火效果较好，对人无害。所以在设计消防系统时，除一些特殊场所（电器机房，高、低压配电室、档案室等）灭火装置都应该以喷水设施为主。

消火栓灭火是建筑物中最基本和常用的水灭火方式。为了使各消火栓中的喷水枪具有相当的水压，需要对消防水管里的水加压，通常是采用消防加压水泵。同时在每个消火栓旁设置启动按钮，消防人员可随时启动加压水泵进行有效灭火。另外当消防控制主机接收到火灾信号后，经确认也可手动或自动启动消防水泵，进行加压。

水泵由消火栓箱内按钮及消防中心（控制室）或计算机 DDC 系统集中控制。设有工作状态选择开关，可使水泵处在手动、自动或备用状态。当水源水池无水时，水泵能自动停止运转，并设有水泵故障指示灯。水源水池的液位控制器，可采用浮球式液位计或干簧式液位计，当采用干簧式液位计时，需设下扎头以保证水池无水时能可靠停泵。消火栓系统控制见图 5-30 所示。

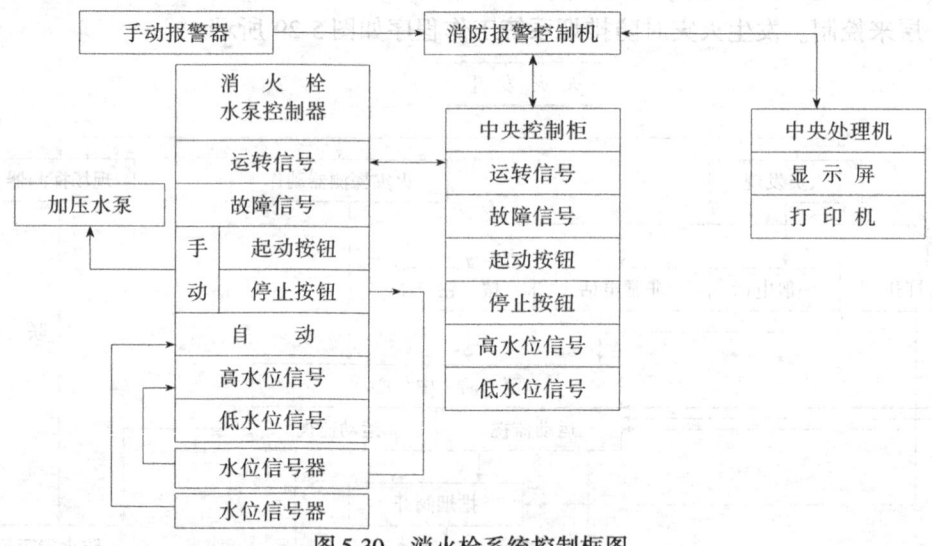

图 5-30　消火栓系统控制框图

4. 自动喷淋灭火系统的控制

从 19 世纪 60 年代开始，自动喷水系统的使用至今已有 100 多年历史，这种系统具有灭火效率高（96%以上）、价格低廉等特点，目前已成为世界上采用最广泛的一种固定式消防设施。在一些发达国家中，几乎所有建筑都要求具有自动喷水灭火系统，我国也规定在高层建筑中必须安装这样的灭火设施，并逐渐在一般建筑中推广应用，成为保护人民生命财产所必备的消防手段。

自动喷水系统可分为自动水喷淋系统、自动喷雾系统及自动水雾系统。这里介绍最常用的自动喷淋系统。

常用的自动喷淋灭火系统可分为湿式和干式两种。干式和湿式的区别主要在于喷水管道内是否处于充水状态。

干式系统中喷水管网平时不充水（或有时充气以监视管网漏气），当火灾发生时，控制主机在收到火警信号后，立即控制预作用阀，使其开阀向管网系统内充水。而湿式系统中管网平时也是处于充水状态的。

自动喷淋系统分秒不离地值守岗位，不怕浓烟烈火、随时监视火灾，安全可靠的工作。一般适用于温度不低于40℃（太低受冻）和不高于70℃（太高失控误动作）的场所。

火灾时着火的场所温度迅速上升，当温度上升到一定值时，使水喷头上的热敏液体玻璃球爆裂，向外喷水。喷水后由于水压下降，使压力继电器动作。同时由于喷水时，水流通过装于主管网分支处的水流开关使其动作，在延时10~20s之后发出信号给消防控制主机，主机判断为真实火情立刻起动加压水泵，给火灾区域送水喷淋灭火。

压力继电器的动作及消防控制主机在收到水流开关信号后发出的指令均可启动喷水控制系统，参见图5-31。

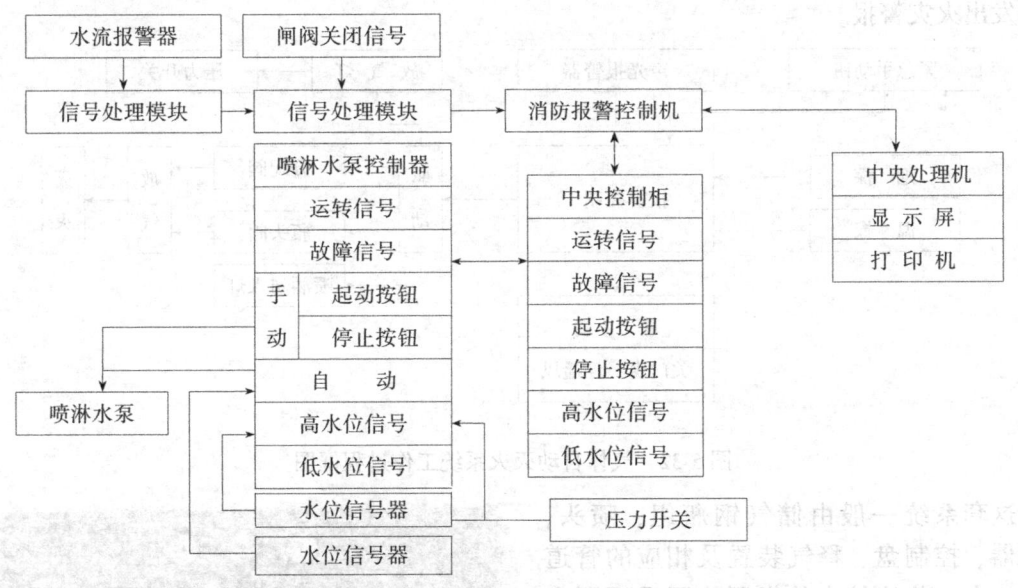

图5-31　自动喷淋灭水系统控制框图

自动喷淋系统由喷头、报警、止回阀、延迟器、水力警铃、压力开关、水流指示器、管道系统、供水设施、报警装置和控制设备等组成。正常情况下，喷头处于封闭状态，但具有探测火情、启动水流指示器、启动喷水系统工作、扑灭早期火灾的重要作用。要求其结构新颖美观（在房间中可见）、耐腐蚀性强、动作灵敏、性能稳定，各控制设备要求响应及时准确可靠。

5. 气体自动灭火系统的控制

气体灭火系统在现代智能建筑中应用已非常普遍，特别是CO_2灭火系统，已发展成为仅次于水灭火系统的第二大固定式灭火系统，并在其他领域也得到广泛应用。

气体自动灭火系统适用于不能采用水或泡沫灭火的场所。在大楼中，采用气体灭火的地方主要有：柴油发电机房、高压配电室、低压配电室、中央控制室、电子计算机房、变压器室、电话机房、档案资料室、陈列室、书库、贵重仪器室、可燃气体及易燃液体仓库等。

固定式气体自动灭火系统按使用的气体分类有卤代烷灭火设备、二氧化碳灭火设备，氮气灭火设备和蒸气灭火设备等。在高层楼宇中最常用的是卤代烷和二氧化碳灭火设备，这里仅就这两种设备加以叙述。

(1) 卤代烷自动灭火系统 从 20 世纪 40 年代开始，世界各国相继采用 1211、1301、2402 等卤代烷作为气体灭火剂，其中以 1301 卤代烷应用最为广泛，如法国的电子计算机房，采用 1301 卤代烷灭火剂的占 95%。

卤代烷灭火剂的作用是阻止可燃物与氧气进行化学反应，起到"断链"的作用，从而达到灭火的目的。其优点是灭火能力强，特别是对电气火灾和油类火灾尤其适用，毒性小，易氧化，灭火后不留任何污迹，对机构设备无腐蚀作用；电气绝缘性能好，化学性能极稳定，长期存储不会变质。

图 5-32 为卤代烷等气体自动灭火系统工作过程框图。这套系统是通过灭火指令控制压力容器上的电磁阀，放出卤代烷至喷嘴灭火的。在气体放出的同时，管道上的压力继电器动作，通过控制显示卤代烷放出的信号，同时告知人们切勿入内。此外，系统还具有声响报警功能发出火灾警报。

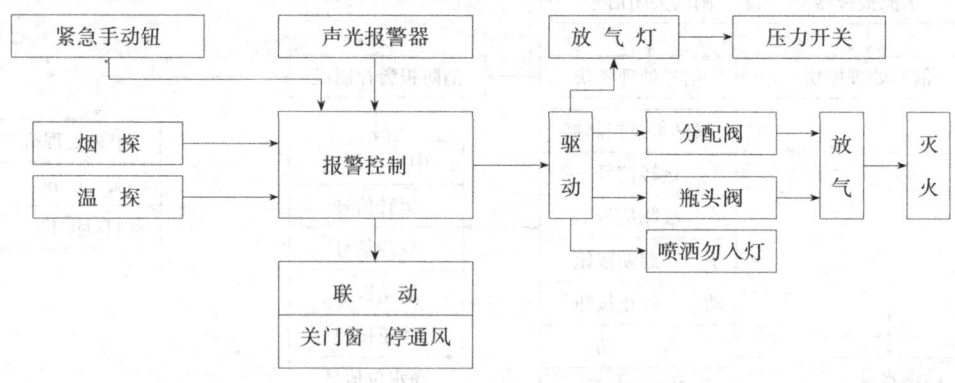

图 5-32 气体自动灭火系统工作过程框图

这套系统一般由储气钢瓶组、喷头、探测器、控制盘、释气装置及相应的管道组成。在一些比较小的场所除了采用固定管道式的卤代烷自动灭火系统外，还广泛采用无管路悬挂式自动灭火系统，如：国产型号为 TY—1 型（电磁阀瓶头）和 TY—2 型（电爆阀瓶头），其球形容器容积为 40L，可装灭火剂 45kg，充装压力为 2.5MPa，最大保护区容积为 525m³。

气体自动灭火系统常设有联动装置，以便在装置动作喷射灭火剂之前将保护区的窗洞，如空调系统的进风口，通风百叶窗等自动封堵，来提高灭火效率。

(2) 二氧化碳自动灭火系统 在一些通常无人值班的变压器室或高压配电室，可采用价格较低的二氧化碳自动灭火系统，参见图 5-33。

图 5-33 高压 CO_2 自动灭火系统

二氧化碳在常温常压下无色、无嗅，是一种不燃烧，不助燃的气体，便于装灌和储存，是目前应用较广、效果良好、价格较低的灭火剂之一。具有对保护体不污损、空间淹没性好、灭火迅速等优点，但也有对人体危害性大的缺点，设计、使用时要特别注意。

二氧化碳可扑灭的火灾有：气体火灾、电气火灾、液体或可熔化固体、固体表面火灾等。二氧化碳不能扑灭的火灾有：金属氧化物、活泼金属、含氧化剂的化学品等火灾。

当火灾发生时，通过现场的火灾探测器发出信号至放气执行器，它便打开二氧化碳气瓶的阀门，释放二氧化碳气体，使室内缺氧而将火灾扑灭。也可采用手动操作，当火灾发生时把放气开关拉动，就能喷出二氧化碳灭火。这个开关一般装在房间门口附近墙上的一个玻璃面板箱内，火灾时将玻璃面板敲破，就能拉动开关喷出二氧化碳气体。

装有二氧化碳自动灭火系统的保护现场（如变电所或配电室），一般都在门口加装选择开关，可就地选择自动或手动操作方式。当有工作人员进入里面工作时，为了防止意外事故，避免有人在里面工作时喷出二氧化碳影响健康，必须在入室之前把开关转到手动位置，离开时关门之后复归到自动位置。为了避免无关人员乱动选择开关宜用钥匙型的转换开关。

总之，气体自动灭火设备虽然种类很多，但都是通过由探测器探测到火情后为灭火控制器发出信号，控制器收到信号后通过灭火指令来控制气体压力容器上的电磁阀，放出灭火用气体至喷头，喷出气体灭火。在气体释放的同时，管道上的压力继电器动作，通过控制器显示气体放出的信号，同时告知人员切勿入内。此外，设备还应具有声响报警等功能。

6. 其他消防设施

（1）火灾事故照明与疏散指示标志　当火灾发生时，电线可能被烧断，同时为了防止事故扩大，必须人为地切断受灾部分电源。在这种情况下，为保证人员安全疏散和重要房间继续工作和组织扑救，设计中应考虑事故照明和疏散指示标志灯。事故照明包括火灾事故工作照明及火灾事故疏散照明。而疏散指示包括通道疏散指示灯及出入口标志灯。

高层楼宇的疏散楼梯、防烟楼梯间的前室、消防电梯及其前室、各层走道、配电室、消防控制室、消防水泵房自备发电机房等应设置火灾事故照明。

高层楼宇中的观众厅、展览厅、多功能厅、餐厅、商场等人员密集的地方，公共建筑内疏散走道和居住建筑内长度超过20m的内走道等，应设置火灾事故疏散照明，其照度不应低于0.5lx。

除8层以下普通住宅外，所有高层楼宇的疏散通道应安装疏散指示灯，每10~20m步行距离及转角处需安装1个，其高度应在2m以下；在通往楼梯或通向室外的出入口应设置出入口标志灯，并采用绿色标志，安装在门口的上部。

事故照明灯及疏散标志灯应设玻璃或其他非燃烧材料制做的保护罩。疏散指示灯的安装应注意箭头示出疏散方向，疏散指示灯平时不亮，当遇有火灾时接受指令，按要求分区或全部点亮（或停电时自动点亮）。

事故照明灯的工作方式可分为专用和混用两种，可根据实际情况来选择。

事故照明和疏散照明指示标志灯统称为应急照明。应急照明一般是在市电停电时使用，为保证迅速点亮，光源应考虑采用白炽灯为宜。应急照明可采用铅酸蓄电池作为电源，成本低，但由于蓄电池维护麻烦，又不经常使用，容易发生使用时供电不可靠的问题，近年来逐渐使用镍镉电池供电，正常情况下，镍镉电池处于浮充状态，在市电中断时，由镍镉电池向应急灯供电，碱性镍镉电池体积小、容量大、寿命长，平时不需要维护，工作十分可靠。

火灾时应急照明的供电时间要求为：电梯轿箱内、消火栓处、自动扶梯安全出口、台阶处、疏散走廊、室内通道公共出口不少于20min。人员密集场所，如展览厅、多功能厅、餐厅、营业厅和危险场所避难层等不少于1h。配电室、消防控制室、消防泵房、发电机组室、蓄电池室、火灾广播室、电话站、电脑机房等重要房间要求应急照明能连续工作。

（2）应急电源插座 当发生火灾时，应急电源插座为消防队照明用电和排烟等救助工作提供电源。应急电源插座由备用电源供电。

应急电源插座有三相和单相两种，它们均设置在每层楼专供消防设备用的电源配电箱内，全部器件和导线等应采用耐火、耐热型。保证在火灾时的一定时间内能正常提供各种消防用电。

消防用电设备应采用单独的供电回路，其配电设备应有明显的标志，配线及控制方式应按水平或垂直方向上的防火分区进行。

（3）电梯管理控制 建筑物中设有电梯和消防电梯时，消防控制室内应设有对电梯特别是消防电梯的运行管理装置。电梯是高层建筑中纵向交通工具，消防电梯则是在发生火灾时供消防人员灭火和营救人员用的。火灾时，无特殊情况不能用一般电梯作疏散，因为这时电源可能断电将人困住，因此对电梯的控制一定要安全可靠。

对电梯运行管理通常有两种方式：一种是在消防控制室内设置电梯控制显示盘，紧急时，消防人员可根据需要直接控制电梯。另一种是在建筑物消防控制室或电梯轿箱等处设置专用控制开关。火灾时，消防控制室向电梯控制屏发出信号，强制电梯降至首层。

当消防控制室及专用控制开关动作时，所有厅站和楼层电梯按钮将不能再开动，唯一控制权在消防控制室及专用控制开关上，以确保集中控制。

所有电梯迫降于首层后，让乘客先行离去，然后电梯停止运行。应急消防电梯只供给消防人员使用。

当火警和停电恰好在同一期间发生时，备用发电机将迅速启动提供电源。电梯的运行及操作程序和上述发生火警时管制运行相同，但电梯将按顺序各台逐一操作，消防电梯将保持由备用电源供应继续工作。

消防电梯的载重量不应小于800kg，轿箱装修应采用不燃材料，轿箱内应设专用电话。消防电梯井、机房应采用耐火极限大于2小时的材料隔离，门应按甲级防火设计，消防电梯井底应设排水设施，排水量应大于10L/s。动力与控制电缆电线应采取防火、防水措施。

第七节 消防控制室与系统接地

一、消防控制室

根据防火要求及有关规范，仅有火灾自动报警系统但无消防联动控制功能时，可设消防值班室，也可与经常有人值班的部门合设值班室（如门卫等）。凡设有火灾自动报警和自动灭火系统或设有自动报警和机械防排烟设施的楼宇（如酒店、办公楼和其他公共建筑），都应设立消防控制室（消防中心）负责整座大楼火灾的监控与消防工作的指挥，由图5-2可知，消防控制室既是消防活动的管理中心，又是火灾发现并发出警告，引导疏散扑灭初期火灾及其他原因发生事故的处理中心，也是消防部门设在本大楼实施灭火救灾的现场指挥中心,它的地位极为重要。

1. 消防控制室的位置选择

消防控制室应设在建筑物的首层,应用耐火极限不低于 3h 的隔墙和耐火极限不低于 2h 的楼板与其他部位隔开并应有直通室外的安全出口。内部和外部的消防人员能容易找到并能方便接近消防控制室。

不应将消防控制室设于厕所、锅炉房、浴室、汽车库、变压器室等的隔壁和上、下层相对应的房间。有条件时应设置在防火监控、广播、通信设施等用房附近并适当考虑长期值班人员房间的朝向等。尽可能安装空调,保证工作人员舒适,设备可靠运行。

消防控制室应尽可能靠近消防水泵房和消防电梯,并宜尽量避开人流密集的场所,特别要注意避免人流疏散路线对消防控制室指挥灭火救灾工作的干扰。

2. 消防控制室的设备布置

图 5-34 所示为消防控制室(中心)的示例。

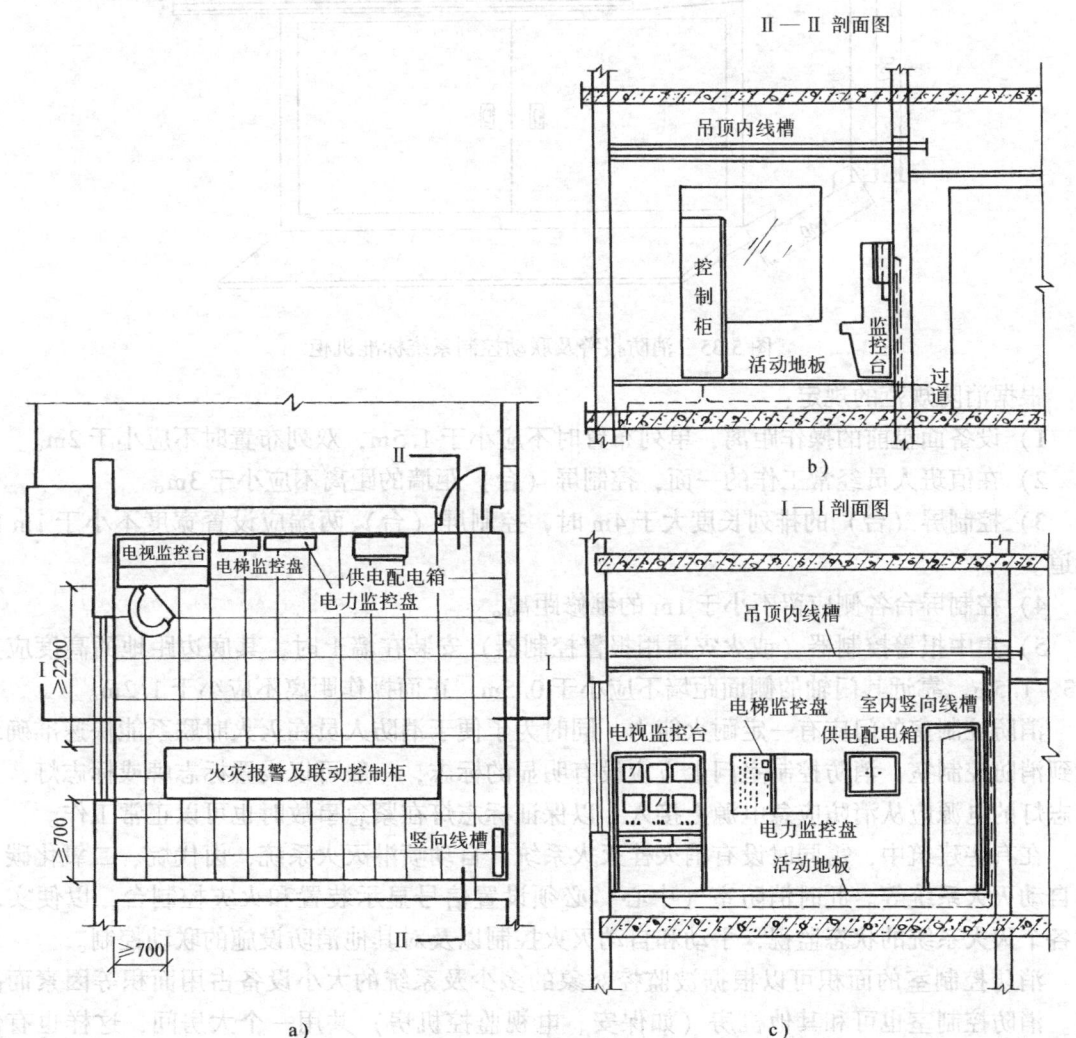

图 5-34 消防控制中心示例

图5-35所示为消防报警及联动控制系统标准机柜示意图,根据系统的大小可配若干列这样的机柜。

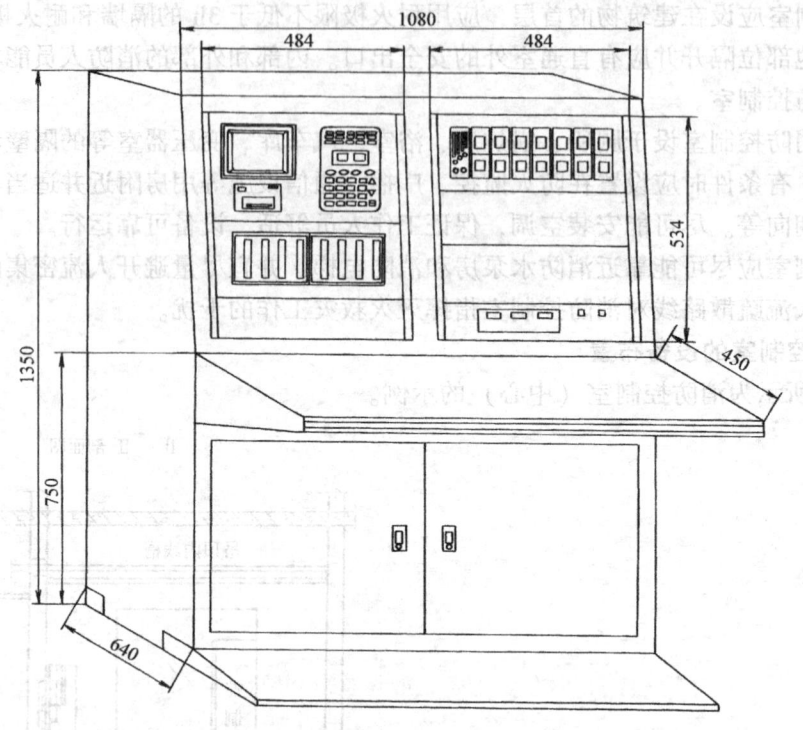

图 5-35 消防报警及联动控制系统标准机柜

根据消防规范的规定：

1) 设备面盘前的操作距离,单列布置时不应小于1.5m,双列布置时不应小于2m。

2) 在值班人员经常工作的一面,控制屏(台)距墙的距离不应小于3m。

3) 控制屏(台)的排列长度大于4m时,控制屏(台)两端应设置宽度不小于1m的通道。

4) 控制屏台各侧应留不小于1m的维修距离。

5) 集中报警控制器(或火灾通用报警控制器)安装在墙上时,其底边距地面高度应为1.3~1.5m。靠近其门轴的侧面距墙不应小于0.5m,正面操作距离不应小于1.2m。

消防控制室的门应有一定耐火能力,同时为了便于消防人员在灭火时联系能快速准确地达到消防控制室,消防控制室门上方应设有明显的标志,一般可以设置标志牌或标志灯,且标志灯的电源应从消防应急电源上接入,以保证标志灯在紧急事故时也可以正常工作。

在有些建筑中,需同时设有消火栓灭火系统,自动喷淋灭火系统,卤代烷、二氧化碳气体自动灭火系统等。此时消防室(中心)必须设置信号显示装置和火灾控制台,以便实现对各个灭火系统的状态监视,手动和自动灭火控制以及对其他消防设施的联动控制。

消防控制室的面积可以根据被监控对象的多少及系统的大小设备占用面积等因素而决定。消防控制室也可和其他机房(如保安、电视监控机房)共用一个大房间,这样也有便于相互联系,且管理方便、节省设备、少占用房间及面积等优点,但这样设置应事先得到有关部门的认可。

3. 通常消防控制室（中心）根据需要应设有如下设备

1）报警控制主设备。其中包括：室内消火栓系统的控制显示；自动喷淋灭火系统的控制显示；泡沫、干粉、灭火系统的控制显示；二氧化碳等气体管网灭火系统的控制显示；电动防火门、防火卷帘的控制显示；防排烟设备及电动防火阀的控制显示；通风、空调的电源切断控制显示。

2）电梯系统的监控设备（包括电梯所在楼层的显示）。

3）火灾事故广播设备的控制装置。

4）消防通信设备。

5）后备电源等。

6）其他设备如：疏散照明电源监视；高空障碍灯监视；风速、风向、温度等监视设备。

4. 消防控制室的设计要求

（1）消防控制室指挥灭火救灾工作的运作过程　当火灾探测器发出火警信号时，应在消防中心发出声光报警指明火灾部位，并接通上级消防部门的直通电话报告火情，上级消防部门待命监视。同时消防中心值班人员应立即按显示屏指示位置查明火灾现场情况；当火灾得到证实后，消防中心应再次接通上级消防部门的直通电话，正式报告火警，消防人员便立即出动并于规定时间内赶赴现场。同时消防中心应立即执行灭火紧急动作。

当消防按钮及自动喷淋系统的水流开关（流水指示器）动作时，应自动进入相应系统的消防动作，如立即启动消防泵，同时按上述程序通报上级消防部门和转入执行灭火紧急操作。

装有气体灭火装置时，可与其他灭火装置同时使用。

（2）火灾紧急联动操作一般包括以下监控程序

1）自动投入相应的消防水泵。

2）自动开启排烟机。

3）自动投入火灾事故照明及疏散指示标志灯。

4）将消防电梯直下巷站，放客、关门、停运，等候消防人员使用；普通电梯停靠首层、放客、关门自动断开电源、停运。

5）对建筑物的防火门、窗、卷帘、紧急避难口、排烟口、正压疏散通道等，按防火区域划分，进行综合性管理和指挥。

6）接通紧急广播、电铃、电话、通报火警，指挥疏散，及时向上级消防部门报告。

7）全部监控设备的状态显示信号。

当大楼设有微机自动管理系统时，自动报警和自动灭火系统及其联动控制装置可以全部纳入微机自动管理系统。

（3）提高对环境的要求　在智能建筑中，由于对设备的要求较高，同时随着现代化技术的发展，消防控制室的设备也越来越复杂，越来越先进，因此系统的主设备可能对室内的温度、湿度有一定的要求，在设计时要根据实际情况和要求注意改善环境条件，使之符合设备生产厂商对设备的技术要求，保证设备能正常运行。

在有集中空调（中央空调）的建筑内，为避免发生火灾时烟火经过空调系统的总风管、回风管扩大蔓延到消防控制室，保证控制室人员和设备的安全，确保消防控制室在火灾时能正常工作，消防控制室的送风、回风管在穿入室内墙时，必须设置自动防火阀。

(4) 线路专用　根据消防控制室的功能要求，火灾报警、消防控制装置、消防专用通话、消防广播、警铃及其他灭火控制设备的信号传输线、控制线路等均必须进入消防控制室，而其他无关电气线路和管网，特别是水管高压电缆等不得穿过消防控制室，以免相互干扰造成混乱。

二、消防系统的接地

为保证火灾自动报警系统和报警联动控制系统等消防电气设备正常工作，对系统的接地规定如下：

1) 火灾自动报警系统应在消防控制室设置专用接地排，接地装置的接地电阻值应符合下列要求：①当采用专用接地装置时，接地电阻不应大于 4Ω。②当采用共用接地装置时，接地电阻不应大于 1Ω。

2) 火灾报警系统应设专用接地干线，由消防控制室引至接地体。

3) 专用接地干线应采用铜芯绝缘导线，其铜芯截面积不应小于 $25mm^2$，专用接地干线宜穿硬质 PVC 阻燃管埋设至接地体。

4) 由消防控制室接地排引至各消防电子设备的专用接地线应选用铜芯绝缘导线。其铜芯截面积不应小于 $4mm^2$。

接地系统非常重要，不能轻视，良好的接地可保证人员和设备的安全，消除电磁干扰。防雷、防静电是整个系统安全可靠运行的保证，设计时一定要认真对待。

第八节　消防系统的布线与配管

消防系统的布线与配管是消防系统的一个重要组成部分，它有其自己的一些特殊要求。

当火灾发生时，由于温度上升对消防线路会有很大的影响，为了保证消防系统设备可靠地工作，这部分线路必须具有耐火、耐热性能，还必须采取防燃、隔热等保护措施。有关规范规定如下：

1) 火灾自动报警系统的传输线路应采用铜芯绝缘导线或铜芯电缆，其电压等级不应低于交流 250V，线芯最小截面积一般应符合表 5-13 的规定。

表 5-13　消防系统用导线最小截面积

类　　别	线芯最小截面积/mm^2	备　　注
穿管敷设的绝缘导线	1.00	
线槽内敷设的绝缘导线	0.75	
多芯电缆（每芯）	0.50	
由探测器到区域报警器	0.75	多股铜芯耐热线
由区域报警到集中报警器	1.00	单股铜芯耐热线
水流指示控制线	1.00	
湿式报警阀及信号阀	1.00	
排烟防火电源线	1.50	控制线 >$1.00mm^2$
电动卷帘门电线	2.50	控制线 >$1.50mm^2$
消火栓控制按钮线	1.50	

2）消防系统布线应采取必要的防火耐热措施，要有较强的抵御火灾能力，即使在火灾十分严重的情况下，应仍能保证消防系统安全可靠地工作。

所谓防火配线是指由于火灾影响，室内温度高达840℃时，仍能使线路在30min内可靠供电的配线方式。

所谓耐热配线是指由于火灾影响，室内温度高达380℃时，仍能使线路在15min内可靠供电的配线方式。

无论是防火配线还是耐热配线，都必须采取合适的保护措施：

1）用于消防控制、消防通信、火灾报警以及用于消防设备（如消防水泵、排烟机、消防电梯等）的传输线路必须采取穿管保护措施。

金属管、阻燃硬质PVC管、金属电缆桥架、封闭式线槽等都得到广泛应用。但需注意，传输线路穿管敷设或暗敷于非易燃的建筑结构内时，其保护层厚度不应小于30mm。若必须明敷时，在线管外须用硅酸钙筒（壁厚25mm）或用石棉、玻璃纤维隔热筒（壁厚30mm）加以隔热保护。

2）在电缆井内敷设有阻燃性绝缘和护套的导线、电缆时，可不穿管保护，但应走隔热金属桥架。

3）对消防电气线路所经过的建筑物基础、天棚、墙壁、地板等处均应采用阻燃性良好的建筑材料和建筑装饰材料。

4）电缆井、管道井、排烟道、排气道以及垃圾道等竖向井道，其内壁应为耐火极限不低于1h非燃烧体，并且内壁上的检查门应采用防火门。

5）为满足防火耐热要求，对金属管端头接线应保留一定余度；两管中途接线盒不应埋设于易燃烧部位，且盒盖应加套石棉布等耐热材料。

以上是消防系统布线的防火耐热措施，除此之外，消防系统室内布线还应遵照有关消防法规、规范、规定做到：

1）不同系统、不同电压、不同电流类别的线路不应穿于同一根管内或线槽内的同一槽孔内。

2）建筑物内的不同防火分区的横向敷设的消防系统传输线路，如采用穿管敷设，不应穿入同一根管内。

3）电缆、电线在建筑物内的垂直敷设应分强电和弱电分别走强电井和弱电井。

4）建筑物内如只有一个电缆井（无强电、弱电井之分），则消防系统弱电部分线路与强电部分线路应分别设置于同一竖井的两侧，并走电缆桥架。

5）火灾探测器的传输线路应选择不同颜色的绝缘导线，同一工程中相同线别的绝缘导线颜色要一致，接线端子要设不同的标号。

6）绝缘导线或电缆穿管敷设时，所占总面积（截面）不应超过管内截面积的40%，穿于线槽的绝缘导线或电缆总面积不应大于线槽面积的60%。

消防系统的防火耐热布线参见图5-36~图5-42。

7）对于某些特殊应用场所，要求安装在室内的探测器（火灾、防盗等），不能以电缆方式，也不能以无线电波方式与报警控制器相联（如军事或保密屏蔽室、核辐射区、强电磁干扰区等场所），应用光纤和光纤耦合器作为探测器与控制器之间的联接媒介最为理想。

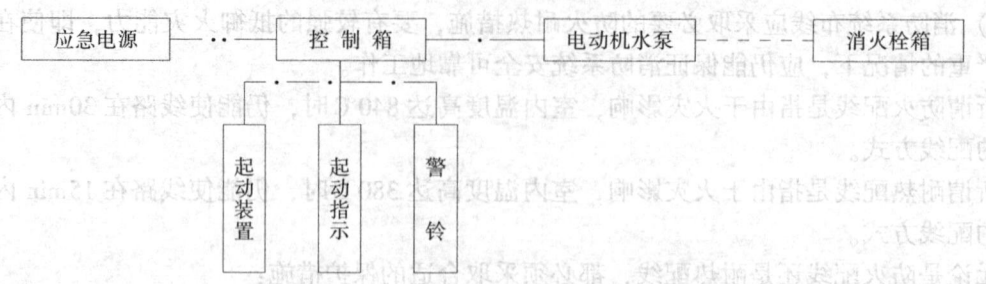

图 5-36　消火栓系统防火、耐热布线示意图
图例：···—耐火线　——·——耐热线
———一般线　--------管道线

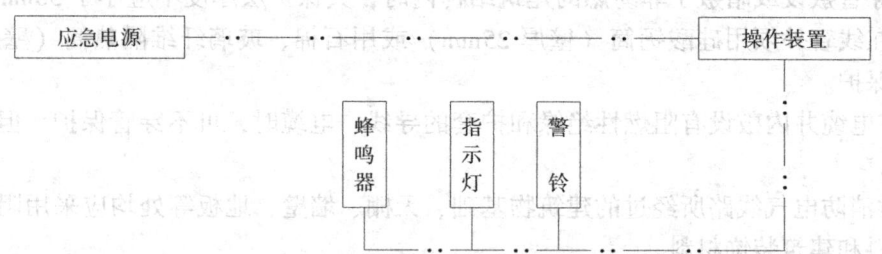

图 5-37　声光报警装置防火、耐热布线示意图

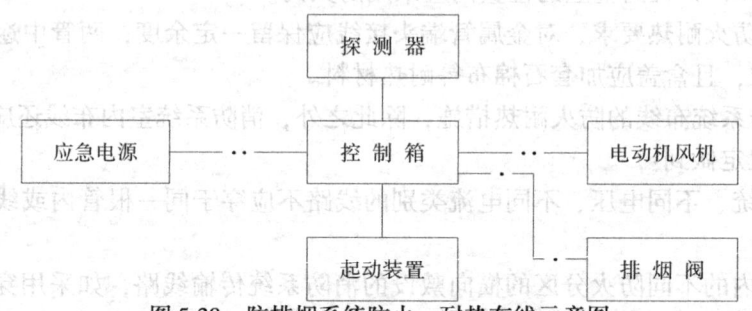

图 5-38　防排烟系统防火、耐热布线示意图

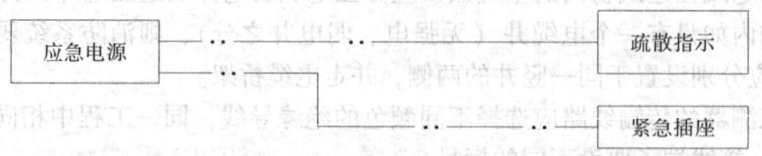

图 5-39　疏散诱导系统防火、耐热布线示意图

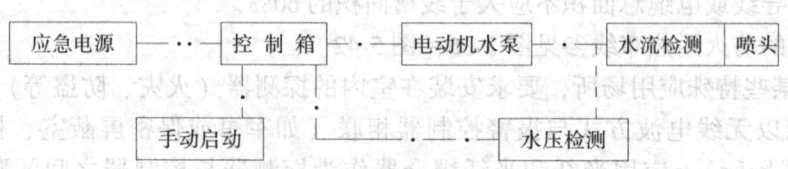

图 5-40　自动喷淋系统防火、耐热布线示意图

第五章 消防报警及联动系统

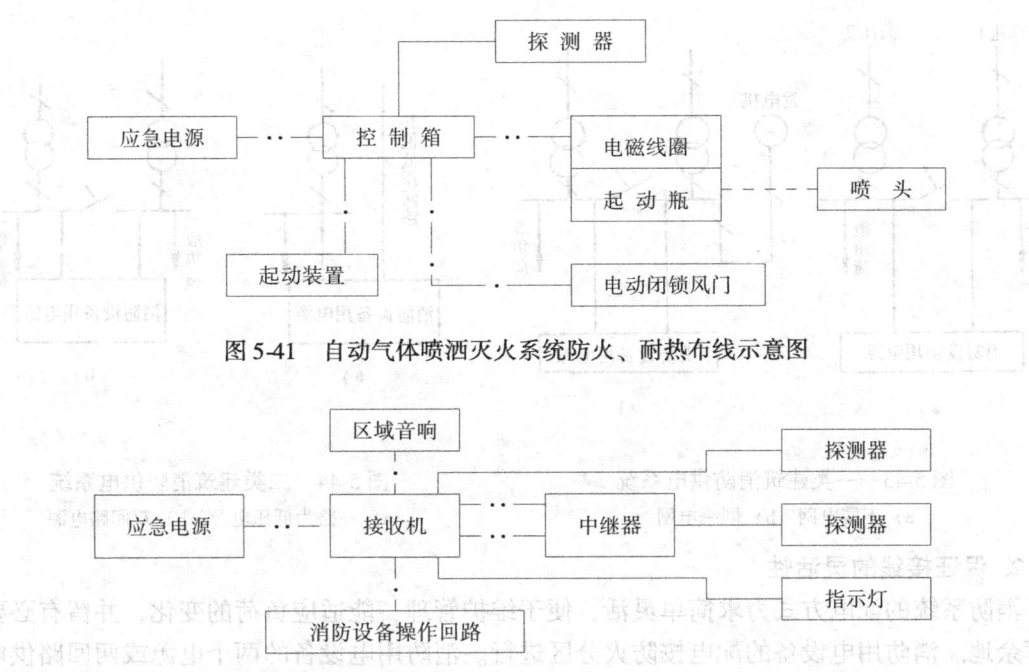

图 5-41 自动气体喷洒灭火系统防火、耐热布线示意图

图 5-42 火灾自动报警系统防火、耐热布线示意图

第九节 消防系统的供配电

消防系统的工作特点是连续、不间断，火灾时正常供电系统断电，也应能正常工作。为了保证消防系统的供电可靠及配线的灵活性，应根据《建筑防火规范》等要求设计供电系统。

一、消防供电的基本要求

1. 保证供电的可靠性

根据有关规定，按建筑的使用性质、火灾危险性、疏散和扑救的难易程度，可将建筑物划分为一类建筑和二类建筑。

属于一类建筑的消防控制室消防水泵、消防电梯、防排烟设施、火灾自动报警、自动灭火装置、火灾事故照明、疏散指示标志和电动的防火门窗、卷帘、阀门等消防用电，为一级负荷。应按现行国家电力设计规范的一级负荷要求供电。因此，一类建筑一般应有两个独立电源供电，参见图 5-43 所示，如果无法取得两个独立电源回路，当负荷比较大时也要由两个回路供电。

除了具有外部电网的可靠电源外，还应有备用的柴油发电机组，作为应急备用电源。备用电源发电机组的容量，主要应保证消防设备和事故照明装置的供电。备用发电机组应有自动启动和自动投入装置。

为了保证消防中心的供电可靠，除上述考虑外，还应有后备镍镉电池组作为第三电源，保证消防通信系统、事故照明等特别重要的部位的可靠供电要求。

二类建筑消防供电系统参见图 5-44 所示。

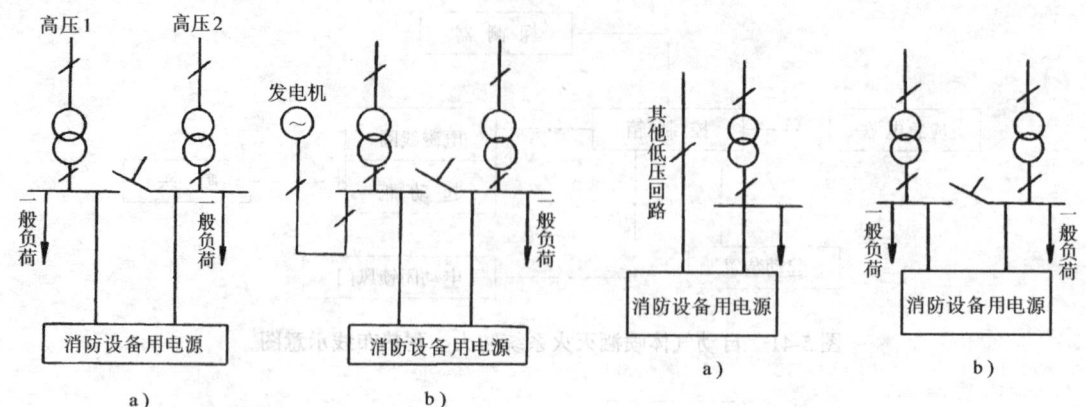

图 5-43　一类建筑消防供电系统　　　　图 5-44　二类建筑消防供电系统
a) 不同电网　b) 同一电网　　　　　a) 一路为低压电源　b) 双回路电源

2. 保证接线的灵活性

消防系统的配电方式力求简单灵活，便于维护管理，能适应负荷的变化，并留有必要的发挥余地。消防用电设备的配电按防火分区进行。消防用电设备的两个电源或两回路供电线路应在末端配电箱处自动切换。

从配电箱到消防设备应是放射式配电，每个回路的保护应当分开设置，以免相互影响，配电线路不能设置漏电保护装置，当电路发生接地故障时，可根据需要设置单相接地报警装置。这样可保证总系统的可靠运行，不会因局部漏电而导致全系统断电保护停止工作。

二、消防用电设备的配电系统

为了保证消防用电设备的供电可靠性，要求从电源端至负荷端的消防用电设备供电系统与非消防用电设备供电系统截然分开。根据建筑物的分类和外部电源情况，下列供电系统可供设计时参考：

1. 双电源各自独立的系统

这种系统适用于一类高层建筑物，要求外电源有两个，并且各自是独立的，以满足一类高层建筑或一、二级消防电力负荷对消防负载的要求。一般采用两个 10kV 电源进线和两台变压器构成消防主供电源。

该系统自变压器低压出线后，即把消防与非消防负荷通过开关分开，消防及非消防负荷由各自母线排分段供电，一旦火灾发生可把非消防用电切断，保证对消防系统可靠供电，该系统要求负荷分段明确，火灾发生时不易产生误操作。如果可能，应将消防配电室与消防控制室贴邻布置，以便消防控制室值班人员联系处理消防事件。

应急照明一般由安置于电缆竖井内的楼层消防配电箱配出供电，当楼层应急照明容量较大，需配出回路较多时，也可专设楼层应急照明配电箱。

2. 备有应急柴油发电机组的供电系统

现在的高层楼宇普遍使用具有应急柴油发电机组的供电系统。这种系统具有较高的可靠性，但这样的系统一般都需要配备专门的电工进行管理，需要经常性制度化的维护。当然，也可以在这种系统上采用一些自动检测手段来保障系统的可靠性。

3. 带不停电电源装置的供电系统

为了保证消防系统用电的可靠性,也有在前面所述供电系统的基础上,对特别重要的消防负荷(如消防控制系统用电脑、消防广播、消防通信、疏散指示等)又加上不停电电源装置(UPS)。这种方式不论电源出现何种情况,都能保证火灾报警装置和通信系统得到可靠的供电,其容量应按系统在监视状态下工作 24h,同时再加上两个分路火灾报警 30 分钟用电量来设计。

4. 由附近低压备用电源供电的系统

当建筑物负荷容量较小,只能选用一台变压器供电时,对消防负荷的供电,可从建筑物附近的变电所,引一低压回路作为消防系统的备用电源,以保证消防负荷的供电可靠性。这样的供电系统只能满足一般消防系统的供电要求,重要的消防系统不能这样设计。

三、备用电源的要求

消防系统的配电用备用电源应满足下列要求:

(1) 蓄电池设备应具有的性能

1) 蓄电池设备应能自动充电,充电电压要高于额定电压的 10% 左右,保持能正常进行充电。

2) 蓄电池设备应设有防止过充电的装置。保护蓄电池不因长期充电而损坏。

3) 蓄电池设备应设有自动与手动并易于稳定地进行均等充电的装置。但如果设备稳定性好,可不受此限。

4) 自蓄电池设备引至火灾自动报警系统的消防设备线路,应设开关及过流保护装置,线路还需作耐火、耐热保护。

5) 对蓄电池设备输出电压、电流应设电压表、电流表进行监视。

6) 蓄电池组周围温度应在 0~40℃,以保证其正常工作。

(2) 备用电源应具有的性能

1) 当工作电源停止供电时,能自动接入备用电源,备用电源当工作电源故障时或容量不足时,必须保证消防设备能正常工作(主要指报警主机、报警探头、系统电脑、消防广播、消防通信、疏散引导等,可不与其他大容量的设备联动)。

2) 备用电源容量应能保证两个以上报警区域消防设备的供电能力,同时对全部消防广播、消防控制室设备必须满足 1h 的供电需求。

3) 备用电源的容量应在消防电源要求容量以上,备用电源的布线应采取耐火、耐热措施。当备用电源设置在设备内时,配线可不采取耐热措施。

4) 备用电源最好采用 UPS 成品电源。

第十节 消防系统设计举例

一、设计程序

1. 设计依据

消防系统的设计最基本要求,就是应符合现行的建筑设计消防法规的要求和实际使用的要求，现行的国家标准和行业标准有：
- 《火灾自动报警系统设计规范》（GBJ116—1988）。
- 《火灾自动报警系统施工验收规范》（GB50166—1992）。
- 《建筑设计防火规范》（GBJ16—1987）。
- 《高层民用建筑设计防火规范》（GB50045—1995）。
- 《人民防空工程设计防火规范》（GBJ98—1987）。
- 《汽车库、修车库、停车场设计防火规范》（GB50067—1997）。
- 《民用建筑电气设计规范》（JGJ/T16—1992）。
- 《消防技术规范管理办法》（公安部公消〔1999〕104号）等。

在进行火灾自动报警系统工程设计时，首先要明确设计依据：

1) 要熟练掌握国家标准（如《火灾自动报警系统设计规范》等），并注意了解规范中的正面词："必须""应""宜""可"和反面词："严禁"、"不应"、"不得"、"不宜"的含义，并要领悟准确，做到依法设计。

2) 注意采用国家和有关部门的新标准、新规范，及当地公安消防部门的特殊要求、特殊规定。

3) 充分了解建筑物的功能、用途，属哪级保护对象及用户的特殊要求。

4) 掌握相关的专业标准、规范，如人防、车库、防排烟、卷帘门等，以便综合考虑后着手进行系统设计。执行法规如有矛盾时，遵守行业标准、服从国家标准，从安全考虑就高不就低的原则。

5) 设计中注意采用先进、可靠、成熟、稳定的新技术、新产品。对于新产品应充分向厂商咨询，了解其功能、特点、使用方法、布线要求，和其他设备的兼容、匹配、连接等问题及其先进性等，并注意是否得到国家有关部门的认可。

6) 设计方案出来后，一定要和使用方协商后，报消防监督部门（如公安消防管理部门）审批、修改后，才能成为正式设计方案，加以执行。

设计人员在选择及配置各种消防自动设备时，应从符合规范、造价合理、先进可靠、实用有效的角度出发。消防系统是一个非常特殊的系统，一般长时期不动作（没有火灾）只处于监视状态。但一有火灾，系统就必须非常可靠地动作，这对设计工作、设备选择、施工质量、检查维护都提出了很高的要求。

2. 设计项目与专业配合

消防设计，特别是智能化消防系统设计是各专业密切配合的产物，应在总的防火规范指导下进行各专业的良好配合。需要考虑的项目一般有：建筑物的高度、结构、防火分类、防火分区、防烟分区、耐火等级、建筑物各部分的用途、装修情况、家具类型、疏散路线及时间、排烟风机、排烟阀门、防火门、卷帘门、安全门、正压送风、空调系统、消火栓、喷淋设施、气体灭火设施、消防水池、水泵、水箱、各种探测器、控制器、电梯、竖井垃圾道等等。这是一项非常复杂并涉及各个专业的工作，一定要认真、细致、协调、合作、全面，才能做好这项设计工作。

3. 施工图设计

根据设计方案的审查，结合消防主管部门审核意见调整修改设计方案后，便可进行施工图设计，应分别设计绘制以下内容的施工图：

1) 总平面布置图、消防控制中心、分区示意系统图、消防联动控制系统图（含设备型号）。
2) 各层或各部分消防电气设备平面图。
3) 探测器布置系统图（含类型、型号、保护范围）。
4) 区域与集中报警系统图。
5) 消防广播及消防电话系统图。
6) 火灾事故照明系统及疏散、诱导标志照明系统图。
7) 消防电梯控制系统图。
8) 消防电源系统（含接地系统）图。
9) 各类布线配管图。
10) 施工进度图表。

4. 编写设计说明书

含设计依据、设计思想、所选产品、设备介绍，各子系统、总系统的工作原理，设备材料清单、价格表、工程总造价、维修服务等。

在实际设计中还应附上公安消防机关颁发的消防工程设计、施工资格证复印件、工商营业执照复印件等资料。

二、设计举例

1. 某综合大楼火灾报警及联动控制系统

该综合大楼的 1~4 层为商业用房，每层在商业管理办公室设区域火灾报警控制器或楼层显示器；5~12 层是宾馆客房，每层服务台设区域报警控制器；13~15 层是出租写字楼，在 13 层设一台区域控制器，警戒 13~15 层；16~18 层是公寓，在 16 层设一台区域控制器。全楼共 18 层按其各自的用途和需求共设置了 14 台区域报警控制器或楼层显示器和一台集中报警控制器和联动控制装置，参见图 5-45。

本例采用上海产的 JB—QB—DF1501 型火灾报警控制器，这是一种可进行现场编程的两总线制通用报警控制器，它既可作区域报警控制器使用，又可作集中报警控制器使用，因此它可灵活组合成集散型大型控制中心报警系统，又便于构成规模较小的消防系统。该控制器最多有 8 对输入总线，每对输入总线可带各种探测器和节点型信号 127 个（总计 8×127 = 1016 个）。最多有两对输出总线，每对输出总线可带 32 台重复显示屏（总计 62 台），通过 RS—232 通信接口将报警信号送入联动控制器，以实现对消防设备的自动、手动控制；内装有打印机，用彩色 CTR 图形显示建筑的平面、立面图能显示火灾部位。

当一台 1501 火灾报警控制器的容量不能满足工程需要时，可采用中央/区域机联机通信的方法，组成中央/区域机火灾报警联动控制系统，如图 5-46 所示，报警点容量最多可达 1016×8 个点（即 127×8×8）。

每层设置一台重显示器，可作为区域报警控制器，显示屏可进行自检，内装四个输出中间继电器，每个继电器有输出触点四对（触点容量 AC220V，2A）。根据需要可以控制各种消防联动设备，控制方式由控制器编码发出的控制总线控制。

消防电话采用 HJ—1756 电话总机一台，每个分机占用一对电话线，消防广播采用 HJ—1757 广播机一台，每楼层或区域一对广播线，它们都采用多线制控制。

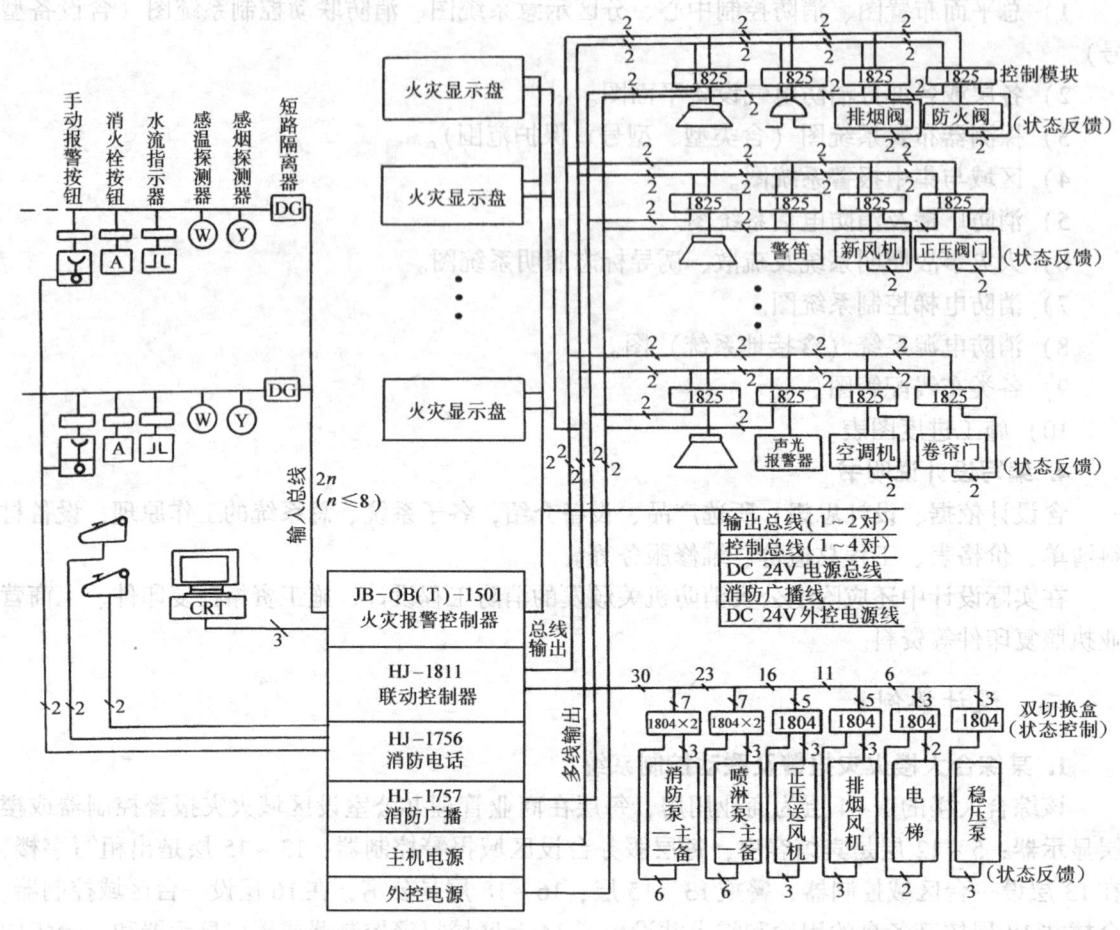

图 5-45 系统设计图
(1501—1811 火灾报警及联动控制系统)

该系统采用美国生产的 1800 系列离子式感烟探测器 2162 个,感温探测器 183 个,手动报警器 88 套。这些火灾探测器,按设计纵横交错地分布在整幢大厦的各楼层里,形成许多不同的回路,能有效、及时、准确地对火警进行探测,一旦发生火灾(某部位)便能自动报警,或由人工击碎玻璃(手动报警按钮)按动按钮报警。

自动灭火系统由消防水泵、消防栓和自动喷淋等组成,这个系统的灭火装置主要由控制器等进行消防联动控制。

计算机监控系统是自动灭火的中央指挥系统,当它接收到前端火灾探测器(感烟探测器、感温探测器、手动火灾报警器等)通过火灾报警控制器报来的火警信号后,即自动控制相应的灭火装置进行灭火,并使相应的设备(如消防电梯、排烟风机等)同时投入使用,消防广播进行广播,组织疏散,这些设备在火灾扑灭后恢复正常状态。

图 5-47 是该大楼使用 JB—QB—DF1501 火灾报警控制器和 HJ-1811 联动控制器构成的火灾报警及联动控制系统的楼层平面设计和布线图,各楼层的布置和布线有所不同,这里只以某层为例,其他楼层原理一样。

该大楼的水泵房内有 6 台水泵,其中消防泵有两台,一台设为常用,另一台设为备用。

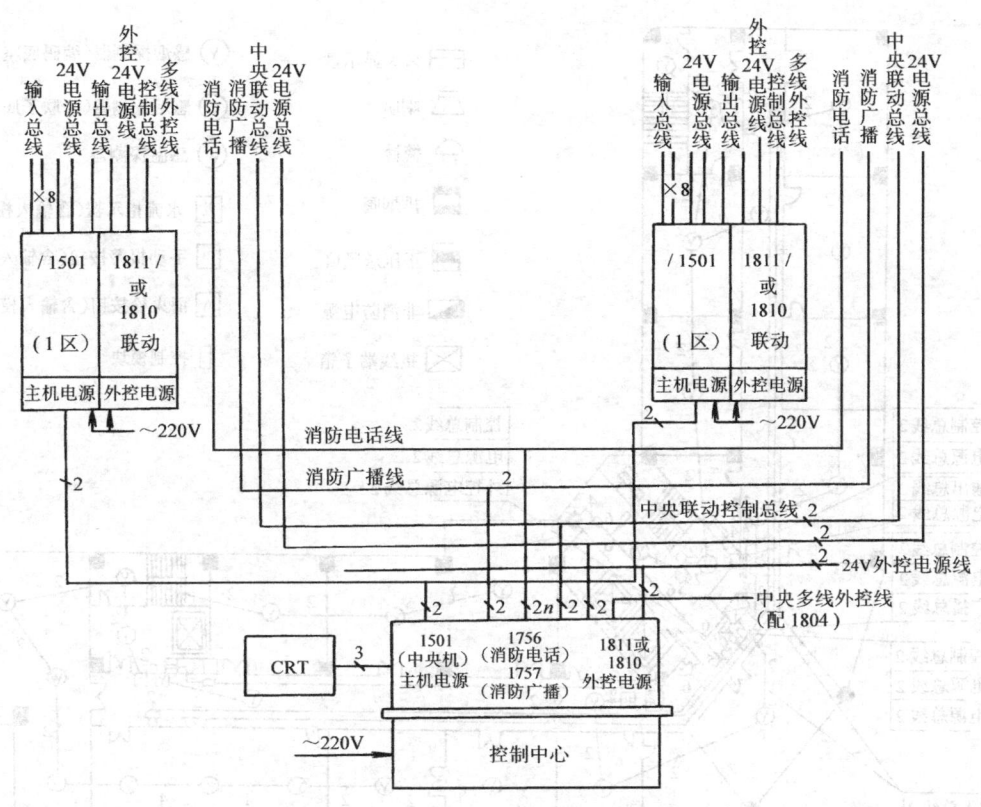

图 5-46 中央/区域火灾报警联动系统

自动喷淋泵两台，生活泵两台，其平面布置如图 5-48 所示。平面图中示出各台水泵的基础位置。设计中采用一台电源配电柜 N_1，常用电源和备用电源进入 N_1 柜后，根据情况进行自动切换，$S_1 \sim S_6$ 为各台水泵的降压起动控制箱。消防泵每台容量为 40kW，喷淋泵每台容量为 30kW，生活泵每台容量为 10kW。生活泵有屋顶水箱水位控制线路，（BV—3×2.5）穿电线管（DG20）由屋顶水箱的水位控制器（本工程采用干簧管水位控制器）引入生活泵启动控制箱。各层消防栓箱内有消防泵紧急启动按钮控制线引入消防泵启动控制箱。火灾报警控制系统有两路控制线进入水泵房，分别控制消防水泵和喷淋水泵。在本设计中，将消防用报警控制线引入 86 型接线盒内，接线盒 D 装在水泵控制启动箱旁，以便接线用，图 5-49 所示为配电箱 N_1 的配电系统图。

图中 $N_{1-1} \sim N_{1-6}$ 为埋地敷设管线，分别由相关的启动箱引至各水泵，至水泵基础旁的出地面立管高出基础 100mm，水泵房一般都设置在建筑物的底层或地下层。所以穿导线、电缆的导管应采用镀锌钢管或阻燃型 PVC 管。

在本例中，导线采用 BV—500 型，各水泵用线如下（含线标）：

$N_{1-1} \sim N_{1-2}$：BV—3×35—G40—DA

$N_{1-3} \sim N_{1-4}$：BV—3×25—G32—DA

$N_{1-5} \sim N_{1-6}$：BV—3×4—G20—DA

其中 DA 是敷设在地坪层下的标记。G 代表管子内径，导线规格是按水泵拖动电机的容量选定的，管子直径是按穿线线径和导线根数选定的。在设计中这些资料和要求在电工手册

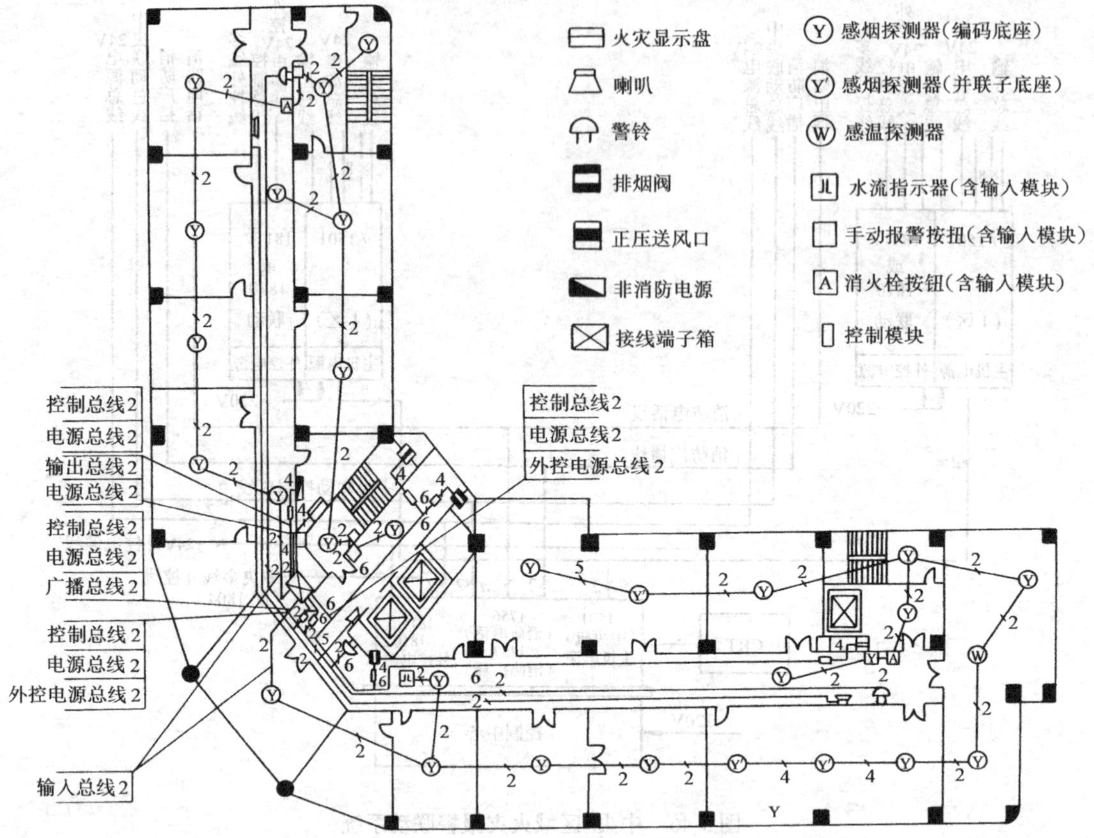

图5-47 某大楼火灾报警及联动控制系统楼层平面设计和布线图

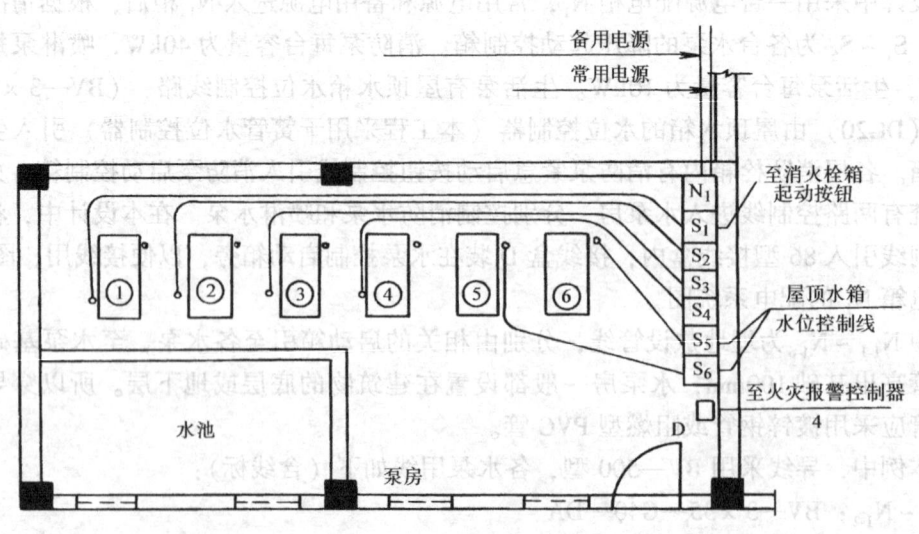

图5-48 水泵房平面图（1:10）

①、②—消防泵 ③、④—喷淋泵 ⑤、⑥—生活水泵 □—型接线盒 N_1—电源柜 S_1 ~ S_6—水泵控制箱

中都可以查到。

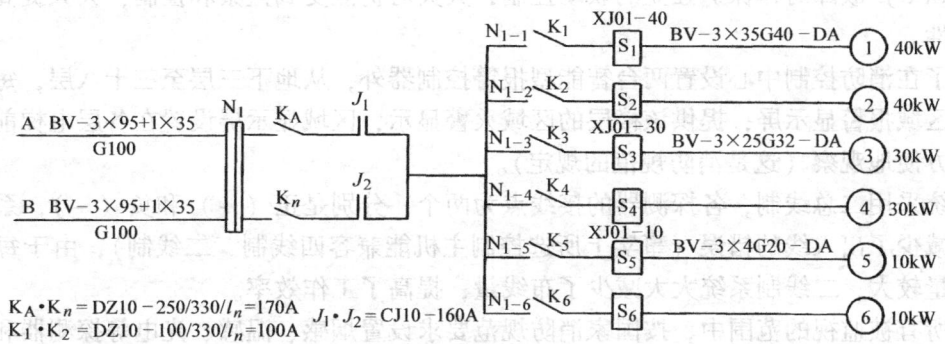

图 5-49 配电箱 N_1 配电系统

本设计中,水泵启动控制箱 $S_1 \sim S_4$ 选用 XJ01 型,电源进线箱 N_1 采用 XL—21 型动力配电箱。也可用其他配电箱。

2. 某金融综合大厦消防系统

(1) 系统说明 该金融综合大厦是一幢集金融、商场、办公、娱乐、餐饮等为一体的综合性大楼。地基面积为 $12800m^2$,建筑面积为 $110000m^2$,地下建筑三层,地面建筑三十八层。各层建筑使用功能如下:

1) 地下一至三层为停车场、水泵房、高压、低压配电室等。
2) 一层为商场、大堂、银行营业大厅等。
3) 二层、三层为商场、银行办公、证券等。
4) 四层为多功能厅、宴会厅、餐厅等。
5) 五层、六层为交易大厅等。
6) 七层为办公室等。
7) 八层为办公室、屋顶游泳池、网球场等。
8) 九至三十八层为综合办公。

大楼的火灾自动报警:消防监控系统由智能网络系统构成,但其各部分可单独独立运行操作,所有的报警及指挥操作均由消防中心控制执行。

火灾自动报警与消防控制系统包括:火灾报警系统,火灾专用通信调度系统,火灾事故广播、警铃系统,防排烟监控系统,消防联动灭火设施的监控(包括消火栓、自动喷淋、气体灭火、清水泡沫灭火等),应急照明及动力电源监控,电动防火门(卷帘)监控,电梯群监控,可燃气体监测等。

整个系统采用集中式全自动报警控制方式。大楼内共设置智能报警控制器两套,集中安装于大楼底层的消防控制中心内。这样不但提高了系统的完整性,便于管理,而且使每一报警器的状态在消防中心一目了然,操作人员能全面地监察整个消防系统的运行情况,发生火灾时,可以不到现场就能清楚地知道火灾状况,统一指挥救灾工作。

报警控制器采用 JB—QG—GST5000 型汉字液晶显示火灾报警控制器(联动型),其最大容量可扩展到 18 块 242 个地址编码点的回路板(即 4356 个地址编码点),可外接 64 台其他类型的控制器。控制器中设有保护性独立联动控制功能。控制盘内每一块智能回路板在主控板（CPU）故障时作保护独立的联动控制，火灾时仍能受到监察和控制，大大提高了系统的可靠性。

除了在消防控制中心设置两台智能型报警控制器外，从地下三层至三十八层，每层楼均设置一区域报警显示屏，提供该楼层的区域火警显示，区域显示屏设置在各层电梯前厅处以便人员方便地观察（这是消防规范的规定）。

系统采用二总线制，各探测器的接线点为两个，分别是正（+）和负（-），系统接线简单，减少了出入线的错误（事实上所选控制主机能兼容四线制、二线制），由于每台控制主机容量较大，二线制系统大大减少了布线量，提高了工作效率。

在所有被监视的范围中，按国家消防规范要求设置烟感、温感、光电等探测器和手动报警按钮。探测器选择智能型的，带有十进制旋钮式地址码，而系统主机能够核对智能探测器与主机内存数据库内的火情资料分析，当分析结果确认为火情时，主机会显示报警，当探测器出故障时，主机会发出故障信号。所有探测器、控制模块等的地址确定、修改及联动控制程式都可由控制主机的键盘输入。

系统中每个探测器的灵敏度可用程序来调整，预先设定早上及晚间所需的不同灵敏度（高、中、低）探测器会按时改变其灵敏度，因而防止如开会时因吸烟人数多而导致误报。

探测器报警确认时间在 5~50s 间设定，如办公室一般设定为 20s，当报警信号送到主机，初步确认时，所有有关联程序并不立即执行，在 20s 后如探测器仍然发出报警信号，此时主机判断对比后才能执行相应的连锁程序。

系统主机在每隔一定时间会自动执行楼内全部探测器的巡检，检测各探测器的故障情况，以及浓度值是否正常等。

在设计时对主机外配备了外存电脑，所以整个系统至少可存储 30000 个历史资料，如以往探测器报警、故障、操作人员以往曾执行的报警确认、系统复位等，各种资料均显示日期及时间，可方便查阅。

(2) 消防控制中心　消防控制中心设置于首层，面积约为 $25m^2$，内设有智能型消防自动报警控制器，用于接收报警及根据需要发出指令程序启动相应消防设施。

1）一套电脑带彩色图形显示器及打印机，用于显示、打印所有报警的状态、位置、报警时间以及联动设施执行情况等。

2）一套独立的不间断电源装置，保证在正常电源失去后，能够维持系统工作 24h。

3）一套电梯控制盘，用于对楼内电梯群进行监控。

4）一套消防专用通话系统，用于在火警时进行必要的联络、指挥。

5）消防控制中心内设有独立的空调，其不会受整个大楼中央空调系统的影响。

6）消防控制中心的电气设备、电气系统分别设置了工作接地及保护接地。保护接地利用了正常交流供电系统的接地（PE）线接地，而工作接地是单独设置的。

(3) 探测器的选型与布置　本设计中选择了感烟、感温、感光和煤气探测器等，分别用于火灾时有大量烟雾、温升、火焰辐射和煤气泄漏的不同场所。

1）在办公、商场、银行、娱乐、交易大厅、机电用房等处均装设智能型感烟探测器，能及时发现火灾初期，提高消防能力。

2）在不适合安装感烟探测器的场所，如地下停车库、厨房、开水间、柴油发电机组房等处则安装智能感温探测器。

3）在煤气表间、煤气管道井、煤气灶具等场所，则设置了煤气漏气探测器，可靠地监视是否有煤气泄漏，消除隐患。

4）在相关部分和重要场所还设置了手动火灾报警按钮。

智能型探测器将所在环境所收集到的烟雾浓度或温度对时间的变化等数据，传送到控制器（主机），控制主机根据其内存的火灾（火形）资料及分析数据进行快速对比、分析来确定所接收到的火情信号的真伪，如判断为真实火灾，可迅速发出指令控制相应的消防设备，进行诱导疏散和灭火。

（4）自动灭火联动系统 本设计在该大厦内的各个部位根据消防规范要求和实际情况，设置了室内自动喷淋灭火系统、消火栓灭火系统、防排烟系统、疏散诱导、指示、报警系统等。

所有监控点，如水流开关、消防泵、防排烟设施等的动作返回信号都设置了监视及控制模块（界面），以期对全幢大楼内的所有消防控制设备按程序进行监视及控制，提高自动化控制程度。

监视模块是一种能监视触发装置（设备）电路且可编地址的成品器件（各消防设备厂都有不同型号的成品可供选择），它被设计成能与常规、非智能感烟探测器，感温探测器和接触型装置的相接口相接，如水流开关、手动报警器等被广泛使用。

控制模块是一种控制和管理指示设备的电路（也是一种成品器件，各消防厂都有各种型号产品供用户选择）。用于触发如警铃、扬声器、电动防火门（卷帘）、消防水泵、自动喷淋系统等各类消防电气设备。

按设计联动控制具有以下特点：

1）当任何一层的喷淋头在发生火灾喷水时，该层中的水流报警开关便发出报警信号，在控制主机确认后，相应的消防水泵及喷淋水泵将被及时启动向火灾区域供水并提高水压，可充分保证消防用水量及对水压的要求。

2）当控制主机接收到一个被确认为真实的火情时，主机处理程序将根据报警信号，执行预定的各种控制。

3）启动报警楼层及上、下各一楼层的火警铃及强切广播系统进入紧急广播状态，组织人员迅速、有序地疏散。

说明：本设计为节约设备和美化装修，紧急广播系统没有独立设置，而是利用大厦的正常广播系统（背景音乐系统）。该系统平时播放正常的节目，在有火警时将自动切换（强切）为应急广播，即将有火警事故的楼层及其上、下一层广播强接到消防紧急广播上。当恢复正常时，该三个楼层将自动恢复到正常的广播系统中。

4）在消防控制主机发出疏散指令的同时，报警楼层及其上下一层的正压送风阀及排烟阀将自动受控而开启进行工作。

5）火灾相关层的空调、通风机组将被关闭。

6）迫降电梯回首层，消防电梯进入备用状态。

7）开启加压、排烟风机、消防水泵等。

8）打开事故照明灯（切断与消防无关的各种电源）。

所有这些程序联动的执行均是由消防系统控制主机通过设置于各处的监视及控制模块来

动作完成的。

在本建筑的总变电站（高、低压配电室）、柴油发电机房、电话总机房、计算中心等处设计中设置了气体自动灭火装置。

为了保证卤代烷、二氧化碳等灭火系统的安全、可靠性，避免误动作（危害很大），在设计时考虑在使用气体自动灭火装置的设备房内，设置两种类别（成两个回路）的火灾探测器进行报警。主机将根据两种探测器报警信号来进行控制，而且有一个延时过程。例如：在柴油发电机房中设置的二氧化碳气体灭火设备，在接收到报警信号时，气体喷发前要有30s的延时，并有警笛鸣响报警，以便使室内人员疏散。延时后，若无人按紧急解除按钮，控制装置就自动打开钢瓶喷管上的多功能电控头（膜片式快开阀）从而实现气体喷洒灭火。

气体自动灭火装置的监视报警动作信号将会被主机接收到并作记录。

(5) 系统供电 本金融综合大厦为一类供电建筑，供电电源为两种来自不同变电站中的电源。当一路电源出故障时，另一路电源能自动切换工作，承担全楼所有重要负荷。当两路电源都出现故障停电时，大厦中设置的自备柴油发电机组将会及时启动投入运行，可对应急疏散照明、消防水泵、防排烟机、消防电梯等全部消防设备进行必要的供电。所有重要负荷的配电设备均由正常电源和应急电源在配电箱进行自动切换，所以本系统的供电是十分可靠的，不需要再设置系统的备用电源，就能保持消防系统的正常供电。

(6) 消防系统的网络结构 整个消防系统被设计成既可以完全独立地探测火灾、监视火情、控制消防设备、联动灭火设施，又可依靠全楼综合智能化计算机网络及"动态数据"网络软件将来自消防控制主机的信息传给网络中的相关设备装置，提高消防系统的现代化水平及管理水平，充分体现了该系统的先进性、合理性、适用性、可靠性。

表5-14是该大厦火灾自动报警控制系统设备分布表。

三、两种常用火灾自动报警和联动控制智能系统示例

图5-50为HW系列报警及抄表系统示意图，该系统是当今智能小区中常用的安防、消防及管理系统，可供设计时参考。

图5-51是一种智能型火灾自动报警和联动控制系统的示例，其接线更为简单方便，这样的系统被广泛使用，具有一定的先进性、适用性、可靠性。

表5-14 某金融综合大厦火灾自动报警控制系统设备分布表

设施\层次	楼层显示器	智能离子感烟探测器	智能感温探测器	打破玻璃手动按钮	警铃	控制模块	监视模块	分离式光电感烟器	水流开关	防火卷帘	消防水泵	喷淋水泵	稳压泵	空压泵	空调
电梯机房	0	12	0	1	1	4	1	0	0	0	0	0	0	0	0
29~38	5	542	12	20	20	40	50	0	10	0	0	0	0	0	30
25~28	0	163	6	10	10	12	4	12	3	0	0	0	0	0	10
技术层	0	44	0	3	3	5	6	7	0	1	0	0	0	0	3
15~24	4	386	10	10	10	20	30	0	10	0	0	0	0	0	10
10~14	2	180	5	10	10	10	10	0	5	0	0	0	0	0	3

(续)

设施\层次	楼层显示器	智能离子感烟器	智能感温探测器	打破玻璃手动按钮	警铃	控制模块	监视模块	分离式光电感烟器	水流开关	防火卷帘	消防水泵	喷淋水泵	稳压泵	空压泵	空调
技术层	0	42	0	2	2	6	4	0	1	0	0	0	0	0	3
8	0	38	1	2	2	4	4	0	1	0	0	0	0	0	3
7	1	168	0	8	8	2	3	1	2	0	0	0	0	0	1
6	0	128	2	7	7	5	5	0	2	0	0	0	0	0	3
5	0	142	0	6	6	3	4	0	2	0	0	0	0	0	1
4	2	146	61	8	8	3	3	0	2	0	0	0	0	0	1
3	0	124	0	8	8	4	4	0	2	0	0	0	0	0	1
2	0	88	0	6	6	3	4	0	2	0	0	0	0	0	1
首层	1	76	0	7	7	3	5	0	2	0	0	0	0	0	1
地下一层	0	64	107	12	12	6	3	0	1	2	0	0	0	0	0
地下二层	0	36	89	11	11	25	15	0	1	2	0	0	0	0	0
地下三层	1	32	88	11	11	25	15	0	2	2	2	2	2	6	0
合计	16	2411	381	142	142	182	167	13	49	6	2	2	2	6	73

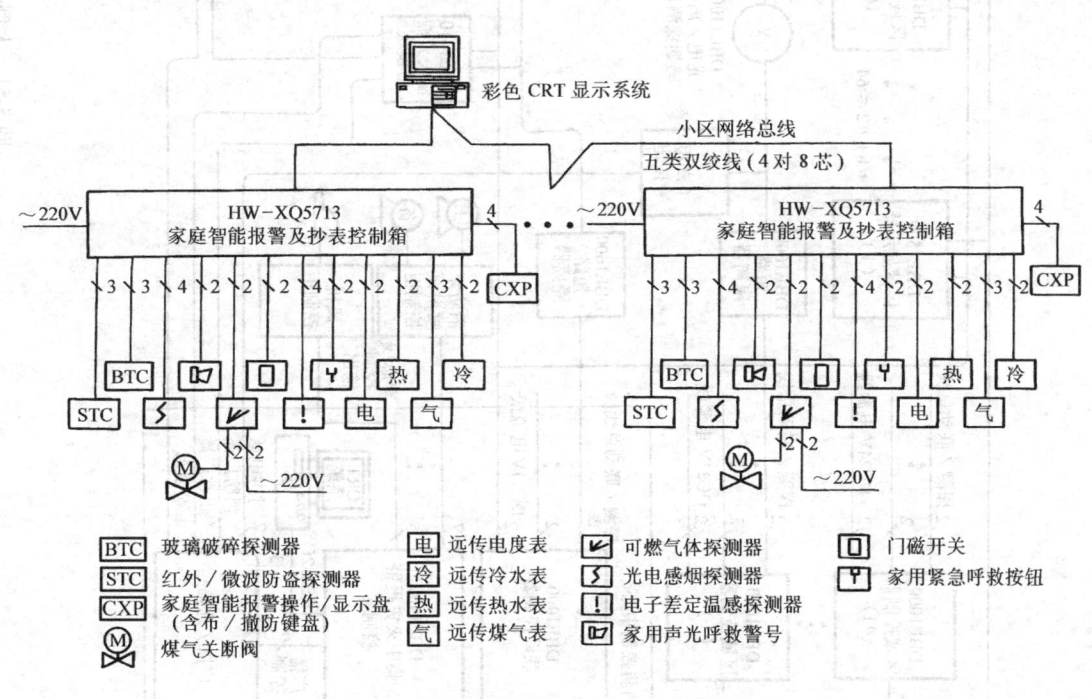

图 5-50　WH 系列智能型消防、安防小区管理系统示意图

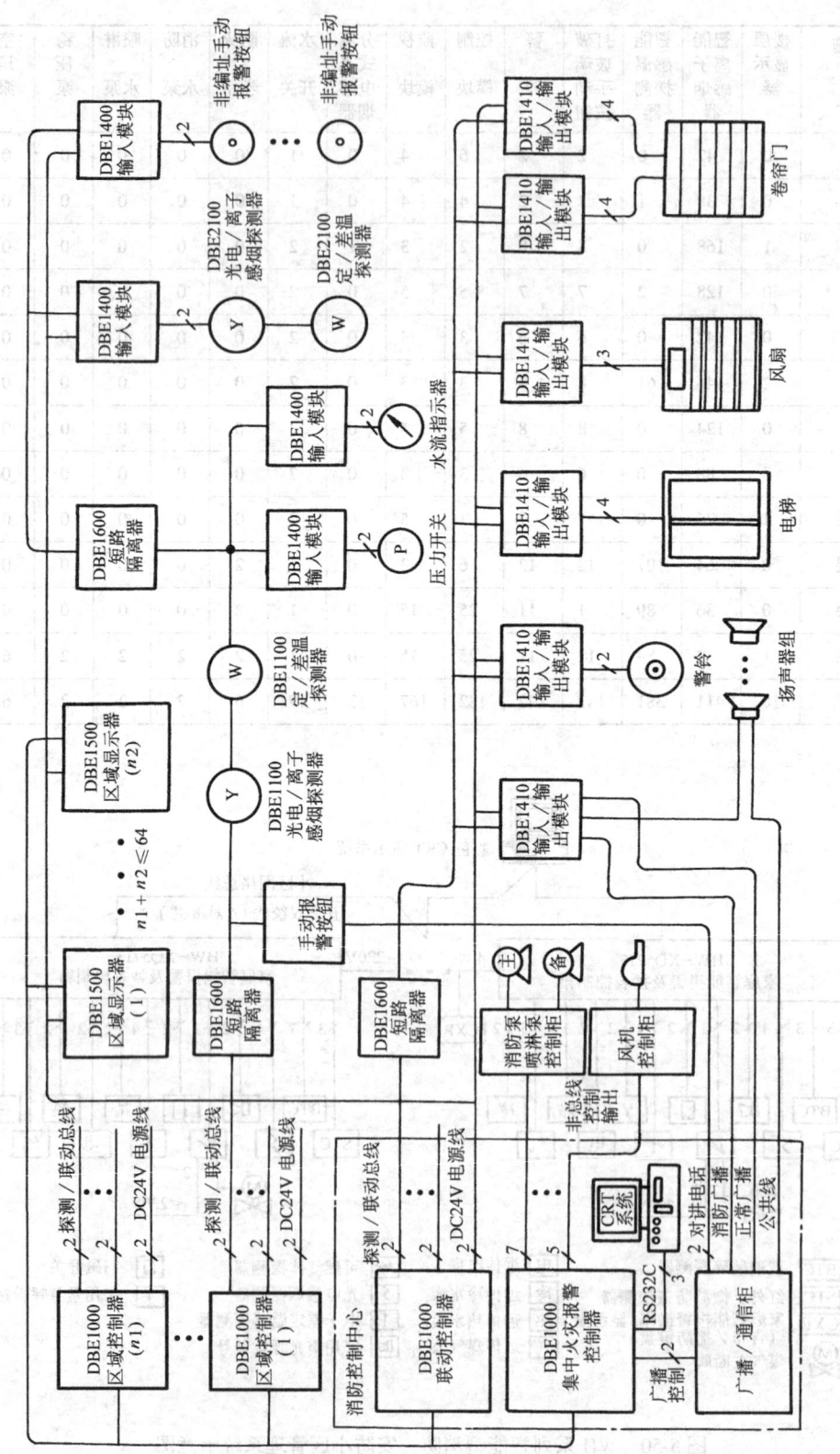

图 5-51 大型火灾自动报警系统图

第十一节 消防系统设计的其他注意事项

设计人员在从事火灾自动报警及消防联动控制系统设计时，除首先根据建筑物的实际情况，按照国家颁布的有关消防法规，如《火灾自动报警系统设计规范》、《建筑设计防火规范》以及《高层民用建筑设计防火规范》等来选择及配置各种消防自动设备，以保证设计出一个符合规范、造价合理、实用有效的火灾自动报警及消防联动控制系统外，还必须注意下列问题：

在从事系统设计时，要正确计算出系统中各类地址编码点的数量，选择适当的布线方式，如报警与联动控制分回路布线或报警与联动控制总回路布线等。配置满足容量的控制器（并考虑扩容的可能），在进行多线制控制方案设计时要确定出采用多线制方案的被控制设备的点数，选择满足容量要求的多线制控制器。

一般现场部件所占编码点数为：

（1）占一个地址编码的部件

1）各类火灾探测器、手动报警按钮、消火栓报警按钮及一路多线制控制点。

2）各类编码接口模块及声光信响器。

（2）占两个地址编码的部件 包括智能缆式感温接口（每个接口可以连接两种感温电缆，每路占用一个编码点）、双输入、双输出模块（这是一种总线制控制接口，可用于完成对二步下降防火卷帘门、水泵、排烟风机等双动作设备的控制）等。

火灾自动报警与消防联动控制系统一般有两种系统构成方式，一种方式为火灾自动报警与消防联动控制采用不同的控制器，分别设置总线回路，称为报警、联动分体化系统；另一种方式为火灾自动报警与消防联动控制采用同一控制器，报警与联动控制用同一总线回路，称为报警、联动一体化系统。

对于分体化系统，火灾探测器通过报警回路总线接入火灾报警控制器，由火灾报警控制器管理；而各类监视及控制模块通过联动回路总线接入专用的消防联动控制器（也可由火灾报警联动型控制器替代），由联动控制来管理。由于分别设置了控制器及总线回路，整个报警与联动控制系统的可靠性较高，但系统的造价也较高，施工与布线工作量及困难较大，设计也较为复杂。

对于一体化系统，火灾探测器与各类模块接入同一总线回路，由同一台控制器来管理，因此这种系统的造价较低，施工与设计较为方便。但由于报警与联动控制器共用一个控制器、共用一个总线回路，余量较小。由于工程系统的构成方式各有优缺点，在设计时应加以注意，根据实际情况进行选择。

火灾自动报警与消防联动控制分体化系统设计，参见示意图 5-52。一体化系统设计，参见图 5-53。

1. 技术术语

1）本质安全电路：在规定的条件（包括正常工作和规定的故障条件）下，产生的任何电火花、任何热效应，均不能点燃规定的爆炸性气体环境的电路。

2）本质安全设备：在其内部所有电路都是本质安全电路的电气设备。

3）关联设备：装有本质安全电路和非本质安全电路，且结构使非本质安全电路不能对

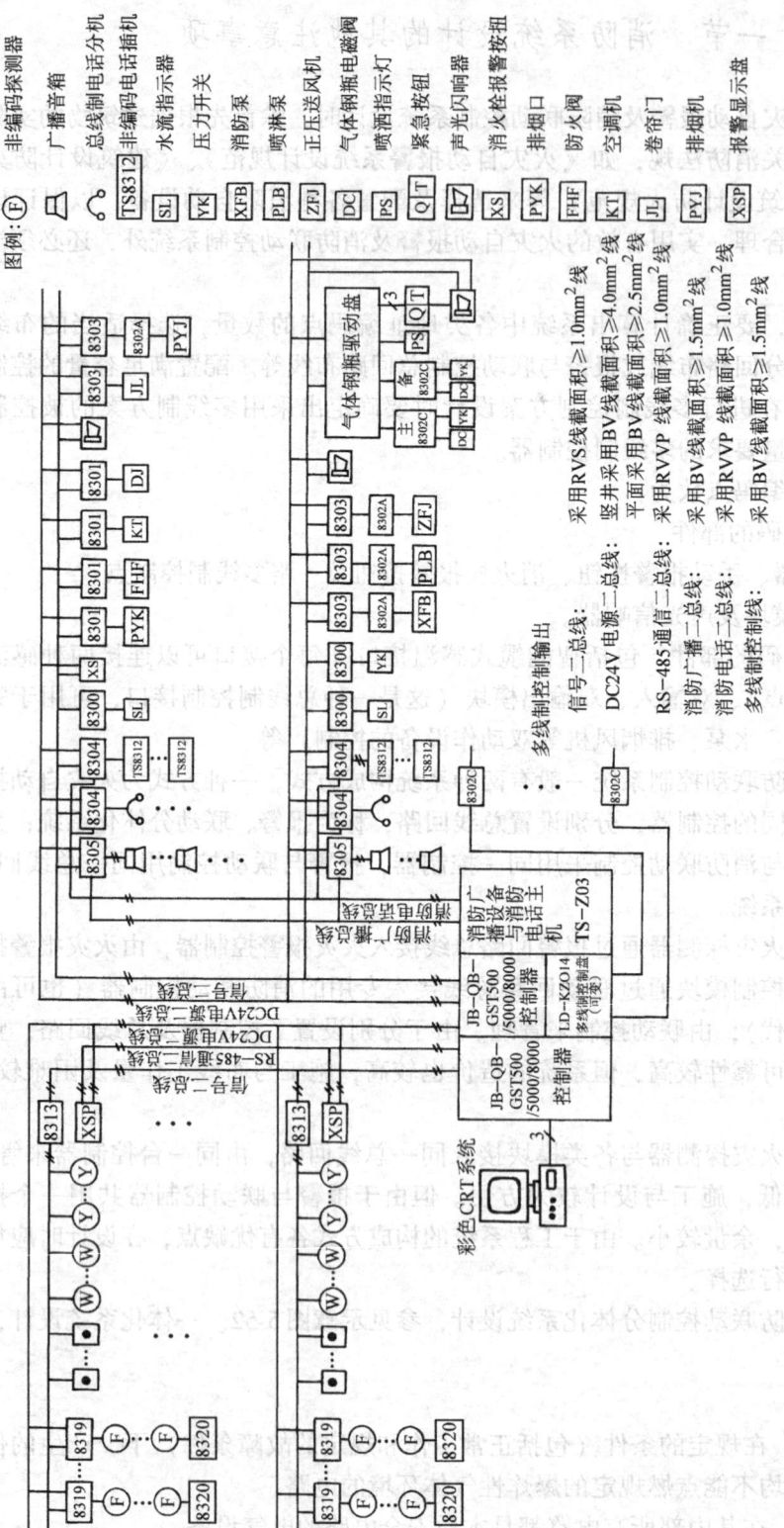

图 5-52 探测器接入报警控制器，各模块接入联动控制器系统

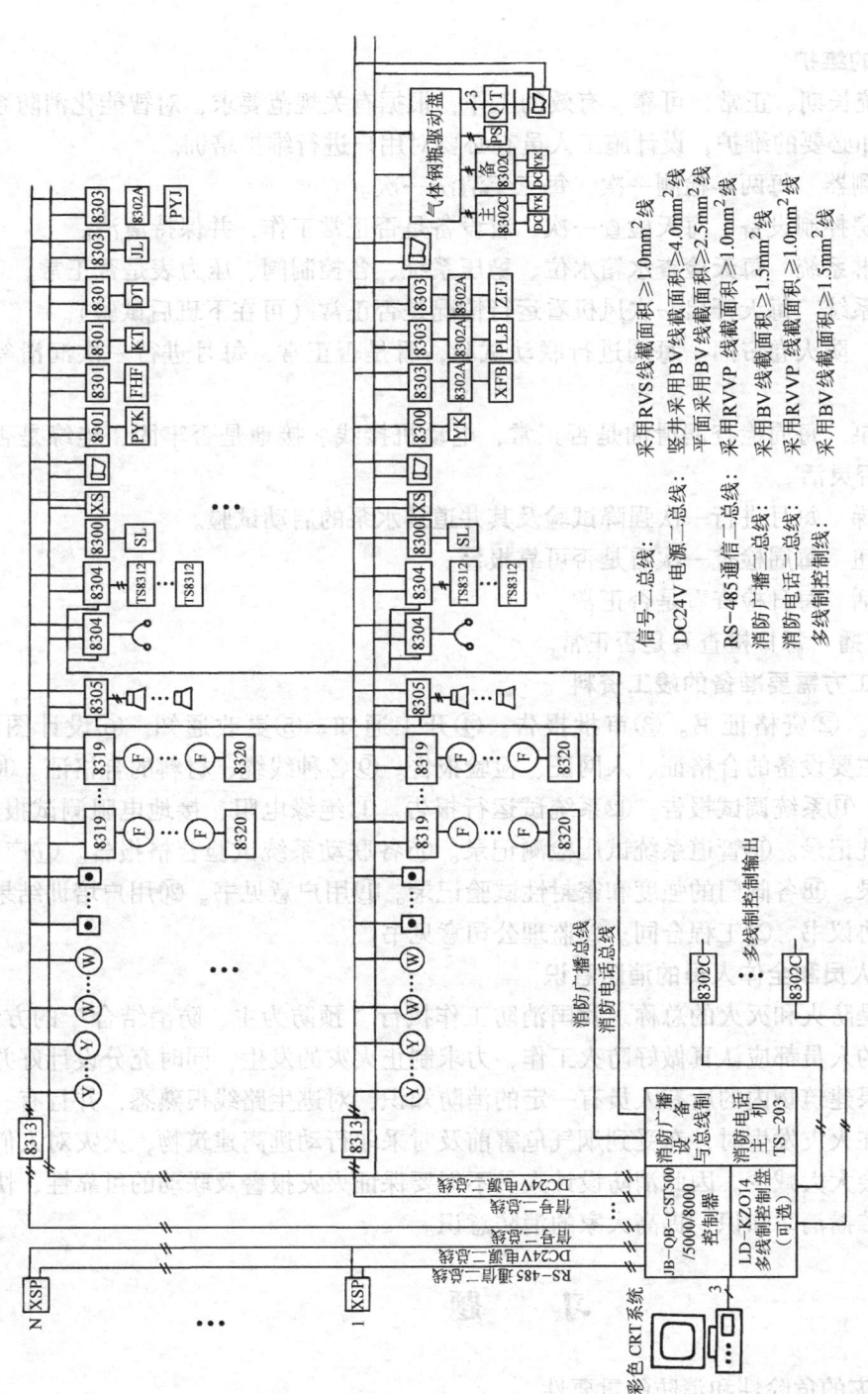

图 5-53 探测器与各模块都接入报警控制器系统

本质安全电路产生不利的安全影响的电气设备。

2. 特殊场所

在一些特殊场所，如石油、化工、煤气、军火等处，安装消防报警装置，必须采用本安型防爆设备。

3. 消防系统的维护

为使消防系统长期、正常、可靠、有效的工作，根据有关规范要求，对智能化消防系统应有严格的管理和必要的维护，设计施工人员有必要对用户进行维护培训。

（1）各类探测器　每两年检测一次，每三年清洗一次。

（2）各类机房控制设备　每天检查一次，看设备是否正常工作，并保持清洁。

（3）自动喷淋系统　每天检查水箱水位、稳压系统、各控制阀、压力表是否正常。

（4）防排烟系统　每天开启一次风机看运行情况是否正常（可在下班后试验）。

（5）防火门、防火卷帘门　每周进行联动试验，看是否正常，每月进行一次润滑等机械运动部分保养。

（6）消防水泵　每周检查润滑油是否正常，电动机接线、接地是否牢固，绝缘是否良好，转动部分是否灵活。

（7）消防电梯　每月进行一次强降试验及其井道排水泵的启动试验。

（8）报警按钮　每周检查一次看是否可靠报警。

（9）消防电话　每日检查看是否正常。

（10）消防广播　每日检查看是否正常。

4. 设计、施工方需要准备的竣工资料

①设计方案。②资格证书。③审批报告。④开工通知。⑤更改通知。⑥设计图纸。⑦施工图纸。⑧主要设备的合格证、入网证、检验报告。⑨各种线缆、材料的合格证。⑩隐蔽工程验收报告。⑪系统调试报告。⑫系统试运行报告。⑬绝缘电阻、接地电阻测试报告。⑭消防管网水冲洗记录。⑮管道系统试压检测记录。⑯各联动系统试验合格报告。⑰广播、电话系统调试记录。⑱各阀门的强度和密封性试验记录。⑲用户意见书。⑳用户培训结果报告。㉑售后服务协议书。㉒工程合同。㉓监理公司意见书。

5. 提高消防人员和全体人员的消防意识

所谓消防就是防火和灭火的总称。我国消防工作执行"预防为主、防消结合"的方针，每个与消防有关的人员都应认真做好防火工作，力求制止火灾的发生，同时充分设计好并做好灭火准备。如果建筑物内的所有人员有一定的消防知识，对逃生路线很熟悉，并且有一定逃生常识，就能在火灾发生时，在受到烟气危害前及时采取行动逃离建筑物，火灾对人们安全造成的威胁就会大大减少。因此消防设计人员不但要保证火灾报警及联动的可靠性、快速性，而且应注意传播消防知识，提高大家的消防意识。

习　题

5-1　简述火灾的危险性和消防的重要性。

5-2　什么是建筑物的防火等级，什么是耐火等级？

5-3　什么是火灾探测器，国家有关部门规定，多少层楼以上的建筑，必须安装火灾探测器和消防设施。

5-4 自动防火系统设计主要包括哪些内容？

5-5 火灾探测器一般分为哪几类，简述各类的特点。

5-6 选择火灾探测器有些什么原则。

5-7 商场、住宅、教学楼、办公楼应选用_____火灾探测器。厨房、车库、小会议室应采用_____火灾探测器，可能散发可燃气体的场所应采用_____火灾探测器，为什么？

5-8 选择火灾探测器时，要注意了解些什么，才能使整个系统可靠有效地工作。

5-9 离子型感烟探测器是使用较多的探测器，试简述其特点和工作原理。

5-10 什么是膜盒式差温探测器，它有什么特点。

5-11 智能型火灾探测器的特点是什么？

5-12 区域报警系统一般由_____构成，这种系统适用于_____。集中报警系统由_____组成，这样的系统适合于_____。控制中心火灾报警系统是由_____组成，适用于_____。

5-13 一个自选商场，营业面积为 $50m \times 42m$（$2100m^2$），其屋顶坡度为 $0°$ 房间，高度为 $4m$，应使用离子感烟探测器作火灾探测器，求需要多少只探测器？

5-14 根据理论计算的探测器数量，在实际设计中还需怎样调整？

5-15 哪些场所可不设置火灾探测器？

5-16 哪些部分必须安装手动火灾报警按钮？

5-17 简述多线制系统和总线制系统，现在设计火灾自动报警系统应采用什么线制？

5-18 智能型火灾报警系统主要体现在哪里？

5-19 简述消防广播对扬声器设置的要求。

5-20 什么叫消防广播的强切？

5-21 消防控制室、消防值班室或_____等处应安装_____消防控制室应设消防专用电话。

5-22 消防联动控制对象有_____。

5-23 对于高层建筑，任何一层着火时，排烟阀的开启应该是_____。

5-24 简述自动喷淋灭火的两种基本形式。

5-25 气体自动灭火系统适用于什么样的场所，说明其基本原理。

5-26 什么是应急照明？应急电源插座有什么用？

5-27 简述消防系统中电梯的管理控制方式。

5-28 消防控制室既是_____管理中心，又是_____处理中心。也是_____指挥中心，它的地位极为重要。

5-29 消防控制室的位置选择应注意些什么？

5-30 说明消防系统的接地要求。

5-31 在消防系统的布线中，要求防火配线是指_____，要求耐热配线是指_____。

5-32 消防系统的供配电，一般有哪几种方式，请简述。

5-33 当工作电源停止供电时，要求备用电源能_____接入，备用电源的布线应采取_____措施。

5-34 什么叫用电一级负荷?

5-35 现行的关于消防报警及联动的国家标准和行业标准有哪些?

5-36 在设计消防系统时要注意了解规范中的正面词_____、_____、_____和反面词_____、_____、_____、_____的含义,做到依法设计。

5-37 设计方案出来后应报_____审批。

5-38 火灾自动报警与消防联动控制系统一般有几种构成方式,请对各种方式加以说明。

5-39 简述智能化消防报警及联动的基本要求。

5-40 消防广播、消防电话系统有什么作用,它们一般由哪些设备组成?

第六章 建筑电气安全

几千年前人类就发现了电现象和磁现象。1821年英国实验大师法拉弟用实验首先发现通电导线能绕磁铁旋转，实现了将电磁运动向机械运动的转换，这个装置后来发展为电动机。1831年他又发现，如果把磁铁插入或抽出闭合的导线回路，回路中将产生电流，这一装置后来发展为发电机。同年他还发明了变压器，这些实验和工作预示着人类步入文明的电气化时代，极大地推动了人类的文明进步，但同时也给人类带来了更多的不安全因素，促使人类不断研究电气安全问题。

第一节 电气安全的主要内容

电能的开发和应用给全人类的生产和生活带来了巨大的变革，极大地促进了人类社会的文明和进步，现代人们都已离不开电能的应用。同时，由于对电能的危害认识不足，防护措施不力，电也给人类带来了不同程度的威胁和损失，甚至是灾难。因此研究电能对人类可能造成的危害因素及其防护措施，已成为文明社会的重要任务之一。

本书前几章讲述了很多电子、电气设备，元器件的使用、控制及很多电气系统的设计、安装、调试，但为了人员、设备、建筑物的安全，还必须学习用电安全方面的知识。

电的危害主要有：触电、电磁场（包括射频、工频和静电）、电蚀、电热效应（包括电火灾）和雷电等主要几种形式。只要充分认识其原因，掌握其规律就可以通过各种安全防护措施减少危险、控制危害，提高用电环境的安全感，使人们的生命安全得到保障，财产不受损失，真正做到安居乐业。因此安全用电具有特殊的重要意义。

电气安全性一般包括以下几个方面。

(1) 功能安全性　功能安全性通常是指电气产品的可靠性，如果某种设备的起动、制动和控制功能不可靠，就会造成严重的不安全后果。例如，电梯不能可靠的制动，不仅无法准确停车，还可能造成人员伤亡事故。消防设备的误喷水、误动作就会带来极大的损失和人为灾害。

(2) 结构安全性　指电气设备的结构应十分可靠，例如电动机转速增高，构件损坏，就会发生结构上的事故。

(3) 材料安全性　有些材料易燃易爆，有些材料有毒，有些材料绝缘不够，有些材料对温度很敏感，使用中随着温度升高而导致设备绝缘下降，有些材料稳定性差，随着使用时间的增加，性能会发生变化等，容易引发火灾、爆炸、中毒等事故，对安全带来隐患。

(4) 使用安全性　设备使用不当也会带来危害，例如，某些电气设备应该接地，有的可以不接地，若使用错误，则会造成触电事故。设备的工作电压选择不当，也会造成设备损坏、触电、火灾等危害。

(5) 安装安全性　各电气设备、元器件的连接，安装如发生错误，极可能带来严重的危害和损失，必须高度重视。

（6）防护安全性　对于一些不可避免的不安全因素，应根据其危险性质、程度及周围环境状况，采取适当而必要的防护措施防止触电。例如：高压工作区的周围应设置安全防护区并加护栏，带电元器件要有防护外壳，电磁辐射区要加屏蔽保护等。

（7）标志安全性　一切可能引起不安全的场所和有触电危险的操作部位，均应设置明显的安全注意标志，例如疏散指示灯、带电部位的带电标志、维修禁止合闸标志，危险区标志等。

（8）雷电安全性　雷电具有极大的危害性，特别对于高层建筑，受雷电危害的可能性更高，必须有专门的防雷保护措施。这些措施包括：建筑本身的防雷措施，重要区域的防雷措施，设备本身的防雷措施等。

实验表明，通过人体的电流强度较小时，对人体不仅无害，反而有益，但是当通过人体电流较大时，就会产生触电事故。流过人体电流达 1mA 时，会感到发麻；10mA 以下，人自己可以摆脱电源，不致造成事故；20~25mA 就会使人感到剧痛，甚至神经麻痹、肌肉剧烈收缩，自己无法摆脱电源，有生命危险；100mA 以上，短时间就会使人窒息死亡。通过人体的电流由电压和人体电阻决定，经验表明不高于 36V 的电压对人是安全的，因此这个电压称为安全电压。一般情况下人体电阻在 1~10kΩ 之间。

第二节　电气设备的安全设计

一、安全设计的基本要求

电气设备的设计必须保证设备的整体及其组成部分都是安全的，并且应保证在按规定安装和使用时不得发生任何危险。这是安全设计（设备、工程）的最基本要求，在设备的安全设计和电气工程的安全设计中，会出现安全技术和经济利益之间的矛盾。此时必须优先考虑安全技术上的要求，将安全放在第一位。一般按以下顺序采取安全技术措施：

（1）直接安全技术措施　即在结构等方面采取安全措施，将设备或工程设计得无任何危险和隐患（首先应考虑的是人的安全）。

（2）间接安全技术措施　即如果不可能或不完全可能实现直接安全技术措施时，所采取的特殊安全技术措施。这种技术措施，只具有改进和保证安全使用设备的目的，而不具有其他功能，如高压区加防护栏，加安全标志，辐射区隔离等。

（3）提示性安全技术措施　若上述两种措施都达不到或不能充分达到安全目的时，可以采用说明书、标记、符号等形式简练地说明在何种情况下，何种条件下采取什么措施，才能安全使用设备。

（4）施工设计安全技术措施　在工程施工中，设计的各类电缆电线（特别是强电部分）必须考虑足够的线径和耐压等级，布线时，必须注意不要损坏电缆、电线的绝缘保护层、线路所穿管子，桥架应是金属材料或阻燃 PVC 材料，并有良好的接地装置。

（5）电气设备和电气工程的设计必须考虑它的应用环境条件　各种设备、器件、线材等要在规定许可的环境条件下使用。

（6）安全设计还应该考虑的其他一些因素或条件　操作使用人员的素质（必要时要对其进行培训），人机操作的特殊要求，产品在环境中的影响等等。

(7) 实际使用中的其他特殊安全措施。

二、安全设计的一般规则

电气设备、电气工程的安全设计并非只涉及电气安全，而且应该全面处理各个方面的安全问题。应当保证按规定使用时不会发生任何危险；应当保证设备在正常使用条件下能承受可能出现的物理和化学作用，对预计可能出现的有害影响要采取必要的安全措施。为达到上述目的，在安全设计时应当遵守下列规则：

(1) 电能防护 电能可能以直接和间接两种作用形式造成危险，应当采取相应的防护措施。触电事故、短路起火等是电能直接造成的危害。设备在运行过程中，电能可以转换成其他形式的能量而造成的危害称为电能的间接危害。例如各种电磁场辐射的射线，有损于健康的气体、蒸气、噪声、振动、热量和其他各种机械作用，应当限制在无害的范围内；对包括由于过载和短路在设备内部或周围造成的温度变化，则应保证不对设备性能及周围环境造成有损于安全的影响。

(2) 标志和标牌 标志和标牌是保证设备安全安装、操作和维护的安全措施之一。因此，设备上必须具有能保持长久，容易辨认而清晰的标志或标牌，这些标志或标牌应给出安全使用所必需的主要特征，例如额定参数、接线方式、接地标记、危险标记、可能有的特殊操作类型和运行条件的说明等。

(3) 运动中危险因素的防护 电路设备在运行时，如果工件、工具部件和所产生的金属屑有可能飞甩出去，则应该使用诸如防护罩等特殊安全技术措施。这些情况一般不得使用提示性、警告性，说明性的安全技术措施。

(4) 设备的设计必须使其所发出的噪声和振动保持在尽可能低的水平上 如应用低噪声的驱动机构和减振构件等。如果设备的灼热或过冷部分能造成危险，则应采取隔离措施。如果在工作过程中产生有害粉尘、蒸气和气体，必须将其密闭起来或者使其变为无害后才能排出。如带有液体的设备在正常使用时会有液体逸出，这种液体应不会损害电气绝缘，也不致使液体溢流到地面或喷溅到工作人员身上，如采取措施确有困难或者采取了措施还不能保证安全，则必须在使用说明中指出注意事项和应采取的其他措施。

(5) 开关、控制装置的设计 电能的接通、分析和控制，必须保证可靠和安全。复杂的安全技术系统要装设监控装置。在可能发生危险的区域内，工作人员不能快速地操纵操作开关以终止可能造成的危险的情况下，设备应在相关部位装设紧急停止开关。为防止误动作，控制系统应装联锁元器件，保证按要求的顺序才能起动设备。或者装设可以拨出的开关钥匙。

(6) 材料选择 设备选用的材料应能承受按规定条件使用时可能出现的物理和化学的作用，材料不能对人体造成危害。材料要有足够的耐老化、抗腐蚀的能力。设备外壳必须具有良好的电气绝缘性以防止电能直接作用于人类造成的危害，并保证设备安全可靠的运行。

(7) 设备的结构设计 应根据设备的使用条件确定设备的结构，并确定设备外壳的防异物、防触电、防水、防爆的等级，以确保安全。设备的外形结构应便于移动搬运摆放和安装。需要经常更换的部件应配置在便于更换处。需要调整的部件应置于便于调整处。部件和元器件的分布应便于装配、安装、操作、测试、检查和维修，设备表面不能过于粗糙，不得有尖角和锐棱。

(8) 人类工效学要求　电气设备的安全设计，应当考虑人类工效学的安全要求。例如应该有足够的操作空间，使工作人员感到操作方便而不存在安全方面的威胁。并有足够的安全距离，使操作人员进行操作和维修都很方便。在脑力劳动和休息场所使用的设备，噪声允许值应很低（几乎不能有噪声）；公共场所的设备噪声允许值较低，应满足环保部门的有关规定和要求。

第三节　安　全　用　电

触电事故往往是由于配电线路设计和施工质量不好，或由于绝缘损坏使电气设备、电器或线路发生漏电，人们触及带电部分（如金属外壳）而发生的。也有很多是工作人员（或其他人员）缺乏安全意识，不遵守操作规程，使身体和带电部分接触而造成触电事故的。

当今用电设备大幅增加，不安全因素也在加大。线路绝缘损坏而发生漏电时，人们触电危险的可能性就会增加。因此在低压配电线路中装设漏电保护器，是防止触电、保障人身安全的重要措施，在智能建筑配电线路中装设漏电保护器是必须和非常重要的。

人体触电一般有几种形式：人体接触三相电源中的任何一相所发生的触电称为单相触电。人体同时接触同一电源的两相带电体称为两相触电，由于加在人体上的电压为线电压其触电的危害性最大。当带电体接地时，有电流向大地流散，并以接地点为中心，半径10～20m的范围内会形成分布电位，如人在此范围内，则两脚之间将产生跨步电压，由此引起的触电称为跨步电压触电。

漏电保护器装设在低压电网电源端或进线端，以实现对所属网络的整体保护。但是，就整个低压配电系统而言，从电源出线处到线网末端，按照线路和负荷的重要性、负载的性质和保护对象的不同要求，不能只有总的保护，否则局部漏电会造成总体保护，全供电系统断电。应实行分级保护，这也是漏电保护的发展趋势。

一、分级保护方式

既要做好安全用电的防护工作，减少触电事故，又要提高电网供电的可靠性，这是对漏电切断保护方式提出的全面要求。根据我国电网供电系统的实际情况，采用漏电切断分级保护方式是实现上述要求的较好途径。

我国低压电网的供电方式大致可分为以下两种形式：一种是放射形式，即母线—干线—分支线逐层放射的形式。另一种是在低压主干线上接出各支路线路的形式。

根据我国压低电网的供电方式、经济条件和漏电保护器的生产等实际情况，在低压电网中采用两级漏电保护方式是可行的，也是最为有效的。

1. 系统总保护或干线总保护的第一级保护

这一级保护用的漏电保护器可装设于配电变压器低压出线处，或装设于低压电网干线的首端。如采用中性点接地式漏电保护器，则应将漏电保护器装设于变压器低压端工作接地引下线处。其保护范围为低压电网的母线（或主干线）、干线（或支线）或干线上所属的电气设备。当上述母线、干线或干线设备发生单相接地故障（漏电）时，漏电保护器立即动作，切断电源，防止人身间接接触触电，同时也作为分支线漏电保护器的后备保护设施。

2. 分支保护或电路末端保护的第二级保护

第二级保护为分支保护或电路末端保护。这一级保护的漏电保护器装设于干线（或支线）末端来进行保护，或设于动力、生活用电分支首端。其保护范围为动力、生活用电分支支线及所属的电气设备。这一级保护以防止直接接触触电为主要目标，各自的保护面较小，相互之间不影响，能保证其他非故障支路不间断供电，非常适用有效。

二、分级保护的级间配合

根据两级保护的目的要求和被保护电网的三相不平衡泄漏电流的实际情况，对两级漏电保护器的动作电流和动作时间应当选择恰当，以达到两级保护的协调配合，达到可靠的供电，又有效的保护。

图 6-1 所示为两级保护的动作电流与动作时间的协调关系。

（1）根据保护目的和电网的泄漏电流选定各级的额定漏电动作电流 第一级保护的目的是防止人身间接接触触电事故和电气火灾等。而被保护电网的覆盖面大，负载电流也大，三相不平衡泄漏电流也大。因此，这一级保护用漏电保护器的动作电流也应该选择大一些的。

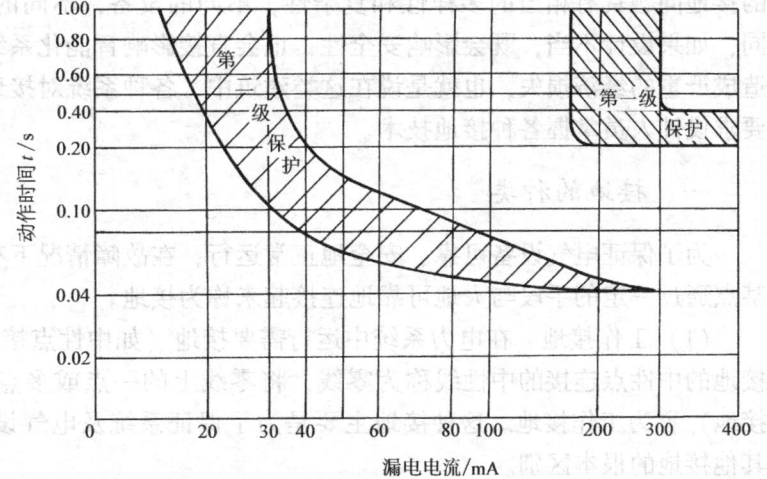

图 6-1 两级保护的动作时间和动作电流的协调配合

通常对 100kVA 以下的配电变压器总出线或 150A 以下的干线可选用额定漏电动作电流为 100 ~300mA 的漏电保护器；对 100kVA 以上的配电变压器总出线处或 150A 以上的干线上可选用额定漏电动作电流为 300~500mA 的漏电保护器。

第二级保护的目的是防止人身直接接触触电事故，且被保护电网的覆盖面小，负载电流也小，因此第二级漏电保护器的额定漏电动作电流也应该选择得较小些，一般应选取 30mA 及其以下的几个等级，视保护场所的环境条件及触电的危险性而定。

（2）级间协调 分级保护的级间协调应该保证第二级的保护覆盖面中的分支发生触电（漏电）、漏电故障时，只使本级相应支路的漏电保护器动作，切断本支路的电流，而不发生越级跳闸，影响其他正常支路的正常供电，这主要是靠选定漏电保护器的动作时间来实现的，而不能依靠漏电动作电流的不同来协调。这是因为漏电故障电流的大小主要决定于故障点的情况（如线网对地电压和接地电阻大小或接触电压和人体阻抗大小等），当漏电故障漏电电流较大时（达到第一级漏电保护器的漏电动作电流时），就会同时导致两级漏电保护器都发生动作，而影响其他正常支路的供电。所以，选用不同的动作时间才能实现两级保护的合理协调配合。据此，第一级漏电保护器应选用延时型的，其延时时间一般可选取 0.2s 而第二级漏电保护器应选用快速型的。

以上讲述的是安全用电的技术措施之一，另外，还必须注意管理、安全操作等，才能真正确保安全用电。

总之，掌握好电的知识，就能安全地利用电能为人类服务，促进社会的文明发展和进步，盲目地乱用电，就会带来不必要的损失、灾害和伤亡。在电气工程、自动控制工程的设计和施工中安全用电应该得到高度的重视，任何时候安全第一绝不能忘记。

第四节　电气设备的接地

接地系统涉及到供电配电系统及各用电系统的可靠性，人员和设备的安全性等问题，历来成为人们研究、讨论的问题。在高层智能化建筑中，这个问题更加重要。由于智能化系统的接地问题具有相当的多样性和复杂性，不同的设备，不同的系统对接地的要求也有所不同，如果设计不当，既会影响安全性，也会直接影响智能化系统的功能与使用价值，还可能造成严重的经济损失，也就是说在这类建筑中，各种系统对接地的种类和要求更高了，这就要求设计人员掌握各种接地技术。

一、接地的种类

为了保证电气设备可靠、安全地正常运行，在故障情况下有效地进行保护，将电路中的某点通过一定的手段与大地可靠地连接起来称为接地。

（1）工作接地　在电力系统中运行需要接地（如中性点接地）。与变压器或发电机直接接地的中性点连接的中性线称为零线，将零线上的一点或多点与地再次做电气连接（重复接地）称为工作接地。这种接地主要是为了保证系统及电气设备的正常运行及安全，是与其他接地的根本区别。

（2）保护接地　电气设备的金属外壳、钢筋混凝土电杆和金属杆塔等由于绝缘损坏可能带电，为了防止这种电压危及人身安全而设置的接地称为保护接地。如果电气设备金属外壳等与零线连接则为保护接零，简称接零，尽管零线最终仍是接地，但零线中有电流必然产生一定压降，接零点对地就有一定电压因而接零方式一般不用，应直接接地。保护接地的作用是保证电气设备外壳等始终不会带电。

（3）防雷接地（过电压保护接地）　为了消除雷击和过电压的危险影响而设的接地。

（4）防静电接地　为了消除工作过程中产生的静电而设的接地。

（5）屏蔽接地　为了防止电磁感应、电磁辐射对电气设备正常工作的影响，而对电气设备的金属外壳、屏蔽罩、屏蔽线缆的屏蔽层、建筑物金属屏蔽体等进行的接地。

（6）直流工作接地（信号接地、逻辑接地）　对一些工作在弱小信号类的电气、电子设备（如计算机中心机房），由于对干扰极为敏感，因此必须做更加细致的抗干扰处理，除上述的各种接地外还需做直流工作接地，即相对于信号的地电位点。

直流接地的接法一般有三种：串联接地、并联接地和网格接地，前两种方式的直流工作接地目前已趋淘汰，现在普遍采用的最好方法是采用网格接地，即信号基准电位网。

直流网格接地就是用一定截面积的铜带（厚1~1.5mm，宽25~35mm），在防静电地板下面交叉排成600mm×600mm的方格，其交叉点与活动地板支撑的位置交错排列，铜带的每个交叉点处用锡焊焊接或用螺钉压接在一起，为了使直流网格接地和大地绝缘，在铜带下应垫厚2~3mm以上的绝缘橡皮或聚氯乙烯板等绝缘物体，也可在铜带的每个交叉点上用绝缘桩支撑，使整个网格接地悬浮并绝缘于地面，所以这种接地也叫悬浮接地。

二、低压电网的接地方式

根据国际电工委员会（IEC）第64（建筑电气装置）技术委员会（TC64）的规定，低压电力网的接地方式主要有以下几种。

1. TT 系统

电源端直接接地，用电设备金属外壳接至与电力系统的接地点无关的接地体上，即通常所说的接地保护，如图6-2所示。这种接地方式很好、很可靠，但需要做独立的接地系统。

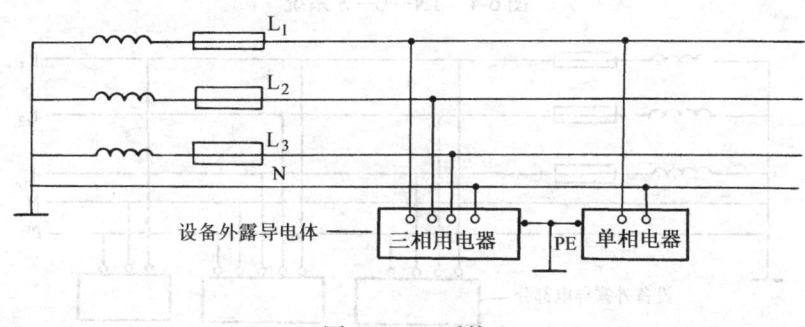

图 6-2　TT 系统

2. TN 系统

电源端的中性点直接接地，电气设备金属外壳与中性线相连接，即接零保护。根据中性线和用电设备外壳的不同连接方式，这种系统又分为 TN—C 系统、TN—C—S 系统、TN—S 系统等三种。

（1）TN—C 系统　在整个系统中，保护用零线和中性线是合用的（简称 PEN），见图6-3所示。这种接地系统虽结构最简单，但安全性较差，目前在要求较高的场所，特别是智能建筑系统中已不采用。

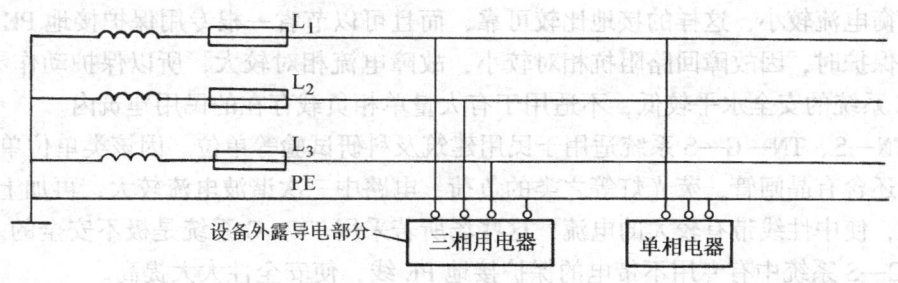

图 6-3　TN—C 系统

（2）TN—C—S 系统　在整个系统中，保护用零线和中性线是部分合用的。见图6-4所示。这种接地系统相对 TN—C 系统安全性要好，地线上的电压降也较小，线也不容易接错，目前应用较广泛。

（3）TN—S 系统　在整个系统中，保护零线和中性线是完全分开的只在变压器或发电机处才连接接地，参见图6-5所示。这种接地系统是 TN 系统中安全性最好的，且不会因三相电不平衡而在地线上有较高的电压降。

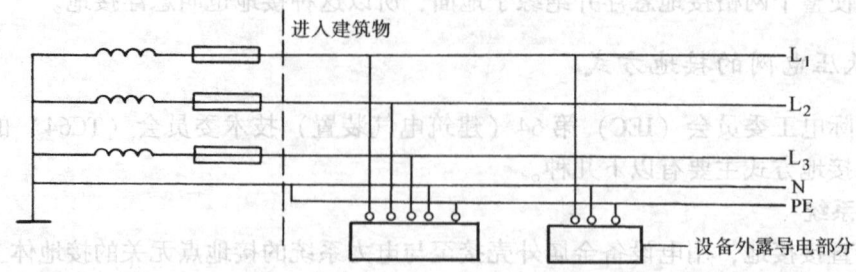

图 6-4 TN—C—S 系统

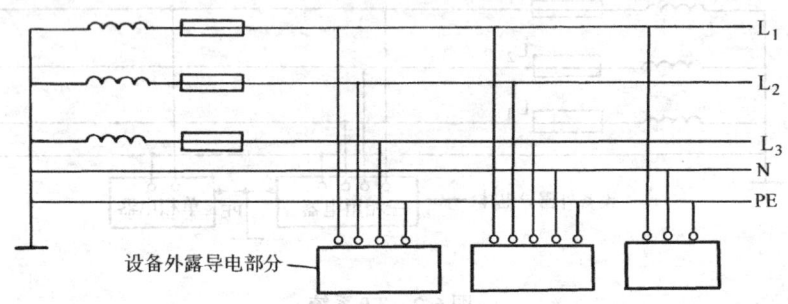

图 6-5 TN—S 系统

三、配电系统接地方式的选择

采用何种接地系统为好，应该根据建筑物的供电环境和对接地的电气系统有哪些具体要求来分析决定，才会得到正确的结论。

1) TT、TN—S 系统适用于安全性要求高的场所，是一种很好的接地方式。

2) TN—C 系统适用于一般工业厂房内三相负荷比较平衡的动力负荷。由于 PEN 线上流过的不平衡电流较小，这样的接地比较可靠，而且可以节省一根专用保护接地 PE 线。在采用过电流保护时，因故障回路阻抗相对较小，故障电流相对较大，所以保护动作灵敏度高。但 TN—C 系统的安全水平较低，不适用于有大量单相负载存在的民用建筑内。

3) TN—S、TN—C—S 系统适用于民用建筑及科研试验等单位。因该类单位单相负载较多，有的还含有晶闸管、荧光灯等之类的负荷，电路中三次谐波电流较大，再加上不平衡电流的存在，使中性线带有较大的电流，这些场所若采用 TN—C 系统是极不安全的。而 TN—S、TN—C—S 系统中有专用不带电的保护接地 PE 线，使安全性大大提高。

TN—C—S 和 TN—S 系统都具备了中性线 N 和保护接地线 PE，设备外壳接在不带电的 PE 线上，这样既安全，设备也无电干扰。尽管 N 线可能带电，可能引起接地电位有些浮动，但由于 PE 线、N 线采用同一点接地，这点的电位始终相同。

综合上述分析，根据实际情况，目前 TN—S 系统是最适合于智能型建筑和民用住宅的接地系统。

四、三相五线制配电系统的推广应用

为了改善和提高配电系统的安全用电程度，克服不安全因素，保证各种电气、电子设备

可靠地正常运行，推扩应用三相五线制配电系统是很有必要的，图 6-5TN—S 系统就是三相五线制。

1) 对于三相四线制架空进线，中性线应重复接地，并利用穿线钢管作为保护地线接至配电箱，或从配电室变压器中性接地点再引一根保护地线至配电箱，从而达到将工作零线 N 与保护地线 PE 严格分开的三相五线制配电要求。

2) 配电系统中的零线 N 和保护地线 PE 严禁装设熔断器。

3) 室内单相用电设备宜采用单相三极插座供电，其中第三极接保护地线 PE。

4) 配电支、干线应装设短路和过载保护装置（熔断器、断路器等），用户支线的保护装置可用断路器、熔断器或带漏电保护的自动开关。

5) 在同一建筑物内，同一线路决不允许一部分设备采用接零保护，另一部分设备采用接地保护。这是因为当接地的设备碰壳时，由于事故电流不一定会很大，保护电器可能不动作，线路不断开，零线电压将升高，则所有与接零设备外壳接触的人都有触电的危险。

第五节 接 地 装 置

为达到接地的目的，人为地埋入地中的金属件如钢管、角钢、扁钢和圆钢等称为人工接地体；兼作接地体用的直接与大地接触的各种金属构件、金属井管、钢筋混凝土建筑物的基础钢筋、进入地下的金属管道等称为自然接地体。电气设备的接地螺栓与接地体连接用的金属导线，称为接地线。接地体和接地线的总和称为接地装置。

一、接地体

1) 一般的交流电力设备应充分利用自然接地体接地。这是一种最节约、最方便的接地方式，在某些情况下，往往可达到人工接地体不能达到的良好效果。

2) 直流电力回路中，不应利用自然接地体作为电流回路的地线，直流电力回路专用的中性线，接地体以及接地线不应与自然接地体连接。

3) 自然接地体的接地电阻值符合要求时，一般可不敷设人工接地体，但发电厂、变电所和有爆炸危险和接地要求很高的场所除外。当自然接地体在运行时连接不可靠以及阻抗较大不能满足接地要求时，应采用人工接地体。

当利用自然、人工两种接地体时，应设置将自然接地体与人工接地体分开的测量点。

4) 人工接地体水平敷设时一般用扁钢或圆钢，垂直敷设时一般用角钢或钢管。

钢接地体的最小规格见表 6-1。

表 6-1 钢接地体和接地线的最小规格

种 类	规 格	地 上		地 下
		室 内	室 外	
圆 钢	直径/mm	5	6	8
扁 钢	截面/mm²	24	48	48
	厚度/mm	3	4	4
角 钢	厚度/mm	2	2.5	4
钢 管	壁厚/mm	2.5	2.5	3.5

5）为减少相邻接地体的屏蔽作用，垂直接地体的间距不应小于其长度的2倍，水平接地体的相互间距可根据具体情况确定，但不应小于5m。在地下不得利用裸铝导体作为接地体或接地线。

6）如果接地体安装在有腐蚀性的土壤中，应采用镀锌角钢或镀锌钢管。

二、接地线

1）交流电力设备的接地线，应尽量利用金属构件、普通钢筋混凝土构件的钢筋等，此时，另设的钢接地线可采用截面为16mm²的钢筋。

2）其他的电气设备的金属外壳，应使用专门的接地线可靠地接地。该接地线若与相线敷设在同一保护管内时，应具有与相线相等的绝缘。

为了提高接地的可靠性，接地干线应在不同方向不少于两处与接地体相连。

3）接地线可用钢质的，但在建筑物内一般都用铜线或铝线，其最小截面积如表6-2所示。

表6-2 低压电气设备的铜或铝接地线的最小截面积　　　　（单位：mm²）

接 地 线 种 类	铜	铝
明设的裸导体	4	6
绝缘导体	2.5	4
电缆的接地芯线或具有公共保护外皮的多芯接地芯线	1.5	2.5

4）中性点直接接地时，为保证良好的效果，零线和接地线的截面应大一些。

5）低压电气设备用的接地线、零线应与相线一起敷设，应接入同一个插座上，零线和地线应分别与接地网相连。

6）携带式用电设备的接地线，应采用多股软铜线，其截面积不应小于1.5mm²，而且必须采用专用芯线作为接地线。

7）接地线须有防止机械损伤及防止化学作用的保护措施。

8）从接地干线敷设到用电设备的接地支线的距离越短越好。

三、接地线的连接

1）接地线与接地体的连接处应焊接，也可用螺栓压接，但应采取可靠的除锈措施和保护措施（如镀锌）。

2）如利用钢管作接地线，钢管连接处应保证有可靠的电气连接（最好在管接头两侧焊接跨接线）。

3）每个电气设备应以单独的接地线与接地干线相连接。严禁在一条接地线上串接几个需要接地的设备。

4）接地线与电气设备的连接可采用焊接、插接、螺栓连接，要求连接可靠。

四、电气设备的接地安装

在接地装置中，电气设备的接地是最重要的一个环节，如果这一部分的接地安装工作没有做好，其他部分再好也将完全失去作用。各种电气设备性能不同、使用目的的不同、所处环境不同、对接地的要求和方法也各不相同，安装接地系统时要注意。

(1) 电力变压器接地安装　变压器的外壳、低压绕组零点、相线引出端的击穿保险器等要进行接地。高压或低压绕组的中性点也要相应接地。接地线应可靠地连接到变压器外壳的接地螺栓上。

(2) 电压、互感器接地安装　电压互感器及高压绕组的零点必须接地，接地方法可用韧性铜线将高压绕组的零点与电压互感器的外壳相连，再接到接地线上。如果设计上规定低压绕组的零点以及相线击穿保险器需要接地，则应做相应接地。

(3) 电流互感器接地安装　外壳及短接的二次绕组要接地，如果电流互感器安装在不导电的构架上，接地线要接到外壳的接地螺栓上；如果互感器安装在导电钢构架上，接地线就接到紧固电流互感器的螺栓上。

(4) 电容器接地安装　电容器的金属外壳要接地，即将电容器外壳用螺栓与接地线相连。

(5) 隔离开关接地安装　隔离开关的底板或框架、外壳等必须接地，接地线可接到紧固螺栓上。

(6) 用电设备的接地安装　所有用电设备的金属外壳要接地，输入线已带接地线的，要用带有接地线的电源插座；输入线没有接地线的，要将外壳用铜导线接至接地线。

(7) 其他接地安装　电缆的金属外包皮、屏蔽层、金属桥架、各电气支架、配电设备的外壳和底座、建筑物的金属门窗、各种防雷设施、抗干扰设施等要接地。

智能化建筑中还有许多特殊的接地装置，接地要求、接地方法在设计施工时要根据实际情况进行接地系统的综合考虑。

第六节　接地电阻的计算

一、接地电阻

接地电阻主要由以下三部分组成：接地线的电阻和接地电极自身的电阻；接地电极的表面与其所接触土壤之间的接触电阻；电极周围的土壤所具有的电阻值。

二、土壤电阻率

决定接地电阻大小的主要因素是土壤电阻。土壤电阻的大小一般用土壤电阻率来表示。土壤电阻率指边长为 1m 的正方体的土壤电阻，它与土壤的性质、含水量、温度、化学成分、物理性质等有关。

一般情况下，需要计算接地装置的接地电阻，对于用在防雷、过电压保护的接地装置，则要计算其冲击接地电阻。

在计算接地电阻时，应考虑土壤干燥或冻结等季节变化的影响，从而使接地电阻在不同季节中均能保证达到所要求的值。对防雷接地装置的接地电阻，可只考虑在雷季中土壤干燥状态的影响。

实测的土壤电阻率要乘以表 6-3 所列的系数 ϕ_1 或 ϕ_2 或 ϕ_3，进行修正。

当计算接地体的接地电阻时，应预先实测土壤电阻率。如无实测资料时，也可参考表 6-4 中所列数值。

表 6-3 各种性质土壤的季节系数

土壤性质	深度/m	ϕ_1	ϕ_2	ϕ_3
粘 土	0.5~0.8	3	2	1.5
	0.8~3	2	1.5	1.4
陶 土	0~2	2.4	1.4	1.2
砂砾盖于陶土	0~2	1.8	1.2	1.1
园 地	0~2	—	1.3	1.2
黄 砂	0~2	2.4	1.6	1.2
砂 土	0~2	1.5	1.3	1.2
泥 炭	0~2	1.4	1.1	1.0
石灰石	0~2	2.5	1.5	1.2

注：ϕ_1—测量时下过较长时间的雨，很潮湿。
　　ϕ_2—测量时土壤较潮湿。
　　ϕ_3—测量时土壤干燥。

表 6-4 土壤的电阻率参考值　　　　　　　　（单位：$\Omega \cdot m$）

类别	名 称	电阻率近似值	电阻率的变化范围		
			潮湿时	干燥时	含盐碱时
土	陶粘土	10	5~20	10~100	3~10
	泥炭、沼泽	20	10~30	50~300	3~30
	碎木炭	40	—	—	—
	黑土、田园土	50	30~100	—	—
	白垩土	50	30~100	—	—
	粘土	60	30~1000	50~3000	10~30
	砂质粘土	100	30~300	80~100	10~30
	黄土	200	100~200	250	30
	含砂粘土、砂土	300	100~1000	>1000	30~100
	河砂	—	300	—	—
	煤	—	350	—	—
	多石土	400	—	—	—
	红色风化土	500	—	—	—
	表层土夹石、下层砾石	600	—	—	—
	泥水底	15~20	—	—	—
砂	砂、砂砾	1000	250~1000	1000~2500	—
	砂层深度>10m	1000	—	—	—
	地下水较深的草原	1000	—	—	—
	粘土深度≤1.5m	1000	—	—	—
	砂土	800	200~1000	>1000	—
岩石	砾石、碎石	5000	—	—	—
	多岩山地	5000	—	—	—
	花岗岩	200000	—	—	—
混凝土	在水中	40~50	—	—	—
	在湿土中	100~200	—	—	—
	在干土中	500~1300	—	—	—
	在干燥的大气中	12000~18000	—	—	—
矿	金属矿石	0.01~1	—	—	—

1. 大地土壤电阻率的测试条件

1) 选择干燥期测试。
2) 选择气温较低,少雨季节。
3) 测试深度应在地表面最低处3m以下,取平均值。

2. 土壤电阻率包括的因素

1) 土质种类。
2) 土质含水溶解的物质种类及浓度。
3) 土质的含水量。
4) 土壤的温度。
5) 土质颗粒的大小。
6) 土质的组织情况。
7) 土壤的深度。
8) 不同的季节。

3. 大地自然电阻率的测试方法

大地自然电阻率的测试电路如图6-6所示,用地阻测试仪进行。将四根电极 C_1、P_1、P_2 和 C_2 排成直线等间距打入地下,对 C_1 和 C_2 通以电流 I,测定 P_1 与 P_2 间的电压 U,测得电阻 $R=U/I$,其土壤的电阻率（$\Omega \cdot m$）为:

$$\rho = 2\pi aR = 200\pi aR$$

注意：电极打入地面的深度 d 应大于电极的间距 a 的 $1/20$。

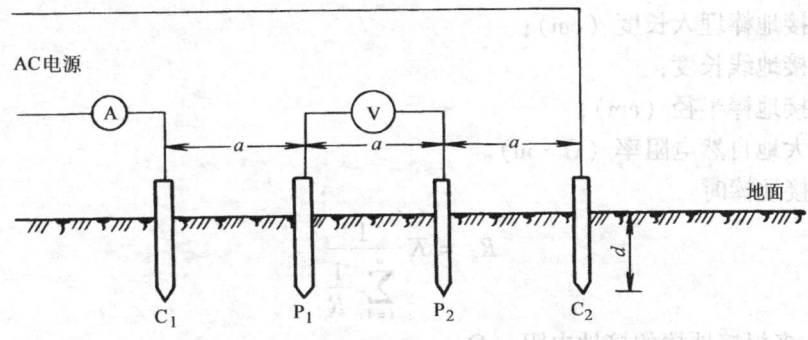

图6-6 大地自然电阻率的测量电路

三、自然接地体的接地电阻

利用埋入地下的金属水管、建筑物的钢筋等作接地体时其接地电阻值如表6-5、表6-6所示。

表6-5 直埋金属管的接地电阻值　　　　　　　　　　（单位：Ω）

长 度/m		20	50	100	150
口 径	25~50mm	7.5	3.6	2	1.4
	70~100mm	7.0	3.4	1.9	1.4

注：本表条件为土壤电阻率 ρ 为 $100\Omega \cdot m$,埋管深度为 0.7m。

表 6-6 钢筋混凝土建筑的接地电阻估算值

接地装置形式	钢 筋 形 式	接地电阻估算值/Ω
钢筋混凝土电杆	单杆 双杆 拉线单、双杆 一个拉线盘	0.3ρ 0.2ρ 0.1ρ 0.28ρ
n 根水平射线 ($n \leqslant 12$,每根长 60m)	各 型	$\dfrac{0.062}{n+1.2\rho}$

注:表中 ρ 为土壤电阻率,单位 Ω·m。

因为大多数自然接地体都延伸得很长,其周围土壤的电阻率可能沿长度有所变化,这种改变难用计算方法求得。所以在利用自然接地体时,除了按公式或表格中所查数据进行设计外,还应进行实地测量并结合季节性变化来确定实际电阻值是否符合要求。同时在采用自然接地体时,必须在连接处跨接导线,使整个自然接地体成为电气的连续导体。

四、接地极的接地电阻的计算

各种接地极的接地电阻按下列公式计算。

(1) 接地棒

1) 一根接地棒时

$$R = \frac{\rho}{2\pi l}\left(\ln\frac{4L}{r} - 1\right)$$

式中 R——一根接地棒的接地电阻(Ω);
  L——接地棒埋入长度(cm);
  l——接地线长度;
  r——接地棒半径(cm);
  ρ——大地自然电阻率(Ω·m)。

2) 多根接地棒时

$$R_n = K\frac{1}{\sum_{i=1}^{n}\dfrac{1}{R}}$$

式中 R_n——多根接地棒的接地电阻(Ω);
  K——综合系数(见表 6-7);
  n——埋设接地棒根数。

表 6-7 综合系数 K 值

深度/m	间 距/m					
	0	0.5	1	2	3	4
0.61	2.00	1.20	1.11	1.05	1.03	1.01
1.52	2.06	1.35	1.20	1.15	1.10	1.05
3.05	2.04	1.36	1.25	1.17	1.12	1.07

(2) 埋设地线

地线的接地电阻 $R = \dfrac{\rho}{2\pi L}\left[\left(\ln\dfrac{2l}{r}\right) + \left(\ln\dfrac{l}{t}\right) - 2\right]$

式中 R——埋设地线的接地电阻（Ω）；

L——埋设地线埋入长度 $L = \frac{1}{2}l$ (m)；

l——埋设地线长度 (m)；

r——埋设地线半径；

t——埋设深度；

ρ——大地自然电阻率（$\Omega \cdot$ m）。

(3) 接地网

敷设网状的接地装置叫接地网，接地网的接地电阻

$$R = \rho\left(\frac{1}{4r} + \frac{1}{L}\right)$$

式中 R——网状地线的接地电阻（Ω）；

r——等效半径，$r = \sqrt{\frac{a \times b}{\pi}}$ (cm)，其中 a 为地网长 (cm)，b 为地网宽 (cm)；

L——地网全长，$L = b(n+1) + a(m+1)$ (cm)；

n——地网在 a 方向上的根数；

m——地网在 b 方向上的根数；

ρ——大地自然电阻率（$\Omega \cdot$ cm）。

(4) 接地板

接地板的接地电阻

$$R = \frac{\rho}{2\pi t} \ln \frac{r+t}{r}$$

式中 R——接地板的接地电阻（Ω）；

t——埋地深度 (cm)；

ρ——大地自然电阻率（$\Omega \cdot$ cm）；

r——等效半径，$r = \sqrt{\frac{a \times b}{2\pi}}$ (cm)，其中 a 为接地板的长 (cm)，b 为接地板的宽 (cm)。

五、基础接地体的接地电阻

利用建筑物基础中的金属结构作为接地体，就称为基础接地体。它可以节省金属，减少开挖土方和回填土的工作量，而且由于其中的金属结构受混凝土的保护，使用寿命长，故其维修工作量少。但要注意：利用钢筋混凝土构件和基础内钢筋作为接地装置时，构件或基础内钢筋接点必须焊接，各构件和基础之间必须连接成电气通路，进出钢筋混凝土构件的导体与其内部的钢筋体的每一个连接点必须焊接，且还需与其主钢筋焊接。

1. 垂直圆柱形钢筋混凝土接地体的接地电阻

$$R = \frac{l}{2\pi l}\left(\frac{\rho_1}{K_1}\ln\frac{4l}{d} + \frac{\rho - \rho_1}{K_2}\ln\frac{4l}{d_1}\right)$$

式中 ρ——土壤电阻率（$\Omega \cdot$ m）；

ρ_1——混凝土的电阻率（$\Omega \cdot$ m）；

d_1——圆柱形混凝土体的直径（m）；

d——接地体（圆柱形混凝土体内钢筋体）的直径（m）；

l——接地体埋设在地面下的长度（m）。

K_1、K_2 为接地体和混凝土体计算系数，分别按 $\dfrac{d}{2l}$ 和 $\dfrac{d_1}{2l}$ 从表 6-8 中查出。

表 6-8 K_1、K_2 取值

$\dfrac{d}{2l}$，$\dfrac{d_1}{2l}$	0.1	0.2	0.3	0.4	0.5	0.6	0.7	0.8
K_1，K_2	1	0.98	0.95	0.9	0.82	0.74	0.65	0.55

2. 水平敷设闭合矩形的钢筋混凝土接地体的接地电阻

$$R = \frac{\rho_1}{2\pi l}\ln\frac{d_1}{d} + \frac{\rho}{5\pi l}\left(\ln\frac{l^2}{d_1 h} + A\right)$$

式中 R——接地电阻（Ω）；

h——接地体埋设深度（m）；

l——接地体长度，接地体为闭合矩形时为周长（m）；

A——闭合矩形接地体的形状系数，见表 6-9；

ρ——土壤电阻率（Ω·m）；

ρ_1——混凝土的电阻率（Ω·m）；

d_1——混凝土的直径（m）；

d——接地体的直径（m）。

表 6-9 闭合矩形接地体形状系数 A 取值

长短边之比	1	1.5	2	3	4	5	6	7	8	9	10
A	1.69	1.76	1.86	2.10	2.34	2.53	2.81	2.93	3.12	3.29	3.42

当钢筋混凝土体的横断面是矩形时，则上式中 d，d_1 为等效直径，其值等于 $\dfrac{2(a+b)}{\pi}$，其中 a 和 b 分别为混凝土体或钢筋体矩形横截面的长、短边之长（m）。

六、人工接地体的接地电阻

常用的人工接地体有垂直埋入地下的钢管、角钢以及平放的圆钢、扁钢等，也有采用环形接地体及圆板或方板状的接地体。在一般情况下采用管形接地体较好，这是因为达到同样的接地电阻，这种接地体用材最少。当土壤上部电阻率较大时，管形垂直体可以放入电阻率较低的深处；管形接地体的机械强度较高。可采用机械方法打入土壤中；管形接地体与接地线连接简单。

1. 垂直接地体的接地电阻

$$R = \frac{\rho}{2\pi l}\ln\frac{4l}{d} \qquad (\text{要求 } l \gg d)$$

$$R \approx 0.3\rho \qquad (\text{简易计算式})$$

式中 ρ——土壤电阻率（Ω·m）；

l——接地体长度（埋地深度）(m)；
d——接地体直径或等效直径（型钢等）(m)。

2. 水平接地体的接地电阻

$$R = \frac{\rho}{2\pi l}\left(\ln\frac{l^2}{hd} + A\right)$$

$$R \approx 0.03\rho \quad \text{（简易计算式）}$$

式中　ρ——土壤电阻率（$\Omega \cdot m$）；
　　　l——接地体长度（m）；
　　　h——水平接地体埋深（m）；
　　　d——接地体直径或等效直径（m）；
　　　A——水平接地体的形状系数，见表 6-10。

表 6-10　水平人工接地体的形状系数 A 取值

形　状	—	L	人	＋	✳	✴	□	○
A 值	0	0.37	0.87	2.14	5.27	8.81	1.69	0.48

3. 复合接地体的接地电阻

在一般情况下，由于土壤电阻率较高，单一接地体的电阻经常不能满足要求，也不能保证安全的接触电压及跨步电压。为了改善这些性能可采用复合接地体。

以水平接地体为主且边缘闭合的复合接地体的接地电阻：

$$R = \frac{\sqrt{\pi}}{4} \cdot \frac{\rho}{\sqrt{S}} + \frac{\rho}{2\pi l}\ln\frac{l^2}{1.6hd \times 10^4}$$

$$R \approx 0.5\frac{\rho}{\sqrt{S}} \text{ 或 } R \approx \frac{\rho}{4r} + \frac{\rho}{l} \quad \text{（简易式）}$$

式中　ρ——土壤电阻率（$\Omega \cdot m$）；
　　　S——接地网总面积（m^2）；
　　　l——接地体的长度，包括垂直接地体在内（m）；
　　　d——水平接地体的直径或等效直径（m）；
　　　h——水平接地体的埋深（m）；
　　　r——与接地网面积等值的圆的半径（m）。

七、冲击接地的接地电阻值

引起接地冲击电流的原因：
1) 架空地线遭受直击雷。
2) 避雷器动作。
3) 静电容量通过设备流入接地线。
4) 协调间隙动作。
5) 设备的绝缘损坏。

冲击接地电阻的计算，按接地电阻的计算方法算出接地体的接地电阻值，然后除以表 6-11 所列比值，即可求出接地体的冲击接地电阻值 R_{ch}。

表 6-11　接地体的工频接地电阻与冲击接地电阻的比值 R/R_{ch}

各种形式接地体中接地点至接地体最远端的长度/m	土壤电阻率 $\rho/\Omega \cdot m$			
	≤100	500	1000	≥2000
	比　　值 R/R_{ch}			
20	1	1.5	2	3
40	—	1.25	1.9	2.9
60	—	—	1.6	2.6
80	—	—	—	2.3

八、接地材料

（1）埋设或打入土壤的接地极，应采用铜板、铜棒、钢管、铁棒、扁钢或导线等。应选择有水源，潮湿地带且无酸、无碱等腐蚀的场所设置地线装置。

1. 采用上述接地极材料的规格

铜板：厚 2.0mm，宽 1m，长 1m。

铜棒：直径 8.0mm 以上，长 0.9m 以上。

铁棒：直径 12mm 以上，长 0.9m 以上（要求镀锌）。

埋设地线：截面积 14mm² 以上的裸铜绞线。

角钢：40mm × 40mm × 4mm，长 1.5m 以上。

2. 接地极的埋设

接地板水平埋设深度要求大于 0.75m。

接地板垂直埋设间距要求在 3m 以上。接地板如果在两块以上，要采取垂直埋设方式。

九、室外安装接地系统的施工程序

1）根据设计要求选定自然接地体并制作接地体及附属零件。

2）根据设计的人工接地体接地系统图挖土沟。土沟上面宽，底部渐窄，沟壁与沟底夹角在 60°~80°。

3）根据设计规定位置埋设接地体。被埋接地体不应发生倾斜或弯曲，且各接地体上端应保持同高。

4）沿土沟放置接地干线，并与选定的接地体焊接。对于自然接地体如焊接有困难时，可用螺栓压接。

5）将室外接地干线与室内接地干线相连。

6）如土壤电阻率过大，应采取降阻措施。

7）施工完毕后应进行全面检查然后回填土并夯实。

8）外露接地装置按规定进行清理刷漆。

十、室内安装接地系统的施工程序

1）按照设计规定对接地线进行敷设。

2) 连接接地干线至配电装置、各用电设备的接地支线。
3) 对系统所有接地线进行认真检测。

第七节　高土壤电阻率地区的降阻措施

在做地线系统时，经常会遇到做接地系统区域的土壤电阻率很高，如直接做地线系统，接地电阻是根本达不到要求的，这时必须采取一些相应的措施。

1. 换土法

用电阻率较低的土壤（如粘土、黑土等）替换电阻率较高的土壤。在埋设接地体的坑内（坑要比不换土时挖得大一些）换土。置换的范围是在接地体周围 0.5~1m 内，这种方法在接地体附近有电阻率较低的土壤时最为有效。

2. 对土壤进行化学处理

这种方法所用的化学物往往带有一定的腐蚀性，而且容易流失，一般只是在不得已时才采用。常用的化学物有炉渣、木炭、氮肥渣、电石渣、石灰、氯化钠和专用降阻剂等。采用哪一种降阻材料要根据实际情况，即材料的来源、价格等分析比较，同时要注意，此方法对岩石及含石较多的土壤效果很小。

3. 利用长效降阻剂

长效降阻剂是由几种物质配制而成的化学降阻剂（有成品），是具有导电性能良好的强电解质和水分的材料。这些强电解质和水分被网状胶体所包围，网状胶体的空格又被部分水解的胶体所填充，使它不致于随地下水和雨水而流失，因而能长期保持良好的导电作用。这种方法被广泛应用。使用长效降阻剂时，接地体通常采用板状和棒状两种，材料应采用铜接地体。

板状接地体应为不小于 500mm×500mm×1mm 铜板，坑内填充降阻剂的方法为：先在坑底平放 50mm 以上厚的降阻剂再放入铜板，再敷 50mm 以上厚的降阻剂，最后回填土夯实。

在大、中型接地网中使用降阻剂时，一般是在接地网内或其附近开挖一些坑，填入降阻剂。

4. 其他降阻措施

（1）深埋接地体　当地下深处的土壤或水电阻率较低时，可采用深埋接地体来降低接地电阻值。这种方法对含砂土壤最为有效，采用此法时应先实测深层土壤的电阻率，看要深埋到什么程度，是否适合深埋。

（2）引入污水　为了降低接地体周围土壤的电阻率，可将无腐蚀性的污水引到埋设接地体处，接地体采用钢管，在钢管上每隔 200mm 钻一个直径 5mm 的小孔，使水渗入土壤中。

（3）深井接地　有条件时，可采用深井接地。其方法是：用钻机钻深井，把钢管打入井内，再向钢管内和井内灌满泥浆。

（4）利用水和与水接触的钢筋混凝土体作为流散介质　充分利用水工建筑物（水井、水池等）以及其他与水接触的金属部分作为自然接地体，可在水下钢筋混凝土结构物内绑扎成的许多钢筋网中，选择一些纵横交叉点加以焊接，并与地网连接起来。

也可在就近的水中（河流、池水等）敷设外引（人工）接地装置（水下接地网）。接地装置应敷设在水流速度不大之处或静水中，并加以固定。

总之，要采取一定的措施，保证接地电阻完全达到设计要求，这样安全才得到硬件上的保障。另外，由于接地系统有时会遭受外力的破坏或化学腐蚀等影响，土壤的电阻率也可能发生变化而使接地电阻发生变化，因此对接地系统应进行定期检测、维修，一般1年一次。

第八节 智能建筑的防雷措施

随着各种家用电器、各种电子设备的不断增多，城市高层、超高层建筑尤其是智能大厦的增多，以及现代计算机和网络技术在各行各业的普及应用，导致雷电袭击的因素大大增加。如果防雷意识不强，防雷设施不完备，雷电灾害的隐患势必就增多。因此防雷是非常重要的，特别对高层建筑必须考虑科学的、完整的防雷系统，以确保人们生命和财产的安全。

现代智能建筑的特点是建筑面积大（几万至几十万 m^2）；高度高（几十米～几百米，24～100m 称为高层建筑，100m 以上称为超高层建筑），而且多半都有若干地下层，用电设备多（电梯、水泵、消防等各种系统），以计算机为核心的自动化设备和其他电子设备都非常害怕雷击，建筑物一旦受到雷击，来自雷电的电压瞬时值可高达几万伏或几十万伏，甚至更高。不处理好防雷问题，电子、电气设备将严重损坏，甚至给大厦和人员带来灾难。即使是来自雷电的反击或感应电压也会给电子设备造成严重干扰、甚至损坏设备。

因此，要特别注意对该类设备的隔离，使设备尽可能的远离防雷系统或者使建筑物设计成均压、等电位和有多层次的防雷屏蔽层结构。

现代建筑的防雷设计都是比较完善的，高层建筑物上的避雷带可以把它顶部的 50kA 的雷击先导吸引到本身，再泄入大地，使建筑物免受雷击。但是，对于在高层建筑半空的侧面如发生雷电时，由于超过了相应的 40m 闪击距离，避雷带将不能把它吸引过来。建筑就可能受到雷击，这就引出了高层建筑的防侧击雷问题。

一、防直接雷的措施

1）装设独立的避雷针或避雷带作保护，对排放有爆炸危险的气体、蒸气或粉尘的管道其保护范围高出管顶不应小于3m。

2）独立避雷针应有独立的接地装置，冲击电阻 R_{ch} 应小于 10Ω。

3）独立避雷针及其接地装置，距离保护建筑物及其有联系的金属物（如管道、电缆、防雷电感应的接地装置等）之间的距离，在空气中应大于 $(0.3R_{ch} + 0.1h_x)$ m，地中距离应 $\geq 0.4R_{ch}$ m，但都不得小于 3m（注：h_x 为被保护建筑物的高度）。

4）建筑物顶部还应采用避雷网保护，网格不应大于 $10m \times 10m$。

5）建筑物上所有避雷针应用避雷带互相连接。

6）防直击雷接地装置应围绕建筑物敷设成闭合回路，并应和电气设备接地装置及所有进入建筑物的金属管道相连。

7）下引线应沿建筑物外墙均匀布置。

8）建筑物应装设均压环，环间垂直距离不应大于12m，下引线、建筑物内的金属结构和金属设备都应连接在均压环上。

9) 有特殊要求的电器设备的接地装置能否与防雷接地装置共接，要按有关专业规定执行。

二、防侧击雷的措施

一般在建筑物容易遭受雷击的部位（如屋脊、屋角等）装设避雷带作为接闪器。屋面上的任何一点距离避雷带的距离均不大于10m。两条平行避雷带之间的距离也不应大于10m，当有三条以上平行避雷带时，每隔30m应设互相联接。突出于屋面的物体，可沿其顶部装设环装避雷带保护，如果是金属物体则应与屋面避雷带联接。

1) 建筑物自30m以上高度，每隔三层（约10m）沿建筑物四周将圈梁内的主钢筋焊接起，并与引下线焊接，称为均压环焊接。

2) 自30m以上，每隔三层沿建筑物四周外墙的圈梁内用扁钢作均压带，并与引下线焊接。

3) 高层建筑物外墙所有金属门窗及阳台等与引下线焊接起来。整个建筑物金属部分全部焊接成一个电气整体，称为法拉第笼，可以有效地防止直接雷击。

4) 为了保证建筑物内部不产生反击和危险的接触电压、跨步电压，应当使建筑物的地面、墙板和金属管、线路都处于同一电位。因此，钢筋混凝土建筑物应当在各层的适当位置预埋与房屋结构内防雷导体相联的等电位联接板，并与接地主干线相联。这有利于微电子设备防止雷电波的电磁脉冲干扰。

5) 作防雷设计时，必须考虑在建筑物的伸缩缝、沉降缝和抗震缝等处做防雷跨越联接导线。

三、防雷电感应的措施

为了防止雷电感应、静电感应产生的火花，建筑物内的金属物（如设备、管道、构架、电缆外皮和金属门窗等较大金属构件）和凸出屋面的金属物（如风管等）均应接地，金属屋面和钢筋混凝土屋面（其中钢筋宜绑扎或焊接成电气闭合回路）沿周边每隔18~24m应用引下线接地一次。

为了防止电磁感应产生火花，平行敷设的长金属物如管道、构架、桥架和电缆外皮等，其相互间净距离小于100mm时，应每隔20~30m用金属线跨接，净距离小于100mm的交叉处及管道联接处（如弯头、阀门、法兰盘等），应用金属线跨接，用螺丝压紧。

防雷电感应的接地装置，其接地电阻应小于等于10Ω。并且应该和电器设备的接地装置共用，屋内接地干线与接地装置的联接不得少于两处。

四、防雷电波侵入的措施

1) 电源进线采用直埋电力电缆进线，在进入建筑物处应与防雷电感应的接地装置相联。当全部采用电缆有困难时，有入户端可以采用一段电缆引入，直接埋地的长度不应小于50m。在电缆与架空线联接处，还应装设阀形避雷器。避雷器、电缆金属外皮和绝缘子角铁应联在一起并接地。其冲击接地电阻应小于10Ω。

2) 架空、埋地或地沟内的金属管道，在进入建筑物处应与防雷电感应的接地装置联接。距建筑物100m以内的架空管道还应每隔25m左右接地一次，冲击接地电阻应小于20Ω，金属或钢筋混凝土支架的基础可作为接地装置。

3) 垂直敷设的主干道金属管道尽量设置在建筑物中部和屏蔽的竖井中。建筑物内的电气线路主干线采用金属管或金属桥架敷设。垂直敷设的电气线路在适当部位装设带电部分与金属外壳之间的击穿保护装置。

4) 除了特殊保护的接地外，一般各种接地应与防雷接地装置共用。

五、防雷设计的屏蔽问题

建筑物中屏蔽的目的是对微电子设备保护，雷电的电磁辐射可以影响到1km以外的微电子设备，沿电气线路传播的雷电波影响更强更远。所以无论是本建筑物遭到雷击，还是远处的建筑物或空中电线、电缆发生雷击都会有雷电磁脉冲侵入建筑物。因此，有必要对有大量微电子设备的房间采取必要的屏蔽措施，保证各种设备仪器处于无干扰的环境中。

屏蔽的有效性不仅与房间加装的屏蔽网和设备、仪器外壳——屏蔽体本身有关，而且还与微电子设备的电源线和信号线接口的防过电压等电位联接和接地措施有关。这一系列措施都需要专门设计和施工，有关的技术已经成为一个新兴产业，即雷电电磁脉冲的防护技术（LEMP）。

用同轴电缆作引下线是不能解决隔离问题的。这是因为同轴电缆的外屏蔽层对地的分布电容远小于在地面敷设电缆的对地电容。在接闪时，电缆芯线会产生很高的电压降，不能避免芯线对屏蔽层的闪络放电。另外，同轴电缆作引下线时，其屏蔽层必须与建筑物的钢筋相联。由于雷电、电流的集肤效应，大部分电流仍然是通过建筑物的钢筋。结论是用同轴电缆作引下线效果不好，费钱而无效。

一般建筑物没有严格的屏蔽作用的要求，为防止球雷的侵入，将门窗的金属框架接地和加装金属网即可。

六、均压环和等电位体的联接

为了保护智能建筑内部在雷击时不产生反击和危险的接触电压、跨步电压，应使建筑物的地面、墙板和金属管线都处于同一电压。有了均压系统，一旦发生雷击，不会造成高电压集中，出现向低电位物体的反击。因此，钢筋混凝土建筑物应在各层适当位置预埋与房屋结构内防雷引下线相连的等电位联接板，以便和接地主干线相联。整座建筑物应形成严密的防雷接地体系，它具有良好的接地体，多根防雷下线，多层屏蔽等电位面以及均压空间的法拉第笼结构的等电位笼。这是智能化建筑的要求之一。

七、接地电阻值的一般要求

智能建筑内有各种各样的电子设备，它们对接地电阻值的要求是不同的。同一种电子设备，由于各种使用功能不同，它们对接地电阻值也有不同的要求。在一个接地系统中，一般应按最小的接地电阻值来确定系统的接地电阻阻值。另外接地系统采用分散接地还是采用统一接地，对接地电阻值的要求也不同。一般分散接地的接地电阻值可大一些，例如取≤4Ω。若采用统一接地，则接地电阻值必须≤1Ω。经过大量工程的实测，只要很好利用大楼桩基作为自然接地体，它的接地电阻阻值完全可以大大小于1Ω。

八、其他防雷措施

1）建筑物上的节日彩灯、航空障碍信号灯、广告灯等的线路，在一般情况下从配电箱引发的线路应穿钢管并装设避雷器或空气间隙，线路管子还应和防雷装置相连。

2）为了防止雷电波侵入，严禁在独立避雷针或线的支柱上悬挂电话线、广播线、电源架空线、各种信号线和控制线。

3）对于有大量易燃物集中的露天堆物，应采取适当的防雷措施。

九、避雷设备

1. 接闪器

（1）避雷针　采用圆钢或焊接钢管制成，其直径不应小于下列数值：针长1m以下，圆钢为12mm，钢管为20mm。

针长1~2m，圆钢为16mm，钢管为25mm。

针长2~3m，圆钢为20mm，钢管为30mm。

避雷针的顶端应做成圆锥形。避雷针保护范围的计算：避雷针在地面上的保护半径为

$$r = 1.5h$$

式中　r——保护半径（m）；

　　　h——避雷针的总高度（m）。

（2）避雷网和避雷带　高层建筑防雷保护用避雷网和避雷带采用圆钢或扁钢制作，圆钢直径一般为8mm；扁钢截面积为48mm^2，厚度不小于4mm，且应镀锌作防腐蚀处理。

（3）放射性避雷针　现代高层建筑的防雷设备，除通常采用避雷针和避雷带外，有很多建筑还使用放射性避雷针。放射性避雷针顶端的电极上装有许多放射性片（同位素锔），它以20000km/s的速度不断地向外发射离子（放射性片的数量视保护范围的要求而定）。利用放射性物质在雷云与避雷针之间建立导电通道，把雷云电荷引入地下，而达到防雷保护的目的。引下线采用特殊结构的同轴电缆，沿电缆竖井引下，然后引出户外与接地装置连接。这种新型避雷针要求单独接地，接地装置的电阻不应大于0.5Ω，由于同轴电缆的结构保证其外皮与建筑物及其金属构件处于同一电位，故不会产生反击，避雷针的保护范围比通常避雷针的大得多。

利用放射性物质以增加避雷针吸引雷电能力的设想，最早是1914年由匈牙利物理学家斯拉德提出的，后来国外一些厂家生产了各种类型的放射性避雷针，取得了良好的保护效果。随着这项技术的不断成熟，放射性避雷设施将得到广泛应用。

2. 引下线

a. 引下线采用圆钢或扁钢，其尺寸不应小于下列数值：圆钢直径为8mm，扁钢截面积为48mm^2，厚度不小于4mm，且应镀锌或涂漆，作防腐蚀处理。

b. 引下线应沿建筑物外墙最短路径接地，建筑物艺术要求较高者，也可暗敷，但截面积应加大一级。

c. 在没有特殊要求时，允许利用建筑物的金属结构等作为引下线，但此时所有金属部件之间均应连成电气通路。

d. 在易受机械损伤的地方如地面上约1.8m至地面下0.5m这一段地线应加保护设施。

3. 接地

采用 40mm×4mm 的扁钢,围绕全楼最外圈做封闭式周围接地体,每条下引线均需与接地体焊接。

没有特殊要求时,电气设备的工作接地与保护接地应与防雷装置焊成一体,成为一个总的接地网,其总接地电阻不应大于 4Ω。

十、雷电活动的规律

1. 雷电活动分布的一般规律

1) 湿热地区比气候寒冷而干燥的地区雷击活动多。
2) 雷电活动与地理纬度有关,赤道最高,由赤道分别向北、向南递减。
3) 从时间上看,夏季较多,冬季较少。
4) 从地域来看,雷电活动是山区多于平原,陆地多于湖泊、海洋。

2. 雷电活动的选择性

1) 大片土壤电阻率较大,局部小的地方容易遭受雷击。
2) 土壤电阻率突变的地方容易受到雷击,如岩石与土壤,山坡与稻田交界处。
3) 岩石或土壤电阻率较大的山坡,雷击点多发生在山脚,山腰次之。
4) 土山或土壤电阻率较小的山坡,雷击点多发生于山顶,山腰次之。
5) 地下埋有导电矿藏(金属矿、盐矿)等的地区易受雷击。
6) 雷击机会的分布:在我国,山的东坡、南坡多于山的北坡和西北坡(这是因为海洋潮湿空气从东南进入大陆后,经曝晒遇高山抬升而出现雷雨)。
7) 山中的局部平地受雷击机会大于狭谷(这是因为狭谷窄,不易曝晒和对流,缺乏形成雷击的条件)。
8) 湖旁、海边遭受雷击机会较小,但海滨如有山岳,则靠海一侧的山坡遭受雷击机会较多。
9) 地下水位高、矿泉、小河沟、地下水出口处容易受雷击。
10) 风口或顺风河谷容易受雷击。
11) 空旷地区中间的孤立建筑物,建筑群中的高耸建筑物易受雷击。
12) 排出导电废气的管道,容易受雷击。
13) 屋顶为金属结构,地下埋有大量金属管道,室内安装大型金属设备的场所,易受雷击。
14) 建筑群中个别潮湿的建筑(如冷冻库、蒸气库等)易受雷击。
15) 尖屋顶及高耸建筑物、构筑物(如水塔、烟囱、天线、天窗、旗杆、消防梯等)易受雷击。

设计防雷设施时,要根据雷击活动情况和雷击的可能性进行综合分析,并且对周围环境全面分析了解,做到设计合理、适用、有效、可靠。

总之,防雷设施是建筑物特别是高层建筑物必须有的安全装置之一,科学地设计和安装避雷装置,才能保证人身、设备、甚至大厦的安全。防雷技术在不断地进步完善,避雷装置也在不断地发展更新,设计人员在设计时应该注意掌握、使用新技术、新设备、新器材,保证所设计的防雷设施更加现代化、更加可靠、更加安全。

习 题

6-1 什么是电能的危害？为什么要考虑研究电气安全？

6-2 电气安全性一般包括哪几个方面？

6-3 在设备和电气工程的安全设计中，往往会出现安全技术和_____的矛盾，此时应优先考虑_____。

6-4 简述直接安全技术措施，间接安全技术措施，提示性安全技术措施。

6-5 什么是电气工程安全设计，电气设备安装的人类工效要求？

6-6 分级漏电保护，第一级保护应设在何处，第二级保护又应设在何处？

6-7 分级保护，第一级保护的主要目的是什么，第二级保护的目的又是什么，第一级保护用漏电保护器的动作电流应怎样选择，第二级保护又怎样选择？

6-8 什么是两级保护的级间协调？请说明。

6-9 试论"安全用电"问题。

6-10 接地系统的分类一般有：工作接地、_____接地；_____接地；_____接地；_____接地；_____接地。

6-11 什么是网格接地，它属于什么接地系统。

6-12 试画出 TT 接地系统和 TN—S 接地系统示意图。

6-13 _____系统是智能建筑和民用住宅最适用的接地系统。

6-14 什么是接地体？什么是接地线？什么是接地装置？

6-15 接地线怎样与接地体连接？

6-16 土壤电阻率的测试条件有哪些？试画出测量电路。

6-17 说明冲击接地电阻的计算方法。

6-18 简述高土壤电阻率地区的降阻措施。

6-19 智能建筑为什么必须有防雷设施？

6-20 防雷措施一般包括防直接雷措施，防_____措施，防_____感应措施，防侵入措施等。

6-21 防雷电感应的接地装置，其接地电阻应等于小于_____Ω 并且应该和_____共用，_____的联接不得少于两处。

6-22 什么是 LEMP 技术？

6-23 简述均压环和等电位体的联接。

6-24 接地电阻的一般要求有哪些？

6-25 放射性避雷针的基本原理是什么？

附录　智能建筑基本概念

传统建筑要求的是为人们提供一个良好的物理环境。这就是良好的声环境，即有好的音质并防止各种噪声；良好的光环境，即合理应用自然光并配以实用的人工照明光源；良好的热环境，即保温、隔热并配以适当的暖气、通风和空调。但是，每当科学技术发展到有重大突破之时，必然会导致人类生产、生活、工作模式发生飞跃性的变化，这种变化又会促使人们对自己的居住、生活、工作环境即建筑物提出新的要求。当环境与要求相适应时，又进一步促使科学技术再向前发展，人们的生活在这一发展中，得到不断的改善与提高。

在科学技术高速发展的今天，人类对自己生活、工作、学习的环境——建筑物的要求已发生了重大的改变，除了上述物理环境以外，提出了建筑物的智能环境问题，这就是智能建筑。它要求建筑物应具有感觉、分析判断、决策和作出相应反应的能力；具有交流和处理信息的能力；具有对建筑物的使用者提供咨询参考的能力，简单地说智能建筑就是有"思想"的建筑。

要实现智能建筑的各种要求就要采取建筑与自动化、计算机、通信等许多现代科技有机结合的手段，这就是近年在建筑上常说的"三A"系统，即 BA、OA、CA 系统。

BA：楼宇自动化系统，指建筑物本身应具有的自动化控制功能，包括感知、判断、分析决策、反应、执行的全自动化过程。例如对出入建筑物的人员管理、消防、保安、供水、音响、照度、温湿度等的自动控制（本书讲述的仅是 BA 系统中的安防和消防部分）。

OA：办公自动化系统，指建筑物使用者具体应用的自动化功能。对办公室、银行、宾馆、学校、医院、工厂等有不同的要求，它一般来说是专用系统。这样的系统不能由建筑物提供，和智能建筑没有直接关系，所以有些书没有将它放在智能建筑的范畴，但建筑物应提供 OA 系统足够条件的舞台，为其安装敷设打下良好的基础。

CA：通信自动化系统，指建筑物本身应具有足够的通信能力，包括对语音、数据、图像等信息进行采集、处理、传递、交流的系统。它包括建筑物或建筑群内部的局域网和对外联络的广域网或远程网，这种网络应能适应技术进步的要求，满足社会发展的需要，具有充分的适应性。

与这"三A"有共同关系的是统一的建筑平台，这就是综合布线系统。这是一套用于建筑物或建筑群内的数据传输系统，对于智能建筑而言如同人体的神经系统。它解决在各单一系统中各自为政的线路交叉、混乱和无法集中管理的弊端，将包括语音、数据、图像等设备彼此相连，并使上述设备与外部通信数据网络相连接。它还能适应在出租办公室的体制中（现在高层楼宇写字楼多是这样），房间使用功能多变的情况下如何以不变应万变的敷线布局问题。这样的系统是一套具有标准设计、施工及信息界面的无源系统，不包括任何相关的有源连接设备，但它又具有开放性、灵活性和扩展性，并对其服务的设备有一定的独立性。

智能建筑也可以说就是综合计算机通信等方面的最先进技术，使建筑物内的电力、空调、照明、防灾、防盗、防火、运输等设备，实现综合管理自动化、远程通信和办公自动化的有效应工作，并使各种功能有机结合起来的建筑。

随着科技的进步及人类社会发展的需求，智能建筑的发展将推广到更大的范围，从建筑物这个小环境扩展到更大的领域，如智能区域、智能城市的问题已经现实地提到我们的日程上，已成为广义建筑发展的必然趋势，将成为电子时代和信息时代的一个重要标志。

智能建筑的概念，在20世纪80年代诞生于美国。第一幢智能大厦于1984年在美国哈特福德市建成，次年位于日本东京的一座智能化大厦也相继建成，引起了各方面的关注。随之，在世界范围内大批智能建筑相继建成，成为一个发展趋势，目前发达国家新建高层楼宇70%以上实现智能化。

我国从20世纪90年代开始在智能化建筑领域进行研究、开发，政府高度重视。在科研资金和政策方面积极支持和引导，目前此领域已得到高速发展。技术方面已达到世界先进水平，普及、应用、推广方面正在高速发展，已不限于智能化办公楼、酒店、商场、银行，正向住宅等其他更多的建筑扩展，将从单一建筑向"智能广场"、"智能社区"最终"智能城市"方向发展，其前景不可低估。

智能建筑是一个非常大的课题，涉及重多高科技领域，但安防系统、消防系统在智能建筑中占有关键地位，很有必要研究学习。

参 考 文 献

1. 陈一才编著. 智能建筑电气设计手册. 北京：中国建材工业出版社, 1999
2. 梁华编著. 实用建筑弱电工程设计资料集. 北京：中国建筑工业出版社, 2000
3. 美国安定宝（ADEMCO）公司产品手册. 2002
4. 美国洛泰克（NTK）公司数据手册. 2000
5. 美国派尔高（PELCO）公司产品数据手册. 2001
6. 台湾利凌（Lilin）公司技术资料. 2001
7. 美国威康（VICON）公司技术资料. 1999
8. 其他国内外安防产品公司技术资料

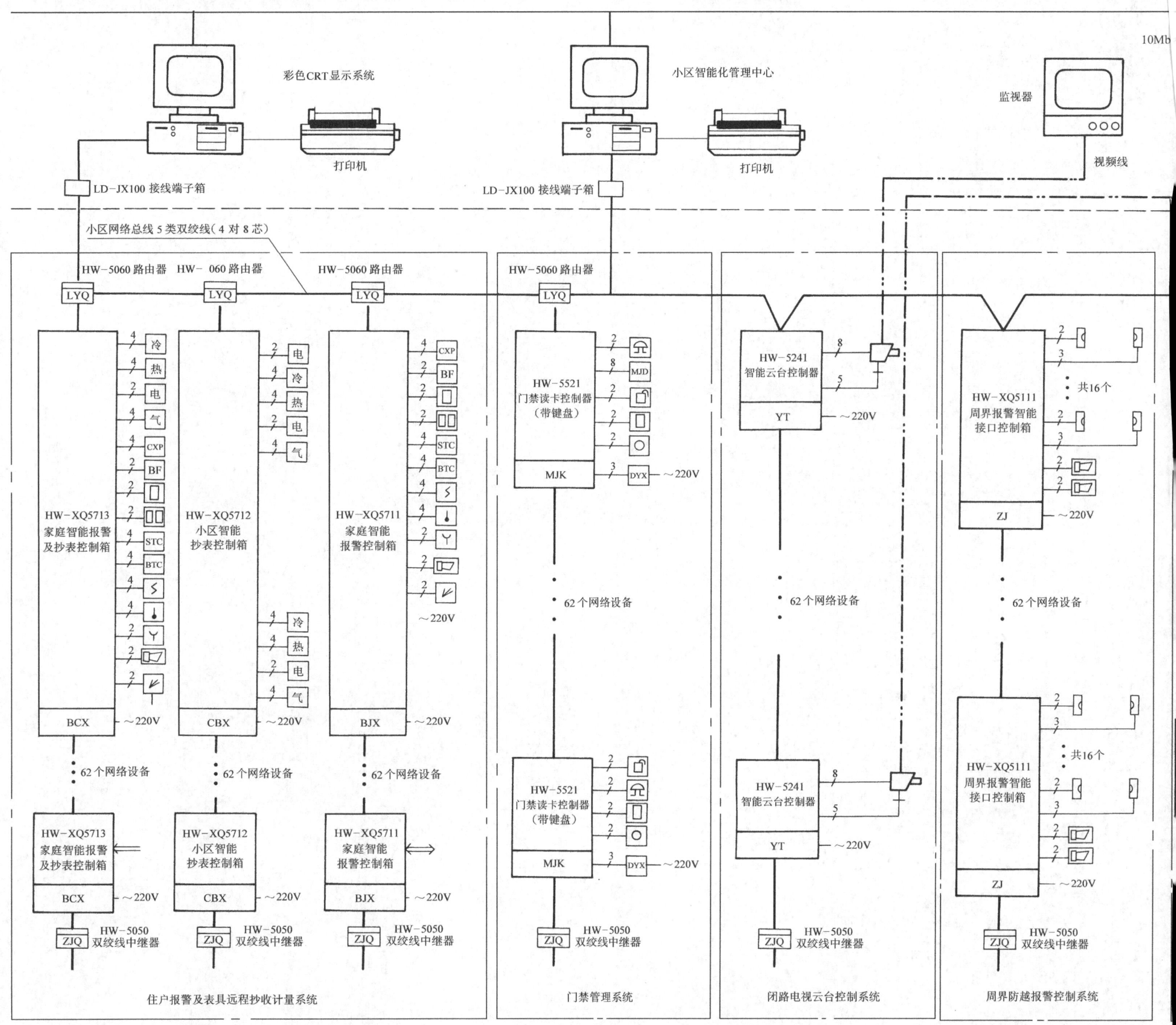

附图 完整的智能化安防系统示意

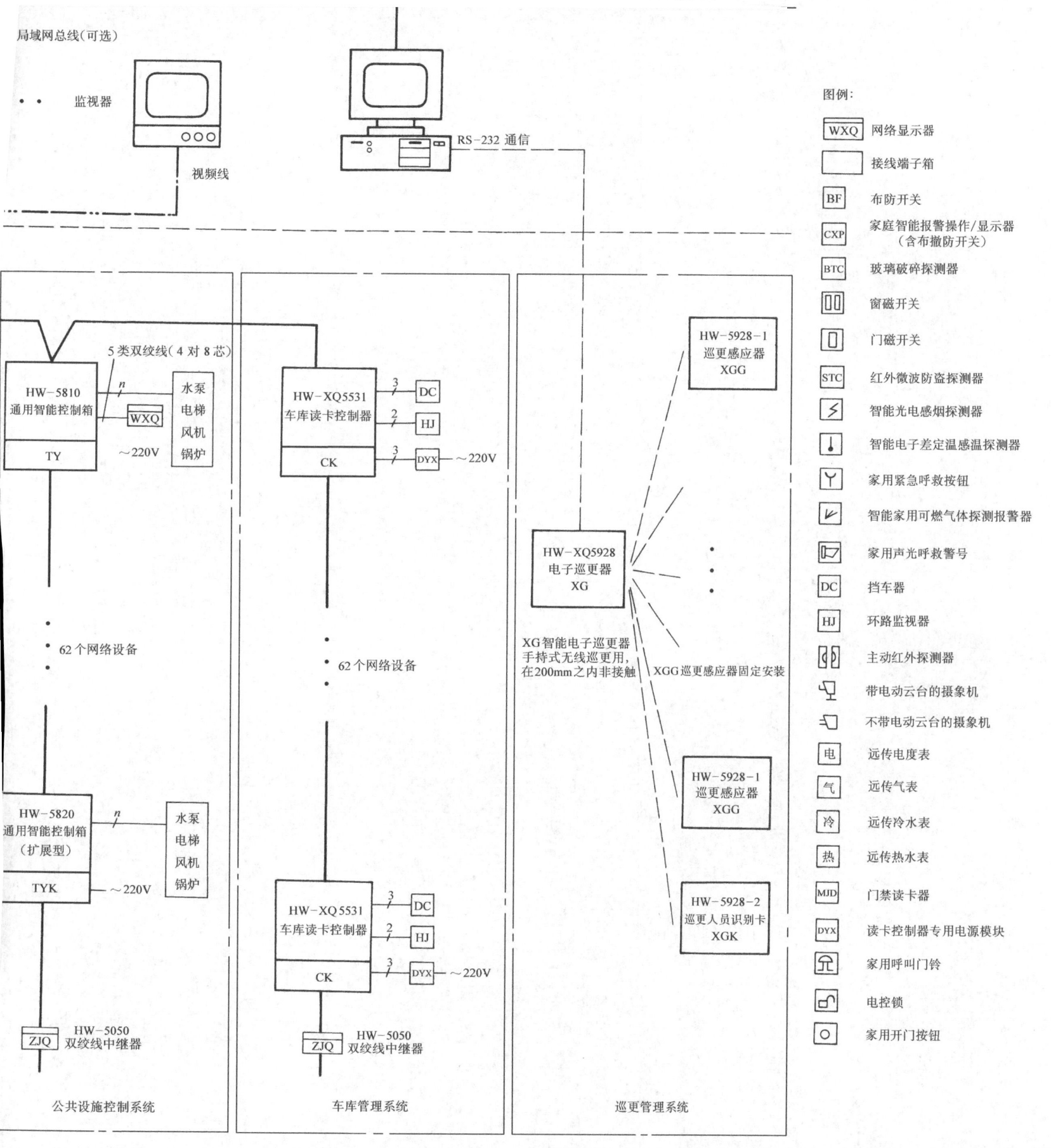